REALSCHULE 2016

Original-Prüfungsaufgaben mit Lösungen

Deutsch

Bayern

2013–2015

STARK

34. ergänzte Auflage
www.stark-verlag.de

Inhalt

Abschlussprüfungen

Jeweils im Herbst erscheinen die neuen Ausgaben der Abschlussprüfungsaufgaben mit Lösungen.

Autor:

Thomas Killinger

Vorwort

Mit diesem Buch kannst du dich umfassend auf die Abschlussprüfung Deutsch vorbereiten und Unsicherheiten abbauen. In der Prüfung wählt dein Lehrer/deine Lehrerin aus den vorgegebenen neun Aufgaben vier aus, die dir vorgelegt werden. Diese enthalten zwei alternative Aufsatzformen, die **Erörterung** und den **Textgebundenen Aufsatz**:

- Im Bereich der **Erörterung** wird ein Thema **mit Informationsmaterialien** gestellt, die für die Argumentation in der Erörterung verwendet werden können. Daneben gibt es weitere Themen ohne Zusatzmaterial.
- Beim **Textgebundenen Aufsatz** hast du bei der weiterführenden Aufgabe die Wahl zwischen einer **argumentativen** und einer **offenen Schreibaufgabe**.

Im **ersten Teil** des Buches findest du **Hinweise** zur Erörterung im Allgemeinen, zur Erörterung mit Informationsmaterialien und zum Textgebundenen Aufsatz. Techniken und Vorgehensweisen für die Anfertigung dieser Aufsatzformen werden zusammengefasst dargestellt und zur Veranschaulichung mit konkreten Beispielen erklärt.

Der **zweite Teil** enthält die **Aufgaben der Abschlussprüfungen vergangener Jahre** mit **Tipps und Hinweisen** zur Erschließung des Themas, zur Stoffsammlung und Strukturierung und dazu mögliche Gliederungen und einzelne **Aufsatzbeispiele**.
Die Lösungen sind als Vorschläge und Anregungen zu verstehen, denn meist gibt es bei Gliederungen verschiedene Aufbaumöglichkeiten oder auch alternative Schwerpunktsetzungen. Gerade bei den weiterführenden Aufgaben ist die vorgegebene Lösung nur eine Möglichkeit von vielen.

Ein erfolgreicher Prüfungsaufsatz muss längst nicht alle Punkte der hier vorgeschlagenen Maximal-Gliederungen enthalten. Schließlich ist es bei einer **Arbeitszeit von 240 Minuten** auch gar nicht möglich, 20 oder mehr vollständige Argumente auszuarbeiten. Die jeweiligen **Oberpunkte** reichen aus, um die Themen vollständig zu erfassen. Die **Unterpunkte** stellen ein **Zusatzangebot** dar, mit dem du deine Argumente noch untermauern und umfassender begründen kannst. Ziel deiner Erörterung ist es, dass du die **wesentlichen Gesichtspunkte** eines Themas anschaulich und überzeugend erarbeitest. Achte darauf, dich nicht in einer Fülle von unwichtigen Einzelheiten zu verlieren.

Wichtig ist, dass du **selbstständig übst**, d. h., dass du die Aufgaben zunächst selbst löst. Die Lösungsvorschläge ermöglichen es dir, anschließend deine eigenen Ergebnisse zu kontrollieren, zu korrigieren oder zu ergänzen. Sieh dieses Buch als Möglichkeit an, dich unterrichtsbegleitend und über den Unterricht hinaus auf die Abschlussprüfung vorzubereiten.
Sollten nach Erscheinen dieses Bandes noch wichtige Änderungen in der Abschlussprüfung 2016 vom Kultusministerium bekannt gegeben werden, findest du aktuelle Informationen dazu im Internet unter www.stark-verlag.de/pruefung-aktuell.

Ich wünsche dir bei deiner Prüfungsvorbereitung viel Erfolg!

Thomas Killinger

Stichwortverzeichnis

Erörterung

Erörterung mit Informationsmaterial

Textgebundener Aufsatz

Grundlegendes zur Erörterung

Jetzt kommt erst einmal eine ganze Menge Theorie auf dich zu. Theorie ist die Voraussetzung, diese Aufsatzart zu beherrschen, damit du dich der inhaltlichen und sprachlichen Ausarbeitung des Aufsatzes voll widmen kannst und keine Zeit mit der Klärung von Unsicherheiten verschwenden musst.

1 Begriffsbestimmung und Zielsetzung

„Für Deutsch kann man nicht lernen!“ und „Später brauche ich das nie mehr!“ sind beliebte Vorurteile, die das Training und die Vorbereitung auf Schulaufgaben und Prüfungen nicht eben erleichtern.

Das Wichtigste bei jeder Art von Vorbereitung und Training ist die Beantwortung der Frage „wozu?“. Natürlich bereitet man sich vor, um eine möglichst gute Note zu erreichen. Doch ist die Frage mit dieser Antwort noch nicht ausreichend beantwortet.

➡ Beim **Erörtern** geht es vor allem um die Darlegung einzelner **Argumente**, für die man jeweils zunächst **Behauptungen** aufstellt, die man gut und stichhaltig **begründet**, mit vielfältigen **Beispielen** belegt und auch an **Folgen, Wirkungen** denkt.

Das Erörtern bestimmt weite Bereiche unserer alltäglichen Kommunikation, erst recht nach der Schulzeit. Wenn wir miteinander reden, ist damit immer eine Absicht verbunden, weil wir unser Gegenüber von etwas überzeugen wollen oder müssen bzw. weil unser Gesprächspartner uns von seiner Sicht der Dinge überzeugen will oder muss. Denke dabei an Gesprächsformen und -zusammenhänge im täglichen Leben, etwa beim Bewerbungsgespräch, beim Mitarbeitergespräch, beim Begründen und Abklären von Standpunkten in der Schule zwischen dir und deinen Mitschülern oder Lehrern, in der Teamarbeit, der Partnerschaft, zu Hause zwischen dir und deinen Eltern. Selbst wenn es nur um die Zeit geht, wie lange du abends oder am Wochenende weggehen darfst, mit **Argumenten** (Behauptung + Begründung + Beispiele + Folgen/Wirkungen) kommst du sicher am weitesten.

Eine Argumentation muss also überzeugen. Überzeugen kann nur, was anschaulich, nachvollziehbar und sachlich richtig ist. Stell dir vor, dass dein – in der Schulaufgabe nur in deiner Vorstellung vorhandenes – Gegenüber über den Sachverhalt so gut wie nichts weiß bzw. von deiner Sicht der Dinge zu überzeugen ist.
Die Erörterung, wie sie in der Prüfung verlangt wird, fordert von dir – je nach Aufgabenstellung – **Wissen** und **Erkenntnisse** aus **deinem eigenen Erfahrungsbereich** und **Sachwissen**, das dir der **Unterricht** in vielen Fächern vermittelt. Die verschiedenen **Medien** bieten sich als vielfältiges Informationsfeld erst recht dazu an. Also ist auch Zeitunglesen zum Beispiel durchaus eine sehr sinnvolle Form der Prüfungsvorbereitung!

Wenn du dich bei der Auswahl der Prüfungsthemen für diese Aufsatzform entscheidest, sind für dich Fähigkeiten wie logisches Denken, überzeugende inhaltliche Darstellung und natürlich auch gewandter Schreibstil und Kenntnisse in Rechtschreibung und Grammatik unerlässlich.

2 Die Erörterung – Schritt für Schritt

2.1 Thema und Themaerschließung

Alle Schritte der Analyse, des Sammelns und Ordnens usw. sind entscheidende Grundlagen für eine gelungene Argumentation. Deswegen musst du dir bei der Erschließung des Themas ganz sicher sein bzw. werden.

Das Thema	Was wird von mir erwartet? Worüber schreibe ich? Was ist die Grundlage für meine Argumentation?
Themaanalyse	Eine genaue Themaanalyse ist die Voraussetzung für eine exakte gedankliche Auseinandersetzung. Eine ganz wichtige Frage dabei ist, welche **1. Arbeitsaufträge**, **2. Denkaufträge**, **3. Hinweise** enthält das Thema? Achte dabei besonders auf den **Vorspann**, der in vielen Aufgabenstellungen enthalten ist und meist aus einer (provokanten) Kernaussage besteht.
Themabegriff	Bestimme die Kernbegriff(e) des Themas, die auch der Kern deiner Erörterung und somit die **Grundlage deiner Argumentation** sind. Deshalb ist eine genaue und sichere Analyse erforderlich.
Einschränkung/ Präzisierung	In welchen **Teilbereichen** ist der Themabegriff zu bearbeiten? Wer ist davon betroffen?
Hinweise zur Art der Auseinandersetzung mit dem Thema	Enthält die Themenstellung Hinweise, wie du dich mit dem Thema auseinandersetzen und welche Gesichtspunkte du besonders beachten sollst (z. B. Möglichkeiten, Gefahren, Vorteile, Nachteile, …)?
Umsetzung in eine Themafrage	Setze die Themenstellung in einen **selbst formulierten** Arbeitsauftrag um.

2.2 Verschiedene Erörterungsarten

Man unterscheidet folgende Erörterungsarten:

- Bei einer **eingliedrigen** Erörterung wird **eine** Themafrage gestellt.

  Beispiele:

  Wie können Sie zum friedlichen Zusammenleben zwischen Deutschen und Ausländern beitragen?

  Energie ist kostbar. Zeigen Sie auf, wie der Energieverbrauch eingeschränkt werden kann.

- Bei einer **zwei- oder mehrgliedrigen** Erörterung müssen **mehrere** Themafragen beantwortet werden. Dabei unterscheidet man:

    1. Die **kontroverse** (gegenüberstellende) Erörterung, bei der **keine eigene Entscheidung** verlangt wird (z. B. Gegenüberstellung von Chancen und Gefahren, von Vorteilen und Nachteilen).

        Beispiele:

        Mehr Freizeit – eine Chance, aber auch ein Problem. (→ Vorteile, Nachteile)

        Was spricht dafür, was dagegen, nach Abschluss der Realschule ein Jahr im Ausland zu verbringen? (→ Vorteile, Nachteile)

    2. Die **kontroverse** Erörterung, bei der eine **eigene Entscheidung** verlangt wird (Entscheidungsfrage, stellungnehmende oder dialektische Erörterung).

        Beispiele:

        Viele Jugendliche hören leidenschaftlich Rock- und Popmusik.
        Wie stehen Sie dazu? (→ Vorteile, Nachteile, Entscheidung)

        Was halten Sie von einer weiteren Tempobegrenzung auf unseren Straßen?
        (→ Vorteile, Nachteile, Entscheidung)

    3. Die **zwei-** oder **mehrteilige** Erörterung, bei der mehrere **unterschiedliche** Themafragen gestellt werden.

        Beispiele:

        Warum ist für viele Jugendliche die Zugehörigkeit zu einer Clique wichtig?
        Welche negativen Einflüsse kann eine Clique auf den Einzelnen haben?

        Lärm beeinträchtigt unser Leben. Zeigen Sie Beispiele dafür auf und erörtern Sie Maßnahmen, was der Gesetzgeber und der Einzelne tun können, um den störenden Lärm zu vermindern.

Du solltest dir bei der Wahl und Analyse des Themas genügend Zeit lassen, dann zunächst die Art der Erörterung bestimmen und den Themabegriff herausarbeiten. Anschließend musst du alle weiteren Angaben aus der Aufgabenstellung herausziehen, die den Erörterungsauftrag genau festlegen (Präzisierung). Hierbei ist es wichtig, Einschränkungen des Themabegriffs zu erfassen und die Hinweise zur Art der Auseinandersetzung mit dem Thema zu erkennen.

Anhand des Beispielthemas

Stellen Sie dar, wie man als Schüler das Schulleben mitgestalten kann, und erörtern Sie, wie die Mitschüler zur Mitarbeit zu bewegen sind!

werden nun die einzelnen Arbeitsabläufe Schritt für Schritt erklärt.

Beispielthema: Stellen Sie dar, wie man als <u>Schüler</u> das **Schulleben** <u>mitgestalten</u> kann, und *erörtern Sie, wie* die <u>Mitschüler</u> zur *Mitarbeit* zu bewegen sind.

Erörterungsart:	zweiteilig
Themabegriff:	**Schulleben**
Präzisierung:	<u>Schüler</u> bzw. <u>Mitschüler</u> und <u>Mitgestaltung</u>

Erörterungsauftrag:	*„Stellen Sie dar, wie …"* bedeutet: *Beiträge/Möglichkeiten* der Schüler zur Mitgestaltung des Schullebens *„und erörtern Sie, wie …"* bedeutet: *Gründe/Argumente* für die Mitschüler zur Mitarbeit
Themafrage:	Mit welchen Beiträgen können Schüler das Schulleben mitgestalten und mit welchen Argumenten kann man die Mitschüler zu einer Mitarbeit bewegen?

Weitere Beispiele für die Vorgehensweise bei der Erschließung des Themas findest du in den Lösungshinweisen zu verschiedenen Themen der einzelnen Jahrgänge.

2.3 Die Stoffsammlung

Eine gründliche Stoffsammlung ist der entscheidende Schlüssel für eine anschauliche Erörterung und die Erfassung wesentlicher Aspekte einer Themenstellung. Dazu bieten sich eine Reihe von Techniken an, von denen drei an dieser Stelle kurz vorgestellt werden. Weitere **Hinweise zur Stoffsammlung und Strukturierung** findest du in den Lösungen zu verschiedenen Themen der einzelnen Jahrgänge.

W-Fragen-Methode

Hierbei musst du zu **Kernbegriffen** des jeweiligen Themas (Themabegriff, Einschränkungen/Präzisierungen, Hinweise zur Auseinandersetzung mit dem Thema) eine möglichst große Zahl von W-Fragen stellen, wobei sich aus den einzelnen Antworten wieder neue W-Fragen ergeben und somit die Basis deiner Stoffsammlung immer breiter wird und bereits Material für Begründungen und Beispiele enthält. Gleichzeitig helfen dir die W-Fragen auch schon dabei, den Stoff für die Gliederung zu ordnen.

Mit folgenden **W-Fragen** kannst du an ein Thema herangehen:

Wer?	Welche Möglichkeiten?
Was?	Welche Folgen/Auswirkungen?
Wann?	Welche Bereiche/Aspekte?
Wo?	Welche Vorteile?
Wie?	Welche Nachteile?
Warum?	Welcher Gewinn?
Wozu?	Welche Belastungen?
Welche Ursachen?	Welche Schwierigkeiten?
Welche Gründe/Motive?	usw.

Beispielthema:

W-Frage	Antworten	→ weitere W-Fragen	Antworten
Was ist Schulleben?	Aktivitäten außerhalb der Unterrichtszeit	→ Welche Aktivitäten?	Schulfest, Schülerzeitung, Schulwettbewerbe, Schulgarten, Klassenzimmergestaltung, Schulhausgestaltung …

	Miteinander der Schüler	→ Welche Möglichkeiten?	Nachhilfe, Arbeitsgemeinschaften, Ausflugsgestaltung, Klassenfahrtgestaltung, Spendenaktionen, Streitschlichter …
	Mitgestaltung bei der Organisation	→ Welche Bereiche?	Schülermitverantwortung, Schulforum, Klassenämter …
Warum soll man mitarbeiten?	Verbesserung der Schulsituation	→ Welche positiven Auswirkungen?	Belebung des Schulalltags → Verbesserung der Atmosphäre → Verbesserung des Miteinanders von Schülern und Lehrern → Verbesserung des Wir-Gefühls → entspannteres Zusammenleben → Verbesserung der Kommunikation → Verbesserung der Gerechtigkeit …
	persönlicher Gewinn	→ Worin besteht der persönliche Gewinn?	Erlernen wichtiger Schlüsselqualifikationen, Vertiefung und Förderung von Begabungen, persönlichen Fähigkeiten und Interessen
		→ Welche Schlüsselqualifikationen?	Teamfähigkeit, Übernahme von Verantwortung, Erweiterung organisatorischer Fähigkeiten, Konfliktlösungs- und Kompromissfähigkeit …
		→ Welche Begabungen, persönlichen Fähigkeiten und Interessen? In welchen Bereichen?	künstlerisch, musikalisch, Kommunikation, Computer, Technik, Fotografie …
		→ Welche Folgen?	Erwerb und Training weiterer Qualifikationen, Erlernen der Übernahme von Verantwortung, Einüben unterschiedlicher Kommunikationsformen, Erwerb zusätzlicher und hilfreicher Fähigkeiten für die Berufswahl oder Bewerbung

Mithilfe einzelner übergeordneter W-Fragen lässt sich bereits eine Struktur der Stoffsammlung für die Gliederung erarbeiten:

1. In welchen Bereichen können Schüler an der Mitgestaltung des Schullebens mitarbeiten?
2. In welchen Bereichen wirkt sich die Mitarbeit positiv aus?
   Wer oder was profitiert davon?

Unstrukturierte Stoffsammlung – „Brainstorming" zur Themafrage

Hierzu solltest du auf jeden Fall ein Blatt Papier nehmen. Teile es bei einem zweiteiligen bzw. kontroversen Thema in zwei gleich große Spalten ein und schreibe darüber den jeweiligen Teil der Themafrage.

Beispielthema:

Mit welchen Beiträgen können Schüler das Schulleben mitgestalten?	**Mit welchen Argumenten kann man sie zu einer Mitarbeit bewegen?**
Klassensprecher, Schülermitverantwortung, Klassenzimmergestaltung, Ausflüge / Klassenfahrten, Schulforum, Schulwettbewerbe, Projekte, Schülerzeitung, Schulfeste, Nachhilfe, Spendenaktionen, Arbeitsgemeinschaften, Konfliktlösungs- und Streitschlichterprogramme …	mehr Gerechtigkeit, Übernahme von Verantwortung, Verbesserung des Verhältnisses untereinander, Verbesserung des Verhältnisses zu den Lehrern, mehr Wir-Gefühl, Schulleben nicht so eintönig, Schülerinteressen, organisatorische Fähigkeiten üben, Teamfähigkeit, Kommunikationsfähigkeit, Kompromissbereitschaft, Begabungen fördern, Interessen vertiefen …

Cluster (engl. „Haufen")

Auch für die Methode des Clustering benötigst du ein Blatt Papier (am besten im Querformat). Schreibe den zentralen Begriff (Themabegriff) in die Mitte des Blattes innerhalb eines Kreises. Notiere spontan und noch ungeordnet um den Themabegriff die Gesichtspunkte, die dir dazu einfallen.

2.4 Die Stoffordnung

Stoffordnung mithilfe von Symbolen und Farben

Um von der Stoffsammlung zur Stoffordnung zu gelangen, musst du – vor allem bei der ungeordneten Stoffsammlung – **Oberbegriffe** erarbeiten, die zu den entsprechenden **Unterbegriffen**, die du in deiner Liste hast, inhaltlich passen. Verwende dazu am besten **Farben oder Symbole**, die du klar definierst, und setze diese vor die einzelnen Begriffe. Vielleicht fallen dir beim Strukturieren auch noch Ungenauigkeiten und Lücken auf und es zeigt sich, dass du deine Unterbegriffe noch ergänzen musst. Oft ist es, je nach Themenstellung, auch notwendig, dass du zu deinen Unterbegriffen noch **Unterpunkte** finden musst.

Beispielthema:

■ Klassensprecher
■ Schülermitverantwortung
▲ Klassenzimmergestaltung
○ Ausflüge, Klassenfahrten
■ Schulforum
○ Schulwettbewerbe
○ Projekte
○ Schülerzeitung
○ Schulfest
▲ Nachhilfe
○ Spendenaktionen
▲ Arbeitsgemeinschaften
▲ Streitschlichter

Zeichenerklärung:
■ Oberbegriff: organisatorische Aufgaben
○ Oberbegriff: außerunterrichtliche Aktivitäten
▲ Oberbegriff: soziales Miteinander der Schüler

Oft bewähren sich auch einfache **Begriffsreihen**, um den Stoff nach gleichwertigen Oberbegriffen in Bereiche zu ordnen, beispielsweise

- körperlich/geistig/seelisch
- der Einzelne/die Gruppe/Einrichtungen/der Staat/die Gesellschaft
- individuell/allgemein
- der Einzelne/die Familie/die Gesellschaft
- Politik/Wirtschaft/Kultur/Wissenschaft
- persönlich/wirtschaftlich/sozial/politisch
  usw.

Diese lassen sich dann anhand des jeweiligen Themas inhaltlich präzisieren.

Mindmap

Eine Mindmap ist eine bereits **geordnete Gedanken- oder Ideenlandkarte**, die sowohl den Verstand als auch die Sinne anspricht.
Im Unterschied zum Cluster ist die Mindmap strukturiert und kann auch farblich oder zeichnerisch gestaltet sein. Die um den Themabegriff notierten Gesichtspunkte verbindest du dabei mit Linien, die sich verästeln können und so Über- und Unterordnungen veranschaulichen: Mithilfe von vorher erarbeiteten Leitbegriffen zum Thema (Oberbegriffe) lassen sich „**Hauptäste**“ zeichnen, die direkt vom „**Stamm**“ des Themabegriffs abzwei-

gen und sich wiederum in einzelne „**Zweige**“ (Unterbegriffe) und – falls vorhanden – „**Unter-Zweiglein**“ (untergeordnete Gesichtspunkte) verästeln können.

Beispielthema:

In welche Bereiche kann man die Möglichkeiten der Mitgestaltung einteilen?

1. Außerunterrichtliche Aktivitäten
2. Organisatorische Aufgaben
3. Miteinander der Schüler

Diese ermittelten Bereiche sind die Namen der vier „Hauptäste“, die vom „Stamm“, dem Kern der Themafrage, abzweigen. Von diesen „Hauptästen“ wachsen nun deine Ideen, die du zuvor im Clustering notiert hast, als „Zweige“ weiter.

Beim zweiten Teil der Themafrage kannst du dann genauso vorgehen.

Eine vollständige Mindmap für das Beispielthema könnte folgendermaßen aussehen:

2.5 Die Gliederung

Die Gliederung ist sowohl das geordnete **Inhaltsverzeichnis** deines Aufsatzes, mit dem ein Leser schnell einen Überblick gewinnen kann, als auch dein eigener **Arbeitsplan** für die Ausarbeitung deines Aufsatzes. Für deine folgende Auseinandersetzung mit dem Thema kannst du sie wie einen „roten Faden" benutzen: An deine Gliederung musst du dich unbedingt halten!
Dabei ist es wichtig, dass deine Gliederung in sich **stimmig und schlüssig** aufgebaut ist. Führe lieber wenige **wichtige Argumente** an, die du dann in deinem Aufsatz auch ausführlich und anschaulich ausarbeiten kannst, als dass du dich in einer Vielzahl von eher unwichtigen und oberflächlichen Einzelargumenten verzettelst. Nicht die Vollständigkeit der Argumente ist entscheidend, sondern ihre **Überzeugungskraft**.
Gliedere innerhalb der Unterbegriffe entweder **vom weniger Wichtigen zum Wichtigen** oder vom weniger Bekannten zum Bekannten.

Grundsätzlich gibt es zwei Formen der Gliederung, die **konventionelle** und die **nummerische Gliederung**, die beide gleichwertig sind.

1. Die konventionelle Gliederung

A. Einleitung
B. Themafrage
  I. Oberbegriff
    1. Unterbegriff
      a) Unterpunkt
      b) Unterpunkt
    2. Unterbegriff
      a) Unterpunkt
      b) Unterpunkt
  II. Oberbegriff
    …
    …
C. Schluss

2. Die nummerische Gliederung

A. Einleitung
B. Themafrage
  1 Oberbegriff
    1.1 Unterbegriff
    1.1.1 Unterpunkt
    1.1.2 Unterpunkt
    1.2 Unterbegriff
    1.2.1 Unterpunkt
    1.2.2 Unterpunkt
  2 Oberbegriff
    …
    …
C. Schluss

In den meisten Fällen reicht dir sicher die hier angegebene „Tiefe" der Untergliederung (Oberbegriff – Unterbegriff – Unterpunkt) aus, da du ja mit deiner Gliederung nur eine Übersicht und nicht bereits den genauen Inhalt deines Aufsatz wiedergeben willst.

Einige Grundregeln für die äußeren Form und die Formulierung:

- Bei der **nummerischen Gliederung** steht **hinter** der jeweils letzten arabischen **Ziffer kein Punkt**.
- Das **erste Wort** eines Ober-/Unterbegriffs bzw. Unterpunkts beginnt mit einem **Großbuchstaben**, auch wenn dieser nicht als Satz formuliert ist.
- Verwende für **Einleitungs- und Schlussgedanken** immer **ganze Sätze**, die Themafrage kannst du entweder als Frage oder Wortgruppe formulieren.
- Formuliere die Ober-/Unterbegriffe bzw. Unterpunkte einheitlich im **Nominalstil** (Wortgruppe mit substantiviertem Verb im Mittelpunkt, z. B. **Organisieren** von Spendenaktionen) oder im **Verbalstil** (ganze Sätze, z. B. Die Schüler **organisieren** Spendenaktionen).

Beispielthema:

A. Die Schüler bringen sich viel zu wenig in das Schulleben ein

B. Mit welchen Beiträgen können Schüler das Schulleben mitgestalten und mit welchen Argumenten kann man die Mitschüler zu einer Mitarbeit bewegen?

1 Beiträge der Schüler zur Mitgestaltung des Schullebens

1.1 Übernahme organisatorischer Aufgaben
1.1.1 Mitwirken beim Schulforum
1.1.2 Übernahme von Klassenämtern
1.1.3 Mitarbeit in der Schülermitverantwortung

1.2 Außerunterrichtliche Aktivitäten
1.2.1 Beteiligung an Schulwettbewerben und Sportwettkämpfen
1.2.2 Mitarbeit bei außerunterrichtlichen Projekten
1.2.3 Mitarbeit an der Schülerzeitung oder am Schulradio
1.2.4 Engagement bei Schulfesten

1.3 Soziales Miteinander der Schüler
1.3.1 Gestaltung des Schulhauses und des Klassenzimmers
1.3.2 Mitgestaltung von Ausflügen oder Klassenfahrten
1.3.3 Organisieren von Spendenaktionen
1.3.4 Gründung von Arbeitsgemeinschaften
1.3.5 Lernhilfen für schwache Schüler
1.3.6 Übernahme eines Streitschlichteramtes

2 Argumente, Mitschüler zu einer Mitarbeit zu bewegen

2.1 Verbesserung des Schulklimas
2.1.1 Belebung des Schulalltags
2.1.2 Verbesserung des Verhältnisses zwischen Lehrern und Schülern
2.1.3 Stärkung des Wir-Gefühls
2.1.4 Verbesserung des Verhältnisses zwischen der Schülern

2.2 Persönlicher Gewinn
2.2.1 Übernahme von Verantwortung
2.2.2 Einüben organisatorischer Fähigkeiten
2.2.3 Förderung von Begabungen und persönlichen Interessen
2.2.4 Förderung der Konfliktlösungsfähigkeit
2.2.5 Stärkung der Teamfähigkeit

C. Die Gesellschaft ist auf engagierte Menschen angewiesen

3 Die Ausarbeitung des Aufsatzes

3.1 Die Einleitung

Die Erörterung besteht aus der **Einleitung**, dem **Hauptteil** mit der Darlegung der Argumente und dem **Schluss**. Je gründlicher du die einzelnen Schritte der Vorarbeit (2.1 bis 2.5) ausgeführt hast, desto leichter fällt dir eine überzeugende schriftliche Ausarbeitung.

> Die Einleitung soll **gezielt** auf das Thema hinführen, das bedeutet
> - den Leser auf das Nachfolgende vorzubereiten,
> - Interesse und Neugier zu wecken,
> - Hintergrundinformationen zum Thema zu bringen und
> - die Themafrage zu entwickeln.

Jede Einleitung besteht aus **drei Teilen:**

1. Einleitungsgedanke
2. Überleitung zur Themafrage
3. Themafrage

Es bieten sich verschiedene Möglichkeiten für einen **Einleitungsgedanken** an:
(*Hinweis:* Als Kurzform (Satz) erscheint dieser Gedanke auch in der Gliederung.)

- persönliches Erlebnis, persönliche Erfahrung
- aktuelles Ereignis
- allgemeine Feststellung/Tatsache
- geschichtlicher Rückblick oder Vergleich der Vergangenheit mit der Gegenwart
- Definition des/der Kernbegriffs/e
- Vergleich mit Ähnlichem oder Gegenüberstellung mit Gegensätzlichem
- Zitat, Sprichwort, Redensart, Motto
- statistisches Zahlenmaterial

> Achte in der Einleitung darauf,
> - **keine Argumente** vorwegzunehmen,
> - nicht mehrere Einleitungsvarianten gleichzeitig zu verwenden,
> - genau zu überprüfen, welche **Einleitungsvariante** gut zum Thema passt,
> - eine sinnvolle, d. h. inhaltlich passende **Überleitung** zur Themafrage zu formulieren.

Einleitung zum Beispielthema (persönliche Erfahrung):

Viele Schülerinnen und Schüler bringen sich heutzutage in der Regel zu wenig in die Mitgestaltung des Schullebens ein. Diese Beobachtung kann man nicht nur an unserer Schule machen, wo sich viele nicht von den Aktivitäten angesprochen fühlen und eine Menge an Begründungen finden, warum sie keine Zeit oder keine Lust haben. Oft wird dabei über den Leistungsdruck und den enormen Zeitaufwand geklagt, den man für die Vorbereitung benötigt. Andere winken einfach deswegen ab, weil sie die Qualität der Aktivitäten für nicht sehr ansprechend hal-

Einleitungsgedanke (Behauptung)
Begründung
Beispiele

ten. Gerade weil aber jeder Schüler ein aktiver Teil seiner Schule sein sollte und das Schulleben mit der Bereitschaft der Betroffenen steht und fällt, muss man sich die Frage stellen, mit welchen Beiträgen Schüler das Schulleben mitgestalten können und mit welchen Argumenten man sie zu einer Mitarbeit bewegen kann.

Überleitung

Themafrage

3.2 Der Hauptteil

> Im anschließenden Hauptteil musst du alle **Argumente** entsprechend der Reihenfolge in der Gliederung **ausführen**.

Argumentieren bedeutet so viel wie beweisen, begründen. Es kommt also darauf an, dass du deine **Gedanken** anhand realistischer Beispiele möglichst **überzeugend begründest**. Grundsätzlich gilt, Ziel der Argumentation und somit der Erörterung ist eine anschauliche und somit überzeugende Auseinandersetzung mit den wesentlichen Gesichtspunkten einer Themafrage.

> Ein **Argument** besteht dabei in der Regel aus folgenden Teilen / Bausteinen:
> 1. Überleitung
> 2. Behauptung, veranschaulicht durch
> 3. Begründung(en) und
> 4. Beispiel(e)
> 5. ggf. Folge(n)/ Wirkungen, Auswirkungen als Abrundung
>
> (6. Überleitung zum nächsten Argument)

In manchen Sprachbüchern wird nur die Behauptung (2.) als Argument bezeichnet und die Veranschaulichung (3. – 5.) dann als Argumentation. Letztlich hat dies aber keine Auswirkung auf deine Ausarbeitung: Entscheidend ist es für dich, auf die **vollständige Erfüllung der oben genannten Bausteine** zu achten.

Nach jedem Argument wird ein Absatz gemacht. Die Argumente sollten sprachlich verknüpft werden. Auch der Übergang zum nächsten Oberpunkt oder zum nächsten Teilbereich des Themas sollte sprachlich gestaltet werden.

Ausschnitt aus dem Hauptteil zum Beispielthema (Argument „Mitarbeit in der Schülermitverantwortung"):

Die Übernahme eines Klassenamtes bringt auch die Möglichkeit mit sich, innerhalb der sogenannten Schülermitverantwortung aktiv zu werden. In der SMV arbeiten die Klassensprecherinnen und Klassensprecher mit den Verbindungslehrern zusammen an einem außerunterrichtlichen Zusatzangebot für die Schüler. Außerdem wählt die Klassensprecherversammlung die Schülersprecher, die die wichtigsten Vertreter der Schüler nach außen darstellen. Wie der Name schon sagt, übernehmen hier Schüler Mitverantwortung auch bei der Gestaltung des Schullebens, beispielsweise bei der Durchführung von Schulfesten, bei der Organisation von Tanzkursen usw. Außerdem sind die Mitglieder der SMV Ansprechpartner für alle Schüler. Ein aktives Mitglied ist in der Lage,

Verknüpfung von 1.1.2 mit 1.1.3

Behauptung 1.1.3

Begründung

Beispiele

Bedürfnisse der Schüler aufzugreifen und einzubringen, z. B. in Form eines Filmnachmittags oder eines SMV-Bergwandertags an einem Samstag. Sich in der SMV zu engagieren bringt also die Chance, sich sowohl für die Bedürfnisse der Schüler einzusetzen bzw. deren Ansprechpartner zu sein als auch sich aktiv mit den Verbindungslehrern an der Aktivierung des Schullebens zu beteiligen. Folge/Wirkung

➡ Um die einzelnen Argumente zu verbinden, musst du geschickt **überleiten**.

Hier bieten sich an:

- Adverbien und Konjunktionen (z. B. außerdem, zusätzlich, daneben, jedoch, aber ...),
- sprachliche Wendungen (z. B. Man darf nicht vergessen, dass ...; Hinzu kommt, dass ...; Zu nennen ist ...),
- Aufgreifen des vorangehenden Gesichtspunktes oder der Themafrage (z. B. Neben den Vorteilen aus ... ergeben sich aber auch positive Folgen für ...).

Während deiner Vorbereitungsphase solltest du dir eine Reihe von Verknüpfungen und Überleitungen zurechtlegen, notieren und einprägen. Beispiele findest du auch bei den ausgearbeiteten Erörterungen zu einzelnen Prüfungsthemen.

➡ Verwende **Verben des Argumentierens**, um zu überzeugen.

Häufig verwendete Verben des Argumentierens sind beispielsweise:

- Verben mit Präposition und Akkusativ: anknüpfen an, sich wenden an, abzielen auf, sich berufen auf, reagieren auf, verzichten auf, zählen auf, appellieren an, sich entscheiden für, klagen über ...
- Verben mit Präposition und Dativ: arbeiten an, sich beteiligen an, sich stören an, sich befassen mit, beruhen auf, beharren auf, resultieren aus, unterscheiden zwischen, streben nach, fragen nach ...

Während deiner Vorbereitungsphase solltest du dir eine Reihe von Verben des Argumentierens erarbeiten, aufschreiben und fest einprägen.

3.3 Der Schluss

➡ Der Schluss soll die Erörterung **abrunden**.

Das heißt, du solltest vermeiden, einen x-beliebigen Schlussgedanken „anzukleben“.
Du stehst vor der Aufgabe, deine Ausführungen noch einmal zu überdenken.

Als **Schlussgedanken** bieten sich u. a. an:

- Zusammenfassung wichtiger Gesichtspunkte
- Folgerung aus dem Geschriebenen
- begründete persönliche Stellungnahme
- Einschränkung des Themabereichs
- Vergleich mit ähnlicher Thematik
- gegensätzlicher Gedanke
- weiterführender Gedanke
- Wunsch

Schluss zum Beispielthema:

Sowohl die Vielzahl an Möglichkeiten, sich an der Gestaltung des Schullebens zu beteiligen, als auch die Vorteile, die die Schulgemeinschaft und jeder Einzelne aus dem Engagement ziehen können, lassen mich zu dem Schluss kommen, dass auch die Gesellschaft als Ganzes auf engagierte Menschen angewiesen ist. Unser Miteinander würde nicht nur ein großes Stück ärmer werden, wenn nicht gar in manchen Bereichen nicht mehr funktionieren, wenn es keine engagierten Menschen mehr gäbe. Man stelle sich nur einfach vor, niemand würde mehr ehrenamtlich im sozialen Bereich, etwa in der Jugendarbeit oder Altenhilfe tätig sein. Genauso negativ würden die Auswirkungen ausfallen, wenn sich immer mehr Menschen aus der aktiven Arbeit in den unzähligen Vereinen in unserem Land zurückziehen würden. Unsere Schulen sind Übungs- und Vorbereitungsfeld für die aktiven Mitglieder unserer Gesellschaft von morgen.

Überleitung
Schlussgedanke
Begründung
Beispiele
Abrundung

➡ Achte bei der Ausarbeitung deines Schlussgedankens auf Folgendes:

- **Vermeide** rein inhaltliche **Wiederholungen** aus dem Hauptteil.
- Verwende aber auch **keine neuen Argumente**, die eigentlich noch in den Hauptteil gehören.
- Nimm dir gerade für die Ausformulierung des Schlussteils genügend Zeit, damit deine Erörterung genauso **überzeugend** endet, wie sie beginnt.

Hinweise zum Üben der Erörterung

Vollständige **Gliederungs- und Aufsatzbeispiele**, die die einzelnen Arbeitsschritte der Erörterung berücksichtigen und darstellen, findest du in den **Lösungsvorschlägen zu den Abschlussprüfungen**. Verwende sie nicht nur als Anschauungsmaterial, sondern als Grundlage zu eigenständigen Übungen:

- **Einüben der Gliederung:** Nimm nur das Thema aus dem Vorspann zum jeweiligen Prüfungsjahrgang und erarbeite dann selbstständig eine Gliederung. Vergleiche hinterher deine Lösung mit der hier vorgeschlagenen Gliederung und überarbeite sie gegebenenfalls.
- **Einüben der vollständigen Ausarbeitung:** Orientiere dich zunächst an den vorgeschlagenen Gliederungen und formuliere dazu einzelne Bereiche oder den ganzen Aufsatz aus. Wenn du dir schon sicherer bist: Sieh dir nur die Aufgabenstellung an und entwirf eine eigene Gliederung mit einem vollständigen Aufsatz. Vergleiche und überarbeite deine Lösungen mithilfe der Lösungsmöglichkeiten in diesem Buch.

Beachte dabei aber, dass es sich hier um Lösungsvorschläge und „Maximallösungen“ handelt, die von dir in diesem Umfang nicht unbedingt erwartet werden, um als sehr gute Arbeit zu gelten.

„Roter Faden“ zur Erörterung

1. **Lies** alle Themen sorgfältig durch und analysiere sie.

2. **Wähle** ein Thema, das du eindeutig analysiert hast und verstehst.
   Bestimme die Art der Erörterung.

3. **Analysiere** nun das gewählte Thema genau nach Themabegriff, Einschränkung, Präzisierung und möglichen Hinweisen zur Art der Auseinandersetzung.

4. Wende zur **Stoffsammlung** eine der hier vorgeschlagenen Techniken an (W-Fragen, ungeordnete Stoffsammlung, Clustering).

5. **Ordne** den Stoff nach Oberbegriffen, Unterbegriffen und gegebenenfalls Unterpunkten. Denke dabei auch an die Bildung von Begriffsreihen.
   Wende zur Stoffordnung eine der hier vorgeschlagenen Techniken an (Markierung der Begriffe mit Farben und Symbolen, Mindmap).

6. Ergänze das nun erarbeitete Gliederungsgerüst durch **Einleitungs**- und **Schlussgedanken**.

7. Formuliere die **Gliederung** endgültig, achte dabei auf ein schlüssiges Gliederungsprinzip (z. B. vom weniger Wichtigen zum Wichtigen) und eine einheitliche sprachliche Darstellung (Nominalstil oder Verbalstil).
   Beachte dabei auch die Grundregeln für die äußere Form und die Formulierung der Gliederung.

8. Gestalte die **Einleitung** nach einer geeigneten Variante und halte dich an den dreiteiligen Aufbau (Einleitungsgedanke, Überleitung und Themafrage).

9. Formuliere alle **Argumente** vollständig nach dem Argumentationsschema:
   Behauptung – Begründung – Beispiel – Folge/Wirkung – Überleitung.
   Beachte sprachliche Verknüpfungen auch zwischen den einzelnen Teilbereichen der Themafrage bzw. zwischen den Oberbegriffen.

10. Runde die Erörterung sinnvoll mit einem anschaulichen **Schluss** ab.

11. Achte bei der Ausarbeitung immer auf den **Sinn** deiner Formulierungen.

12. Überarbeite deinen Aufsatz abschließend nach den obigen Punkten.
    Beachte dabei besonders auch die **äußere Form** (Absätze, Schrift) sowie die **Rechtschreibung** und **Grammatik**.
    Verbessere umgangssprachliche Ausdrücke, Wiederholungen und Hilfsverbstil (Vermeidung von „ist“ und „hat“).

Den „Roten Faden zur Erörterung“ kannst du auch als „Stichwortzettel“ verwenden, um zu überprüfen, ob du alle Schritte der Erörterung beherrschst.

4 Aufsatzbeispiel

Das Aufsatzbeispiel ist in diesem Fall umfangreicher gestaltet, weil es eine möglichst große Vielfalt an Antworten zeigen will. Eine Lösung in dieser Ausführlichkeit wird von dir sicher nicht erwartet und ist auch in der vorgegebenen Zeit der Prüfung nicht zu schaffen.

(Die Buchstaben und Ziffern am Rand dienen der Orientierung und sind nicht Teil der Ausarbeitung.)

Viele Schülerinnen und Schüler bringen sich heutzutage in der Regel	**A. Einleitung**
zu wenig in die Mitgestaltung des Schullebens ein. Diese Beobachtung	(Behauptung)
kann man nicht nur an unserer Schule machen, wo sich viele nicht von den Aktivitäten angesprochen fühlen und eine Menge an Begründungen vorbringen, warum sie keine Zeit oder keine Lust haben. Oft	Begründung
wird dabei über den Leistungsdruck und den enormen Zeitaufwand geklagt, den man für die Vorbereitung benötigt. Andere winken einfach deswegen ab, weil sie die Qualität der Aktivitäten für nicht	Beispiele
sehr ansprechend halten. Gerade weil aber jeder Schüler ein aktiver Teil seiner Schule sein sollte und das Schulleben mit der Bereitschaft	Überleitung
der Betroffenen steht und fällt, muss man sich die Frage stellen, mit welchen Beiträgen Schüler das Schulleben mitgestalten können und mit welchen Argumenten man sie zu einer Mitarbeit bewegen kann.	Themafrage
Schüler können einen ganz erheblichen Beitrag dazu leisten, das	**B. Hauptteil**
Schulleben und alles, was dazugehört, mitzugestalten. Sie können	1 1.1
dabei auch eine Reihe organisatorischer Aufgaben übernehmen.	Überleitung zu 1.1.1
In Form einer Mitwirkung im Schulforum, das es an manchen Schulen gibt, können Schüler an der organisatorischen Gestaltung des	**Behauptung 1.1.1**
Schulalltags mitwirken und so auch die Belange ihrer Mitschüler einbringen. In einem solchen Gremium arbeiten Vertreter von Schulleitung, Lehrern, Eltern und – was hier besonders von Belang ist – von Schülern beispielsweise an der Lösung organisatorischer Fragen. Hier	Begründung
kann es unter anderem um die Regelung der Pausen gehen, die Festlegung von Jahresthemen oder die Erarbeitung von Grundregeln für die Durchführung von Klassenfahrten usw. Man kann an den wenigen	Beispiele
Beispielen erkennen, wie wichtig es ist, wenn die Schülerinnen und Schüler eine Stimme in einer solchen Runde besitzen, die ihre Vorstellungen einbringt, denn schließlich betreffen viele Entscheidungen vor allem diese Gruppe.	Folgerung
Doch gibt es auch Aufgaben, die an allen Schulen erfüllt werden können und müssen und die, wenn sie aktiv wahrgenommen werden, von	Verknüpfung mit 1.1.2
großer Bedeutung sind. Mit der Bereitschaft, ein Klassensprecheramt	**Behauptung 1.1.2**
zu übernehmen, stehen sie nicht nur dem Klassenleiter hilfreich zur Seite, wenn es beispielsweise darum geht, die Klasse immer auf dem aktuellen Informationsstand zu halten. Als Klassensprecher vertreten sie insbesondere die Klasse und ihre Vorstellungen und Wünsche gegenüber den Lehrern und den anderen Klassen. Auch können Klassensprecher von sich aus mit ihren Klassen Aktivitäten beisteuern, die der Schulgemeinschaft zugutekommen, wie zum Beispiel Aufgaben bei einer Veranstaltung zu übernehmen oder Programmpunkte beim Schul-	Begründungen mit Beispielen
fest zu gestalten. Darüber hinaus gibt es noch weitere Funktionen und Klassenämter, die Schüler übernehmen können und die das Miteinander in der Klasse vereinfachen. In Frage kommen beispielsweise die	Ausweitung

Führung des Absentenbuches, die Verwaltung der Klassenkasse oder die Verantwortlichkeit für die Vollständigkeit des Klassentagebuchs.

Verknüpfung mit 1.1.3 | **Behauptung 1.1.3** | Begründung

Die Übernahme eines Klassenamtes bringt auch die Möglichkeit mit sich, innerhalb der sogenannten Schülermitverantwortung aktiv zu werden. In der SMV arbeiten die Klassensprecherinnen und Klassensprecher mit den Verbindungslehrern zusammen an einem außerunterrichtlichen Zusatzangebot für die Schüler. Außerdem wählt die Klassensprecherversammlung die Schülersprecher, die die wichtigsten Vertreter der Schüler nach außen darstellen. Wie der Name schon sagt, übernehmen hier Schüler Mitverantwortung auch bei der Gestaltung des Schullebens, *(Beispiele)* beispielsweise bei der Durchführung von Schulfesten, bei der Organisation von Tanzkursen usw. Außerdem sind die Mitglieder der SMV Ansprechpartner für alle Schüler. Ein aktives Mitglied ist in der Lage, Bedürfnisse der Schüler aufzugreifen und einzubringen, z. B. in Form eines Filmnachmittags oder eines SMV-Bergwandertags an einem Samstag. *(Folge / Wirkung)* Sich in der SMV zu engagieren, bringt also die Chance, sich sowohl für die Bedürfnisse der Schüler einzusetzen bzw. deren Ansprechpartner zu sein als auch sich aktiv mit den Verbindungslehrern an der Aktivierung des Schullebens zu beteiligen.

(Überleitung zu 1.2) Neben der Erfüllung organisatorischer Aufgaben, mit denen sich Schüler aktiv am Schulleben beteiligen können, gibt es auch den wichtigen Bereich außerunterrichtlicher Aktivitäten. *(**Behauptung 1.2.1**)* Jeder kann je nach Interesse und Fähigkeiten an Schulwettbewerben oder Sportwettkämpfen teilnehmen. *(Begründung)* Je mehr solcher Aktivitäten aufgrund des Schülerinteresses stattfinden können, desto mehr tragen sie zu einem vielfältigen Schulleben bei und wecken so eventuell das Interesse anderer Schüler oder Klassen, sich dabei zu engagieren. Außerdem stellen Wettbewerbe durchaus eine Möglichkeit dar, die Schule nach außen hin zu vertreten, sie bekannter zu machen und etwas für das Ansehen der eigenen Schule zu tun. Nicht nur vom Kultusministerium, sondern von vielen Einrichtungen und Organisationen werden Wettbewerbe angeboten. *(Beispiele)* Als Beispiele sind etwa das „Planspiel Börse“ der Sparkassen, der Wettbewerb „Erdkunde-Wissen“ oder die vielen Wettbewerbe aus dem Bereich der Informationstechnologie zu nennen. *(Folge / Wirkung)* Das Mitmachen eröffnet nicht nur Gewinnchancen, sondern ist auch eine gute Möglichkeit, sein eigenes Wissen auf vielen Gebieten zu vertiefen.

(Verknüpfung mit 1.2.2) Daneben laufen an vielen Schulen außerunterrichtliche Projekte, *(**Behauptung 1.2.2**)* die von der Mitarbeit der Schüler leben *(Begründung)* und oft auf die Verbesserung des Schulklimas oder die Schaffung neuer Möglichkeiten für ein vielfältiges Schulleben abzielen. *(Beispiel)* Auf diese Weise konnte an meiner Schule im Rahmen eines mehrjährigen Schulgartenprojekts eine Art grünes Klassenzimmer gestaltet werden, das allen zugutekommt und oft für besondere Stunden genutzt wird und darüber hinaus auch ein Anschauungsort für den Biologieunterricht ist.

(Verknüpfung mit 1.2.3) Was wäre eine lebendige Schule ohne eine Schülerzeitung oder ein Schulradio? *(**Behauptung 1.2.3** als Frage, Begründung)* Gerade diese beiden Aktivitäten bedürfen der Hilfe und des Engagements vieler. Damit eine Sendung entstehen kann oder die nächste Ausgabe einer Schülerzeitung druckreif ist und genügend informative bzw. unterhaltsame Artikel enthält, sind viele Arbeitsstunden nötig und die Schüler müssen einiges ihrer Freizeit opfern. *(Beispiel)* Bei uns an der Schule gibt es sogar ein eigenes Wahlfach, das die Arbeitsgruppe für die Schülerzeitung unterstützt, und die Beteiligten sind jedes Mal sehr stolz, wenn die neue Ausgabe erscheint, besonders

wenn viele Mitschüler die Redaktionsmitglieder auf die Beiträge hin	
ansprechen. Auch in diesem Fall profitiert nicht nur die Schulgemeinschaft von einem derartigen Engagement, sondern auch die Macher einer Schülerzeitung selbst, die einen praktischen Einblick in die wichtigen Bereiche der Zeitungsarbeit erhalten.	Wirkung
Natürlich wirken erfolgreiche Schülerzeitungen auch nach außen und	Verknüpfung mit 1.2.4
können das Ansehen der Schule fördern. Noch mehr Außenwirkung	**Behauptung 1.2.4**
besitzen Schulfeste. Sie stellen die einfachste Beteiligungsmöglichkeit für den einzelnen Schüler und für alle Klassen dar. Man benötigt für	Begründung
ein erfolgreiches Schulfest viele helfende Hände und gute Ideen. Der Erlös unserer Schulfeste kommt immer einem sozialen Zweck zugute und wegen der vielen positiven Rückmeldungen wollen alle Klassen ihren Beitrag dafür leisten.	Beispiel
Die Schule ist nicht nur ein Ort, an dem man sich mit Deutsch, Englisch oder mit Mathematik beschäftigt, sondern auch ein Ort, an dem viele Menschen miteinander arbeiten und leben. Deswegen ist gemein-	Überleitung zu 1.3
schaftliches Handeln ein ganz wichtiger Lernbereich. Schüler können	**Behauptung 1.3.1**
sich bei der Gestaltung des Schulhauses und der Klassenzimmer engagieren oder zum Beispiel den Aufenthaltsraum nach ihren Vorstellun-	Begründung
gen gestalten. Oft führen solche Schüleraufenthaltsräume ein ziemliches Schattendasein und werden von den Schülern nur ungern genutzt, aber seit unserer auf Initiative einiger Klassen völlig neu und mit bunten Graffitis gestaltet werden durfte, hat sich dies geändert. Eigene	Beispiel
Aktivitäten bei der Gestaltung haben aber auch den Effekt, dass mit den Räumlichkeiten viel sorgfältiger umgegangen wird, da viel eigene Arbeit hineingesteckt worden ist.	Wirkung
Gemeinschaftliches Miteinander nicht nur unter Mitschülern, sondern	Verknüpfung mit 1.3.2
auch mit Lehrern eröffnet die Mitwirkung an der Gestaltung von Aus-	**Behauptung 1.3.2**
flügen und Klassenfahrten. Auf diese Weise können Ziele gefunden werden, die auch dem Interesse der Klasse entsprechen. Zudem haben die Schüler die Möglichkeit, Informationen über das Ziel der Klassenfahrt zu sammeln und so einen Teil der Führung zu übernehmen. Wan-	Begründung
dertage waren früher eine ziemlich öde Angelegenheit, seit wir aber gemeinsam mit dem Lehrer das Ziel bestimmen und innerhalb der Klasse ein Programm mit Spielen und Wettbewerben für die Wanderung gestalten, hat sich die Einstellung dazu doch erheblich verändert.	Beispiel
Darüber hinaus bieten Schulfeste oder Tage der offenen Tür bzw.	Verknüpfung mit 1.3.3
Elternsprechtage eine gute Gelegenheit, sich für Menschen einzuset-	**Behauptung 1.3.3**
zen, denen es nicht so gut geht. Oft wird man auf die Not anderer im Unterricht aufmerksam gemacht, aber auch am Schulort gibt es Einrichtungen, die sich um Menschen in Not kümmern. Es gehört sicherlich auch zu den Lernzielen, dass einem die Mitmenschen nicht gleich-	Begründung
gültig sein sollten. Besonders beliebt sind an unserer Schule Aktionen, mit denen Schulpatenschaften in Indien unterstützt werden, wodurch dort für viele Schüler der Schulbesuch ermöglicht wird.	Beispiel
Aber auch untereinander können sich die Schüler helfen. Mit der	Verknüpfung mit 1.3.4
Gründung von Arbeitsgemeinschaften sind sie in der Lage, Interes-	**Behauptung 1.3.4**
sengebiete, die nicht durch Wahlfächer abgedeckt sind, zu vertiefen und so dazu beizutragen, dass die Vielfalt der Angebote erhöht wird.	Begründung
Ein Beispiel einer Arbeitsgemeinschaft an unserer Schule sind die Tutoren, das ist eine Gruppe von Schülerinnen und Schülern der höheren Klassen, die sich regelmäßig treffen, um Freizeitangebote für die „Neuen“ auszuarbeiten und durchzuführen. Auf diese Art und Weise	Beispiel

werden zum Beispiel die Fünftklässler schneller in die Schulgemeinschaft integriert und erleben einen sinnvoll gestalteten Nachmittag.

Verknüpfung mit 1.3.5

Der Gedanke der gemeinsamen Arbeit steckt auch im Angebot von Lernhilfen für schwache Schüler.

Behauptung 1.3.5

Auch hierdurch wird der Gedanke des Miteinanders gestärkt, wenn bessere Schüler jenen helfen, die aus irgendwelchen Gründen in einem Fach in Schwierigkeiten geraten sind.

Begründung

Es ist durchaus sinnvoll, wenn die Schüler untereinander eine solche Möglichkeit der Lernhilfe einrichten, da sie oft einen verständlichen Lösungsweg für zum Beispiel schwierige Mathematikaufgaben vermitteln können.

Beispiel

Folge / Wirkung

Über den Gesichtspunkt, sich gegenseitig zu helfen, hinaus bedeuten solche Gruppen oder Arbeitsgemeinschaften auch, dass man sich untereinander besser kennenlernt.

Verknüpfung mit 1.3.6

Schließlich gibt es in der Schule nicht nur die eine oder andere Schwierigkeit mit dem Lernstoff und daraus folgende schlechte Noten, oft kommt es auch im Umgang miteinander zu Streit, zu Konflikten oder sogar zu einer Rauferei.

Behauptung 1.3.6

Um solche Probleme unter Schülern zu regeln und zu lösen, gibt es an vielen Schulen sogenannte Streitschlichter oder Konfliktlotsen.

Begründung

Eine Mitwirkung in einem solchen Team stellt einen wertvollen Beitrag zur Gestaltung des Schullebens dar, denn jeder gelöste Konflikt trägt zu einem angenehmen Schulklima bei. Diese Gruppen können jedoch ihre wichtige Rolle nur erfüllen, wenn sich genügend Schüler zur Verfügung stellen, um sich als Streitschlichter ausbilden und zum jeweiligen Wochendienst einteilen zu lassen.

Verknüpfung

Wie im ersten Teil der Erörterung deutlich geworden ist, gibt es viele Bereiche, in denen der einzelne Schüler einen aktiven Beitrag zu einer lebendigen Schule leisten kann.

Überleitung zu 2

Nun stellt sich die Frage nach den Argumenten, mit denen die Mitschüler zu einer Mitarbeit zu bewegen sind. Ein Engagement für das Schulleben bringt zwei Vorteile mit sich.

Überleitung zu 2.1

Behauptung 2.1.1

Zunächst wirkt es sich in mehrfacher Hinsicht auf die Verbesserung des Schulklimas aus.

Begründung mit Beispielen

Der Schulalltag, der in der Regel nur aus Unterricht, Schulaufgaben, der Pause und dem oft heiß ersehnten Unterrichtsschluss besteht, wird durch das vielfältige Engagement der Schüler belebt. Eine Schule, die darüber hinaus interessante Projekttage, lustige Schulfeste, selbst gestaltete Klassenzimmer, Lernhilfen für schwächere Schüler usw. anbieten kann, verfügt über ein lebendiges, abwechslungsreiches Schulleben, von dem alle profitieren, auch diejenigen Schüler, die dafür ihre Zeit und Energie zur Verfügung stellen.

Verknüpfung mit 2.1.2

Behauptung 2.1.2

Eine lebendige Schule sorgt auch in vielerlei Hinsicht für ein besseres Verhältnis zwischen Lehrern und Schülern.

Begründung

Viele der genannten Aktivitäten bedürfen der Mithilfe oder Aufsicht durch Lehrer. Auf diese Weise lernen sich Lehrer und Schüler auch außerhalb des Unterrichts kennen, die Zusammenarbeit ist nicht gekennzeichnet vom Leistungsdruck, sondern von einer eher entspannteren Atmosphäre. Dadurch können Schüler auch die menschlichen Seiten ihrer Lehrkräfte kennenlernen und ebenso werden die Lehrer ihre Schüler von einer ganz anderen Seite sehen, wenn diese mit Begeisterung an die Arbeit gehen, um beispielsweise in vielen zusätzlichen Stunden eine Schülerzeitung herzustellen.

Beispiel

Folge / Wirkung

Gemeinsame Aktivitäten außerhalb des Unterrichts können also auch das Verständnis und den Respekt fördern und die Eindrücke, die man auf beiden Seiten etwa beim Neugestalten des

Klassenzimmers, beim Schulfest oder bei Sportwettkämpfen voneinander gewinnt, können sich ebenfalls positiv auf den Unterricht auswirken, da Schüler und Lehrkräfte motivierter sind.

Nicht nur das Verhältnis zwischen Lehrkräften und Schülerschaft kann entspannt und verbessert werden, die Aktivitäten zur Mitgestaltung eines vielfältigen Schullebens tragen auch einen großen Anteil dazu bei, dass das „Wir-Gefühl" der Schüler und somit die Schulgemeinschaft gestärkt wird. Gemeinsam etwas für die Schule zu erreichen, gemeinsam zu erfahren, dass man ein Teil der Schule ist und sich für die Schule einsetzt, verbindet. Gerade durch Aktivitäten außerhalb des Unterrichts, die in der Öffentlichkeit wirken, erfahren Schüler, dass ihre Schule mehr ist als nur ein Ort, an dem Wissen vermittelt wird. Dies wird besonders deutlich, wenn eine Sportwettkampfgruppe in einem Vergleich auf Landkreis- oder Bezirksebene einen guten Platz errungen hat und dafür geehrt wird oder wenn eine Klasse etwa beim „Planspiel Börse" Schlagzeilen macht. Auch die Gemeinschaftsleistung, den Tag der offenen Tür mitgestaltet zu haben, verbindet und stärkt das Gemeinschaftsgefühl.

Verknüpfung mit 2.1.3
Behauptung 2.1.3
Begründung
Beispiele

Ein ganz wichtiges weiteres Argument für die Mitgestaltung des Schullebens ergibt sich aus dem bereits Erörterten. Ein Schulklima, das durch vielfältige Aktivitäten geprägt ist, bewirkt sicher auch eine Verbesserung des Verhältnisses zwischen den einzelnen Schülern. Die Schüler sind mehr aufeinander angewiesen, sie müssen zusammenarbeiten. Es gibt viel mehr Gelegenheiten, außerhalb des Unterrichts miteinander ins Gespräch zu kommen, andere Mitschüler kennenzulernen oder die Kontakte zu Mitschülern zu vertiefen. Darüber hinaus verbinden Erfolg und die Gemeinschaftsarbeit, sodass das Verhältnis zueinander gestärkt wird. Dies alles kann der Unterricht alleine nicht leisten. Hier ist man oft auf sich alleine gestellt. Erst außerunterrichtliche Aktivitäten eröffnen vor allem an größeren Realschulen die Möglichkeit, Mitschüler aus Parallelklassen oder anderen Jahrgangsstufen kennenzulernen, sei es beim Fußballwettkampf, wenn man in derselben Mannschaft ist, oder durch die Zusammenarbeit in der Tutorengruppe.

Verknüpfung mit 2.1.4
Behauptung 2.1.4
Begründung
Beispiel

Nun profitiert aber nicht nur das Schulklima von der aktiven Mitgestaltung durch die Schüler. Jeder, der in irgendeinem Zusammenhang aktiv ist, profitiert persönlich davon. Zum einen lernt man, auf vielen Feldern Verantwortung zu übernehmen. Gerade wenn das Gelingen oder der Erfolg einer Veranstaltung vom Einsatz jedes Einzelnen abhängt und nicht unbedingt eine Lehrkraft dafür sorgt, dass ein Ziel erreicht wird, wird die Übernahme von Verantwortung für die Schüler zu einem prägenden Erlebnis. Man denke dabei an die Einhaltung von Terminen für die Artikel der Schülerzeitung, die sachliche Richtigkeit der Beiträge oder die fehlerfreie Korrektur, bevor eine Schülerzeitung in Druck geht.

Überleitung zu 2.2
Behauptung 2.2.1
Begründung
Beispiel

Eine weitere Qualifikation, die im Leben wichtig sein kann, ist die Beherrschung organisatorischer Fähigkeiten. Viele schulische Ereignisse erfordern Organisationstätigkeiten, die man im Unterricht nicht erlernen kann. Erfahrung in solchen Aufgaben kann jedoch später im Beruf durchaus von Nutzen sein. Gerade bei der Durchführung eines Schulfestes ergeben sich umfangreiche organisatorische Aufgaben. Man muss planen, was man alles an Ausrüstung benötigt bzw. wer für welche Tätigkeit verantwortlich ist. Dazu gehört zum Beispiel auch

Verknüpfung mit 2.2.2
Behauptung 2.2.2
Begründung
Beispiel

die Erstellung eines Zeitplans für die Vorbereitung und den Abbau bzw. das Aufräumen.

Verknüpfung mit 2.2.3 · **Behauptung 2.2.3** · Begründung · Beispiele

Zum Schulleben beizutragen, kann auch bedeuten, dass man seine persönlichen Begabungen und Interessen fördert, da man sein Engagement danach ausrichten und die Fähigkeiten bei entsprechenden Aktivitäten beweisen bzw. ausbauen kann. Wer gerne schreibt und recherchiert oder Texte gestaltet, kann dies bei der Erstellung der Schülerzeitung einbringen. Sportliche Begabungen und Interessen sind in den einzelnen Wettkampfgruppen gut aufgehoben und, wer beispielsweise über besonders gute Kenntnisse im Zusammenhang mit Computern besitzt oder diese vertiefen will, kann an der Schulhomepage mitarbeiten.

Verknüpfung mit 2.2.4 · **Behauptung 2.2.4** · Begründung · Beispiel · Ausweitung

Zu den persönlichen Fähigkeiten, die nicht in der Schule, sondern auch im Privatleben oder im Beruf wichtig sind, gehört auch die Fähigkeit, Konflikte zu lösen. Durch die Vielfalt an persönlichen Kontakten und die Zusammenarbeit in Gruppen entstehen sicherlich auch immer wieder Meinungsverschiedenheiten, die im Interesse eines erfolgreichen Gruppenergebnisses gelöst werden müssen. Beispielsweise entstehen innerhalb der Klassengemeinschaft immer wieder Meinungsverschiedenheiten oder gar Konflikte, die an den Klassensprecher herangetragen werden und für deren Lösung er sich einsetzen muss. Außerdem bietet die Streitschlichtertätigkeit nicht nur theoretisches Wissen, sondern auch praktische Erfahrung in der Lösung von Konflikten an.

Verknüpfung mit 2.2.5 · **Behauptung 2.2.5** · Begründung · Beispiel

Nicht nur die Fähigkeit, Konflikte zu lösen, wird durch den Einsatz für ein vielfältiges Schulleben gestärkt, sondern auch die Teamfähigkeit. Ihr kommt im Berufsleben eine immer höhere Bedeutung zu, weil die meisten Tätigkeiten innerhalb eines Teams erledigt werden. Auch bei vielen schulischen Aktivitäten ist es von Bedeutung, seine Rolle in einer Gruppe zu finden, seine Fähigkeiten einzubringen bzw. die Rolle auch zu behaupten oder gar die Führung in einem Team zu übernehmen. Anders als im Unterricht ist man bei der Durchführung von außerunterrichtlichen Aktivitäten auf eine funktionierende Arbeitsgemeinschaft angewiesen. Immer häufiger werden fiktive oder auch echte Schülerfirmen etwa im Rahmen des „JUNIOR-Projekts" gegründet und arbeiten erfolgreich, worauf die Beteiligten natürlich sehr stolz sein können.

C. Schluss · Überleitung · Schlussgedanke · Ausführung · Begründung · Beispiele · Abrundung

Sowohl die Vielzahl an Möglichkeiten, sich an der Gestaltung des Schullebens zu beteiligen, als auch die Vorteile, die die Schulgemeinschaft und jeder Einzelne aus dem Engagement ziehen können, lassen mich zu dem Schluss kommen, dass auch die Gesellschaft als Ganzes auf engagierte Menschen angewiesen ist. Unser Miteinander würde nicht nur ein großes Stück ärmer werden, in manchen Bereichen vielleicht gar nicht mehr funktionieren, wenn es keine engagierten Menschen mehr gäbe. Man stelle sich nur einfach vor, niemand würde mehr ehrenamtlich im sozialen Bereich, etwa in der Jugendarbeit oder Altenhilfe tätig sein. Genauso negativ würden die Auswirkungen ausfallen, wenn sich immer mehr Menschen aus der aktiven Arbeit in den unzähligen Vereinen in unserem Land zurückziehen würden. Unsere Schulen sind Übungs- und Vorbereitungsfeld für die aktiven Mitglieder unserer Gesellschaft von morgen.

Erörterung mit Informationsmaterial

Eines der sechs Erörterungsthemen enthält zusätzlich Informationsmaterialien, die du bei deiner Erörterung berücksichtigen musst. Es geht hier also darum, dass du diese **Zusatzmaterialien richtig auswertest** und **bei der Erörterung sinnvoll einbeziehst**.
Das Auswerten von Materialien hast du bereits im Deutschunterricht und auch in anderen Fächern gelernt. Mit dem folgenden Kapitel zur Erörterung mit Informationsmaterial kannst du diese Kenntnisse systematisch wiederholen, vertiefen und trainieren.

1 Begriffsbestimmung und Zielsetzung

Für die Erörterung mit Informationsmaterial gelten die gleichen Arbeitsschritte (Themaerschließung, Stoffsammlung, Stoffordnung, Gliederung, Ausarbeitung des Aufsatzes) wie bei der Erörterung ohne Materialien. Achte darüber hinaus auf Folgendes:

Ziel der Erörterung mit Informationsmaterial ist es,
- dass du **Anschauungsmaterial und Argumentationshilfen** erhältst,
- dass du verschiedene Textarten und Darstellungsweisen (z. B. Diagramme) **genau liest** und **auswertest** und
- dass deine Fähigkeit überprüft wird, **Wichtiges von Unwichtigem zu unterscheiden**.

Diese Art der Erörterung kennst du auch aus dem Unterricht, bei dem oft am Beginn einer Auseinandersetzung mit einem Thema ein Gespräch, eine Diskussion und vor allem die Recherche und die Sichtung und Auswertung von Material steht.

Die Auswertung von Material zu einem Erörterungsthema bietet dir viele Möglichkeiten: Du kannst die Informationsmaterialien verwenden,
- um zusätzliches Material für deine **Stoffsammlung** zu bekommen,
- um **neue Argumente** zum Thema zu entwickeln,
- um deine Behauptungen aussagekräftig zu **begründen**,
- um deine Argumente mit **Beispielen** zu veranschaulichen,
- um eine zum Thema hinführende **Einleitung** zu formulieren und
- um einen abschließenden Gedanken für den **Schluss** zu schreiben.

Beachte: Mit dem Informationsmaterial, das dir in der Prüfung vorgelegt wird, werden nicht alle Bereiche eines Themas abgedeckt. Um ein Thema umfassend erörtern zu können, musst du also auch geeignete Argumente für deine Erörterung entwickeln, die unabhängig von den Materialien sind.

Wenn du Daten aus den Materialien verwendest, musst du die **Quelle** korrekt angeben. Wörtlich übernommene Textstellen musst du als **Zitat** kennzeichnen.

Die Auseinandersetzung mit dem Material, das in der Regel zwei DIN-A4-Seiten nicht übersteigt, soll am Anfang deiner Arbeit stattfinden, also **vor der Stoffsammlung**. Es kommt darauf an, zu überlegen, **welche Informationen** du verwenden möchtest, und vor allem **wie** du sie verwenden möchtest.

Du musst also entscheiden, was innerhalb des Materials **für das Thema wichtig** ist, was du verwenden möchtest und vor allem, wie es dir nutzen kann, z. B. in der Einleitung, als Material zur Veranschaulichung von Argumenten oder als Grundlage zur Ableitung neuer Argumente. Beachte auch die den Materialien vorangestellte **Arbeitsanweisung:** Sie gibt dir Hinweise, wie du das Material sichten und auswerten sollst.

Wichtig ist, dass du dich bei der Auswertung der Materialien stets **auf das Thema beziehst**. Dies gelingt dir, wenn du vorher eine gründliche Themaanalyse durchführst (siehe Kap. 2.1, S. 2).

Mögliche Arten von Informationsmaterial

Die Informationsmaterialien können aus folgenden **Medien** stammen:
- Sachbücher,
- Zeitungen und Zeitschriften,
- Broschüren und Flyer,
- Internet,
- Radio- und Fernsehsendungen usw.

Es kann sich dabei um folgende **Arten von Materialien** handeln:
- einzelne Zitate,
- kürzere Texte, Textauszüge, Begriffserklärungen,
- Interviews und Umfragen,
- Statistiken in Form von Tabellen, Diagrammen (Schaubildern) und Karten,
- Bilder: Karikaturen, Zeichnungen, Fotos, Plakate,
- Beiträge aus Internetforen usw.

2 Informationsmaterial auswerten

In diesem Kapitel bekommst du Beispiele für verschiedene Arten von Material und Hinweise, wie du diese Materialien für deinen Aufsatz auswerten und verwenden kannst.

Die Materialbeispiele wurden zu folgendem Thema zusammengestellt:

Beispielthema:

Immer mehr junge Menschen tappen in die sogenannte „Schulden-Falle“. Erörtern Sie die Gründe und mögliche Folgen. Wie könnte man diesem Problem begegnen?

Zusatzhinweis, der in den Prüfungsaufgaben zu erwarten ist:

Gehen Sie die vorliegenden Materialien durch und überlegen Sie sich, welche Informationen Sie für Ihren Aufsatz verwerten möchten. Das Material kann zur Ergänzung Ihrer Stoffsammlung dienen. Falls Sie Textstellen wörtlich übernehmen, müssen Sie diese in Ihrer Arbeit als Zitat kennzeichnen.

> Wende bei der Auswertung der Materialien alle dir bekannten Techniken des Markierens, Hervorhebens an. Schreibe Gedanken, Ideen, Ergebnisse dazu!

Material 1: Zitat

Jüngere Menschen (bis 29 Jahre) sind bei der Verschuldung konsumorientierter. Jüngere Menschen verfügen über ein geringeres Zahlungswissen und zeigen eine tendenziell höhere Schuldenneigung.

© 2004 SCHUFA Holding AG, aus: Schuldenkompass 2004

Auswertung zu Material 1

Es handelt sich um ein **Zitat** aus einer Analyse zur Verschuldung in Detuschland, das von der „Schutzgemeinschaft für allgemeine Kreditsicherung“, kurz SCHUFA, stammt.
Gerade solche Zitate beinhalten trotz ihrer **sprachlichen Knappheit** oft eine Menge an **Anregungen und Informationen**. Daher solltest du Zitate in deinem Aufsatz nicht einfach nur übernehmen, sondern es ist auch hier notwendig, dass du genau hinschaust und hinterfragst: „Was bedeutet das oder wie ist es zu verstehen?“ Für eine Auswertung ist es sinnvoll, wenn du wichtige Aussagen gleich in eigenen Worten notierst. Dann kannst du sie besser im Aufsatz verwenden.
Bei diesem Beispiel könntest du statt „Jüngere Menschen (bis 29) sind bei der Verschuldung konsumorientierter“ formulieren: „Bei jungen Menschen unter 29 Jahren steht häufig der Konsum, d. h. Kaufwünsche und entsprechende, oft teure Anschaffungen, als Ursache für Schulden im Vordergrund. Den Ausdruck „… geringeres Zahlungswissen“ kannst du durch „Verpflichtungen aus Kreditverträgen, Ratenkauf, Handyverträgen usw. sind wenig bekannt“ ersetzen und konkretisieren. Statt „… tendenziell höhere Schuldenneigung“ kannst du „Menschen bis 29 Jahre haben eher Schulden bzw. sind eher bereit Schulden zu machen“ notieren.

Material 2: Begriffserklärung

Verschuldung Verschuldung liegt immer dann vor, wenn ein Mensch Schulden hat, unabhängig davon, wie groß die mit diesen Schulden verbundene objektive und subjektive Belastung ist. **Überschuldung** Überschuldung liegt dann vor, wenn nach Abzug der finanziellen Mittel für den grundlegenden Lebensbedarf der verbleibende Rest nicht ausreicht, um Zahlungsverpflichtungen pünktlich zu erfüllen.

© 2002 Schuldenkoffer ®, Verein Schuldnerhilfe Essen e. V. (VSE)

Auswertung zu Material 2

Begriffserklärungen sind in der Regel recht kurze Texte, die **das Wesentliche in wenigen Worten zusammenfassen**. Bei einer Auswertung solltest du die einzelnen Aussagen genau anschauen und hinterfragen, um Begriffserklärungen für deine **Einleitung**, Anregungen für deine **Stoffsammlung** oder veranschaulichende und erklärende **Beispiele** für deine Argumentation im Hauptteil zu bekommen
Hier werden die beiden Begriffe „Verschuldung“ und „Überschuldung“ von einer Fachstelle für Schuldnerberatung erklärt. Wenn du beide Definitionen genau hinterfragst, kannst du einige Auswirkungen von Verschuldung oder Überschuldung erschließen.

Bei „Verschuldung“ wird von objektiver und subjektiver Belastung gesprochen. Hier musst du dich fragen, worin eine objektive (sachbezogene) Belastung besteht, z. B. in der starken finanziellen Einschränkung bei der Rückzahlung von Krediten. Subjektiv (persönlich empfunden) kann es um das Gefühl der Benachteiligung gehen, weil man sich nicht das leisten kann, was man gerne möchte, weil verschiedene Bereiche der Lebensplanung nicht verwirklicht werden können.
Bei „Überschuldung“ wirst du darauf hingewiesen, dass das zur Verfügung stehende Einkommen nicht mehr ausreicht, um die Kosten des täglichen Bedarfs (Miete, Essen, Kleidung, Strom, ...) und die Kreditrückzahlung zu decken. Hier sollst du auch daran denken, welche Folgen sich daraus ergeben, z. B. Wohnungskündigung, Stromabschaltung, Abschaltung der Telefonanschlüsse, Pfändungen etc. Daraus ergeben sich weitere Folgen, die die Lebensplanung sehr erschweren können.

Material 3: Textauszug

„[...] Während bei den 13- bis 17-Jährigen sechs Prozent verschuldet sind, sind es bei den 18- bis 20-Jährigen bereits 13 Prozent und bei den 21- bis 24-Jährigen 16 Prozent. Dies ergab eine Umfrage des Münchner Institutes für Jugendforschung unter mehr als eintausend 13- bis 24-Jährigen im Jahr 2003. Die Kaufkraft der Kinder und Jugendlichen ist so groß wie nie zuvor. Laut KidsVerbraucherAnalyse 2003 (KVA) haben die rund 11,28 Millionen Jungen und Mädchen in Deutschland im Alter von 6 bis 19 Jahren insgesamt 20,43 Milliarden Euro zur Verfügung. Innerhalb von zwei Jahren ist die Finanzkraft der 6 bis 19-Jährigen damit um 24 Prozent angestiegen. [...]“

Sinnabschnitt 1: Verschuldungsdaten, Quelle, Befragte

Sinnabschnitt 2: Angaben zur Kaufkraft der 6 – 19-Jährigen Entwicklung

aus: http://www.mdr.de/thueringen-journal/1965544.html (Stand: 24. 05. 2005)

Auswertung zu Material 3

Etwas längere Textauszüge erfordern eine klare **Analyse von Sinnabschnitten** (siehe oben), wie du sie aus der Inhaltszusammenfassung kennst. In diesem Beispiel – einem Textauszug von einer Internetseite eines Radio- und Fernsehsenders – können zwei Abschnitte unterschieden werden.
Zum einen geht es um den prozentualen Anteil von verschuldeten Jugendlichen im Vergleich zu ihren Altersgenossen, unterteilt in die Altersgruppen 13 bis 17 Jahre, 18 bis 20 Jahre und 21 bis 24 Jahre. Dieser Anteil steigt mit dem Lebensalter kontinuierlich von 6 auf 16 Prozent. Zum anderen geht es hier um die Kaufkraft der Jungen und Mädchen zwischen 6 und 19 Jahren und deren Anstieg innerhalb von zwei Jahren um fast ein Viertel.
Neben der Auswertung von Zahlen und Aussagen ist es bei allen Materialquellen wichtig, die **Begriffe**, über die etwas ausgesagt wird, zu **klären**. Hier sind es vor allem die Begriffe „Kaufkraft“ bzw. „Finanzkraft“. Beide bedeuten nichts anderes als die Geldmenge, die den 11,28 Millionen Jungen und Mädchen im Jahr 2003 zur Verfügung gestanden hat.

Material 4: kurzer Gesamttext

Müller: Jugendliche vor Verschuldung bewahren

Vor Weihnachtsgeschenken auf Kredit hat Verbraucherschutz-Staatssekretärin Emilia Müller besonders Jugendliche heute gewarnt. „Finger weg von Geschenken, die nur auf Pump zu bezahlen sind. Jugendliche sollen sich nur wegen teurer Weihnachtsgeschenke nicht selbst in die Schuldenfalle treiben“, mahnte Müller und kritisierte verführende Angebote, wie „dieses Jahr schenken, nächstes Jahr bezahlen“ oder „Wünsche werden wahr, jetzt mit Zahlpause“ mit Werbeblick auf die Jugendlichen. (...) „außerdem hat auch die Wirtschaft nichts gewonnen mit überschuldeten Verbrauchern“. Schnell könne der Überblick über die wahre Haushaltslage verloren gehen. Müller: „Wenn unverschuldet dann eine schwierige finanzielle Situation wegen Arbeitslosigkeit oder dergleichen hinzukommt, ist plötzlich die Überschuldung erreicht.“

Behauptung
Begründungen
Beispiele
Folgen

aus einer Pressemitteilung des Bayerischen Staatsministeriums für Umwelt, Gesundheit und Verbraucherschutz vom 16. 12. 2004 (http://www.stmugv.bayern.de/de/aktuell/presse/2004/643.htm)

Auswertung zu Material 4

Hier kannst du zunächst die **Quelle** festhalten (Pressemitteilung der Staatssekretärin des Verbraucherschutzministeriums). Außerdem musst du festlegen, **worum es geht**, also um die Warnung, Geschenke auf Kredit zu kaufen und auch auf die vielen Verlockungen hereinzufallen, „später“ zu bezahlen. Gewarnt wird auch vor den Folgen von Schulden, wenn finanzielle Notlagen eintreten. Etwas längere Textstellen solltest du wegen einer exakten Auswertung immer **strukturieren** (siehe oben rechts). Hier ist eine klare Argumentstruktur erkennbar. Entsprechend der Bestandteile kannst du die Einzelheiten für deine **Stoffsammlung** verwenden oder auch einzelne Aussagen **hinterfragen**.
Mithilfe dieses Textauszugs kannst du einen Teil der Ursachen für die Verschuldung (Kredite, Ratenzahlungen, „Zahlpause“) erschließen, aber auch auf einen sehr wichtigen Bereich der Folgen von Verschuldung kommen. Rückzahlungsverpflichtungen können ganz schnell zu einem Problem werden, wenn das gewohnte Einkommen nicht mehr zur Verfügung steht. In der Presseerklärung findest du den Hinweis auf „Arbeitslosigkeit und dergleichen“. Überlege auch, was sich hinter „dergleichen“ verbergen kann, z. B. auch längere Krankheit, Unfälle, finanzielle Folgen einer Trennung (z. B. zusätzliche Mietbelastung durch eine eigene Wohnung). Der zum Teil recht anschauliche Inhalt und der Anlass der Presseerklärung lässt sich auch in **Begründungen** oder **Beispielen** direkt oder indirekt zitieren oder als Anregung für einen **Schlussgedanken** verwenden.

Material 5: Tabelle

Gerätebesitz Jugendlicher 2004 (in %)

	Gesamt (n = 1 000)	Mädchen (n = 487)	Jungen (n = 513)	12–13 Jahre (n = 232)	14–15 Jahre (n = 258)	16–17 Jahre (n = 261)	18–19 Jahre (n = 250)	Hauptschule (n = 207)	Realschule (n = 376)	Gymnasium (n = 417)
Mobiltelefon oder Handy	90	91	88	75	90	95	97	86	93	88
Hi-Fi-Anlage/Stereoanlage mit CD-Player	82	87	78	74	83	89	83	73	82	87
Radio in Hi-Fi-Anlage integriert	81	86	76	76	80	88	79	72	81	85
Fernsehgerät	64	61	67	55	68	70	62	69	69	57
Computer, PC oder Laptop	53	43	64	44	54	55	59	49	48	61
einzelner CD-Player	48	47	49	53	52	41	45	42	51	47
Spielekonsole für den Fernseher	34	19	49	40	34	33	30	50	35	26
Internetzugang (Modem, ISDN-, DSL-Anschluss)	28	21	35	16	27	33	34	23	24	34
externer DVD-Player, nicht in den PC integriert	28	25	31	18	28	31	34	29	32	23
MP3-Player	26	22	30	18	29	30	26	30	24	26
Videorecorder	24	25	24	17	20	30	29	26	26	22
Hi-Fi-Anlage/Stereoanlage ohne CD-Player	18	18	17	18	20	17	15	19	19	16
Mini-Disc-Recorder	18	19	16	18	19	21	12	17	20	16
Radio (als Einzelgerät)	13	11	14	20	13	8	11	16	15	9
DAT-Recorder	1	0	2	1	0	1	2	2	1	1

© Medienpädagogischer Forschungsverbund Südwest, JIM 2004 (aus: Sabine Feierabend, Thomas Rathgeb: Medienverhalten Jugendlicher 2004. Neueste Ergebnisse der JIM-Studie Jugend, Information, (Multi-)Media, in: Media Perspektiven 7/2005, S. 322).

Auswertung zu Material 5

Da **Tabellen** oft eine **Vielzahl verschiedener Daten** bieten, ist es notwendig, Wichtiges von Unwichtigem zu unterscheiden. Hier empfiehlt sich die **Hervorhebung von auffälligen Zahlen** durch Farbe oder Markierungen (siehe oben) oder die Kennzeichnung einer Entwicklung bzw. auffälliger Unterschiede innerhalb einer Zahlenreihe. Tabellen haben immer ein **Thema**, das hier links oben angegeben ist („Gerätebesitz Jugendlicher 2004"). Auf der linken Seite findest du alle möglichen Geräte angegeben. In der oberen quer verlaufenden Zeile werden Angaben zu den einzelnen Personengruppen, aufgeteilt nach Mädchen, Jungen, verschiedenen Altersgruppen und verschiedener Schulbildung gemacht. Es folgen in den Spalten darunter die jeweiligen Zahlenwerte für den Gerätebesitz. Die Angabe „n = 1000" beispielsweise bei der Spalte „Gesamt" bedeutet die Zahl der Befragten. Bei der Menge an Daten ist es klar, dass du nicht auf alle Einzelheiten eingehen kannst. Werte deshalb diese Tabelle nur nach **wichtigen Aussagen** aus. Die Aufstellung beginnt hier mit den am häufigsten verbreiteten Medien. Nimm bei deiner Auswertung einige weit verbreitete Kommunikations- oder Unterhaltungsgeräte heraus, z. B. das Handy, die Stereoanlage oder den Fernseher. Du kannst dich aber auch an einzelnen Geräten orientieren, wie z. B. am externen DVD-Player, MP3-Player, an der Spielekonsole oder dem Internetzugang. Interessante **Unterschiede** ergeben sich bei einer getrennten Betrachtung von Mädchen und Jungen. So fällt auf, dass mehr Mädchen ein Handy, eine Hi-Fi-Anlage, ein Radio- und Fernsehgerät besitzen, dafür aber mehr Jungen einen PC, eine Spielekonsole, einen Internetzugang usw.
Eine weitere Möglichkeit der Auswertung besteht darin, die Prozentzahlen bei den verschiedenen Altersgruppen zu vergleichen. Es lässt sich feststellen, dass es keinen auffälligen Anstieg des Gerätebesitzes mit zunehmendem Alter gibt. Schließlich kannst du auch nach den verschiedenen Schularten auswerten und einzelne auffällige Abweichungen feststellen. So verfügen deutlich mehr Gymnasiasten über einen Computer, PC bzw. Laptop und deutlich mehr Hauptschüler besitzen eine Spielekonsole.
Insgesamt lässt die Tabelle die **Schlussfolgerung** zu, dass Jugendliche heutzutage mit sehr vielen und auch nicht billigen Unterhaltungs- und Kommunikationsmedien ausgestattet sind; immerhin verfügen bis zu 97 % der Altersgruppe 18–19 Jahre über ein Mobiltelefon, mehr als jeder zweite über einen eigenen PC usw.
Im Zusammenhang mit dem vorliegenden Thema stützen die Aussagen dieser Tabelle z. B. einen **Einleitungsgedanken**, der Bezug auf den Wohlstand der heutigen Jugend nimmt. Für deine **Argumentation im Hauptteil** kannst du daraus ableiten, dass Jugendliche einen erhöhten Geldbedarf haben, um diese Geräteausstattung zu erreichen, und dass der Trend, alle möglichen modernen Kommunikations- und Unterhaltungsmedien zu besitzen, eine Gefahr für Verschuldung darstellt.
Beachte jedoch, dass die Tabelle keine Auskunft darüber gibt, ob die Jugendlichen die Geräte selbst finanziert oder z. B. geschenkt bekommen haben.

Material 6: Säulendiagramm

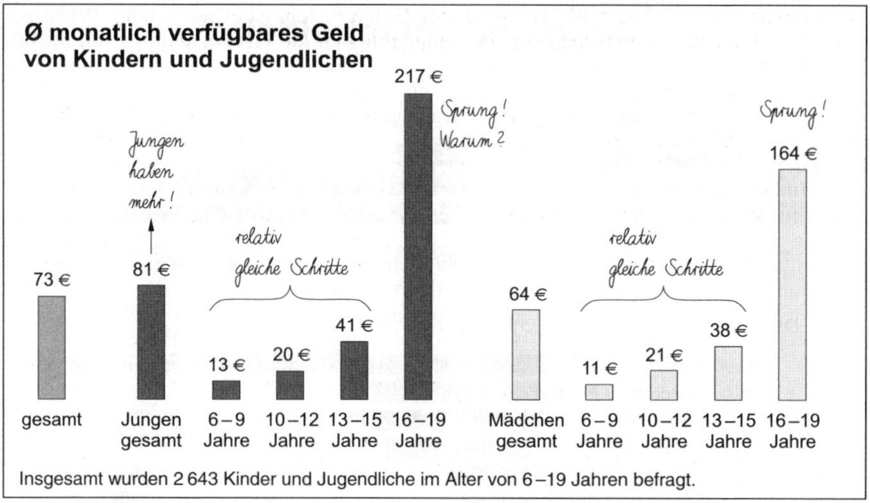

© Egmont Ehapa, Bauer Verlagsgruppe und Axel Springer, aus: KidsVerbraucherAnalyse 2003

Auswertung zu Material 6

Es handelt sich hier um ein **Säulendiagramm**. Wie bei allen anderen Formen von Diagrammen (Kreis-, Kurven- oder Balkendiagramm) musst du zuerst das **Thema** erfassen, zu dem Aussagen gemacht werden. Hier geht es um das durchschnittlich verfügbare Geld pro Monat. Als Nächstes musst du erkennen, für welchen **Bereich** bzw. für welche **Gruppe** die erhobenen Daten gelten. In unserem Beispiel beziehen sich alle Angaben auf die Altersgruppe zwischen 6 und 19 Jahren.
Aus Diagrammen kann man zunächst nur einzelne Werte ablesen, z. B. dass Jungen im Alter von 6 bis 9 Jahren durchschnittlich über 13 € im Monat verfügen. Viel interessanter jedoch sind **Vergleiche** der Werte und Aussagen zu möglichen Entwicklungen. Notiere deine Überlegungen am besten gleich in der Tabelle (siehe oben).
So ist hier zum Beispiel recht gut erkennbar, dass Mädchen in fast allen Altersgruppen über weniger Geld verfügen als Jungen. Zudem ist ablesbar, dass der Anstieg der verfügbaren Geldmenge zwischen 6 und 15 Jahren in relativ gleichmäßigen Schritten erfolgt, dann jedoch ein gewaltiger Sprung stattfindet. In diesem Zusammenhang solltest du dich auch fragen, **warum dies so ist**. Insbesondere die Erkenntnisse, die du beim genauen Hinterfragen und Durchleuchten des Materials gewinnst, können dir helfen, neue Anregungen für deinen Aufsatz zu finden. In diesem Beispiel ist der „Sprung“ wohl darauf zurückzuführen, dass viele Jugendliche ab 16 Jahren zu arbeiten beginnen und ein erstes eigenes Einkommen haben.

Material 7: Balkendiagramm

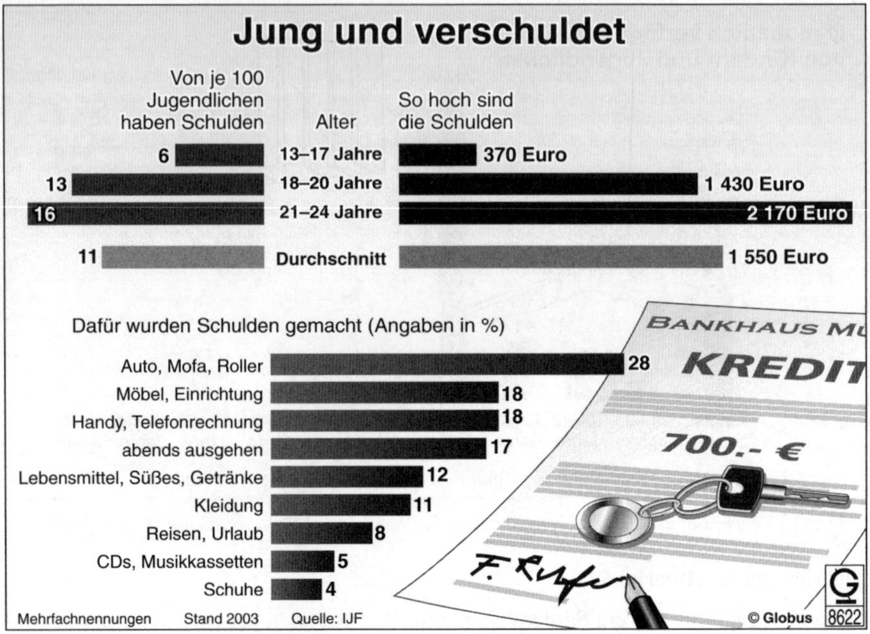

Auswertung zu Material 7

Im **oberen Abschnitt des Balkendiagramms** kannst du Angaben ablesen über den Anteil verschuldeter Jugendlicher in den unterschiedlichen Altersgruppen. Man erkennt, dass dieser Anteil mit zunehmendem Alter wächst, sich in der zweiten Altersgruppe (18–20) im Vergleich zur ersten mehr als verdoppelt. Auch die Schulden wachsen von Altersgruppe zu Altersgruppe an. Schon die 13–17-jährigen verschuldeten Jugendlichen haben 370 Euro Schulden. Bei der Gruppe der 18–20-Jährigen erfolgt fast eine Vervierfachung der Schuldenhöhe.

Das Diagramm gibt im **unteren Teil** Auskunft über die Anlässe, für die Schulden aufgenommen werden. Diese Daten beziehen sich auf alle Jugendlichen zwischen 13 und 24 Jahren. Auffallend ist hierbei, dass vor allem Anschaffungen im Bereich Fahrzeuge und Möbel im Vordergrund stehen. Danach folgt gleichauf die Handy- und Telefonrechnung. Auch die Freizeitgestaltung in Form des Ausgehens spielt eine wesentliche Rolle.

Material 8: Karikatur

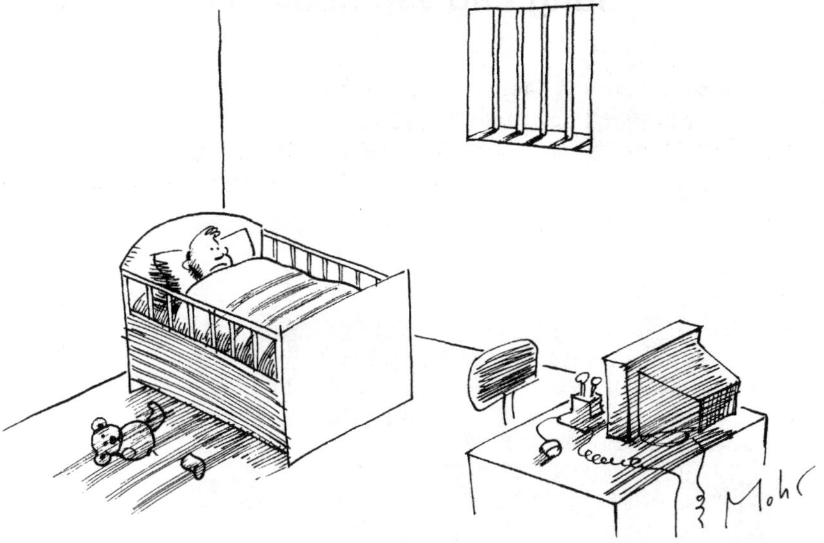

Verspielt?

Auswertung zu Material 8

Karikaturen stellen menschliche Schwächen oder Eigenschaften **überspitzt** dar oder **kritisieren** gesellschaftliche Fehlentwicklungen meist auf witzige und übertriebene Weise. Im Grunde genommen kann man sie genauso wie Texte lesen, nur dass du hier die **Aussage** anhand der gezeichneten Gegenstände und ihres Zustands, der abgebildeten Personen und ihrer Haltung bzw. ihres Gesichtsausdrucks **erschließen** musst. Das Gezeichnete ist meist **auf das Wesentliche reduziert**. Manchmal gibt es kurze Texte zur Erklärung oder als eine Art Überschrift.

Der **Untertitel** dieser Karikatur ist ein Ausgangspunkt für ihre Deutung. Überlege, was hier „verspielt" sein könnte bzw. ob jemand etwas „verspielt" haben könnte. Oft bauen die kurzen Texte oder Überschriften auf einem Wortspiel auf. Hier ist es möglich, dass „verspielt" im Sinne von „vertan", „verlaufen" verwendet wird. Es könnte also auch bedeuten, dass Computerspiele nicht das Richtige sein könnten für die Entwicklung von Kindern und Jugendlichen und die sozialen Kontakte.

Die Karikatur zeigt nur wenige **Einzelheiten**: Du siehst ein Kind in einem Gitterbett, ein vergittertes Fenster, einen kaputten Teddy und in direkter Ausrichtung auf das Kind einen Schreibtisch mit einem PC mit Joystick. Nun musst du diese Zeichnungselemente zueinander **in Beziehung setzen**. Das Kind scheint eingesperrt, herkömmliche Spielzeuge haben keine Funktion mehr, die Außenwelt ist ausgesperrt (Fenstergitter), allein der PC fesselt die Aufmerksamkeit des Kindes. Er scheint alles zu ersetzen: Spielzeug, Menschen, Zuwendung und Wirklichkeit. Dennoch oder gerade deswegen erscheint der Gesichtsausdruck des Kindes mehr als enttäuscht.

Die Karikatur beschäftigt sich mit dem **Thema** „Kinder und Computer(spiele)" und der damit zusammenhängenden Vereinsamung.

Material 9: Plakat

© by Christoph Merian Verlag Basel, Bild: Tobias Madörin,
Daten: Institut für Entwicklungsplanung und Strukturforschung, 2001

Auswertung zu Material 9

Bei der Auswertung von **Fotos** oder **Plakaten** musst du vor allem auf die wichtigen und hervorgehobenen **Bildelemente** achten, z. B. auf die Haltung und den Gesichtsausdruck der abgebildeten Personen. Sie weisen dich auf die **Hauptaussage** bzw. die **Aussageabsicht** des Fotos oder Plakats hin.
Bei diesem Beispiel fällt zunächst die Körperhaltung und der Gesichtsausdruck des Jugendlichen auf. Er hat die Hände in den Hosentaschen und die Augen geschlossen, sieht also auf den ersten Blick so aus, dass er sich nicht von den Verlockungen der Werbung beeinflussen lässt oder aber blind für die Warnung vor den Gefahren des Konsums ist.
Bei Plakaten kommen zu den Bildelementen meist auch **Textbausteine** hinzu. Meist wird durch die Position und Schriftgröße eine wichtige Aussage hervorgehoben.

Hier fallen sofort die beiden groß gedruckten Worte „bin" und „blöd" ins Auge. In Verbindung mit der Aussage am unteren Rand erhält das Plakat eine klare Aussage. 22 Prozent der unter 30-Jährigen scheinen doch „blöd" gewesen zu sein, da sie überschuldet sind. Gleichzeitig sollen die kleiner gedruckten Wörter „doch" und „nicht" den Charakter eines Aufrufs besitzen, nicht auf die Verlockungen der Konsumwelt und der Schnäppchenpreise hereinzufallen.
Das vorliegende Plakat will auf die Verschuldungs- und Überschuldungsproblematik vor allem der jüngeren Generation aufmerksam machen und benutzt dabei einen Werbespruch einer bekannten Elektromarkt-Kette. Dies ist als Anspielung auf die Ursachen der Verschuldung zu verstehen (z. B. Konsum, hochwertige technische Artikel als Statusobjekte, Bereitschaft für PC, Handy, iPod usw. sehr viel Geld auszugeben). Gleichzeitig findest du unten im Text eine Kernaussage, dass über ein Fünftel aller Überschuldeten unter 30 Jahre alt sind.

3 Beispiele für die Verwendung von Informationsmaterial im Aufsatz

Dieser Abschnitt soll dir nun noch einige Möglichkeiten zeigen, wie du **Material** und die **Erkenntnisse aus der Arbeit mit dem Material in den Aufsatz einbringen** kannst.

Alle Beispiele beziehen sich weiterhin auf das Thema

Immer mehr junge Menschen tappen in die sogenannte „Schulden-Falle". Erörtern Sie die Gründe und mögliche Folgen. Wie könnte man diesem Problem begegnen?

und die im vorhergehenden Kapitel angeführten Materialien.

Die Materialien kannst du verwenden:

- für deine **Stoffsammlung**, um Argumente zu finden:
  Du kannst z. B. den Materialen mögliche Gründe, Folgen, Probleme entnehmen. Wichtig ist, dass du die Informationen aus den Materialien nicht nur direkt übernimmst, sondern auch selbstständig hinterfragst und weiterdenkst.
- für deine **Stoffordnung**, um Argumente zu gliedern:
  Durch die Auswertung der Materialien kannst du zu geeigneten Oberbegriffen für deine Gliederung gelangen.
- für den **Hauptteil**, um Argumente zu formulieren:
  Für deine Argumentation kannst du aus den Materialien z. B. Begründungen und Beispiele übernehmen oder ableiten.
- für die **Einleitung** oder den **Schluss**, um einen Einleitungsgedanken oder einen Schlussausblick zu finden:
  Hier eignen sich besonders Begriffserklärungen oder statistische Angaben.

3.1 Die Stoffsammlung – Argumente finden

Materialinhalte direkt übernehmen
Die Informationsmaterialien kannst du zunächst für die Stoffsammlung nutzen. Aus dem ausgewerteten Material lassen sich einige Argumente direkt übernehmen.

Für das Beispielthema kannst du folgende **Ursachen für die Verschuldung von Jugendlichen** direkt in den Materialien finden:
- Konsumgründe: Handy, Auto, Mofa, Roller (Material 7)
- Finanzierungsmöglichkeiten, Kredite (Material 4)
- Unerfahrenheit bei Geldgeschäften (Material 1)
- hohe Bereitschaft, Schulden für Konsumartikel zu machen (Material 1)

Materialinhalte hinterfragen
Manche Materialien helfen dir indirekt bei der Suche nach neuen Argumenten. Du musst die Aussagen hinterfragen, um Antworten (neue Argumente) in Bezug auf Folgen, Ursachen, Probleme usw. zu bekommen, die du dann in eine Stoffsammlung bzw. später in eine Gliederung übernehmen kannst.

So ergibt sich aus Material 1 die **Frage nach den Ursachen**. Warum haben junge Menschen eine hohe Bereitschaft Schulden für Konsumartikel zu machen? Als mögliche Antworten kannst du notieren:
- Gruppenzwang
- Erlangung von Beliebtheit
- Markenware als Statussymbol usw.

3.2 Die Stoffordnung – Argumente gliedern

Die Vielfalt der Materialien ermöglicht es dir, ein Thema von allen Seiten zu beleuchten. Wichtig ist, dass du den **Überblick** behältst und die verschiedenen **Teilbereiche** eines Themas erkennst. So kannst du deine Stoffsammlung sinnvoll **ordnen**.
In den Materialien bekommst du unter Umständen Ideenanstöße für geeignete **Oberbegriffe**, die du in der Gliederung verwenden kannst.

Gliederung zum Beispielthema:

Die unter 3.1 gesammelten Aspekte kannst du unter dem Oberbegriff „Gesellschaftlich bedingte Ursachen“ zusammenführen. Dazu lässt sich folgende Gliederung erstellen:

1 Ursachen für die Verschuldung
1.1 Gesellschaftlich bedingte Ursachen
1.1.1 Betonung materieller Werte
1.1.2 Abhängigkeit des Ansehens von Äußerlichkeiten
1.1.3 Beeinflussung durch Gruppenzwang

Daran schließen sich jetzt die anderen, durch Oberbegriffe strukturierten Argumente an. Natürlich ist die Reihenfolge nicht zwingend, sondern hängt auch davon ab, wie du die einzelnen Bereiche in deiner Erörterung gewichtest:

1.2 Familiäre Ursachen
…
1.3 Werbung und Medien als Ursachen
…

1.4 Finanzierungsmöglichkeiten als Ursache

...

1.5 Individuelle Ursachen

...

Aus Material 2 ergibt sich die Frage, warum junge Menschen über ein geringeres Zahlungs- und Kreditwissen verfügen. Sie sind anscheinend über die Gefahren der Verschuldung zu wenig informiert. Hier kannst du weiterfragen, **wer** die Jugendlichen über die Folgen von Schulden aufklären kann: Eltern, Medien, Banken oder Schulen gehören hier sicher dazu. Zu berücksichtigen sind auch **Maßnahmen**, die dazu führen, den Wert des Geldes zu achten sowie wirtschaften und haushalten zu lernen, mit dem, was man zur Verfügung hat. Überlege daher, wie diese einzelnen Personen/Institutionen Aufklärungs- und Vorbeugungsarbeit leisten können. Dadurch kannst du auf viele der folgenden Argumente im Bereich der Maßnahmen kommen:

2 Maßnahmen, um der Verschuldungsgefahr zu begegnen

2.1 Familiäre Maßnahmen
2.1.1 Erziehung zum richtigen Umgang mit Geld
2.1.2 Eltern als Vorbild
2.1.3 Kontrolle der Ausgaben

2.2 Maßnahmen seitens der Werbung und der Medien
2.2.1 Verstärkte Aufklärung über die Gefahren der Verschuldung
2.2.2 Freiwillige Selbstkontrolle bei fragwürdigen Werbekampagnen

2.3 Maßnahmen der Banken und des Handels
2.3.1 Bessere Aufklärung über die finanziellen Folgen von Krediten
2.3.2 Einschränkung der Möglichkeiten der Ratenzahlung

2.4 Maßnahmen seitens der Schulen
2.4.1 Einbeziehung von Fachleuten in den Unterricht
2.4.2 Praxisnahe Behandlung des Themas Konsumverhalten und Verschuldung im Unterricht

Vollständig erfasst hast du diesen Bereich, wenn du dich auch fragst, was du selber beitragen kannst, damit der Umgang mit Geld für dich möglichst nicht riskant ist:

2.5 Individuelle Maßnahmen

...

3.3 Die Einleitung – zum Thema hinführen

Auch für die Einleitung lassen sich die Materialien verwenden. Denke dabei an die möglichen Varianten für eine Einleitung. Du kannst von **aktuellen Ereignissen** und **Entwicklungen** ausgehen oder zum Beispiel auch **Begriffsdefinitionen** erarbeiten. Wichtig ist, dass du durch das in der Einleitung verwendete Material keine Argumente zum Thema vorwegnimmst.

Das vorliegende Beispiel verwendet zur Darstellung der finanziellen Situation der Jugend die Aussagen in den Materialien 1, 5 und 6.

Einleitung zum Beispielthema:

A. Sowohl der Reichtum als auch die Verschuldung der Jugendlichen wächst

Die Jugend in Deutschland war noch nie so wohlhabend wie in der heutigen Zeit. Laut der „KidsVerbraucherAnalyse 2003" verfügen Kinder und Jugendliche im Alter zwischen 6 und 19 Jahren monatlich im Durchschnitt über 73 Euro, Jungen über etwas mehr, Mädchen über etwas weniger. Hochgerechnet auf das Jahr können die Jugendlichen insgesamt rund 20 Milliarden Euro ausgeben. Auch sind die heutigen Jugendlichen durchschnittlich sehr gut mit Hightechgeräten ausgestattet. Gleichzeitig ist jedoch immer wieder zu lesen, dass die Zahl der verschuldeten Jugendlichen weiter zunimmt, dass schon mehr als jeder Zehnte verschuldet ist und die Höhe der Schulden im Schnitt über 1 500 Euro liegt. Untersuchungen von Kreditfachleuten belegen außerdem eine hohe Bereitschaft junger Menschen, sich wegen der Anschaffung teurer Waren zu verschulden.
Vor diesem Hintergrund stellt sich die Frage, warum immer mehr Jugendliche in die „Schuldenfalle tappen", welche Folgen dies haben kann und welche Maßnahmen dagegen ergriffen werden können.

3.4 Der Hauptteil – Argumente formulieren

Materialien kannst du für **Begründungen** und **Beispiele** verwenden, indem du sie **direkt in deine Argumente einbindest**. Dadurch kannst du zum einen deine Argumentation stichhaltig belegen und zum anderen die Anschaulichkeit deiner Aussagen steigern. Beachte dabei, dass du Materialinhalte korrekt zitierst und ihre Quelle angibst.
Aus der Auseinandersetzung mit den Materialien kannst du aber auch eigene Begründungen und Beispiele gewinnen, indem du die Aussagen **hinterfragst** und dadurch **eigene Antworten** gewinnst, die du dann entsprechend verwenden kannst.

Einbinden von Materialien in Begründungen und Beispiele – Beispielthema:

Die Materialien 7 und 8 können folgendermaßen in die Argumentation zum Gliederungspunkt 1.3.1 eingebunden werden:

1.3 Medien und Werbung als Ursachen
1.3.1 Unkontrollierte Handy- und Internetnutzung

Gerade das Handy und das Internet stehen bei Jugendlichen hoch im Kurs und werden als wesentliche Bestandteile ihres Lebens empfunden. Nicht selten entwickelt sich eine große Abhängigkeit vom PC, indem Jugendliche ihre Freizeit vor allem mit Surfen, Chatten und Downloaden verbringen und darin unter Umständen sogar einen Ersatz für elterliche Zuwendung und Freundschaften finden, was auch in einer Karikatur von Burkhard Mohr deutlich wird. Dies geschieht offenbar nicht immer im Bewusstsein, dass mit der Nutzung von Computer und Handy hohe Kosten verbunden sein können, sei es durch hohe Surfgebühren, vor allem aber versteckte teure Einwahlprogramme (sogenannte Dialer), teure Downloads oder kostenintensive Abos für Logos oder Klingeltöne. Die Handyrechnung stellt nach einem Schaubild des Globus Bilderdienstes bereits im Jahre 2000 den dritthäufigsten Grund für die Verschuldung von Jugendlichen dar. Die seither enorm gestiegene Verbreitung der Mobiltelefone unter Jugendlichen und die immer neuen Tricks der Werbung, neue Bedürfnisse nach aktuellen Logos usw. zu wecken, lassen den Schluss zu, dass das Handy heute noch öfter als Verschuldungsursache infrage kommt.

Hinterfragen von Materialien für eigene Begründungen und Beispiele – Beispielthema:

Die Materialien 1 und 2 können folgendermaßen für die Ausformulierung des Gliederungspunkts 1.5.1 hinterfragt werden:

1.5 Individuelle Ursachen
1.5.1 Fehlendes Verhältnis zum Geld

Schließlich müssen vor allem auch die persönlichen Ursachen betrachtet werden. Nicht selten fehlt das richtige Verhältnis zum Geld: Man hat keinen Überblick über seine finanziellen Mittel, gibt dadurch mehr Geld aus, als man zur Verfügung hat, und schafft es dadurch nicht, etwas anzusparen. Auch sind jüngere Menschen eher dazu bereit, sich Wünsche mithilfe eines Kredits zu erfüllen. Dabei wird nicht bedacht, dass Kredit- und Ratengeschäfte Folgekosten nach sich ziehen. Schließlich kaufen nicht wenige Menschen immer mehr und auch teure Dinge, die sie gar nicht benötigen. Unerfahrenheit bei Krediten, ein höherer Kredit, als das Einkommen zulässt, und Konsumsucht stellen eine Hauptursache bei der Überschuldung dar. Überschuldung bedeutet vereinfacht, dass das nach Abzug der unbedingt notwendigen Lebenshaltungskosten verbleibende Einkommen nicht mehr ausreicht, um die Kredite zurückzahlen zu können.

3.5 Der Schluss – das Thema abrunden

Auch für die Gestaltung des Schlusses ist die Verwendung von Inhalten der Materialien möglich, indem du direkt Aussagen aus den Materialien verwendest oder dich zu eigenständigen Schlussgedanken anregen lässt. Denke dabei an die bekannten Varianten für den Schluss (vgl. Seite 13 f.) und überlege, welche Informationen sich dafür eignen könnten. Dies sind beispielsweise Aspekte, die du für die Erarbeitung des Aufsatzes nicht verwendet hast, die aber zum Thema passen, es ergänzen oder aus einem anderen Blickwinkel beleuchten.

Das vorliegende Beispiel bezieht sich auf Inhalte in den Materialien 4 und 9.

Schluss zum Beispielthema:

C. Schulden sollten keine Selbstverständlichkeit darstellen

Die zahlreichen Möglichkeiten der Ratenzahlung oder Vorfinanzierung teurer Anschaffungen sowie vermeintlich unkomplizierte Kredite erwecken den Eindruck, es sei ganz normal, Schulden zu haben. Doch durch Verschuldung kann – wie die Erörterung der Folgen zeigt – die Lebensplanung erheblich beeinträchtigt werden. Niemand sollte Schulden als Selbstverständlichkeit abtun, denn man weiß nicht, welches Risiko man mit der Rückzahlung eingeht, wenn plötzlich Arbeitslosigkeit, Krankheit oder ein Unfall die Höhe des monatlichen Einkommens verringern. Gerade Jugendliche stehen noch am Anfang ihrer Lebensplanung und verfügen nicht unbedingt über ein hohes Einkommen. Auch Industrie und Werbung können eigentlich kein Interesse an einer hohen Zahl verschuldeter junger Menschen haben, denn jeder, der aufgrund der Rückzahlung von Schulden hohe Summen aufwenden muss, fällt als Konsument weitgehend aus.

Textgebundener Aufsatz

1 Begriffsbestimmung und Zielsetzung

Ein Textgebundener Aufsatz bezieht sich immer auf einen **Text**, der dir in der Prüfung vorgelegt wird. Es kann sich dabei entweder um einen literarischen Text oder einen Sachtext handeln. Zu diesem Text werden dir verschiedene **Aufgaben** gestellt, die du in Form eines gegliederten Aufsatzes beantworten musst. Grundsätzlich besteht der Textgebundene Aufsatz aus zwei Teilen:

- Im ersten Teil geht es um die **Texterschließung**. Hier musst du dich beschreibend und auch interpretierend mit **Inhalt, Form, Absicht und Sprache** des vorgegebenen Textes auseinandersetzen.
- Im zweiten Teil kannst du dich zwischen zwei Varianten der weiterführenden Aufgabe entscheiden. Du hast immer die Wahl zwischen
  - einer **argumentativen Schreibaufgabe** (z. B. Erörterung, Leserbrief, Aufruf für die Schülerzeitung) oder
  - einer **offenen Schreibaufgabe** (z. B. Tagebucheintrag, Fortsetzung einer Geschichte).

Wenn du über ein gutes Textverständnis verfügst, dich gerne mit Textinhalten beschäftigst und dir gerne wichtige theoretische Grundlagen aneignest, dann ist der Textgebundene Aufsatz eine gute Alternative zur Erörterung für dich. Von Vorteil ist auch, dass du bereits in Form des zu bearbeitenden Textes eine feste Grundlage für deine Arbeit vorliegen hast.
Darüber hinaus hast du bei der offenen Schreibaufgabe die Möglichkeit, mit den Aussagen und der Sprache des Textes auch kreativ umzugehen und auf diese Weise zu zeigen, dass du den Text richtig verstanden hast. Auch kommt diese „offenere Schreibform" deinen sprachlichen Fähigkeiten möglicherweise besser entgegen, da du hier nicht nur sachlich formulieren musst, sondern auch Gefühle und Gedanken ausdrücken kannst.

Ziel des Textgebundenen Aufsatzes ist es,
- **Textverständnis** zu beweisen,
- **Absichten** und **Wirkungen** des Textes darzustellen,
- Wissen aus den Bereichen **Textsorten**, **Sprache und Grammatik** textbezogen zu präsentieren und
- zu zeigen, dass du argumentative oder kreative sprachliche Fähigkeiten hast.

➡ Da hier ein Text deine Arbeitsgrundlage darstellt, ist deine erste wichtige Arbeitsaufgabe das **sinnerfassende und genaue Lesen:**
Lies den Text mehrfach gründlich durch, unterstreiche wichtige Kernstellen und markiere Auffälliges (z. B. mit Ausrufezeichen) oder Unklares (z. B. mit Fragezeichen). Setze dich anschließend mit den Arbeitsaufträgen auseinander und arbeite genau heraus, was diese von dir verlangen.

2 Wichtige Textsorten

Um einen Text richtig und vollständig erfassen zu können und die gestellten Aufgaben textbezogen bearbeiten zu können, ist es notwendig, ihn der richtigen **Textsorte** zuzuordnen. Denn davon hängen so wichtige Aspekte wie die **besonderen Merkmale**, die **Absichten** und auch **bestimmte sprachliche Mittel** oder das **Textäußere** ab.
Deshalb musst du die Merkmale wie Inhalt, Aufbau, Sprache, Absichten und die Besonderheiten der äußeren Form der wichtigsten und in den Prüfungen gängigsten Textsorten sicher beherrschen. Man unterscheidet:

- **Sach- und Gebrauchstexte/journalistische Texte**
  - informierend: Bericht, Nachricht, Reportage, Interview
  - appellierend, kommentierend, meinungsbildend: Kommentar, Glosse, Leitartikel, Leserbrief, Aufruf
- **literarische/poetische Texte**
  - erzählend: Anekdote, Sage, Legende, Märchen, Kurzgeschichte, Kalendergeschichte, Erzählung, Novelle, Roman
  - belehrend: Fabel, Parabel
  - verspottend: Satire, Parodie
  - lyrisch: Gedicht
  - lyrisch-erzählend: Ballade (Erzählgedicht)

An dieser Stelle sei noch einmal betont, wie wichtig es ist, die **Möglichkeiten und Zielsetzungen einer Textsorte** zu kennen. Ein Autor bedient sich in der Regel einer Textsorte, um ganz bestimmte Absichten zu erreichen. Damit ihm dies auch gelingt, ergeben sich auch bestimmte Anforderungen an die Sprachmerkmale und die äußere Form. Es ist durchaus sinnvoll, deine **Textsortenkenntnisse** in den Mittelpunkt der Texterschließung zu stellen. Eine intensive Beschäftigung mit den Kennzeichen der wichtigsten journalistischen und literarischen Textsorten wird daher dringend empfohlen.

Nachfolgend findest du Kurzerklärungen zu in den Prüfungen **häufig vorkommenden journalistischen Textsorten:**

Reportage: Beschreibung aktueller Vorgänge sowohl mit sachlicher Information als auch in subjektiver Darstellung; der Autor kann seine persönliche Meinung und seine Eindrücke mitteilen und so dem Leser eine bestimmte Sichtweise vermitteln. Außerdem dient die Reportage zur ausführlichen Information über Zusammenhänge und Hintergründe. Aufgrund der anschaulichen Darstellung ist eine weitere Absicht dieser Textsorte die Unterhaltung des Lesers.

Kommentar: Hier wird die persönliche Meinung des Autors zu einem aktuellen Geschehen, einer Zeiterscheinung wiedergegeben mit dem Ziel, dass der Leser Hintergründe oder Zusammenhänge besser nachvollziehen kann. Dadurch, dass es sich um die persönliche Meinung des Journalisten handelt, ist klar, dass ein Kommentar nicht nur informieren, sondern die Meinung des Lesers auch beeinflussen oder zumindest zur Meinungsbildung und Diskussion anregen will.

Glosse: Diese Textsorte beschäftigt sich mehr mit allgemeineren aktuellen Zeiterscheinungen und Alltagsdingen oder bezieht sich auf die oft eher „kleinen Nachrichten" in den Zeitungen. Der Autor stellt eindeutig seine Meinung zum Thema dar. Die Darstellung ist oft übertrieben, nicht immer ganz ernst gemeint und nicht selten ironisch. Die Glosse dient also auch der Unterhaltung, der Verspottung. Dem Leser soll so auch seine eigene Einstellung zur behandelten Thematik verdeutlicht werden, bzw. er soll sein Verhalten überdenken.

Weitere Hilfestellungen bei der Bestimmung von Textsorten geben dir die Trainingsbände Realschule Deutsch des Stark-Verlags:

- Bettina und Friedel Schardt, Training Realschule Deutsch. Journalistische Texte lesen, auswerten und schreiben (Titel-Nr. 81442).
- Gabriele Achhammer und Friederike Gebhardt, Training Realschule Deutsch. Erörterung und Textgebundener Aufsatz (Titel-Nr. 91441).

3 Die Bestandteile des Textgebundenen Aufsatzes

Wie jeder Aufsatz besteht auch diese Aufsatzform aus **Einleitung, Hauptteil und Schluss**. Hinzu kommt zu Beginn – wie bei der Erörterung – eine **Gliederung**, die dir als Arbeitsplan für die Umsetzung der Arbeitsaufträge und als Inhaltsverzeichnis dient.

Hinweis:
Ein ausgearbeitetes Beispiel findest du im Anschluss ab Seite 52.

3.1 Die Gliederung – Umsetzung der Arbeitsaufträge

Jede Aufgabe des Arbeitsauftrags muss sich in der Gliederung wiederfinden. Aus Gründen der besseren Übersichtlichkeit kannst du bei mehrteiligen Arbeitsaufgaben jedem Teilbereich einen eigenen Oberpunkt zuweisen. Besteht der Arbeitsauftrag nur aus der Angabe „Setzen Sie sich mit dem Text auseinander …“ musst du alle möglichen Bereiche erarbeiten, so wie im nachfolgenden allgemeinen Beispiel. Weitere Hinweise zur Gliederung findest du im Kapitel zur „Erörterung“, Beispiele im Lösungsteil.

Gerade beim Textgebundenen Aufsatz können die Gliederungen recht lang und unübersichtlich werden, wenn du viele Einzelheiten aufnehmen möchtest. Daher gilt folgende Empfehlung:

- Die Gliederung soll vor allem ein **übersichtlicher Arbeitsplan** sein.
- Es genügt, wenn du in deiner Gliederung die **Oberpunkte** und nur die **wesentlichen Unterpunkte** anführst (siehe folgende Gliederung).
- Auf jeden Fall kannst du in der Gliederung auf Belege und Beispiele verzichten.

Um bei der Ausarbeitung nichts zu vergessen, verwendest du deine **ausführlichen Notizen**, in denen du die Einzelheiten zu den einzelnen Gliederungspunkten festhältst. Je besser und vollständiger deine Notizen sind, desto kürzer kannst du deine Gliederung anlegen. Wichtig ist, dass du einen **genauen Überblick** für die Ausarbeitung deines Aufsatzes hast.

Die Gliederung kann entweder **konventionell** mit römischen und arabischen Zahlen und Buchstaben (A., B., I., 1. a), 1. b), …) oder **nummerisch** abgefasst sein (siehe S. 9). Das folgende Beispiel ist eine nummerische Gliederung:

A. Textsorte, Autor, Basisinformationssatz oder Hinführung zum Thema (als Satz formuliert)

B. Formulierung des Themas: Auseinandersetzung mit dem Text und weiterführende Aufgabe (Erörterung oder Leserbrief usw., meist zur Wahl gestellt)

1 Inhalt und innerer Aufbau

2 Textäußeres und dessen Wirkung

2.1 Umfang und Aufbau

2.2 Optische Gestaltungsmittel

Bei literarischen Texten kann anstelle des Textäußeren die Charakterisierung von Personen treten:

2 Charakterisierung der Hauptpersonen

2.1 Hauptperson 1
2.2 Hauptperson 2
...

Für <u>alle</u> Texte gilt:

3 Bestimmung der Textsorte: ... (z. B. Kommentar, Reportage, Kurzgeschichte)

4 Analyse der sprachlichen Mittel

4.1 Wortwahl

4.2 Satzbau

4.3 Auffällige Stilmittel

5 Absicht des Verfassers und Wirkung des Textes

5.1 Einstellung/Absicht des Verfassers

5.2 Wirkung auf den Leser

...

6 Weiterführende Aufgabe: Erörterungsthema

6.1 Argument 1: ...

6.2 Argument 2: ...

...

<u>oder</u> (bei einer alternativen weiterführenden Aufgabe):

6 Weiterführende Aufgabe:

Leserbrief zu ...,
Appell an ...,
Beschwerde über ...
<u>oder:</u>
Stellungnahme zu ...

Eine weitere Untergliederung erscheint bei dieser Aufgabenstellung nicht notwendig.
Halte dich an die Empfehlungen deiner Deutschlehrkraft.

C. Begründete persönliche Stellungnahme als Schlussgedanke (als Satz formuliert)

3.2 Die Einleitung

> Die Einleitung soll nicht nur das **Interesse** des Lesers **wecken**, sondern auch zur **Thematik hinführen**.

Dafür eignen sich folgende Inhalte:

- Informationen über den Autor (oder nur Nennung des Autors, wenn keine weiteren Angaben vorhanden sind)
- Daten zum Text (Titel, Quelle, Erscheinungszeit usw.)
- Einordnung des Textes in die literarische oder geschichtliche Epoche (nur bei literarischen/poetischen Texten)
- Bestimmung der Textsorte
- Basisinformationssatz zur Thematik des Textes

oder:

- Hinführung zum Thema durch einen eigenständigen Einleitungsgedanken (wie bei der Erörterung)

3.3 Die Texterschließung

Im **Hauptteil** des Textgebundenen Aufsatzes musst du die bereits in die Gliederung eingegangenen Arbeitsaufträge ausarbeiten. Zunächst musst du dich **mit dem Text selbst auseinandersetzen** und im Rahmen einer **Texterschließung** zeigen, dass du den Text verstanden hast. Dabei können folgende Aufgabenbereiche von dir gefordert sein:

- Inhaltszusammenfassung / Kurzwiedergabe des Inhalts mit innerem Aufbau
- Untersuchung des Textäußeren
- Charakteristik der Hauptpersonen (vor allem bei literarischen Texten)
- Bestimmung der Textsorte
- Analyse der Sprache und des Stils
- Absicht des Autors und Wirkung des Textes auf den Leser

> Deine Auseinandersetzung muss sich **immer auf den Text beziehen**. Die **Wirkung** der erarbeiteten Merkmale darfst du nicht vergessen, sie ist am Text zu belegen und nicht nur allgemein zu nennen.

Inhaltszusammenfassung, oft in Verbindung mit **innerer Struktur**

Achte bei einer Inhaltszusammenfassung auf Folgendes:

- Basisinformationssatz
- Beantwortung der wichtigen W-Fragen
- Beschränkung auf das Wesentliche
- in eigenen Worten
- Zeitstufe Präsens
- indirekte Rede (statt wörtlicher Rede)
- **Funktion der einzelnen Sinnabschnitte** für das Textganze, also z. B. Einleitung, Hinführung, Wendepunkt, Darstellung der Ausgangssituation, Schlusspointe usw.

Untersuchung des Textäußeren

Beim Textäußeren (auch äußerer Aufbau, äußere Form, Aufmachung, Erscheinungsbild genannt) kannst du folgende Bereiche genauer untersuchen:

- Umfang und Aufbau: Überschriften, Dachzeilen, Schlagzeilen, Vorspann, Absätze, Spalten, Autorenname, Rubrikname usw.
- Schriftgröße der Schlagzeilen, Fettdruck, Balken, Rahmen, Bilder, Karikaturen, Diagramme, Zeichnungen, Hervorhebungen usw.

Charakteristik der Hauptpersonen (bei literarischen Texten)

Bei literarischen Texten kann eine Charakterisierung der Hauptperson(en) verlangt werden. Die äußeren Angaben dazu (Name, Alter, Beruf usw.) sind der Textvorlage leicht zu entnehmen. Wenn aber Charaktereigenschaften nicht konkret genannt werden, kannst du oft aus dem Verhalten Rückschlüsse ziehen und so den handelnden Personen bestimmte Charaktermerkmale zuordnen (z. B. fleißig/faul, ehrlich/verlogen, gutgläubig/misstrauisch, offen/verschlossen). Wichtig hierfür sind nicht nur die Verhaltensweisen der zu beschreibenden Person, sondern auch das Verhalten der anderen Beteiligten gegenüber der zu beschreibenden Person. Oft hilft dir dabei auch der Blick auf Attribute und Adverbiale.

Leite aus den **Verhaltensweisen der Person(en) bestimmte Eigenschaften** ab und belege sie mit Textaussagen.

Bestimmung der Textsorte anhand typischer Merkmale

Führe wichtige Merkmale der Textsorte an und belege sie mit Textbeispielen. Hierbei genügt das Überblickswissen (siehe S. 39/40) sicher nicht. Hierzu musst du die **wichtigen und eindeutigen Merkmale der Textsorten** gelernt haben und sicher beherrschen!
Manchmal kann es sich bei den Texten um **Mischformen** handeln. Dann musst du darauf hinweisen und die Hauptmerkmale der infrage kommenden Textsorten herausarbeiten.

Analyse der Sprache und des Stils

> Zu einer Sprach- und Stilanalyse gehört immer die **textbezogene Wirkung** der erarbeiteten Merkmale. Stelle die Sprachanalyse unter folgende Leitfragen:
> 1. Was will der Autor mit dem Text erreichen? (Absicht/Ziel)
> 2. Wie hat der Autor seine Gedanken, Inhalte formuliert? (Grammatik/Stil)
> 3. Welche Wirkung besitzen die einzelnen sprachlichen Gestaltungsmittel?

Dabei kannst du folgende Punkte untersuchen:

- **Wortwahl:** Häufung von bestimmten Wortarten (Verben, Substantive, Adjektive …), Umschreibungen, sprachliche Bilder, Vergleiche, Sprachebene (Jugendsprache, Umgangssprache …), Fremdwörter, fachsprachliche Ausdrücke (Wissenschaft, Technik, Sport, Kunst …), Schlagwörter, Schlüsselwörter, Anglizismen, Modewörter, veraltete Wörter, Wortneuschöpfungen, Zahlen usw.
- **Satzbau:** Satzarten, Satzgefüge, Satzreihen, unvollständige Sätze, kurze Sätze, lange Sätze, Zusammenhänge zwischen Absicht und Satzbau usw.
- **Stilmittel/rhetorische Mittel:** direkte Rede, indirekte Rede, Aufzählung, rhetorische Frage, Parenthese, Inversion, Ellipse, Parallelismus, Anapher, Alliteration, Vergleich, Metapher, Wortspiel, Ironie, Übertreibung usw.

Die genannten Beispiele, nach denen du eine Untersuchung ausrichten kannst, sind nur Vorschläge und natürlich auch vom gewählten Text abhängig.

Absicht des Autors und Wirkung des Textes auf den Leser

> Stelle ausführlich **anhand von Textstellen** dar, was der Autor mit seinem Text **aussagen will** und **welche Wirkung** der Text auf dich als Leser hat. Halte dich auch hier an die Funktion der **Textsorte**.

Texte können

- unterhalten,
- Kritik üben an gesellschaftlichen oder politischen Missständen oder an bestimmten menschlichen Verhaltensweisen,
- zum Nachdenken und Weiterdenken anregen,
- zum Handeln aufrufen,
- einen Standpunkt klar darlegen,
- an die Vernunft appellieren,
- zur Hilfe aufrufen,
- Verhaltensänderungen erreichen wollen,
- zur Überprüfung eigener Ansichten herausfordern oder
- einfach nur informieren.

3.4 Die weiterführende argumentative Schreibaufgabe

Im Anschluss an die Texterschließung kannst du in der Regel zwischen einer weiterführenden argumentativen oder offenen Schreibaufgabe wählen.
Bei einer **argumentativen Schreibaufgabe** sollst du entweder eine Erörterung/Stellungnahme, einen Leserbrief, einen Appell/Aufruf oder eine Beschwerde schreiben. Hier geht es darum, dass du **mit Argumenten überzeugst**. Du musst hier also auch nach dem Schema Behauptung – Begründung – Beispiel – Folgen/Wirkungen vorgehen. Einzelne Beispiele dazu findest du in den Lösungen zu den Prüfungsaufgaben.

Erörterung oder Stellungnahme

Bei der Erörterung oder Stellungnahme innerhalb des Textgebundenen Aufsatzes musst du zu einer Aussage, zu einem Gesichtspunkt oder zur Thematik des Textes Argumente formulieren und deine Meinung äußern. Die Argumente sind genauso wie bei der allgemeinen Erörterung aufzubauen (siehe S. 12/13) und in die Gliederung an der entsprechenden Stelle aufzunehmen. Hier wird von dir natürlich keine so umfangreiche Abhandlung wie bei den reinen Erörterungsthemen erwartet. Dazu reicht die Zeit bei der weiterführenden Aufgabe des Textgebundenen Aufsatzes auch gar nicht aus. Wie viele Argumente du hier benötigst, kannst du sicher deinen Aufzeichnungen aus dem Deutschunterricht entnehmen.

Vorgehensweise:
Siehe Kapitel „Grundlegendes zur Erörterung“, S. 1–15.

Leserbrief

In einem Leserbrief wendest du dich in Briefform an eine Zeitung oder Zeitschrift und äußerst dich zu einem Zeitungsartikel (in der Regel der Text aus der Aufgabenstellung), den du berichtigst, ergänzt oder kritisierst. Du kannst hier auch Anregungen, Lösungsvorschläge oder Hinweise auf weitere Probleme ansprechen.
Diese Aufgabe ist häufig mit einer eigenen **Stellungnahme** verknüpft. In diesem Fall musst du sowohl die Grundregeln der Stellungnahme als auch die Merkmale der Briefform einhalten. Überlege, welche **Position** du in deinem Leserbrief vertreten willst. Das ist die Ausgangsbasis für deinen Brief.
Nimm bei der Darstellung Rücksicht auf die Leser und beachte ihr mögliches Wissen (oder Nicht-Wissen) und ihre Erwartungen an die Sprache. In der Regel ist es daher sinnvoll, einen Leserbrief **sachlich** und ohne Umgangssprache zu formulieren.

Vorgehensweise:

- Untersuche, was die Aufgabenstellung von dir verlangt (**Themaanalyse**).
- Notiere die **Kernaussagen** des Zeitungsartikels, auf die du dich in deinem Leserbrief beziehen möchtest. Lege anschließend deine eigene **Meinung** zum Thema fest.
  Fertige nun eine Stoffsammlung und eine Gliederung an.
- Formuliere deine **Einleitung**. Beginne deinen Brief mit den **Adressen** von Absender und Empfänger, **Orts-** und **Datumsangabe** und einer **Anrede**. Nenne in der Einleitung **Titel** und **Verfasser** des Textes (bei einem Zeitungsartikel zusätzlich die **Quelle** und das **Erscheinungsdatum**).
  Gehe kurz auf die **Problematik/Sachlage** ein, die im Text behandelt wird (Kernaussagen). Erläutere dann deinen **persönlichen Bezug** zum Thema (z. B. eigene Erfahrungen, Aktualität der Problematik).
- Schreibe den eigentlichen Brief. Achte grundsätzlich darauf, die **Ich-Form** zu verwenden. Behalte den **roten Faden** bei: Schweife nicht vom Thema ab und fasse dich eher

kurz. Den **Hauptteil** des Briefes kannst du ähnlich wie eine **Erörterung** gestalten. Anders als bei einer Erörterung solltest du aber von Anfang an deine eigene Meinung in den Vordergrund stellen, sie ausführlich begründen und vor allem mit eigenen Erfahrungen veranschaulichen.
- Der **Schluss** des Briefes kann zusammenfassen, weiterführende Lösungen anbieten, an den Leser appellieren usw. Oft endet der Leserbrief auch mit einer Schlusspointe. Beende den Leserbrief mit einer **Schlussformel** (z. B. „Mit freundlichen Grüßen …"), unterschreibe mit deinem **Namen** und füge deine Adresse an.

Aufruf/Appell

Ein **Aufruf** (Appell) gehört zu den sogenannten appellativen Texten, wie auch zum Beispiel der Werbetext. Aufrufe suchen zu überzeugen, appellieren an den Leser, in einer gewünschten Art zu handeln. Anders als ein Werbetext sollte ein Aufruf ausführlich und mit stichhaltigen Aussagen argumentieren. Die Argumente sollten hier so gestaltet sein, dass sie die Aufmerksamkeit des Lesers besonders wecken können.
Anders als bei einer Erörterung musst du dich hier nicht immer an eine sachliche Sprache halten. Um die Zielgruppe deines Aufrufs überzeugen zu können, sind ggf. auch umgangssprachliche Formulierungen besser geeignet. Sprich den Leser direkt mit „du" oder „Sie" an.

Vorgehensweise:
- Notiere, welche **„Botschaft"** dein Aufruf enthalten soll und welche **Zielgruppe** du damit ansprechen willst.
- Überlege, mit welchen **Argumenten** du überzeugen kannst. Fertige eine Stoffsammlung und eine Gliederung an.
- Formuliere eine knappe, aussagekräftige **Überschrift**, die das Interesse des Lesers weckt und einen wesentliche Aspekt deiner Botschaft aufgreift.
- **Schreibe** nun deinen Aufruf. Bei der Gestaltung kannst du die Thesen (Behauptungen) aus der Gliederung als hervorgehobene **Zwischenüberschriften** verwenden. Die einzelnen Thesen können aufsteigend angeordnet werden (vom weniger Bedeutenden zum Wichtigen).
- Verfasse ein **Schlussresümee**, das noch einmal dein Hauptanliegen deutlich nennt. Sprich den Leser hier nochmals direkt an und fordere ihn zum Handeln auf (z. B. durch Imperativformen).

Beschwerde

Eine **Beschwerde** hat ebenfalls Appellcharakter. Der Beschwerdeführer möchte z. B. erreichen, dass eine Person(engruppe) ihr Verhalten ändert oder dass ein sachlicher Mangel behoben wird. Zunächst musst du klären, was du erreichen möchtest und dann auflisten, warum du mit einem Verhalten oder einer Situation nicht einverstanden bist. In der Regel wird eine Beschwerde in der Form eines Briefs von dir verlangt werden. Halte dich also an die äußere Form eines offiziellen Briefs.
Schreibe sachlich, nur so kannst du dein Anliegen überzeugend darstellen. Berücksichtige dabei auch die Situation des Beschwerdeempfängers.

Vorgehensweise:
- **Notiere** alle **Mängel**, auf die du in deinem Beschwerdebrief hinweisen willst, in Stichworten. Erstelle eine Stoffsammlung und Gliederung.
- Beginne den Brief mit Absender- und Empfängeradresse, Ort, Datum und einer passenden Anrede.
- Stelle in der **Einleitung** das Fehlverhalten oder den mangelhaften Sachverhalt knapp dar.

- Führe im **Hauptteil** dein Anliegen an, indem du deine **Erwartungen** an den Beschwerdeempfänger beschreibst und deine **Forderungen** sachlich und klar vorbringst. Halte dich auch hier an die Struktur Behauptung, Begründung, Beispiel und Folgen/Auswirkungen. Nur so kann deine Beschwerde erfolgreich sein.
- Setze ggf. im **Schlussteil** eine Frist, in der der Beschwerdeempfänger auf deine Forderungen reagieren soll. Beende den Brief mit einer geeigneten Schlussformel.

3.5 Die weiterführende offene Schreibaufgabe

Offenere Schreibformen verlangen, dass du nicht nur sachlich formulierst, sondern auch Gefühle, Stimmungen, Eindrücke **schilderst** bzw. dich in die Hauptfiguren des zu bearbeitenden Textes und in ihre Situation **hineinversetzt**. Hier ist es auch möglich, selbst sprachlich kreativ zu werden, indem du den vorgelegten Text weiterschreibst oder in eine andere Textsorte überträgst. Ausgangsbasis für diese Schreibformen ist immer der vorliegende Text.

Persönlicher Brief

Einen persönlichen Brief kannst du anders gestalten als einen offiziellen Brief. Das beginnt schon mit der **äußeren Form:** In der Regel ist es nicht erforderlich, dass du die Anschrift des Verfassers und die des Empfängers im Briefkopf einfügst, da ein persönlicher Brief immer an jemanden gerichtet ist, den man kennt. Es genügen die Angaben von **Ort** und **Datum** sowie eine persönliche **Anrede**.
Zudem musst du dich in die **Situation der Person** hineinversetzen, die den Brief schreibt, denn es geht immer darum, dass du aus ihrer **Perspektive** schreibst. Wichtig ist, dass du Gefühle, Gedanken und Eindrücke so schilderst, als ob du die betreffende Person wärst. Verwende die **Ich-Form**.
Da es sich bei dem Verfasser immer um eine Figur aus einem Text handelt, musst du dafür die **Informationen** berücksichtigen, die der Text vermittelt. Dabei solltest du dich vor allem auf Einzelheiten beziehen, die dieser Figur besonders wichtig sind.
Versetze dich aber auch in den **Empfänger** hinein. Frage dich, was er weiß oder wissen könnte, und nimm darauf Bezug. Nimm auch auf seine Gefühle Rücksicht – selbst dann, wenn du Kritik an ihm üben willst. Dabei solltest du eine **Sprachebene** wählen, die dem Adressaten entspricht. Ob du z. B. auch umgangssprachliche Wendungen benutzen kannst, hängt ganz vom Empfänger ab. Vergiss am Ende nicht die Schlussformel!

Vorgehensweise:
- Überlege vor dem Schreiben, was du dem Empfänger sagen willst. Entscheide dich für eine **zentrale „Botschaft“**.
- Beginne den Brief mit **Ort, Datum** und einer passenden **Anredeformel**, die zum Adressaten passt (z. B. „Sehr geehrter …“, „Lieber …“, „Hallo …“).
- Da du nicht „mit der Tür ins Haus fallen“ solltest, musst du für den **Einstieg** einen **Anlass** wählen. Das kann z. B. etwas sein, was die Figur des Textes gerade erlebt hat.
- Denke darüber nach, wie du zur „Botschaft“ **hinführen** kannst, die du dem Adressaten sagen willst. Vergiss nicht, dass du deine Aussagen auch **begründen** solltest. Zwar handelt es sich nicht um eine Erörterung – aber es wäre trotzdem falsch, einfach nur Behauptungen oder Forderungen aufzustellen. Der Empfänger soll schließlich nachvollziehen können, was du ihm mitteilen willst.
- Überlege dir einen passenden „**Ausstieg**“, z. B. kannst du nochmals um Verständnis für dein Anliegen bitten oder dich im Voraus bedanken.
- Beende den Brief mit einer geeigneten **Schlussformel** (z. B. „Mit freundlichen Grüßen, Ihr …“, „Herzliche Grüße, dein …“, „Es umarmt dich dein …“).

Tagebucheintrag

Ein Tagebucheintrag ist ein ganz besonders **persönlicher Text**, da der Verfasser hier nicht nur über seine Probleme und Sorgen sprechen kann, sondern auch seine geheimsten Gedanken und Gefühle zum Ausdruck bringen kann. Er geht schließlich davon aus, dass niemand – außer ihm selbst – das Tagebuch lesen wird.
Es gibt vor allem zwei Gründe, warum man ein Tagebuch schreibt: Zum einen ist es wie ein **Ventil für die eigenen Gefühle und Gedanken**. Das können positive Gefühle sein (z. B. wenn man frisch verliebt ist) oder auch negative Gefühle (z. B. wenn man sich an einem Tag über jemanden ganz besonders geärgert hat). Zum anderen dient es der **Erinnerung:** Man schreibt all das hinein, was man nicht vergessen möchte (z. B. wenn man ein besonderes Urlaubserlebnis für sich festhalten will).
Einen Tagebucheintrag kannst du sehr frei formulieren. Umgangssprachliche Wendungen solltest du aber nur verwenden, wenn das **zum (fiktiven) Verfasser passen** würde, also zu der Figur, in die du dich hineinversetzen sollst.
Wie der persönliche Brief steht auch ein Tagebucheintrag immer im **Zusammenhang mit dem Text**. Du musst also in diesem Fall genau überlegen, welche Gedanken und Gefühle die betroffene Person dazu veranlassen könnten, einen Tagebucheintrag zu schreiben.

Vorgehensweise:

- Versuche, dich in die Figur, die den Tagebucheintrag schreiben soll, hineinzuversetzen. Notiere, welche **Gedanken und Gefühle** diese Figur ganz besonders bewegen.
- Überlege, was die **Gründe** (z. B. Erlebnisse) für diese Gedanken und Gefühle sind.
- Denke über die **Hoffnungen und Erwartungen, Sorgen und Ängste** nach, die die Person hat – oder haben könnte. Auch diese führen zur Entstehung von Gefühlen, z. B. wenn die Person enttäuscht ist.
- Nun überlegst du, welche **Konsequenzen** der Tagebuchschreiber aus seinen Erfahrungen und Erlebnissen ziehen könnte. Vielleicht beschließt er, eine Freundschaft zu beenden? Oder er will sich aufraffen, jemandem die Meinung zu sagen?
- **Schreibe** nun den Tagebucheintrag. Orientiere dich dabei an deinen Notizen.

Fortsetzung eines Textes

Bei Kurzgeschichten, Erzählungen oder Satiren kann die weiterführende Aufgabe auch darin bestehen, dass du eine Fortsetzung des Textes schreiben sollst. Wichtig ist hier, dass du einen möglichst „nahtlosen“ **Übergang** zum Originaltext herstellst. Das betrifft sowohl die **Sprache** als auch den **Inhalt**. Du darfst also nicht einfach deiner Fantasie freien Lauf lassen, sondern musst den gegebenen Text so weitererzählen, dass man kaum merkt, dass die Fortsetzung nicht vom Autor, sondern von dir stammt. Daher ist es wichtig, dass du möglichst nahe an der **Sprache des Originaltextes** formulierst und deine Weiterführung der Handlung **glaubwürdig** wirkt. Überlege auch genau, welche **Verhaltensweisen** zu den Figuren passen könnten, von denen erzählt wird.
Mitunter wird auch verlangt, dass du den Text **aus der Sicht einer bestimmten Person** weitererzählst. Dann musst du dich in diese Person hineinversetzen und überlegen, wie sie denken und handeln könnte. In diesem Fall schreibst du deine Fortsetzung in der **Ich-Form**.

Vorgehensweise:

- Überlege, wie die **Person**, von der im Text erzählt wird, **handeln** könnte.
- Denke außerdem darüber nach, wie die **anderen Personen**, von denen ebenfalls die Rede ist, **reagieren** würden.
- Entscheide, wie die Geschichte **enden** soll. Das ist das Ziel deiner Fortsetzung.

- Fülle die „Lücke“, die sich zwischen dem Originaltext und deinem Schluss ergibt, mit **Handlungsschritten**, die logisch und glaubwürdig sind. Halte die Handlungsschritte stichwortartig fest und erstelle so einen **Arbeitsplan**.
- Achte darauf, dass deine Fortsetzung sowohl von der Wortwahl (Hochsprache, Umgangssprache) als auch vom Satzbau her der Sprache des Originaltextes entspricht. Verwende hin und wieder **wörtliche Rede** oder wörtliche Gedanken, wenn das zum Originaltext passt.

Übertragung in eine andere Textsorte

Wenn du den gegebenen Text in eine andere Textsorte übertragen sollst, musst du zwei Schwierigkeiten bewältigen: Zum einen musst du das im Originaltext **dargestellte Geschehen** Schritt für Schritt rekonstruieren und **alle wesentlichen Informationen** des Ausgangstextes dabei berücksichtigen. Zum anderen musst du deine Darstellung an die neue Textsorte anpassen. Wichtig ist daher, dass du die besonderen **Merkmale der Textsorte** gut kennst und bei deiner Darstellung genau beachtest:

Vorgehensweise:
- Notiere dir stichwortartig die besonderen **Merkmale der Textsorte**, damit du dich beim Schreiben von Anfang an daran orientieren kannst.
- Mache dir anschließend Notizen zu den einzelnen **Handlungsschritten**.
- Formuliere deinen **Anfang**. Das ist das Schwierigste. Achte darauf, dass du von Anfang an die Merkmale der Textsorte berücksichtigst (z. B. beginnt eine Kurzgeschichte unmittelbar mit der Handlung ohne eine Einführung in Ort, Personen und Ausgangssituation).
- Setze deine **Darstellung** fort. Orientiere dich dabei an den Stichworten zu den einzelnen Handlungsschritten.
- Finde einen passenden **Schluss**. (Z. B. endet eine Kurzgeschichte immer ohne Ergebnis, also mit einem offenen Schluss.)

Schilderung von Gedanken, Empfindungen, innerer Monolog

Eine Schilderung stellt Erlebnisse, Ereignisse, vor allem aber **Gedanken, Stimmungen und Empfindungen** anschaulich dar. Ihr Ziel ist nicht die Information über ein Geschehen, sondern die Veranschaulichung der Wirkung auf eine Person. Deswegen stehen Gedanken und Empfindungen im Vordergrund. Ein sogenannter **innerer Monolog** einer Hauptfigur von einer Geschichte ist zum Beispiel der Ort für diese Art der sprachlichen Darstellung.

Vorgehensweise:
- Die Schilderung richtet sich nach dem **zeitlichen Ablauf** des Geschehens.
- Besonders bedeutende Augenblicke werden **genau** und **nachvollziehbar** dargestellt.
- Die Schilderung kann mit einem **Gesamteindruck** über die Person enden.
- Da der Leser die Gefühls- und Gedankenwelt der Person nachempfinden können muss, wählst du hierzu eine **anschauliche und persönliche Sprache** mit lebendigen und wertenden Adjektiven, aussagekräftigen Verben z. B. der Bewegung, des Fühlens und Sprachbilder bzw. Vergleiche.
- Oft ist das **Präsens** die wirkungsvollere Zeitstufe, da es direkter wirkt.
- Bei einem **inneren Monolog** musst du das Geschehen in der Ich-Form aufschreiben. Dabei musst du vor allem die möglichen Gedanken der Person darstellen. In diesem Fall solltest du dich nicht scheuen, auch Gedankensprünge einzuplanen; das ist ja gerade das besondere Merkmal eines inneren Monologs.

3.6 Der Schluss

> ➡ Eine begründete persönliche Stellungnahme zum Text, zu seiner Thematik oder zum Thema der weiterführenden Erörterung kann den **Aufsatz abrunden**.

Als weitere Gestaltungsmöglichkeiten für den Schluss sind denkbar:

- kurze Zusammenfassung wichtiger Ergebnisse der Auseinandersetzung mit dem Text,
- begründete Kritik oder Würdigung des Textes oder der Absichten,
- Ergänzung um einen Teilaspekt, der in der Aufgabenstellung selbst nicht verlangt ist.

Wenn als weiterführende Aufgabe eine persönliche Stellungnahme, beispielsweise in Form eines Leserbriefs, verlangt wird, ist es ratsam, im Schlussteil C. auf eine eigene Stellungnahme zu verzichten und stattdessen hier eine andere Möglichkeit (Zusammenfassung der Ergebnisse, Ergänzungen) zu wählen.

Hinweise zum Üben des Textgebundenen Aufsatzes

Vollständige **Gliederungs- und Aufsatzbeispiele**, die die einzelnen Arbeitsschritte des Textgebundenen Aufsatzes berücksichtigen und darstellen, findest du in den **Lösungsvorschlägen zu den Abschlussprüfungen**. Verwende sie nicht nur als Anschauungsmaterial, sondern als Grundlage zu eigenständigen Übungen:

- **Einüben der Gliederung:** Nimm nur Text und Arbeitsauftrag und erarbeite dann selbstständig eine Gliederung. Vergleiche hinterher deine Lösung mit der hier vorgeschlagenen Gliederung und überarbeite sie gegebenenfalls.
- **Einüben der vollständigen Ausarbeitung:** Orientiere dich zunächst an den vorgeschlagenen Gliederungen und formuliere dazu einzelne Bereiche oder den ganzen Aufsatz aus. Wenn du dir schon sicherer bist: Sieh dir nur Text und Aufgabenstellung an und entwerfe eine eigene Gliederung mit einem vollständigen Aufsatz. Vergleiche und überarbeite deine Lösungen mithilfe der Lösungsmöglichkeiten in diesem Buch.

Beachte dabei aber, dass es sich hier um Lösungsvorschläge und „Maximallösungen“ handelt, die von dir in diesem Umfang nicht unbedingt erwartet werden, um als sehr gute Arbeit zu gelten!

„Roter Faden“ zum Textgebundenen Aufsatz

1. **Lies** den Text mehrmals gründlich durch. Papier, Lineal und Stifte müssen bereitliegen.

2. **Unterstreiche** wichtige Stellen oder hebe sie **farbig** hervor. Kennzeichne mit **Symbolen** Bedeutsames und Unklares.

3. **Analysiere** die Aufgabenstellung genau.

4. Ermittle die **Textsorte** und rufe dir die wichtigsten Ziele und Absichten dieser Textsorte in Erinnerung.

5. Erarbeite anhand der Aufgabenstellung eine **Grobgliederung**, die genug Platz für weitere Ergänzungen besitzt. Erarbeite die Aufgaben der Reihe nach, halte die Ergebnisse stichpunktartig fest und trage sie in den Gliederungsentwurf ein.

6. Berücksichtige dabei alle **Arbeitshinweise**, die du bei den einzelnen Aufgabenbereichen anwenden sollst.

7. Vergiss bei der Textanalyse nie den Texthintergrund und die Antworten auf die Fragen: **Wozu** setzt der Autor diese sprachlichen Mittel ein? **Welche Absichten** verfolgt er mit dem Text?

8. Formuliere nun die endgültige **Gliederung** und ergänze sie mit einem **Einleitungs-** und **Schlussgedanken**.

9. Entwickle nun aus den Stichpunkten und aus der Gliederung die **Reinform des Aufsatzes**. Bedenke dabei, dass wohl keine Zeit zum Aufsetzen des ganzen Aufsatzes bleiben wird.

10. Verknüpfe die einzelnen Arbeitsbereiche sprachlich und mache dazwischen jeweils einen **Absatz**.

11. Die **Einleitung** darf keine Antworten auf Aufgaben des Hauptteils enthalten.

12. Bearbeite nach der Auseinandersetzung mit dem Text die **weiterführende Aufgabe** und halte dich dabei genau an die gewählte Aufgabenstellung.

13. Schließe deinen Aufsatz mit einem sinnvollen **Schluss** ab.

14. Achte bei der Formulierung des Aufsatzes immer auf den **Sinn**, die **Anschaulichkeit** und den **Bezug zum Text**.

15. Überarbeite deinen Aufsatz abschließend und kontrolliere, ob obige Punkte erfüllt sind. Beachte dabei besonders auch die **äußere Form** (Absätze, Schrift) sowie die **Rechtschreibung** und **Grammatik**. Verbessere umgangssprachliche Ausdrücke, Wiederholungen und Hilfsverbstil (Vermeidung von „ist“/„hat“).

Den „Roten Faden zum Textgebundenen Aufsatz“ kannst du auch als „Stichwortzettel“ verwenden, um zu überprüfen, ob du alle Schritte beherrschst.

4 Aufsatzbeispiel

Neapel sehen

von Kurt Marti

Er hatte eine Bretterwand gebaut. Die Bretterwand entfernte die Fabrik aus seinem häuslichen Blickkreis.
Er hasste die Fabrik.
Er hasste seine Arbeit in der Fabrik.
Er hasste die Maschine, an der er arbeitete.
Er hasste das Tempo der Maschine, das er selber beschleunigte.
Er hasste die Hetze nach Akkordprämien[1], durch welche er es zu einigem Wohlstand, zu Haus und Gärtchen gebracht hatte.
Er hasste seine Frau, sooft sie ihm sagte, heut nacht hast du wieder gezuckt. Er hasste sie, bis sie es nicht mehr erwähnte. Aber die Hände zuckten weiter im Schlaf, zuckten im schnellen Stakkato[2] der Arbeit.
Er hasste den Arzt, der ihm sagte, Sie müssen sich schonen, Akkord ist nichts mehr für Sie.
Er hasste den Meister, der ihm sagte, ich gebe dir eine andere Arbeit, Akkord ist nichts mehr für dich.
Er hasste so viele verlogene Rücksicht, er wollte kein Greis sein, er wollte keinen kleineren Zahltag, denn immer war das die Hinterseite von so viel Rücksicht, ein kleinerer Zahltag.
Dann wurde er krank, nach vierzig Jahren Arbeit und Hass zum ersten Mal krank. Er lag im Bett und blickte zum Fenster hinaus. Er sah sein Gärtchen. Er sah den Abschluss des Gärtchens, die Bretterwand. Weiter sah er nicht. Die Fabrik sah er nicht, nur den Frühling im Gärtchen und eine Wand aus gebeizten Brettern. Bald kannst du wieder hinaus, sagte die Frau, es steht alles in Blust[3]. Er glaubte ihr nicht. Geduld, nur Geduld, sagte der Arzt, das kommt schon wieder. Er glaubte ihm nicht. Es ist ein Elend, sagte er nach drei Wochen zu seiner Frau, ich sehe immer das Gärtchen, sonst nichts, nur das Gärtchen, das ist mir zu langweilig, immer dasselbe Gärtchen, nehmt doch einmal zwei Bretter aus der verdammten Wand, damit ich was anderes sehe. Die Frau erschrak. Sie lief zum Nachbarn. Der Nachbar kam und löste zwei Bretter aus der Wand. Der Kranke sah durch die Lücke hindurch, sah einen Teil der Fabrik. Nach einer Woche beklagte er sich, ich sehe immer nur das gleiche Stück der Fabrik, das lenkt mich zuwenig ab. Der Nachbar kam und legte die Bretterwand zur Hälfte nieder.
Zärtlich ruhte der Blick des Kranken auf seiner Fabrik, verfolgte das Spiel des Rauches über dem Schlot, das Ein und Aus der Autos im Hof, das Ein des Menschenstromes am Morgen, das Aus am Abend. Nach vierzehn Tagen befahl er, die stehen gebliebene Hälfte der Wand zu entfernen. Ich sehe unsere Büros nie und auch die Kantine nicht, beklagte er sich. Der Nachbar kam und tat wie er wünschte. Als er die Büros sah, die Kantine und so das gesamte Fabrikareal, entspannte ein Lächeln die Züge des Kranken. Er starb nach einigen Tagen.

aus: Kurt Marti: Erzählungen. Dorfgeschichten, Bürgerliche Geschichten, Nachtgeschichten, mit einem Vorwort von Elsbeth Pulver. © 1996 Nagel und Kimche im Carl Hanser Verlag München/Wien, S. 16 f.

Worterklärungen:

1 Akkord = Arbeitsweise, bei der der Lohn von der produzierten Stückzahl pro Zeiteinheit abhängt
2 Stakkato = schneller, abgehackter Rhythmus
3 Blust = in der Schweiz und im Südwesten Deutschlands gebräuchlicher Ausdruck für „Blüte"

Informationen zu Verfasser und Text:
Kurt Marti (geboren 1921 in Bern/Schweiz) studierte Theologie und war seit 1961 als Pfarrer in Bern tätig. Seit 1983 arbeitet er als freier Schriftsteller. „Neapel sehen" erschien 1960 in dem Buch *Dorfgeschichten*. Der Titel spielt auf die Redensart „Neapel sehen und sterben" an, mit der die Sehnsucht nach fernen Orten umschrieben wird.

Arbeitsauftrag:

Hinweis: Um möglichst viele Aufgabenbeispiele zu veranschaulichen, sind hier mehr Aufgaben formuliert. In der Regel ist die Aufgabenstellung in der Prüfung etwas kürzer.

Lesen Sie den Text „Neapel sehen" sorgfältig durch und bearbeiten Sie dann die folgenden Aufgaben. Bei Nummer 6 können Sie a oder b wählen.

1. Fassen Sie den Inhalt so zusammen, dass der Textaufbau erkennbar wird.
2. Charakterisieren Sie den Mann, über den erzählt wird.
3. Weisen Sie die Textsorte nach.
4. Beschreiben Sie wichtige sprachliche Besonderheiten.
5. Welche Absicht könnte der Verfasser mit diesem Text verfolgen? Begründen Sie Ihre Meinung.
6. a) Erörtern Sie, was der Einzelne dafür tun kann, einen Ausgleich zur täglichen Arbeit zu finden.
   oder:
   b) Versetzen Sie sich in die Situation der Ehefrau in dem Moment, als der Ehemann verlangt, zwei Bretter aus der Wand zu nehmen. Verfassen Sie einen inneren Monolog aus ihrer Sicht.

Mögliche Gliederung

A. Ein Fabrikarbeiter, der sein Leben lang im Akkord arbeitete, erkrankt schwer und sehnt sich am Ende seines Arbeitslebens so sehr nach der eigentlich verhassten Fabrik, dass er ohne ihren Anblick nicht sterben kann.

B. Auseinandersetzung mit dem Text „Neapel sehen" und weiterführende Aufgabe

1 Zusammenfassung des Inhalts mit Textaufbau

2 Charakterisierung des schwerkranken Fabrikarbeiters

3 Nachweis der Textsorte: Kurzgeschichte

4 Sprachliche Besonderheiten

4.1 Wortwahl

4.2 Satzbau

5 Mögliche Absicht des Autors

6 Weiterführende Aufgabe: Möglichkeiten des Einzelnen, einen Ausgleich zur täglichen Arbeit zu finden

6.1 Freundschaften und Familienleben pflegen

6.2 Sport treiben

6.3 Hobbys nachgehen

oder:

6 Weiterführende Aufgabe: Innerer Monolog der Ehefrau, nachdem ihr Mann darum gebeten hat, zwei Bretter aus der Wand zu nehmen

C. Arbeit ist zwar ein wichtiger Lebensinhalt, sie darf jedoch nicht der einzige sein

Aufsatzbeispiel

(Die Randspalte dient nur der Orientierung.)

A. Einleitungsgedanke

In der Kurzgeschichte „Neapel sehen" des Schweizer Theologen und Schriftstellers Kurt Marti geht es um einen Fabrikarbeiter, der zeitlebens im Akkord gearbeitet hat und daher Fabrik und Arbeitsweise so sehr hasst, dass er eine Bretterwand baut, um die Fabrik von seinem Haus aus nicht mehr sehen zu müssen. Schließlich erkrankt er schwer und sehnt sich am Ende seines Lebens so sehr nach der eigentlich verhassten Fabrik, dass er erst sterben kann, als er wieder einen freien Blick auf seine Arbeitsstätte hat.

B. Hauptteil

1 Inhalt und Aufbau

Die Kurzgeschichte ist dreiteilig aufgebaut: Im ersten Teil (Z. 1–18) wird zunächst beschrieben, dass der Arbeiter eine Bretterwand baut, die den Anblick der Fabrik verhindert, weil er diese hasst. Danach folgt eine mehrteilige Erläuterung dieses Hassgefühls: Der Fabrikarbeiter hasst das aufreibende und gleichförmige Arbeitsleben und die enorme körperliche Belastung der Akkordarbeit. Gleichzeitig scheint er nicht wahrhaben zu wollen, dass er älter und somit weniger leistungsfähig geworden ist. Daher richtet sich sein Hass nicht nur auf die Fabrik, sondern auch gegen jene, die ihn auf sein Alter hinweisen und sich, wie etwa die Ehefrau, Sorgen um seine Gesundheit machen. Aus Stolz und weil er nicht weniger verdienen will, ignoriert er alle Ratschläge. Der zweite Teil (Z. 19–32) beginnt mit der Krankheit des Fabrikarbeiters. Der Mann hat resigniert, er glaubt dem Optimismus von Ehefrau und Arzt, dass er bald wieder gesund sein werde, nicht. Der ewiggleiche Blick auf den Garten langweilt ihn so sehr, dass er den Nachbarn bittet, zunächst zwei Bretter und dann eine ganze Hälfte der Wand zu entfernen. Erst danach scheint der Kranke zufrieden zu sein, weil er einen detaillierten Blick auf das Fabrikleben hat. Im dritten Teil (Z. 33–39) wird die Veränderung des Mannes beschrieben, als auch der Rest der Wand fällt und er nun alle Gebäude seiner Fabrik sehen kann. Zufrieden und entspannt stirbt schließlich der Mann ein paar Tage später.

2 Charakterisierung

Der Fabrikarbeiter scheint ein sehr gespaltenes Verhältnis zu seiner Arbeit zu haben. Einerseits verbannt er sie mit einer Bretterwand aus seinem Sichtfeld und entwickelt Hassgefühle gegenüber allem, was mit der Arbeit zusammenhängt (Z. 1–7). Andererseits beschleunigt er selbst das verhasste Tempo der Maschine (Z. 6) und ist durch die verhassten Akkordprämien auch zu einem gewissen Wohlstand gekommen (Z. 7 f.). Wie sehr er dennoch mit seiner Arbeit verbunden ist, erfährt man dadurch, dass die Fürsorge seiner Frau, des Arztes und des Meisters auf Ablehnung stößt und mit demselben Hass belegt wird wie die Fabrik und seine Arbeit (Z. 9–15).

Für ihn ist das alles „verlogene Rücksicht“ (Z. 16), verlogen auch deshalb, weil er offenbar der Ansicht ist, dass man ihn zum „alten Eisen“ zählen will, um ihm weniger Lohn zu bezahlen.

Als er erkrankt ist, scheint er zu spüren, dass es keine Chance auf Heilung mehr gibt (Z. 22–24). In dieser Lage empfindet er Langeweile, der er offenbar nur damit begegnen kann, dass er sich wieder einen Blick auf seine eigentlich gehasste Fabrik verschafft (Z. 25–30). Je größer das Blickfeld wird, desto größer wird die „Ablenkung“, „zärtlich“ ruht der Blick auf „seiner Fabrik“ (Z. 33), schließlich „entspannt ein Lächeln die Züge des Kranken“ (Z. 39), und er stirbt nach einigen Tagen. Dies lässt den Schluss zu, dass die Arbeit, die ihn letztendlich krank gemacht und ihm die Vielfalt des Lebens entzogen hat, der einzige Lebensinhalt gewesen ist.

3 Textsorten-nachweis

„Neapel sehen“ ist eine typische Kurzgeschichte. Die Handlung beginnt ohne Einleitung („Er hatte eine Bretterwand gebaut.“). Danach entwickelt sie sich geradlinig weiter: Knapp und fast stichpunktartig erfährt man vom Hass des Mannes auf seine Arbeit, von den Umständen seiner Krankheit und schließlich auch von seinem Sterben. Typisch für diese Textsorte ist es, dass sich die Handlung oft auf ein einzelnes Ereignis aus dem Alltagsgeschehen konzentriert, in diesem Fall ist es die schwere Erkrankung eines Fabrikarbeiters. Das Erzählte beleuchtet schlaglichtartig ein ganzes Arbeiterleben. Die verhasste Tätigkeit in der Fabrik steht im Mittelpunkt dieses Lebens und bestimmt es sogar noch in der Krankheit und im Sterben. Andererseits gewinnt der Mann in seiner Situation eine besondere Einsicht. Er akzeptiert die Dominanz „seiner Fabrik“ in seinem Leben und „versöhnt“ sich schließlich mit ihr und seinem Leben für die Arbeit. Deswegen ist es auch schlüssig, dass die Kurzgeschichte hier nicht offen endet, denn der Arbeiter kann ohne den Anblick „seiner“ Fabrik nicht sterben. Zudem haben die Figuren in der Kurzgeschichte keine Namen. Es geht nicht nur um ein persönliches Schicksal, sondern der Inhalt der Geschichte ist übertragbar auf viele Lebenswege.

4 Sprachliche Mittel

4.1 Wortwahl

Zwischen den ersten beiden Teilen und dem dritten Teil besteht ein deutlicher Unterschied in Satzbau und Wortwahl. Die Kurzgeschichte ist insgesamt in einfacher, klarer Alltagssprache verfasst – bis auf die beiden auffälligen Fremdwörter „Akkord“ (Z. 7, 12, 14) und „Stakkato“ (Z. 11). Schließlich ist es die durch diese beiden Begriffe beschriebene Art der Arbeit, die den Mann zerbrechen lässt. Beherrscht wird der Text in den beiden ersten Abschnitten durch Wortwiederholungen, vor allem der Wörter „er“ und „hasste“ (Z. 3–16). Dadurch werden Monotonie und Rhythmus der Fließbandarbeit spürbar. Außerdem wird die ausweglose Situation des Mannes betont, da er schließlich alles hasst, was sein Leben ausmacht – von der Fabrik bis zu seiner Frau. Einige Schlüsselwörter (Fabrik, Z. 1, 3, 4, 30, 31, 33 usw.; Arbeit Z. 4, 11, 14 usw.; Gärtchen, Z. 8, 20, 21, 26 usw.; (Bretter-)Wand, Z. 1, 21, 22, 27 usw.) stellen das Gerüst der Geschichte dar und verdeutlichen die Einflüsse, die das Leben des Arbeiters vollkommen unbefriedigend machen. Auffallend ist schließlich auch die Häufung von Personalpronomen (vor allem „er“ und „sie“). Der Lebensweg dieses Fabrikarbeiters und seiner Frau steht wohl stellvertretend für viele, deren Leben sich der Fließbandarbeit unterordnet.

Die Wortwahl in den beiden Abschnitten erzeugt eine negative Atmosphäre, die geprägt ist von der ablehnenden Beziehung des Mannes zu seiner Arbeit und der Fabrik, aber auch zu den Menschen, die ihn umgeben.

Ganz anders jedoch erscheint der Stil im letzten Abschnitt der Kurzgeschichte ab Zeile 33. Die Sprache wird bildhafter („Spiel des Rauches über dem Schlot", Z. 33 f.) und positiver („zärtlich", Z. 33, „entspannte", Z. 38, und „Lächeln", Z. 38), und aus der in den ersten beiden Teilen nur als „die Fabrik" bezeichneten Arbeitsstätte wird nun „seine Fabrik" (Z. 33). Diese Wandlung vollzieht sich erst, nachdem der Arbeiter seine ehemalige Fabrik wieder sehen kann.

Auch beim Satzbau gibt es einen deutlichen Unterschied zwischen den ersten beiden Abschnitten (Z. 1–32) und dem dritten. Die Monotonie und der schnelle Rhythmus der Akkordarbeit finden ihre Entsprechung in den häufig identischen Satzbaumustern der kurzen Hauptsätze mit dem Prädikat an zweiter Stelle im Satz (zum Beispiel Z. 3 f., 16, 20 f.). Auffallend sind auch die fehlenden Satzzeichen bei allen wörtlichen Reden, so als wollte der Autor den gleichförmigen Fluss der Sätze nicht stören (Z. 9, 12, 14 usw.). Die Monotonie der Arbeit setzt sich im Privatleben fort. Dies äußert sich durch weiterhin kurze, unverbundene Sätze sowie Wiederholungen in Satzbau und Wortwahl: „Er glaubte ihr nicht. […] Er glaubte ihm nicht." (Z. 23–25), „immer das Gärtchen, […] immer dasselbe Gärtchen" (Z. 26 f.). Im letzten Abschnitt werden die Sätze insgesamt länger. Es herrscht ein abwechslungsreicher Satzbau vor mit einem Wechsel aus Satzreihen und Satzgefügen. Plötzlich scheint Ruhe in den Arbeiter zu kommen, wenn er die Betriebsamkeit rund um die Fabrik beobachten kann (Z. 33–35). 4.2 Satzbau

„Neapel sehen und sterben" lautet die Redensart, die Kurt Marti teilweise als Titel seiner Kurzgeschichte verwendet. Damit drückt man eine Sehnsucht nach fernen und schönen Orten aus. Zum „fernen und schönen" Ort wird dem schwer erkrankten Akkordarbeiter „seine" Fabrik, die den einzigen Mittelpunkt seines Lebens darstellt und ohne die er weder leben noch am Ende sterben kann, obwohl er sie hasst. Der Autor weist zudem auf die Monotonie der Akkordarbeit und deren Folgen für die Gesundheit hin. Ferner stellt er dar, dass Arbeit nicht nur krank machen kann, sondern, wenn sie den einzigen Mittelpunkt des Lebens darstellt, das Leben eines Menschen schließlich zerstören kann und den Menschen so an sich kettet, dass dieser selbst im Sterben von ihr abhängt. 5 Absicht

Die Arbeit verlangt vom Einzelnen Kraft und Zeit und bringt neben Bestätigung und Freude auch vielfältige Belastungen. Umso wichtiger ist es, einen Ausgleich zur Arbeit zu finden. Welche Möglichkeiten bieten sich hierzu an? Zunächst sollte der Einzelne über den Einsatz am Arbeitsplatz seine Freundschaften und das Familienleben nicht vergessen. Nicht nur, dass man hier Ablenkung und Zerstreuung findet und auf andere Gedanken kommt, es ist auch eine wichtige Erfahrung, für andere da sein zu können. Daher sollte ein großer Teil der Freizeit z. B. für Unternehmungen mit der Familie genutzt werden, sei es für gemeinsame Ausflüge oder Spielabende. 6 a) Erörterung 6.1

Einen ähnlich wichtigen Ausgleich stellt die sportliche Betätigung in der Freizeit dar. Oft besteht die Arbeit aus gleichförmigen Abläufen, die den Körper einseitig belasten, oder aus einer sitzenden Tätigkeit. Deswegen ist es wichtig, sich nach der Arbeit sportlich zu betätigen, auch um etwas für seine Gesundheit zu tun und zum Beispiel Rückenbeschwerden vorzubeugen. Dabei bringt Sport im Verein bzw. eine Mannschaftssportart wie Fußball den weiteren Vorteil, dass man mit Gleichgesinnten zusammen aktiv ist und neue Kontakte schließen kann. 6.2

Neben sozialen Kontakten und Sport als Ausgleich können auch Hobbys ein guter Ausgleich zum Arbeitsleben sein. Auf diese Weise kann man außerberufliche Interessen und Fähigkeiten vertiefen und sich wichtige Er- 6.3

folgserlebnisse gönnen. Darüber hinaus wirkt sich ein Hobby entspannend aus und trägt zum Stressabbau bei, ganz gleich ob jemand Modellflugzeuge baut oder in seiner Freizeit fotografiert und diese Fotos selber entwickelt. Viele Hobbys verlangen Kreativität, die oft am Arbeitsplatz nicht gefragt ist.

oder:
6 b) Innerer Monolog

Jetzt ist er auch noch verrückt geworden. Damit er was anderes sieht … Wer wollte denn diese verfluchte Wand? Und warum? Damit er die Fabrik nicht sieht, die Fabrik, die an allem schuld ist. Auch daran, dass ich nichts von ihm hatte, das ganze Leben lang …
Er kannte nur die Arbeit, die ihn sogar bis in den Schlaf verfolgte: Fast jede Nacht bin ich davon aufgewacht, dass er im Traum weiter an seiner Maschine arbeitete und mit den Händen zuckte. Irgendwann habe ich es aufgegeben, ihn aufzuwecken. Denn jedes Mal hatten wir danach Streit. Aber nicht nur ich konnte mir den Mund fusselig reden. Niemandem wollte er glauben, auf niemanden hören. Hat alle Warnungen des Arztes ignoriert und auch das Angebot des Meisters, mit der Akkordarbeit aufhören zu können, in den Wind geschlagen. Denn damit hätte er ja seine Akkordprämie nicht mehr bekommen. Aber wozu? Wir hatten doch inzwischen alles, er hätte durchaus auch kürzer treten können.
Jetzt liegt er im Bett und schickt mich zum Nachbarn. Was soll ich dem sagen, der glaubt, wir seien alle verrückt geworden. Wie kann er sich wünschen, die Fabrik wiederzusehen? Der er alles opferte, die unser ganzes Leben beherrschte … wegen der er todkrank ist.
Will er dadurch wieder gesund werden? Na ja, schön wär's. Wahrscheinlich denkt er schon wieder nur an seine Arbeit. Aber er braucht sich nicht einzubilden, dort noch mal hinzugehen. Ich werde dies mit dem Arzt verhindern. Möchte noch ein paar Jahre mit ihm haben, ein paar für die, die sie uns gestohlen haben, die er mir gestohlen hat, mit seiner Schufterei und seiner Sturheit … Aber er …! Und nun soll ich zum Nachbarn und die Wand aufmachen lassen! Aber wenn's ihm hilft, gesund zu werden … Ich mache doch immer alles für ihn, auch wenn ich weiß, dass er mir seine Dankbarkeit nicht zeigen kann.

C. Schluss

Arbeit ist zwar ein wichtiger Lebensinhalt und die Grundlage für ein finanziell sorgenfreies Leben. Dennoch sollte man darauf achten, dass der Beruf nicht so in den Mittelpunkt des Lebens rückt, dass man keine Zeit mehr für sich, seine Mitmenschen und seine Hobbys hat. Ansonsten kann Arbeit sehr schnell belastend werden und krank machen. Entscheidend ist doch, dass man ein ausgeglichenes und zufriedenes Leben führt, und dazu gehört neben einem interessanten Beruf auch ein vielfältiges Privatleben.

Notizen

Notizen

Notizen

Abschlussprüfung 2013 an Realschulen: Deutsch
Aufgabengruppe A: Erörterung

Erörterungen ohne Informationsmaterial

1. Die meisten Schülerinnen und Schüler absolvieren im Laufe ihrer Realschulzeit ein Betriebspraktikum. Welchen Gewinn können sie daraus ziehen? Welche Probleme können auftreten?
2. Warum sind Fernsehserien, in denen Menschen in ihrem Alltag gezeigt werden, so beliebt? Erörtern Sie Kritikpunkte an dieser Art von Sendung.
3. Kindern und Jugendlichen geht es heutzutage so gut wie nie. Wie stehen Sie zu dieser Aussage?
4. Das Radfahren erfreut sich zunehmender Beliebtheit. Welche Gründe sind dafür ausschlaggebend? Wie kann die Sicherheit der Radfahrer erhöht werden?
5. Welche Möglichkeiten haben junge Menschen, sich in unserer Gesellschaft politisch zu engagieren? Was hält sie häufig davon ab?

Erörterung mit Informationsmaterial

6. In Deutschland werden zu viele Lebensmittel weggeworfen. Was kann dagegen unternommen werden?

Hinweis: Gehen Sie zur Bearbeitung des Themas zunächst das vorliegende Material durch und überlegen Sie sich, welche Informationen Sie für Ihren Aufsatz verwerten möchten. Das Material dient *zur Ergänzung* Ihrer eigenen Ideen. **Es muss jedoch deutlich erkennbar sein, dass Teile des Materials in die Bearbeitung mit einbezogen wurden.** Falls Sie Textstellen wörtlich übernehmen bzw. angegebene Daten oder Aussagen verwenden, müssen Sie dies in Ihrem Aufsatz angeben.

Material 1: Diagramm

Verteilung der Lebensmittelabfälle in Deutschland nach Bereichen der Nahrungsmittelkette (in Prozent bzw. Tonnen)

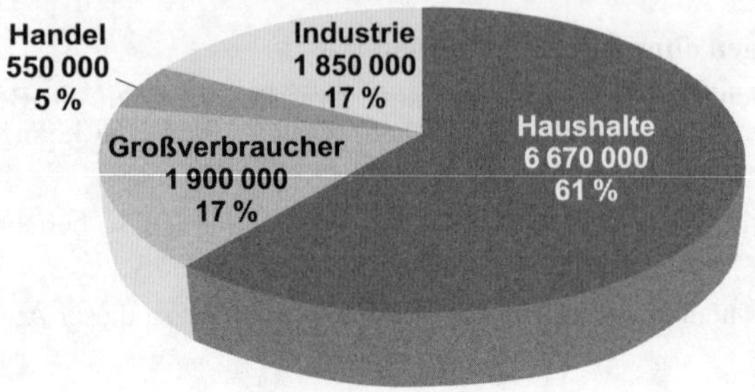

Quelle: Studie der Universität Stuttgart (2012), gefördert durch das Bundesministerium für Ernährung, Landwirtschaft und Verbraucherschutz

Material 2: Zitat

„Das Essen nicht zu verschwenden heißt, die Erde, die wir bewohnen, zu schätzen und die Menschen zu respektieren."

Carlo Petrini, Gründer der Kampagne „Slow Food"

Material 3: Grafik

Quelle: © Bundesministerium für Ernährung, Landwirtschaft und Verbraucherschutz

Material 4: Karikatur

Karikatur: NEL

Material 5: Begriffsklärung

Mindesthaltbarkeitsdatum

Das Mindesthaltbarkeitsdatum eines Lebensmittels ist das Datum, bis zu dem das Lebensmittel unter angemessenen Aufbewahrungsbedingungen seine spezifischen Eigenschaften behält.

Das Mindesthaltbarkeitsdatum besagt nicht, dass nach Ablauf des angegebenen Datums das Lebensmittel wertgemindert, zum Verzehr nicht geeignet oder gesundheitsschädlich ist. Es stellt also kein Verfallsdatum dar. Wer jedoch nach Ablauf des Mindesthaltbarkeitsdatums ein Lebensmittel in Verkehr bringt, unterliegt höheren Sorgfaltspflichten. Der Händler muss die Beschaffenheit des Lebensmittels prüfen und notfalls eine Wertminderung kenntlich machen.

Quelle: Bayerisches Landesamt für Gesundheit und Lebensmittelsicherheit

Material 6: Notizen zu einem Vortrag im Rahmen einer Mitarbeiterschulung

✓ Produkte unverpackt anbieten
(Kunden kaufen nur, was sie brauchen)

✓ Richtige Lagerung
(Kühlkette nicht unterbrechen!)

✓ Vermeidung von Beschädigungen
(beim Auspacken und Einsortieren)

✓ Bestellvorgang optimieren
(richtige Menge zur richtigen Zeit)

✓ „Happy Hour" (Waren kurz vor Ladenschluss billiger abgeben)

Material 7: Kochbuch

Quelle: FET e. V. – www.fet-ev.eu

Material 8: Kampagnen und Initiativen

„Zu gut für die Tonne" – eine Kampagne des Bundesministeriums für Ernährung, Landwirtschaft und Verbraucherschutz:
- Aktionstage „Wir retten Lebensmittel" zur Aufklärung der Verbraucher
- Kochrezepte für Lebensmittelreste als App oder im Internet
- Einkaufsplaner
- Tipps zur Vermeidung von Lebensmittelabfällen: www.zugutfuerdietonne.de

„Die Tafel" – Hilfsorganisation zur Verteilung von Lebensmitteln; Lebensmittel, die von Händlern oder Herstellern als unverkäuflich aussortiert wurden, werden über ehrenamtliche Helfer an den Tafel-Standorten in vielen deutschen Großstädten an Bedürftige ausgegeben.

Abbildungen: © Bundesministerium für Ernährung, Landwirtschaft und Verbraucherschutz; © Bundesverband Deutsche Tafel e. V.

Material 9: Aussagen zum Thema

Landwirt: „Auch krumme Salatgurken schmecken saftig, aber keiner will sie."
Bäcker: „Der Kunde verlangt bis kurz vor Ladenschluss frisches Brot. Ich muss ständig nachbacken, obwohl noch Ware vorhanden ist."
Kaufmann: „Ich habe elf verschiedene Apfelsorten im Angebot und bin wegen meiner Warenvielfalt bekannt. Gekauft wird dann aber nur von den drei, vier gängigsten Sorten."
Studentin: „Drei kaufen – zwei bezahlen. Bei diesem Angebot musste ich einfach zugreifen!"
Gastwirt: „Manchmal geht mehr als die Hälfte der Essensportionen zurück."
Hausfrau: „Ich möchte einfach immer Vorrat für Besucher im Haus haben."
Berufstätiger: „Wenn ich nach der Arbeit noch rasch zum Einkaufen fahre, habe ich oft keinen Überblick über meinen Vorrat."
Schüler: „Aus älteren Bananen mache ich mir immer gerne einen Milchshake."

2013/1 Die meisten Schülerinnen und Schüler absolvieren im Laufe ihrer Realschulzeit ein Betriebspraktikum. Welchen Gewinn können sie daraus ziehen? Welche Probleme können auftreten?

Hinweise zur Erschließung des Themas

Der Themabegriff dieser Aufgabenstellung lautet „Betriebspraktikum". Eingeschränkt wird das Thema durch die Hinweise „Schülerinnen und Schüler" und „Realschulzeit". Es betrifft dich also direkt und du kannst sicher auf persönliche Erfahrungen zurückgreifen. Präzisiert wird das Thema durch die beiden Erörterungsaufträge, die nach dem „Gewinn" und den möglichen „Problemen" fragen. Nachdem sich das Thema auf „Schülerinnen und Schüler" bezieht, ist davon auszugehen, dass man sich bei der Auseinandersetzung darauf beschränken soll, nach Problemen für die Praktikanten zu suchen. Der Begriff „Gewinn" muss später bei den Überlegungen zur Stoffsammlung und zur Strukturierung genau hinterfragt werden.

Themabegriff	Betriebspraktikum
Einschränkung	Schülerinnen und Schüler, Realschulzeit
Präzisierung	Gewinn aus dem Praktikum, mögliche Probleme
Erörterungsauftrag zweigliedrig	1. Welchen Gewinn können Schülerinnen und Schüler aus einem Betriebspraktikum während ihrer Schulzeit ziehen? 2. Welche Probleme können dabei auftreten?

Stoffsammlung und Strukturierung

Überlegungen zur Einleitung

Es ist wichtig, dass dein Einleitungsgedanke keine Gesichtspunkte der beiden Erörterungsaufträge behandelt. Das bedeutet, dass du hier noch nicht den Nutzen oder die negativen Seiten eines Praktikums thematisierst, sonst würdest du möglicherweise Argumente vorwegnehmen. Sinnvoller ist es, sich andere Fragen zur Thematik zu stellen, aus denen du einen anschaulichen Einleitungsgedanken entwickeln kannst, der gut zum Hauptteil hinführt. Mögliche Fragestellungen könnten von deinen persönlichen Erfahrungen ausgehen:

- Wie lief mein Betriebspraktikum ab?
- Wie habe ich meinen Praktikumsplatz erhalten?
- Wie wurde ich in der Schule auf das Praktikum vorbereitet?
- Welche Auswahlmöglichkeiten/Praktikumsplätze gab es?
- Welche Höhepunkte/Besonderheiten habe ich erlebt?
- Welche Voraussetzungen musste ich erfüllen?

Vorarbeiten für den Hauptteil

Um für den ersten Teil der Themafrage genügend Aspekte und eine Struktur zu bekommen, solltest du zunächst den Begriff „Gewinn" hinterfragen. Gewinn bedeutet immer, dass etwas hinzukommt oder zunimmt. Oft denkt man dabei nur an Finanzielles. Da es für Schülerinnen und Schüler bei einem Praktikum um die Vorbereitung auf die Zeit nach dem Schulabschluss geht, liegt es auf der Hand, danach zu fragen, welchen persönlichen Gewinn es bringen kann. Ein guter Ansatzpunkt ist dabei die Frage nach den Zielen eines solchen Praktikums. Sicherlich helfen dir dabei deine eigenen Erfahrungen und weitere W-Fragen, um diesen Bereich zu strukturieren:

- Was waren die Ziele des Betriebspraktikums?
- Welche positiven Erfahrungen habe ich gemacht?
- Nach welchen Gesichtspunkten habe ich meinen Praktikumsplatz ausgewählt?
- Was war alles neu für mich? In welchen Bereichen hat das Praktikum mein Wissen und meine Erfahrungen erweitert?
- Worin sehe ich für mich Vorteile durch das Praktikum?

Für den zweiten Teil des Themas kannst du möglicherweise ebenfalls auf eigene Erfahrungen zurückgreifen und daraus Argumente gewinnen. Zusätzlich, um die Frage allgemeingültig zu beantworten, helfen auch hier einige Leitfragen weiter:

- Welche negativen Erfahrungen habe ich gemacht?
- Was kann bei einem Praktikum schief gehen?
- Was kann bei einem Praktikum belastend sein?
- Was kann die Erreichung der Praktikumsziele verhindern oder erschweren?

Überlegungen zum ersten Teil der Themafrage – Welchen Gewinn können Schülerinnen und Schüler aus einem Betriebspraktikum während ihrer Schulzeit ziehen?

Ausgangspunkt deiner Überlegungen ist die Frage nach den Zielen eines Betriebspraktikums. Eines davon ist ein praxisnaher **Einblick in die Arbeitswelt**, ein zweites sicherlich die Unterstützung der eigenen beruflichen Orientierung. Ein Praktikum vermittelt dir erste Erfahrungen über Arbeitsabläufe, Anforderungen im Beruf, über die Verantwortung des Einzelnen, im Hinblick auf die Arbeitszeit, die Zusammenarbeit im Betrieb und die Organisation eines Unternehmens. Dies sind bestimmt wichtige „Gewinnbereiche" für einen Praktikanten, da sich die Erfahrungswelt Schule ganz erheblich von der Arbeitswelt unterscheidet.
Frage dich als Nächstes, was du für deine **berufliche Orientierung** brauchst. Zum einen musst du dabei deinen Interessen, Fähigkeiten, Neigungen und Vorstellungen auf die Spur kommen, wobei dir die Begegnung mit der Praxis erheblich weiterhelfen kann. Darüber hinaus kann ein Betriebspraktikum in diesem Zusammenhang auch die Frage beantworten, ob eine gewählte berufliche Richtung zu einem passt oder nicht. Am Ende der Orientierungsphase steht die Bewerbung um einen Ausbildungsplatz. Frage dich, ob du durch ein Praktikum auch dafür einen Gewinn ziehen kannst. Zum einen bietet es eine gute Möglichkeit, mit einem möglichen Ausbildungsbetrieb bereits Kontakt herzustellen, zum anderen verbessern positive Praktikumsnachweise im Lebenslauf auch die Einstellungschancen. Zudem ist die oft übliche schriftliche oder persönliche Bewerbung um ein Praktikum ein gutes Training für die Bewerbung um einen Ausbildungsplatz.

Überlegungen zum zweiten Teil der Themafrage – Welche Probleme können auftreten?

Hier bieten sich die gleichen Ausgangspunkte an wie beim ersten Teil der Themafrage. Überlege, wodurch sich aus dem **Einblick in die Arbeitswelt** Probleme ergeben können. Denke z. B. daran, dass dieser Einblick auch mangelhaft ausfallen kann. Probleme könnten sich einstellen durch die ungewohnt lange Arbeitszeit, durch eine ungewohnte körperlich belastende Arbeit, durch mangelnde Betreuung im Betrieb, durch eine fehlende Einbindung in die Arbeitsabläufe oder durch praktikumsfremde Arbeiten, sodass man den Arbeitsalltag und die Anforderungen der Tätigkeit nicht richtig kennenlernen kann. Dies wirkt sich auch auf den Nutzen des Praktikums für die **berufliche Orientierung** aus, denn ohne entsprechende Erfahrungen verliert es an Wert und Aussagekraft. Ein Problem könnte auch sein, dass man sich einen Platz gesucht hat, der überhaupt nicht den Neigungen und Fähigkeiten entspricht oder dass man diese im Vorfeld völlig falsch eingeschätzt hat, was naturgemäß eine große Enttäuschung auslöst und sich vielleicht so auswirkt, dass man auf weitere freiwillige Praktika verzichtet. Diese negative Erfahrung kann auch eintreten, wenn man nicht den Wunschplatz bekommt oder wenn die Plätze einfach zugewiesen werden. Strukturiere deine Argumente abschließend z. B. in Form einer Tabelle:

Gewinn für Schülerinnen und Schüler aus einem Betriebspraktikum:

Aus dem Einblick in die Arbeitswelt	Für die berufliche Orientierung
– Kennenlernen von Anforderungen im Beruf – Kennenlernen von Arbeitsabläufen – Sammeln von praktischen Erfahrungen – Einübung wichtiger Schlüsselqualifikationen – Einblick in die Zusammenarbeit im Betrieb – …	– Stärkung eigener Fähigkeiten – Bestätigung beruflicher Vorstellungen – Herstellung von Kontakten für die Ausbildungsplatzsuche – Bereicherung des Lebenslaufs für spätere Bewerbungen – …

Mögliche Probleme, die bei einem Betriebspraktikum auftreten können:

Aus dem Einblick in die Arbeitswelt	Für die berufliche Orientierung
– Ungewohnt lange Arbeitszeit – Körperlich belastende Arbeiten – Mangelnde Betreuung im Betrieb – Praktikumsfremde Tätigkeiten – …	– Falsche Einschätzung der Interessen und Neigungen – Mangelnde Einbindung in den Arbeitsablauf – Fehlende Wahlmöglichkeit bei der Auswahl des Praktikumsplatzes – …

Überlegungen zum Schlussgedanken

Der Schluss rundet deinen Aufsatz sinnvoll ab, das heißt, der abschließende Gedanke sollte zum Aufsatz passen und deine Aussagen müssen ausreichend begründet sein. Folgende Aspekte könnten sich für den Schluss eignen:

- Kurze anschauliche Darstellung deiner eigenen (positiven oder negativen) Praktikumserfahrungen
- Begründete Darstellung der für dich wichtigsten Vorteile eines Betriebspraktikums
- Schilderung eventueller positiver Auswirkungen deiner Praktika auf die Bewerbung um den Ausbildungsplatz
- Rückblick auf absolvierte freiwillige Praktika
- Anforderungen und Zielsetzungen für ein erfolgreiches Praktikum

Gliederungsvorschlag

Hinweis: Gliederungspunkte, die mit Spiegelstrich angeordnet sind, können auch nummerisch (z. B. 1.1.1) aufgeführt werden.

A. Im Wirtschafts- und Rechtslehreunterricht wurde das Betriebspraktikum vor- und nachbereitet

B. Welchen Gewinn können Schülerinnen und Schüler aus einem Betriebspraktikum während ihrer Schulzeit ziehen? Welche Probleme können dabei auftreten?

1 Gewinn für Schülerinnen und Schüler

1.1 Aus dem Einblick in die Arbeitswelt
- Kennenlernen von Anforderungen im Beruf
- Kennenlernen von Arbeitsabläufen
- Sammeln von praktischen Arbeitserfahrungen
- Einübung wichtiger Schlüsselqualifikationen
- Einblick in die Zusammenarbeit im Betrieb

1.2 Für die berufliche Orientierung
- Stärkung eigener Fähigkeiten
- Bestätigung persönlicher beruflicher Vorstellungen
- Herstellung von Kontakten für die Ausbildungsplatzsuche
- Bereicherung des Lebenslaufs für spätere Bewerbungen

2 Probleme, die bei einem Betriebspraktikum auftreten können

2.1 Aus dem Einblick in die Arbeitswelt
- Ungewohnt lange Arbeitszeit
- Körperlich belastende Arbeiten
- Mangelnde Betreuung im Betrieb
- Praktikumsfremde Tätigkeiten

2.2 In Bezug auf die berufliche Orientierung
- Falsche Einschätzung der Interessen und Neigungen
- Mangelnde Einbindung in den Arbeitsablauf
- Fehlende Wahlmöglichkeit in Bezug auf den Praktikumsplatz

C. Ein erfolgreiches Praktikum ist dann gewährleistet, wenn man gut in den Arbeitsablauf eingebunden wird und möglichst viele praktische Erfahrungen sammeln kann

2013/2 Warum sind Fernsehserien, in denen Menschen in ihrem Alltag gezeigt werden, so beliebt? Erörtern Sie Kritikpunkte an dieser Art von Sendung.

Hinweise zur Erschließung des Themas

Der Themabegriff „Fernsehserien, in denen Menschen in ihrem Alltag gezeigt werden“ steht wohl für Fernsehformate wie Reality-Soaps, Doku-Soaps, Problemlöse- und Lebenshilfesendungen usw., die mit dem Begriff „Reality-TV“ zusammengefasst werden. Sie laufen hauptsächlich auf den privaten Fernsehsendern, nehmen seit Jahren in ihrer Zahl zu und haben hohe Zuschaueranteile. Beispiele sind die Sendungen „Big Brother“, „Supernanny“, „Mitten im Leben“ oder „Berlin – Tag und Nacht“. Präzisiert wird die Aufgabenstellung durch die beiden Erörterungsaufträge, die zum einen nach den Gründen für die Beliebtheit solcher Serien fragen, zum anderen die Diskussion von Kritikpunkten an dieser Art von Sendungen verlangen.

Themabegriff	Fernsehserien, in denen Menschen in ihrem Alltag gezeigt werden (Reality-TV)
Präzisierung	Gründe für die Beliebtheit solcher Serien, Kritikpunkte
Erörterungsauftrag zweigliedrig	1. Warum sind Fernsehserien, in denen Menschen in ihrem Alltag gezeigt werden, so beliebt? 2. Welche Kritikpunkte an diesen Sendungen gibt es?

Stoffsammlung und Strukturierung

Überlegungen zur Einleitung

Einen sinnvollen Einleitungsgedanken, der zum Thema hinführt, Interesse für den Hauptteil weckt und keine Argumente vorwegnimmt, kannst du aus folgenden Leitfragen entwickeln:

- Was versteht man unter solchen Serien?
- Welche Reality-TV-Serien kenne ich?
- Welche dieser Sendungen sind bei mir in der Klasse im Gespräch?
- Worum geht es in den mir bekannten/von mir bevorzugten Serien?
- Auf welchen Sendern laufen diese Serien hauptsächlich?
- Zu welchen Tageszeiten werden sie in erster Linie ausgestrahlt?

Vorarbeiten für den Hauptteil

Ausgehend von den eigenen Erfahrungen ist es sinnvoll, sich als Erstes zu überlegen, wie diese Serien gemacht sind. Sie erwecken den Anschein, als handele es sich um echtes (dokumentarisches) Material, tatsächlich sind es aber nach Drehbuch inszenierte, erfundene und oft dramatisch zugespitzte Geschichten, die sehr häufig von Laien, also nicht von professionellen Schauspielern, gespielt werden. Als Nächstes betrachtest du den Inhalt dieser Serien. Meist geht es um Streitfälle, Mobbing, Schul- und Erziehungsprobleme, Partnerschaftsprobleme, Liebe bzw. Partnersuche, Auswandern, Wohnungssuche, Verbrechen usw. Auch die Hauptsendezeit (Nachmittagsstunden und beste Sendezeit am Abend) gibt Aufschluss auf Gründe für die Beliebtheit.
Vor diesem Hintergrund kannst du nun Kritikpunkte sammeln. In den Sendungen wird so getan, als gehe es um einen Einblick in das wahre Alltagsleben anderer, dabei spielen jedoch Laiendarsteller, die bestimmte Eigenschaften (Klischees) erfüllen, nach Drehbuch. Wenn du dir dies bewusst machst, ergeben sich durchaus kritische Argumente.

Überlegungen zum ersten Teil der Themafrage – Warum sind Fernsehserien, in denen Menschen in ihrem Alltag gezeigt werden, so beliebt?

Wenn man sich fragt, warum diese Serien häufig am Nachmittag oder abends zur besten Sendezeit ausgestrahlt werden, wird klar, dass dies Tageszeiten sind, zu denen viele Menschen zu Hause sind und nach Unterhaltung, Zeitvertreib und Spaß suchen. Die Machart dieser Serien, die Realität vorgaukeln, befriedigt die Neugier und das Interesse vieler Menschen am Leben anderer. Nimmt man noch die Themen und Inhalte hinzu, so ergibt sich wohl auch der Aspekt, dass manche Zuschauer aus diesen Sendungen lernen wollen, wie sie mit bestimmten Problemen in ihrem eigenen Leben umgehen können. Da die Inhalte inszeniert und dramatisiert sind, kommt vermutlich eine gewisse Sensationslust hinzu oder auch Schadenfreude gegenüber besonders negativ gezeichneten Rollen. Oft sind die Rollen der Darsteller so angelegt, dass Vorurteile bedient werden. Wenn man die Themen der Sendungen betrachtet, könnte auch Mitgefühl mit bestimmten Darstellern oder Identifikation eine Rolle spielen, weil man sich vielleicht selbst ebenso sieht oder in einer ähnlichen Situation steckt. Dadurch, dass das Geschehen oft sehr dramatisch oder schicksalhaft ist, könnte sich die Beliebtheit auch darin begründen lassen, dass viele Menschen das Gefühl genießen, andere seien schlechter dran als man selbst. Zudem dienen solche Serien der Ablenkung vom eigenen Alltagsleben. Außerdem sind sie ein häufiges Gesprächsthema im Alltag, weshalb viele zusehen, um mitreden zu können. Aus diesen Überlegungen lassen sich folgende Gründe formulieren, die als Argumente in die Gliederung aufgenommen werden können und die du bei der Formulierung deines Aufsatzes mit Beispielen aus den Serien veranschaulichen kannst.

Gründe für die Beliebtheit

- Wunsch nach Unterhaltung und Zeitvertreib
- Bedürfnis, am Leben anderer teilzunehmen
- Hilfe zur Bewältigung der eigenen Lebenssituation
- Bestätigung von Vorurteilen
- Neugier
- Ablenkung von eigenen Alltagsproblemen
- Trost in schwierigen Lebenssituationen
- Bedürfnis, mitreden zu können
- Lust an Sensationen
- Ausleben von Schadenfreude
- Identifikation mit dem Leben anderer

Überlegungen zum zweiten Teil der Themafrage – Welche Kritikpunkte an diesen Serien gibt es?

Auch zur Beantwortung dieser Frage kannst du die Vorüberlegungen nutzen. Betrachtet man die Inhalte, Themen und die Qualität der Darstellung, so kann man durchaus von Niveaulosigkeit sprechen. Die Sendungen sind auf bestimmte Bedürfnisse und Zuschauergruppen zugeschnitten und da es sich um frei erfundene Inhalte handelt, die unrealistisch dramatisiert werden, wird klar, dass es nur darum geht, hohe Einschaltquoten zu erzielen. Realität per Drehbuch bedeutet aber auch, dass der Zuschauer zwischen echter und vorgetäuschter Realität nicht mehr unterscheiden kann, dass der Bezug zur Wirklichkeit verloren geht und er meint, das Leben funktioniere wie in der Serie. Durch die vereinfachten Rollenbilder wird der Mensch auf gut oder böse, arm und reich, faul und fleißig reduziert, Vorurteile werden geschürt. Wenn man die Themenschwerpunkte (Beziehungskrisen, Kriminalität, Mobbing, Intrigen, Schulprobleme usw.) betrachtet, dann stellt sich auch die Frage, ob nicht ein falsches Bild der gesellschaftlichen Realität erzeugt wird. Denn die dargestellten Probleme und Situationen sind sicherlich nicht der Normalfall, ebenso wenig wie die Art und Weise, wie in den Serien miteinander umgegangen wird. Bei der Ausformulierung der Argumente im Aufsatz solltest du sie mit möglichst aussagekräftigen Beispielen aus den Serien veranschaulichen.

Überlegungen zum Schlussgedanken

Nun geht es noch darum, deinen Aufsatz mit einem Schlussgedanken sinnvoll abzurunden. Folgende Möglichkeiten bieten z. B. einen anschaulichen und zum Thema passenden Abschluss:

- Kurze begründete Darstellung der eigenen Meinung zu Reality-TV-Serien
- Kurze begründete Darstellung des persönlichen Konsums solcher Serien
- Abwägung der Gründe für die Beliebtheit und der Kritikpunkte
- Ausblick: z. B. Wunsch nach Einstellung dieser Serien, Vorschläge für neue Themenfelder
- Persönliche Erfahrungen aus dem Umfeld: Wie gehen Freunde mit diesen Serien um?
- Gründe, warum du eine bestimmte Serie gerne schaust / nicht schaust

Gliederungsvorschlag

Hinweis: *Die Argumente sind hier nach dem Prinzip „vom Allgemeinen zum Besonderen" aufgebaut.*

A. In solchen Serien werden Alltags- oder Problemsituationen nach Drehbuch in oft stark übertriebener Form nachgespielt und es wird der Eindruck vermittelt, dass es sich hierbei um Szenen handelt, die sich wirklich so zugetragen haben

B. Warum sind Fernsehserien, in denen Menschen in ihrem Alltag gezeigt werden, so beliebt? Welche Kritikpunkte an diesen Serien gibt es?

1 Gründe für die Beliebtheit von Fernsehserien, in denen Menschen in ihrem Alltag gezeigt werden

1.1 Wunsch nach Unterhaltung und Zeitvertreib
1.2 Bedürfnis, mitreden zu können
1.3 Ablenkung von eigenen Alltagsproblemen
1.4 Identifikation mit dem Leben anderer
1.5 Lust auf Sensationen und Befriedigung von Neugier
1.6 Bedürfnis, am Leben anderer teilzuhaben
1.7 Trost und Hilfe in der eigenen Lebenssituation
1.8 Ausleben von Schadenfreude
1.9 Bedürfnis nach Bestätigung von Vorurteilen

2 Kritikpunkte an diesen Serien

2.1 Niveaulosigkeit von Darstellung und Inhalten
2.2 Unrealistische Übertreibungen
2.3 Täuschung der Zuschauer durch Darstellung einer falschen gesellschaftlichen Wirklichkeit
2.4 Einschaltquote im Mittelpunkt
2.5 Stark vereinfachte Rollenbilder
2.6 Verlust des Bezugs zur Wirklichkeit beim Zuschauer
2.7 Verfestigung von Vorurteilen

C. Wenn dem Zuschauer bewusst ist, dass es sich nicht um die Darstellung des realen Alltagslebens dreht, sondern um ein übertriebenes Nachspielen, dann ist gegen solche Serien nichts einzuwenden

2013/3 Kindern und Jugendlichen geht es heutzutage so gut wie nie. Wie stehen Sie zu dieser Aussage?

Hinweise zur Erschließung des Themas

Der Themabegriff lässt sich aus der Aussage „geht es so gut wie nie" gewinnen: Es geht um gute Lebensbedingungen. Eingeschränkt wird das Thema durch die Festlegung auf „Kinder und Jugendliche" und die zeitliche Präzisierung „heutzutage", also in der Gegenwart. Den Erörterungsauftrag findest du im zweiten Satz. Er fordert dich auf, die im ersten Satz getroffene Behauptung zu untersuchen, also Argumente zu finden, die für diese Aussage stehen und Argumente, die dagegen sprechen. Da du direkt angesprochen bist, geht es in einem dritten Teil dieser Erörterung auch um deine persönliche Meinung dazu. Je nachdem, ob du der Aussage zustimmst oder nicht, solltest du die für dich wichtigsten Pro- oder Kontra-Argumente anführen und begründen, warum sie für dich ausschlaggebend sind. Möglich ist auch, deine Zustimmung mit für dich bedeutenden Gegenargumenten einzuschränken. Deine eigene Meinung ist bei dieser Art der Erörterung entweder ein eigener Punkt im Hauptteil oder du stellst sie ausführlich im Schluss dar – füge sie so in deinen Aufsatz ein, wie du es im Unterricht gelernt hast.

Themabegriff	gute Lebensbedingungen
Einschränkung	heutzutage, Kinder und Jugendliche
Präzisierung	Wie stehen Sie zu dieser Aussage? *(Es ist eine Stellung nehmende Erörterung verlangt mit Pro- und Kontra-Argumenten und der Darlegung der eigenen Position.)*
Erörterungsauftrag dreigliedrig, Stellung nehmend	1. Was spricht dafür, dass es Kindern und Jugendlichen heutzutage so gut geht wie nie? 2. Was spricht dagegen, dass es Kindern und Jugendlichen heutzutage so gut geht wie nie? 3. Wie ist meine eigene Meinung zu dieser Aussage?

Stoffsammlung und Strukturierung

Überlegungen zur Einleitung

Sehr verlockend wäre es hier, zu beschreiben, wie (gut) man selber lebt und unter welchen Bedingungen. Dies birgt jedoch die Gefahr, dass du Teile von Argumenten des Hauptteils vorwegnimmst. Bei Themen, die sich aus einer sehr allgemeingehaltenen Aussage („...geht es heutzutage so gut wie nie" = haben beste Lebensbedingungen) entwickeln sollen, ist es sinnvoll, zunächst den weitgefassten Begriff „Lebensbedingungen" zu klären und zu fragen, was hier alles dazugehört. Dies ist auch hilfreich für die Arbeit an der Stoffsammlung für den Hauptteil. Du kannst in der Einleitung die einzelnen Bereiche nennen, die die Lebensbedingungen in der Summe ausmachen. Denn sie hören nicht beim Wohlstand, in dem die meisten von uns leben, und den sich daraus ergebenden Vorzügen auf, sondern werden ferner bestimmt von den Wohnverhältnissen, der Erziehung, der Familie, den Bildungsmöglichkeiten, den Arbeits- und Ausbildungsmöglichkeiten, der medizinischen Versorgung, der Technik, den Freizeitangeboten usw. Im Wirtschafts- und Rechtslehre-Unterricht oder in Sozialwesen/Sozialkunde hast du bestimmt etwas über die verschiedenen Bedürfnisstufen des Menschen gehört.
Eine weitere sinnvolle Möglichkeit für deinen Einleitungsgedanken besteht im Rückblick, also zum Beispiel einer kurzen Schilderung, wie etwa deine Eltern oder Großeltern in ihrer Kindheit und Jugend lebten.

Vorarbeiten für den Hauptteil

Aufbauend auf den Überlegungen zur Einleitung kannst du nun die Frage, was alles die Lebensbedingungen bestimmt, genauer beantworten. Neben den bereits genannten könnte man noch die Bereiche persönliche Freiheit, Frieden, Sicherheit und Recht anführen. Bei der anschließenden Stoffsammlung für den ersten Teil des Aufsatzes kannst du dann die einzelnen Bereiche daraufhin prüfen, ob sie Argumente enthalten, die die Aussage des Themas stützen. Für den zweiten Teil des Themas stellst du dir die Frage, wodurch es Kindern und Jugendlichen nicht gut gehen kann. Es sollen negative Einflüsse gefunden werden, die eben dagegen sprechen, dass es Kindern und Jugendlichen so gut geht wie nie zuvor. Viele Antworten bekommst du, wenn du die erarbeiteten Bereiche auf negative Auswirkungen hinterfragst. Abschließend musst du im dritten Teil deine Haltung gegenüber der Ausgangsbehauptung begründend darstellen. Dazu verwendest du die Argumente, die dir am wichtigsten erscheinen, und erläuterst, warum sie für dich ausschlaggebend sind.

Überlegungen zum ersten Teil der Themafrage – Was spricht dafür, dass es Kindern und Jugendlichen heutzutage so gut geht wie nie?

Überlegungen zum zweiten Teil der Themafrage – Was spricht dagegen, dass es Kindern und Jugendlichen heutzutage so gut geht wie nie?

Zunächst solltest du die bereits dargestellten Bereiche dahingehend untersuchen, ob sich aus ihnen auch negative Einflüsse ergeben könnten. Viele dieser Bereiche scheiden wohl eher aus, andere besitzen durchaus das Potenzial, die Kindheit und Jugend erheblich zu belasten:

- Hat der Wohlstand negative Auswirkungen? → gesundheitliche Folgen, z. B. Übergewicht
- Hat die große Selbstständigkeit negative Folgen? → Gefahr von Drogenkonsum oder anderer Abhängigkeit
- Hat der hohe technische Standard negative Auswirkungen? → mögliche Computerabhängigkeit, Verlust echter sozialer Kontakte, Einsamkeit

Nun muss es aber noch anderes geben, was Kindheit und Jugend nachhaltig negativ beeinflussen kann und so der Behauptung des Themas widerspricht:

- Familie? → immer mehr Scheidungen und zerbrechende Familien → mangelnde emotionale Sicherheit → Alleingelassensein bei entwicklungsbedingten Problemen
- Wohlstand? → Alleinerziehende und Arbeitslose → Anteil armer Kinder und Jugendlicher wächst → Außenseiter in einer auf Konsum ausgerichteten Gesellschaft
- Schule und Arbeit → zunehmender Leistungsdruck, Mobbing

Überlegungen zum dritten Teil der Themafrage – Wie ist meine eigene Meinung zu dieser Aussage?

Nun ist deine eigene Meinung gefragt. Entscheide dich, ob du der Behauptung zustimmst oder nicht. Du kannst auch eine Zustimmung durch einige gewichtige Gegenargumente einschränken. Wichtig ist dabei in jedem Fall, deine Meinung zu begründen. Zur Untermauerung deines Standpunkts reichen etwa drei Behauptungen aus den beiden Hauptteilen und eine anschauliche Begründung, warum diese Punkte für dich entscheidend und meinungsprägend sind.

Überlegungen zum Schlussgedanken

Wenn deine begründete eigene Meinung den dritten Punkt des Hauptteils bilden soll, musst du nun noch einen Schlussgedanken entwickeln, der den Aufsatz abrundet. Je nachdem, wie deine Meinung ausgefallen ist, bietet sich ein Ausblick in die Zukunft an, zum Beispiel unter einer der folgenden Fragestellungen:

- Was muss geschehen, damit es mehr Kindern und Jugendlichen tatsächlich gut geht?
- In welchen Bereichen sind besondere Anstrengungen notwendig, damit das hohe Niveau gehalten werden kann?
- Was kann der Einzelne tun, damit es Kindern und Jugendlichen in unserem Land gut geht?
- Was kann/muss die Gesellschaft leisten, damit es den Kindern und Jugendlichen gut geht?
- Ist der Wohlstand eines großen Teils der Gesellschaft in Gefahr?

Einem Ausblick können auch andere Einzelbereiche unterzogen werden.

Gliederungsvorschlag

A. Gute Lebensbedingungen werden nicht alleine vom materiellen Wohlstand bestimmt, sondern auch von Bildungs- und Arbeitsmöglichkeiten, Freizeitangeboten, Frieden und Sicherheit

B. Was spricht dafür, dass es Kindern und Jugendlichen heutzutage so gut geht wie nie, und was spricht gegen diese Behauptung? Wie ist meine Meinung dazu?

1 Argumente, die dafür sprechen

1.1 Umfassende materielle Absicherung
1.2 Breites Angebot an schulischer Bildung
1.3 Vielfältige Ausbildungs- und Arbeitsmöglichkeiten
1.4 Gute medizinische Versorgung
1.5 Vielfältige Freizeitangebote
1.6 Hoher technischer Standard in allen Lebensbereichen
1.7 Verbesserte rechtliche Stellung von Kindern und Jugendlichen
1.8 Leben in Frieden und Sicherheit
1.9 Hohes Maß an Selbstständigkeit

2 Argumente, die dagegen sprechen

2.1 Mangelnde emotionale Sicherheit durch immer mehr zerbrechende Familien
2.2 Wachsende Armut bei Alleinerziehenden
2.3 Stetig zunehmender Leistungsdruck in Schule und Beruf
2.4 Übergewicht und Bewegungsmangel als eine negative Wohlstandsfolge
2.5 Drogenkonsum oder andere Abhängigkeit als Folge der großen Selbstständigkeit
2.6 Verlust echter sozialer Kontakte und mögliche Computerabhängigkeit
2.7 Alleingelassensein bei pubertären Problemen

3 Kindern und Jugendlichen ging es noch nie besser

3.1 Leben in Wohlstand und materieller Sicherheit
3.2 Großes Maß an persönlicher Selbstständigkeit
3.3 Vielfältige Freizeitmöglichkeiten

C. Ohne große Anstrengungen von Politik, Gesellschaft und jedes Einzelnen wird der hohe Lebensstandard in unserem Land nur schwer zu halten sein

2013/4 Das Radfahren erfreut sich zunehmender Beliebtheit. Welche Gründe sind dafür ausschlaggebend? Wie kann die Sicherheit der Radfahrer erhöht werden?

Hinweise zur Erschließung des Themas

Der Themabegriff „Radfahren" findet sich bereits im Vorspann. Eingeschränkt wird das Thema durch den Aspekt der „zunehmenden Beliebtheit". Die beiden Fragen nach den Gründen für diese Beliebtheit und nach Möglichkeiten, die Sicherheit der Radfahrer zu erhöhen, präzisieren die Aufgabenstellung.

Themabegriff	Radfahren
Einschränkung	zunehmende Beliebtheit
Präzisierung	Gründe für die Beliebtheit, Maßnahmen zur Erhöhung der Sicherheit
Erörterungsauftrag zweigliedrig	1. Welche Gründe sind ausschlaggebend für die zunehmende Beliebtheit des Radfahrens? 2. Durch welche Maßnahmen kann die Sicherheit der Radfahrer erhöht werden?

Stoffsammlung und Strukturierung

Überlegungen zur Einleitung

Wenn du mit der Schilderung eigener Erfahrungen beginnen möchtest, musst du aufpassen, dass du nicht schon Gründe für die Beliebtheit des Radfahrens nennst, da diese erst im Hauptteil deines Aufsatzes behandelt werden sollen. Es gibt jedoch eine Reihe anderer Möglichkeiten, einen passenden Einleitungsgedanken zu formulieren, frage z. B.:

- Zu welchen Gelegenheiten nutzt du dein Fahrrad?
- Gibt es ein besonderes Erlebnis in Verbindung mit dem Radfahren?
- Welche verschiedenen Fahrradarten gibt es?
- Darstellung eines aktuellen Trends, z. B. die neuen sogenannten Pedelecs / E-Bikes (Fahrräder mit Elektromotor) oder die steigende Zahl von Mountainbike-Parks
- Überblick über die Geschichte des Fahrrads, falls dir Einzelheiten bekannt sind
- Statistische Angaben über die Zahl der Fahrradfahrer oder Unfallzahlen, falls bekannt

Vorarbeiten für den Hauptteil

Um für beide Erörterungsaufträge gute und gewichtige Argumente zu finden, empfiehlt es sich, über Leitfragen in die Stoffsammlung einzusteigen. Hier ist es durchaus sinnvoll, zunächst von den eigenen Erfahrungen auszugehen und dann die Fragestellungen auszuweiten.

Gründe für die Beliebtheit	Maßnahmen zur Erhöhung der Sicherheit
– Zu welchen Gelegenheiten nutze ich mein Rad? – Was mag ich am Radfahren besonders? – Zu welchem Zweck benutzen andere Menschen ihr Rad? – Welches Image hat Radfahren in der Gesellschaft? – Welche positiven Wirkungen verbindet man mit Radfahren? etc.	– Welche Erfahrungen habe ich als Verkehrsteilnehmer? – Wie verhalte ich mich als Radfahrer? Welche Verhaltensregeln habe ich eventuell in der Schule gelernt? – Gibt es aktuelle Diskussionen / Forderungen in Sachen Sicherheit? – Welche Erfahrungen gibt es in meinem persönlichen Umfeld? etc.

Überlegungen zum ersten Teil der Themafrage – Welche Gründe sind ausschlaggebend für die zunehmende Beliebtheit des Radfahrens?

Die Auseinandersetzung mit den Leitfragen wird dir nun eine Vielzahl von Antworten liefern, die du anschließend ordnest. Im Folgenden sind einige Möglichkeiten beispielhaft ausgeführt:

- Zu welchen Gelegenheiten nutze ich mein Rad?
  → *um in die Schule/in die Stadt zu fahren, um mich sportlich zu betätigen, im Mountainbike-Park, zum Einkaufen ...*
- Was mag ich am Radfahren besonders?
  → *schnelles, günstiges und flexibles Fortbewegungsmittel, Radfahren macht Spaß, verschiedene Ausführungen, z. B. BMX-Räder ...*
- Welches Image hat Radfahren in der Gesellschaft?
  → *umweltfreundlich, gesund, preiswert, modern ...*
- Welche positiven Wirkungen verbindet man mit Radfahren?
  → *erhöht die Fitness, beugt Gewichtszunahme vor, ist CO_2-neutral, gutes Ausdauertraining, leise, keine Parkplatzsuche ...*

Nun kannst du Oberbegriffe bilden, die einzelnen Antworten zuordnen und sie so umformulieren, dass sie dem Stil einer Gliederung entsprechen. Folgende Ordnung bietet sich an:

Persönliche Gründe	– Radfahren liegt im Trend – Flexibles Fortbewegungsmittel – Macht Spaß
Sportliche und gesundheitliche Gründe	– Wirkungsvolles Ausdauertraining – Vorbeugung einer Gewichtszunahme – Erhaltung der Fitness – Senkung des Krankheitsrisikos – Vielseitige Sportart
Wirtschaftliche und Umweltschutzgründe	– Relativ geringe Anschaffungskosten – Preisgünstiges Verkehrsmittel – Leises Verkehrsmittel – CO_2-neutrales Verkehrsmittel

Überlegungen zum zweiten Teil der Themafrage – Durch welche Maßnahmen kann die Sicherheit der Radfahrer erhöht werden?

Die Auseinandersetzung mit den Leitfragen zu diesem Aspekt geschieht nun in gleicher Weise, ebenso die Formulierung von Oberbegriffen und die entsprechende Zuordnung der Antworten.

- Welche Erfahrungen habe ich als Radfahrer im Verkehr?
  → *oft geringer Abstand der Pkws, beinahe von abbiegendem Lkw übersehen worden, von der Polizei angehalten worden wegen fehlendem Licht …*
- Wie verhalte ich mich als Radfahrer? Welche Verhaltensregeln habe ich eventuell in der Schule gelernt?
  → *vorausschauend und defensiv fahren, Handzeichen geben, Blickkontakt suchen …*
- Gibt es aktuelle Diskussionen/Forderungen in Sachen Sicherheit:
  → *Thema Helmpflicht bzw. Deutsche als „Helmmuffel", Radwegeausbau, eigene Fahrstreifen für Radfahrer …*
- Welche Erfahrungen gibt es in meinem persönlichen Umfeld?
  → *„Geisterfahrer" in Einbahnstraße, Fahrer auf der falschen Radwegseite, schwere Verletzung durch Helm vermieden, Fahrradkontrolle durch Polizei …*

Wenn du diese Antworten genauer betrachtest, dann lässt sich erkennen, dass man sie einteilen könnte in **Maßnahmen für die Radfahrer** und **Maßnahmen durch die Radfahrer** selbst:

Maßnahmen für die Radfahrer	– Ausbau von Radwegen oder Radfahrerspuren – Einführung einer Helmpflicht – Verstärkte Sicherheitskontrollen – Schulungen für sicheres Radfahren – Aufklärungsmaßnahmen für rücksichtsvolles Verhalten anderer Verkehrsteilnehmer
Maßnahmen durch die Radfahrer selbst	– Beachtung der Straßenverkehrsregeln – Vorausschauendes und defensives Fahren – Regelmäßige Kontrolle des Fahrradzustands – Blickkontakt zu anderen Verkehrsteilnehmern – Benutzung eindeutiger Handzeichen

Überlegungen zum Schlussgedanken

Folgende Möglichkeiten für eine gute Abrundung des Aufsatzes bieten sich hier an:

- Herausgreifen und Vertiefen eines Arguments, z. B. abgasfreies Verkehrsmittel
  → *Möglichkeit, die Luftverschmutzung und Staubbelastung in den Städten zu reduzieren*
- eigene Absichten/Pläne in Sachen Fahrrad, z. B. Wunsch nach einem speziellen Rad, Anschaffung eines neuen Fahrrads
- zusammenfassende Bewertung des Fahrrads als Verkehrsmittel
- Wünsche und Vorstellungen, was für Radfahrer in der eigenen Gemeinde/Stadt getan werden müsste
- Ausweitung des Themas im Hinblick auf verschiedene Trendsportarten, wie Mountainbiking, BMX-Sport, Downhill fahren
- zukünftige persönliche Nutzungsabsichten

Gliederungsvorschlag

A. Heute ist eine Vielzahl von Fahrradtypen für jeden Einsatzzweck vom einfachen Tourenfahrrad bis hin zu Pedelecs, die eine Unterstützung durch einen Elektromotor bieten, erhältlich

B. Welche Gründe sind ausschlaggebend für die zunehmende Beliebtheit des Radfahrens? Durch welche Maßnahmen kann die Sicherheit der Radfahrer erhöht werden?

1 Gründe für die zunehmende Beliebtheit des Radfahrens

1.1 Persönliche Gründe
- Aktueller Trend
- Hoher Spaßfaktor
- Flexibles Fortbewegungsmittel

1.2 Sportliche und gesundheitliche Gründe
- Wirkungsvolles Ausdauertraining
- Vorbeugung einer Gewichtszunahme
- Erhaltung der Fitness
- Senkung des Krankheitsrisikos
- Vielseitige Sportart

1.3 Wirtschaftliche und Umweltschutzgründe
- Relativ geringe Anschaffungskosten
- Preisgünstiges Verkehrsmittel
- CO_2-neutrales Verkehrsmittel
- Leises Verkehrsmittel

2 Maßnahmen zur Erhöhung der Sicherheit

2.1 Maßnahmen für die Radfahrer
- Schulungen für sicheres Radfahren
- Ausbau von Radwegen oder Radfahrerspuren
- Einführung einer Helmpflicht
- Verstärkte Sicherheitskontrollen
- Aufklärungsmaßnahmen für andere Verkehrsteilnehmer

2.2 Maßnahmen durch die Radfahrer selbst
- Benutzung eindeutiger Handzeichen
- Regelmäßige Kontrolle des Fahrradzustands
- Vorausschauendes und defensives Fahren
- Beachtung der Straßenverkehrsregeln

C. Ebenso wie ich bisher den Weg zur Schule mit dem Fahrrad zurücklegte, werde ich es auch für die Fahrt zu meinem Ausbildungsbetrieb benutzen

2013/5 Welche Möglichkeiten haben junge Menschen, sich in unserer Gesellschaft politisch zu engagieren? Was hält sie häufig davon ab?

Hinweise zur Erschließung des Themas

Der Themabegriff lautet „politisches Engagement" und bezieht sich auf „junge Menschen", meint also Jugendliche und junge Erwachsene. Es wird nach Möglichkeiten einer aktiven Teilnahme am politischen Geschehen gefragt. Das Wort „Gesellschaft" gibt einen Hinweis darauf, dass nicht nur politisches Engagement in Parteien gemeint ist, sondern dass die Frage darüber hinaus geht. Wissen darüber, was man unter Politik im Allgemeinen versteht, ist hier unerlässlich. Der zweite Teil des Erörterungsauftrags stellt die Frage nach den Gründen, durch die junge Menschen häufig von einer politischen Betätigung abgehalten werden.

Themabegriff	politisches Engagement
Einschränkung	junge Menschen
Präzisierung	Möglichkeiten zur politischen Betätigung junger Menschen in unserer Gesellschaft; Gründe, weshalb sie häufig davon abgehalten werden
Erörterungsauftrag zweigliedrig	1. Welche Möglichkeiten haben junge Menschen, sich in unserer Gesellschaft politisch zu engagieren? 2. Wodurch werden sie häufig davon abgehalten?

Stoffsammlung und Strukturierung

Überlegungen zur Einleitung

Die Darstellung von Möglichkeiten gehört ebenso wenig in den Einleitungsgedanken wie Aussagen über das politische Desinteresse junger Menschen. Wenn dir nicht zufällig oder aus dem Unterricht statistisches Material vorliegt, das sich gut als Einstieg eignen würde, gibt es drei mögliche Herangehensweisen:

1. Du definierst den Begriff „Politik". Darunter versteht man alle Einrichtungen, Vorgänge und Entscheidungen, die zur Entwicklung, Steuerung und Organisation von Staat und Gesellschaft notwendig sind.
2. Du beschreibst mit einigen konkreten Beispielen, auf welchen Ebenen und in welchen Bereichen politische Entscheidungen gefällt werden.
3. Du stellst einen Zusammenhang dahingehend her, dass Politik die Gesellschaft und damit die Menschen betrifft und durch sie gemacht wird. Somit lebt die Gesellschaft nur durch das Engagement möglichst vieler aus allen Altersschichten.

Vorarbeiten und Überlegungen für den ersten Teil der Themafrage – Welche Möglichkeiten haben junge Menschen, sich in unserer Gesellschaft politisch zu engagieren?

Wenn du auf keine persönlichen Erfahrungen zurückgreifen kannst, musst du spätestens jetzt die Bedeutung des Begriffes „Politik" klären und zur Grundlage deiner Stoffsammlung machen. Ausgehend von der bereits erläuterten Definition fragst du dich, **wo** überall über die Dinge entschieden wird, die unser Zusammenleben beeinflussen: Nicht nur in Stadt- oder Gemeinderat, sondern auch in Vereinen/Verbänden (Gewerkschaften, kirchliche Jugendgruppen o. Ä.), eventuell in einem Jugendrat oder Jugendparlament, also nicht nur in politischen Parteien oder Gruppen. Frage dich als Nächstes, ob es auch außerhalb der genannten Bereiche Möglichkeiten gibt, Entscheidungen zu beeinflussen oder Dinge in Gang zu bringen, z. B. in Bürgerinitiativen oder Interessengruppen. Überlege auch, **wie** man sich politisch einbringen kann, auch ohne in einer Gruppe zu arbeiten, z. B. indem man „nur" seine Meinung äußert oder kundtut (Leserbrief, Demonstration). Schließlich kennst du auch die Möglichkeiten, sich mithilfe des Internets an Umfragen (z. B. bei „YouGov“) und Petitionen (Eingaben, Bittschriften) bzw. in Gruppen in sozialen Netzwerken zu beteiligen, die politische Ziele verfolgen.

Vorbereitungen und Überlegungen für den zweiten Teil der Themafrage – Wodurch werden sie häufig davon abgehalten?

Wenn du selbst kein Interesse an Politik oder einem politischen Engagement hast, dann ist der einfachste Weg zu ersten Antworten zu kommen, wenn du dich fragst, warum das so ist. Vielleicht denkst du, dass dich politische Themen nicht interessieren oder auch nicht betreffen. Zudem könnte es sein, dass Inhalte wie Zusammenhänge für dich zu schwierig oder zu theoretisch sind. Möglicherweise glaubst du, dass Politik in der Regel von älteren Menschen gemacht wird und somit auch nur diese betrifft oder dass sich Politiker nicht um die Interessen junger Menschen kümmern. Vielleicht hat auch ein sehr theoretischer Sozialkundeunterricht dich eher abgeschreckt und deine Meinung verfestigt, dass Politik nichts für dich ist. Durch schulische und andere Verpflichtungen könnte dir auch die Zeit und Energie fehlen, sich über längere Zeit für eine Sache zu engagieren. Nicht zuletzt könnte es in deiner Gemeinde keine geeigneten Mitwirkungsmöglichkeiten geben. Denke auch daran, was andere über Politik sagen (häufig hört man: „Man kann eh nichts verändern.“) oder wie deine Eltern darüber denken. Es könnten sich auch daraus noch Argumente für diesen Teil der Themafrage ergeben.
Die folgenden, sich aus diesen Überlegungen ergebenden Gründe sind etwas ausführlicher formuliert:

- Fehlendes Interesse an politischen Themen
- Schwierigkeiten, Inhalte und Zusammenhänge zu verstehen
- Eindruck, dass Politik sich nicht um junge Menschen kümmert
- Eindruck, dass Politik nur von Älteren gemacht wird
- Mangelnde Motivation durch den Schulunterricht
- Zeitmangel aufgrund schulischer und anderer Verpflichtungen
- Fehlende geeignete Mitwirkungsmöglichkeiten in der Gemeinde
- Fehlende Vorbildfunktion der Eltern
- Gefühl der Ohnmacht, nichts verändern zu können

Überlegungen zum Schlussgedanken

Um den Aufsatz schlüssig abzurunden, könntest du einen der folgenden Gedanken ausformulieren:

- Wenn du politisch aktiv bist, berichte über deine Arbeit/die Gruppe und/oder über die Themen/Vorgänge, an denen du dich aktiv beteiligst.
- Wenn du dem politischen Engagement bisher negativ gegenüberstehst, mache Vorschläge für Beteiligungsformen und vor allem Inhalte, für die du aktiv werden würdest.

Du kannst auch gut die Variante 3 aus den Überlegungen zur Einleitung verwenden.

Gliederungsvorschlag

A. Politik beeinflusst das Leben der Menschen in vielen verschiedenen Bereichen und lebt von der Beteiligung möglichst vieler aus allen Altersgruppen

B. Welche Möglichkeiten haben junge Menschen, sich in unserer Gesellschaft politisch zu engagieren? Wodurch werden sie häufig davon abgehalten?

1 Möglichkeiten des politischen Engagements für junge Menschen

1.1 Nutzung internetgestützter Umfragen und Petitionen
1.2 Aktive Beteiligung an politischen Gruppen in sozialen Netzwerken
1.3 Teilnahme an Demonstrationen
1.4 Engagement in Bürgerinitiativen
1.5 Schreiben von Leserbriefen
1.6 Mitarbeit in Vereinen und Verbänden
1.7 Aktive Mitgliedschaft in einer Partei
1.8 Kandidatur und Mitarbeit im Jugendparlament

2 Gründe, die sie häufig davon abhalten

2.1 Fehlendes Interesse an politischen Themen
2.2 Schwierigkeiten, Inhalte und Zusammenhänge zu verstehen
2.3 Gefühl, dass Politik sich nicht um junge Menschen kümmert
2.4 Eindruck, dass Politik nur von Älteren gemacht wird
2.5 Mangelnde Motivation durch den Schulunterricht
2.6 Zeitmangel aufgrund schulischer und anderer Verpflichtungen
2.7 Fehlende geeignete Mitwirkungsmöglichkeiten in der Gemeinde
2.8 Fehlende Vorbildfunktion der Eltern
2.9 Gefühl, nichts verändern zu können

C. Während meiner Zeit im Jugendparlament konnte ich aktiv an vielen Verbesserungen des Freizeitangebots für junge Leute mitwirken und diese ausgestalten

2013/6 In Deutschland werden zu viele Lebensmittel weggeworfen. Was kann dagegen unternommen werden?

Hinweise zur Erschließung des Themas

Der Themabegriff dieser materialgestützten Erörterung ist „Lebensmittel“ und zwar beschränkt auf den Aspekt des „Wegwerfens“ und auf „Deutschland“. Präzisiert wird das Thema durch den Erörterungsauftrag, Maßnahmen darzustellen, die dazu beitragen können, dass bei uns nicht mehr so viele Lebensmittel weggeworfen werden. Gemeint sind dabei Lebensmittel, die nicht verdorben sind.
Die Auseinandersetzung mit dem vorgegebenen Material steht am Anfang deiner Arbeit und ist ein wesentlicher Teil der Stoffsammlung. Dabei ist es wichtig zu überlegen, welche Informationen du für welchen Bereich deines Aufsatzes verwenden kannst. Konkret heißt das: Welche Materialvorgaben enthalten Argumente, was kannst du daraus zur Veranschaulichung deiner Argumente verwenden, welche Informationen können in die Einleitung oder den Schluss einfließen? Da es sich bei den Materialien auch um Textauszüge handelt, ist es sinnvoll, wichtige Aussagen darin zu markieren und dazu zu notieren, wie du sie im Aufsatz verwenden möchtest. Ein zweiter Teil der Stoffsammlung besteht dann in Überlegungen, ob sich für dich aus dem vorliegenden Informationsmaterial weitere Argumente ergeben bzw. ob du selbst zusätzliche Gesichtspunkte weißt, z. B. aus dem Unterricht oder aufgrund aktueller Ereignisse oder Diskussionen in den Medien.

Themabegriff	Lebensmittel
Einschränkung	Wegwerfen, in Deutschland
Präzisierung	Maßnahmen, die dagegen unternommen werden können
Erörterungsauftrag eingliedrig	Mit welchen Maßnahmen kann etwas dagegen unternommen werden, dass in Deutschland zu viele Lebensmittel weggeworfen werden?

Stoffsammlung und Strukturierung

Überlegungen zur Einleitung und zum Schluss

Du überprüfst das Material auf seine Verwendbarkeit für einen sinnvollen Einleitungsgedanken oder greifst auf eigene Erfahrungen aus deiner Familie zu dieser Thematik zurück. Es ist auch eine Kombination aus mehreren Materialaussagen möglich.

Welche Einleitungs- oder Schlussgedanken kann ich aus dem Material gewinnen?

- Einleitung: Überblick über die Verursacher der Lebensmittelabfälle und deren Menge bzw. Wert (M 1, 3, 9)
- Einleitung: private Haushalte als Hauptverursacher von Lebensmittelabfall (M 1, 9)
- Einleitung oder Schluss: Darstellung des Gegensatzes zwischen Nahrungsmittelüberfluss in den Industriestaaten und Knappheit in vielen Entwicklungsländern (M 4)
- Einleitung oder Schluss: Zitat des Gründers der Kampagne „Slow Food“ (M 2)
- Einleitung oder Schluss: Erklärung der Begriffe „Mindesthaltbarkeits- bzw. Verfallsdatum“ (M 5)
- Schluss: Hinweis auf die Folgen unseres sorglosen Umgangs mit Nahrungsmitteln (M 4)

Natürlich brauchst du nicht auf diese Ideen zurückgreifen, wenn du selbst einen guten Einleitungs- oder Schlussgedanken hast. Achte aber darauf, dass du in der Einleitung keine Maßnahmen vorwegnimmst. Zu Beginn ist zum Beispiel die Schilderung eigener Erfahrungen oder Beobachtungen im schulischen Umfeld (Umgang vieler Schülerinnen und Schüler mit ihrem Pausenbrot) möglich. Für den Schluss könnte sich die Beschreibung von Unterrichtsinhalten oder Aktivitäten zu diesem Thema anbieten, die es an deiner Schule vielleicht gibt.

Überlegungen zum Hauptteil

Bei der Auswertung des Materials auf seine Verwendbarkeit für Argumente ist es sinnvoll, die Maßnahmen einzelnen Verantwortlichkeitsbereichen zuzuordnen. Dadurch gewinnst du Oberbegriffe und bereits eine Struktur für die Gliederung, da es bei dieser eingliedrigen Erörterung notwendig ist, zum Beispiel nach Trägern für die Maßnahmen zu unterscheiden. Sieh dir die Materialien durch und prüfe, wer als Quelle angegeben bzw. wer angesprochen wird. In Material 1, 3, 5, 8 wird der Verbraucher angesprochen, auch in Material 9 kommen Verbraucher zu Wort, aber auch Händler bzw. Hersteller. Material 6 bezieht sich auf den Handel, zum Teil auch Material 8. Einige Quellenangaben nennen Bundesministerien. Daher bietet es sich an, die Maßnahmen folgendermaßen zu ordnen:
- Maßnahmen des Einzelnen
- Maßnahmen der Händler und Hersteller
- Maßnahmen des Staates

In den Materialien finden sich oft Einzelmaßnahmen. Versuche, dafür jeweils eine allgemeine und zusammenfassende Formulierung für das Argument zu finden und verwende die dargestellten Punkte zur Veranschaulichung (Beispiele). Dadurch gelingt es dir, eine umfangreiche und anschauliche Argumentation zu schreiben. Ein gutes Beispiel für dieses Vorgehen ist folgendes: In Material 8 wird eine Kampagne eines Bundesministeriums beschrieben. Das Argument, das du daraus ableiten und unter „Maßnahmen des Staates“ einsortieren kannst, könnte lauten: Information und Aufklärung. Mit den genannten Aktivitäten veranschaulichst du dann dein Argument. Gleiches gilt für den Umgang mit Material 6 und 9.

Überlegungen zur Themafrage – Mit welchen Maßnahmen kann etwas dagegen unternommen werden, dass in Deutschland zu viele Lebensmittel weggeworfen werden?

Maßnahmen des Einzelnen	– Überprüfung und Veränderung der Verhaltensweisen und Einkaufsgewohnheiten (aus M 3, 7, 8, 9) – Respektvoller und bewusssterer Umgang mit Nahrungsmitteln (aus M 2, 3, 9) – Verwertung von Resten und Nahrungsmittelüberschüssen (aus M 7, 8, 9) – Bessere Planung des Einkaufs (aus M 8, 9) – Richtiger Umgang mit dem Verfalls- und Mindesthaltbarkeitsdatum (aus M 5, 8, 9)
Maßnahmen des Handels und der Hersteller	– Verschenken von Lebensmitteln an Bedürftige (aus M 8) – Verbilligter Verkauf von Produkten (aus M 5, 6) – Information und Schulung der Mitarbeiter (aus M 6) – Verbesserung von Betriebsabläufen (aus M 6, 9)
Maßnahmen des Staates	– Gesetzliche Regelungen (aus M 5) – Information und Aufklärung (aus M 8, evtl. M 3)

Gliederungsvorschlag

A. Betrachtet man die Verteilung der Lebensmittelabfälle in Deutschland, so entfallen mit rund 6,7 Millionen Tonnen 61 Prozent auf die Haushalte

B. Mit welchen Maßnahmen kann etwas dagegen unternommen werden, dass in Deutschland zu viele Lebensmittel weggeworfen werden?

1 Maßnahmen des Einzelnen

1.1 Überprüfung und Veränderung der Verhaltensweisen und Einkaufsgewohnheiten
1.2 Respektvoller und bewussterer Umgang mit Nahrungsmitteln
1.3 Verwertung von Resten und Nahrungsmittelüberschüssen
1.4 Bessere Planung des Einkaufs
1.5 Richtiger Umgang mit dem Verfalls- oder Mindesthaltbarkeitsdatum

2 Maßnahmen des Handels und der Hersteller

2.1 Verschenken von übrig gebliebenen Lebensmitteln an Bedürftige
2.2 Verbilligter Verkauf von Produkten kurz vor Erreichen des Mindesthaltbarkeitsdatums
2.3 Information und Schulung der Mitarbeiter
2.4 Verbesserung von Betriebsabläufen

3 Maßnahmen des Staates

3.1 Gesetzliche Regelungen
3.2 Informations- und Aufklärungskampagnen

C. Während bei uns jährlich Millionen Tonnen unverdorbener Lebensmittel auf dem Müll landen, herrscht in vielen Entwicklungsländern Nahrungsmittelknappheit

Aufsatzbeispiel
(Die Randbemerkungen sind nicht Teil des Aufsatzes, sie dienen nur deiner Orientierung.)

Einer Statistik des Bundesministeriums für Ernährung, Landwirtschaft und Verbraucherschutz ist zu entnehmen, dass 2012 in Deutschland insgesamt fast 11 Millionen Tonnen Lebensmittel im Abfall landeten (Material 1). Als Verursacher trägt der Lebensmittelhandel demnach mit fünf Prozent den geringsten Teil dazu bei, während allein die Privathaushalte einen Anteil von über 60 Prozent an den Lebensmittelabfällen haben. Vor dem Hintergrund dieser erschreckend großen Menge stellt sich die Frage, mit welchen Maßnahmen etwas dagegen unternommen werden kann, dass in Deutschland zu viele Lebensmittel weggeworfen werden. Laut einer anderen Quelle wirft jeder von uns im Jahr 82 kg Lebensmittel im Wert von 235 Euro in den Müll (Material 3), sodass es zunächst zu überlegen gilt, wie der Einzelne diese Menge reduzieren kann.

A. Einleitungsgedanke
Überleitung Themafrage
Überleitung zum Hauptteil

An erster Stelle steht dabei eine Überprüfung und Veränderung unserer Verhaltensweisen und Einkaufsgewohnheiten, denn hier liegt eine der Hauptursachen für die große Verschwendung (Material 9) von Lebensmitteln. Wir kaufen oft zu viel, sodass die Gefahr besteht, dass Lebensmittel verderben, bevor sie verbraucht werden. Andererseits wollen die Kunden immer alles ganz frisch, sodass zum Beispiel Bäcker bis kurz vor Ladenschluss frisches Brot nachliefern, obwohl noch genügend vorhanden ist. Dies wird natürlich nicht mehr verkauft und bleibt übrig. Schließlich erwarten die Verbraucher immer eine große Vielfalt, z. B. auch bei Obstsorten, beschränken sich aber dann meist auf den Kauf einiger weniger, der Rest verdirbt und muss weggeworfen werden (Material 9).

B.1
1.1 Behauptung
Begründung
Beispiele

Eng damit verbunden ist die Forderung, respektvoller und bewusster mit unseren 1.2
Nahrungsmitteln umzugehen. Der Überfluss, der bei uns herrscht, hat die Ach- Behauptung
tung schwinden und die Bereitschaft zum gedankenlosen Wegwerfen steigen Begründung
lassen, was die Menge von 82 kg, die im statistischen Mittel jeder Bundesbürger
pro Jahr wegwirft (Material 3), eindrucksvoll beweist. Wenn z. B. eine Banane Beispiele
einige braune Flecken aufweist, neigen viele dazu, sie in den Müll zu werfen, da
man sich nicht die Mühe machen will, die Druckstellen wegzuschneiden. Das
Entsorgen erscheint einfacher, als aus einer überreifen Banane beispielsweise
einen Milchshake zu machen. Auch der Gründer der Kampagne „Slow Food“,
Carlo Petrini, ruft uns zur Bewusstseinsänderung auf, wenn er erklärt, dass es
ein Zeichen der Wertschätzung und des Respekts gegenüber der Erde und den
Menschen sei, das Essen nicht zu verschwenden (Material 2).
Zum bewussteren Umgang mit Lebensmitteln trägt auch bei, Reste und Nah- 1.3 Behauptung
rungsmittelüberschüsse wie im oben genannten Beispiel zu verwerten. Oft erge- Begründung
ben sich daraus leckere neue Gerichte. Zu viel gekauftes Obst kann man bei- Beispiel
spielsweise zu Marmelade weiterverarbeiten, anstatt es vergammeln zu lassen.
Natürlich benötigt man dazu entweder Fantasie oder entsprechende Kochbücher,
wie jenes mit dem Titel „Teller statt Tonne“, das in Material 7 gezeigt wird. Im
Rahmen einer Kampagne des zuständigen Bundesministeriums finden Aktions-
tage statt, bei denen die Verbraucher lernen können, Lebensmittel zu retten.
Außerdem gibt es eigens Kochrezepte für Lebensmittelreste als App bzw. im Abrundung
Internet (Material 8). Man sieht also, dass mit etwas Wissen und Kreativität viele
Nahrungsmittel vor der Mülltonne gerettet und noch sinnvoll verwendet werden
können.
Noch besser aber ist es natürlich, von Anfang an zu vermeiden, zu viel oder Un- 1.4
nötiges einzukaufen, indem man besser plant. Wenn man nur kauft, was man an Behauptung
Zutaten braucht und was man in einer bestimmten Zeit, nämlich solange die Le- Begründung
bensmittel haltbar sind, verbrauchen kann, dann muss man auch keine (verdor-
benen) Lebensmittel in den Abfall werfen. Auch dazu gibt es in der oben er- Beispiel
wähnten Kampagne Einkaufsplaner (Material 8), mit denen der Verbraucher
System in sein Einkaufsverhalten bringen und somit auch die Vorräte besser orga-
nisieren kann, da viele klagen, sie hätten keinen Überblick darüber (Material 9).
Schließlich verursacht der falsche Umgang mit einer eigentlich sinnvollen Sa- Überleitung
che, dem aufgedruckten Mindesthaltbarkeitsdatum, wahrscheinlich am häufigs- 1.5
ten, dass Lebensmittel weggeworfen werden, auch wenn sie noch nicht verdor- Behauptung
ben sind. Ein überschrittenes Mindesthaltbarkeitsdatum bedeutet nämlich nicht, Begründung
„dass nach Ablauf des angegebenen Datums das Lebensmittel wertgemindert,
zum Verzehr nicht geeignet oder gesundheitsschädlich ist.“ Weiter kann man in Beispiel
dieser Begriffserklärung (Material 5) lesen, dass dieses Datum eben kein Ver-
fallsdatum darstellt, nach dem ein Lebensmittel ungenießbar wäre. Dieses Wis- Abrundung/
sen würde sicherlich viele Lebensmittel vor der Tonne retten. Neben dem Ver- Folge; Über-
braucher sind aber auch Handel und Hersteller aufgefordert, dazu beizutragen, leitung
dass der Berg der Lebensmittelabfälle niedriger wird.

Lebensmittel, die der Händler zu viel bestellt hat oder die er nicht verkaufen **B.2**
konnte, finden eine sinnvolle Verwendung, wenn sie an Bedürftige verschenkt 2.1 Behauptung
werden. In unserem Land gibt es nicht wenige Arbeitslose oder ältere Menschen Begründung
mit einer geringen Rente, denen entsprechende Aktionen zu Gute kommen wür-
den. Händler und Hersteller können damit beispielsweise „Die Tafel“ unterstüt- Beispiel
zen, eine Organisation, die in vielen Städten die aussortierten Lebensmittel kos-
tenlos an Bedürftige abgibt (Material 8).
Die Händler haben aber auch die Möglichkeit, dafür zu sorgen, dass der Verkauf 2.2
angekurbelt wird, indem sie Produkte verbilligt verkaufen, bevor das Mindest- Behauptung

haltbarkeitsdatum erreicht wird. Dies wäre eine Möglichkeit, die Bestände noch Begründung
zu verkaufen, bevor sie in den Müll wandern. In den Notizen zu einer Mitarbei- Beispiele
terschulung (Material 6) wird eine konkrete Möglichkeit, nämlich in einer
„Happy Hour" kurz vor Ladenschluss die Waren billiger anzubieten, vorgestellt.
Darüber hinaus kennen wir aus den Kühlregalen der Supermärkte jene Abtei-
lungen, in denen Lebensmittel, deren Mindesthaltbarkeitsdatum bald abläuft,
preisreduziert angeboten werden.

Auch die Mitarbeiter in den Supermärkten können einen Beitrag zur Reduzie- 2.3
rung der Müllmenge leisten, wenn sie richtig informiert und geschult sind. Behauptung
Mögliche Ursachen, die dazu führen, dass Ware nicht verkauft und weggeworfen
werden muss, lassen sich leicht verhindern. Dazu zählt laut einer Mitarbeiter- Begründung
schulung (Material 6) offenbar vor allem die Vermeidung von Beschädigungen. Beispiele
Da dies hauptsächlich beim Auspacken und Einsortieren der Waren geschieht,
müssen die Mitarbeiter hier mit besonderer Sorgfalt arbeiten, um zum Beispiel
an empfindlichem Obst keine Druckstellen zu verursachen.

Nicht zuletzt sind Handel und Hersteller dazu aufgefordert, Betriebsabläufe zu 2.4
verbessern, damit das Abfallaufkommen verringert werden kann. Hier geht es Behauptung
darum zu verhindern, dass Lebensmittel verderben, weil sie falsch gelagert wer- Begründung
den, weil zu viel bestellt wurde oder weil die Waren am Bedarf der Kunden
vorbei gehen. So wird in der schon zitierten Mitarbeiterschulung (Material 6) Beispiele
auf die Möglichkeit hingewiesen, Produkte unverpackt anzubieten, damit die
Kunden nur die Menge kaufen können, die sie brauchen. Außerdem können die
Händler den Bestellvorgang verbessern, indem sie nach dem Prinzip „die richtige
Menge zur richtigen Zeit" einkaufen. Neben den Verbrauchern, Herstellern und Überleitung
Händlern kommt aber auch dem Staat eine gewisse Verantwortung zu.

Zunächst sollten gesetzliche Regelungen Klarheit und Sicherheit schaffen. Für **B.3**
Mindesthaltbarkeits- und Verfallsdatum gibt es genaue gesetzliche Bestimmun- 3.1 Behauptung
gen, die dafür sorgen, dass der Verbraucher auf der sicheren Seite ist und kein Begründung
Risiko eingeht, verdorbene Nahrungsmittel zu kaufen. Da es aber bei den Be- Beispiel
griffen offensichtlich Unklarheiten gibt (siehe Material 5), ist möglicherweise
auch der Gesetzgeber gefordert, klarere und einfachere Regelungen zu treffen.

Der Staat kann aber auch an anderer Stelle tätig werden. Die zuständigen Mi- 3.2
nisterien sollten Aufklärungs- und Informationskampagnen entweder selbst Behauptung
durchführen oder diesbezügliche Initiativen finanziell unterstützen. Unklarheiten
bei der Bedeutung des Begriffes Mindesthaltbarkeitsdatum, mangelndes Wissen Begründung
über die Verwertbarkeit von Resten oder unser achtloser Umgang mit Nahrungs-
mitteln in unserer Überflussgesellschaft sind Gründe genug, sich diesem Thema
zu widmen. In Material 8 wird die Kampagne „Zu gut für die Tonne" des Bun- Beispiel
desministeriums für Ernährung, Landwirtschaft und Verbraucherschutz vorge-
stellt, die mit Rezepten, Aktionstagen, Apps und einer eigenen Homepage bei
der Reduzierung von Lebensmittelabfällen helfen will.

Während bei uns jährlich Millionen Tonnen häufig einwandfreier Lebensmittel **C.** Schluss-
auf dem Müll landen, herrscht für viele Menschen in den Entwicklungsländern gedanke
weiterhin eine große Nahrungsmittelknappheit. Immer wieder kann man Berichte
lesen, dass die Menschen hungern müssen, während in Europa Nahrung im
Überfluss vorhanden ist. Sehr fragwürdig ist dabei nicht nur unser Verhalten in
Bezug auf die Verschwendung von Lebensmitteln, sondern auch die Tatsache,
dass bei uns Nahrung im weitesten Sinn auch zur Energiegewinnung benutzt
wird. So wird aus Mais Biogas gewonnen, das dann zur Erzeugung von Wärme
verwendet wird. Auf beide Aspekte macht die Karikatur in Material 4 auf
einfache aber eindrucksvolle Weise aufmerksam.

Abschlussprüfung 2013 an Realschulen: Deutsch
Aufgabengruppe B: Textgebundener Aufsatz

Aufgabe 7

Hermann Hesse: Unterm Rad (Romanauszug)

Joseph Giebenrath, Witwer, lebt mit seinem einzigen Sohn Hans, der ein sehr begabter Schüler ist, in einer Kleinstadt im Schwarzwald. Drei Jahre lang wird Hans von seinem Lehrer, dem Rektor und dem Stadtpfarrer auf das Württembergische „Landexamen" vorbereitet. Jedes Jahr werden hierfür die besten Schüler ausgewählt, die dann kostenlos im Kloster Maulbronn studieren dürfen. Hans ist der einzige Kandidat aus seinem Ort.
Der Romanauszug beschreibt den Tag vor der Abreise zur Prüfung.

[…] Es war nun so weit. Morgen früh sollte er mit seinem Vater nach Stuttgart fahren und dort im Landexamen zeigen, ob er würdig sei, durch die schmale Klosterpforte des Seminars einzugehen. Eben hatte er einen Abschiedsbesuch beim Rektor gemacht.

„Heute Abend", sagte zum Schluss der gefürchtete Herrscher mit ungewöhnlicher Milde, „darfst du nichts mehr arbeiten. Versprich es mir. Du musst morgen absolut frisch in Stuttgart antreten. Geh noch eine Stunde spazieren und nachher beizeiten zu Bett. Junge Leute müssen ihren Schlaf haben."

Hans war erstaunt, statt der gefürchteten Menge von Ratschlägen so viel Wohlwollen zu erleben, und trat aufatmend aus dem Schulhaus. […] Langsam schlenderte er über den Marktplatz, am alten Rathaus vorbei, durch die Marktgasse und an der Messerschmiede vorbei zur alten Brücke. Dort bummelte er eine Weile auf und ab und setzte sich schließlich auf die breite Brüstung. […] Nun fiel ihm wieder ein, wie viel halbe und ganze Tage er hier verbracht, wie oft er hier geschwommen und getaucht und gerudert und geangelt hatte. Ach, das Angeln! Das hatte er nun auch fast verlernt und vergessen, und im vergangenen Jahr hatte er so bitterlich geheult, als es ihm verboten worden war, der Examensarbeit wegen. Das Angeln! Das war doch das Schönste in all den langen Schuljahren gewesen. Das Stehen im dünnen Weidenschatten, das nahe Rauschen der Mühlenwehre, das tiefe, ruhige Wasser! Und das Lichterspiel auf dem Fluss, das sanfte Schwanken der langen Angelrute, die Aufregung beim Anbeißen und Ziehen und die eigentümliche Freude, wenn man einen kühlen, feisten, schwänzelnden Fisch in der Hand hielt. […]

Zerstreut hob er sich von seinem Sitz und war unschlüssig, wohin er gehen sollte. Er erschrak heftig, als eine kräftige Hand ihn an der Schulter fasste und eine freundliche Männerstimme ihn anredete.

„Grüß Gott, Hans, gehst du ein Stück mit mir?"

Das war der Schuhmachermeister Flaig, bei dem er früher zuweilen eine Abendstunde verbracht hatte, jetzt aber schon lange keine mehr. Hans ging mit und hörte dem frommen Pietisten ohne rechte Aufmerksamkeit zu: Flaig sprach vom Examen, wünschte dem Jungen Glück und sprach ihm Mut zu, der Endzweck seiner Rede war aber, darauf hinzuweisen, dass so ein Examen doch nur etwas Äußerliches und Zufälliges sei. Durchzufallen sei keine Schande, das könnte dem Besten passieren, und falls es ihm so gehen sollte, möge er bedenken, dass Gott mit jeder Seele seine besonderen Absichten habe und sie eigene Wege führe. […]

In der Kronengasse begegneten sie dem Stadtpfarrer. Der Schuster grüßte gemessen und kühl und hatte es plötzlich eilig, denn der Stadtpfarrer war ein Neumodischer und stand im Ruf, er glaube nicht einmal an die Auferstehung. Dieser nahm den Knaben mit sich.

„Wie geht's?", fragte er. „Du wirst froh sein, dass es jetzt so weit ist."

„Ja, 's ist mir schon recht."

„Nun, halte dich gut! Du weißt, dass wir alle Hoffnungen auf dich setzen. Im Latein erwarte ich eine besondere Leistung von dir."

„Wenn ich aber durchfalle“, meinte Hans schüchtern.
„Durchfallen?!“ Der Geistliche blieb erschrocken stehen. „Durchfallen ist einfach unmöglich. Einfach unmöglich! Sind das Gedanken!“
„Ich meine nur, es könnte ja doch sein …“
„Es kann nicht sein, Hans, es kann nicht; darüber sei ganz beruhigt. Und nun grüß mir deinen Papa und sei mutig!“
Bedrückt schlich er nach Hause und in den kleinen, abschüssigen Garten. Hier stand ein morsches, längst nicht mehr benutztes Gartenhäuschen, darin hatte er seinerzeit einen Bretterstall gezimmert und drei Jahre lang Kaninchen drin gehabt. Im vorigen Herbst waren sie ihm weggenommen worden, des Examens wegen. Er hatte keine Zeit mehr für Zerstreuungen gehabt.
Auch im Garten war er schon lang nicht mehr gewesen. Der leere Verschlag sah baufällig aus, die Tropfsteingruppe in der Mauerecke war zusammengefallen, das kleine, hölzerne Wasserrädchen lag verbogen und zerbrochen neben der Wasserleitung. Er dachte an die Zeit, da er das alles gebaut und geschnitzt und seine Freude daran gehabt hatte. Es war auch schon zwei Jahre her – eine ganze Ewigkeit. Er hob das Rädchen auf, bog daran herum, zerbrach es vollends und warf es über den Zaun. Fort mit dem Zeug, das war ja alles schon lange aus und vorbei. Dabei fiel ihm sein Schulfreund August ein. Der hatte ihm geholfen, das Wasserrad zu bauen und den Hasenstall zu flicken. Nachmittagelang hatten sie hier gespielt, mit der Schleuder geschossen, den Katzen nachgestellt, Zelte gebaut und zum Vesper rohe gelbe Rüben gegessen. Dann war aber die Streberei losgegangen, und August war vor einem Jahr aus der Schule getreten und Mechanikerlehrling geworden. Er hatte sich seither nur noch zweimal gezeigt. Freilich, auch der hatte jetzt keine Zeit mehr.
Wolkenschatten liefen eilig übers Tal, die Sonne stand schon nahe am Bergrand. Einen Augenblick hatte der Knabe das Gefühl, er müsse sich hinwerfen und heulen. Stattdessen holte er aus der Remise das Handbeil, schwang es mit den schmächtigen Ärmlein durch die Luft und hieb den Kaninchenstall in hundert Stücke. Die Latten flogen auseinander, die Nägel bogen sich knirschend, ein wenig verfaultes Hasenfutter, noch vom vorjährigen Sommer, kam zum Vorschein. Er hieb auf das alles los … […]

Textquelle: Suhrkamp Taschenbuch Verlag, Frankfurt 1972 (Text zum ersten Mal erschienen 1906)
Autor: Hermann Hesse (1877–1962), deutschsprachiger Schriftsteller und Literaturnobelpreisträger
Der Originaltext wurde zu Prüfungszwecken gekürzt und an die neue Rechtschreibung angepasst.

Anmerkungen: Pietismus (Z. 26 f.): protestantische Glaubensrichtung; Vesper (Z. 59): Brotzeit; Remise (Z. 64): Geräteschuppen

Aufgabenstellung

Lesen Sie den Auszug aus dem Roman „Unterm Rad“ sorgfältig durch und bearbeiten Sie dann die folgenden Aufgaben. Bei Nummer 5 können Sie a oder b wählen.

1. Fassen Sie den Inhalt des Textes mit eigenen Worten zusammen.
2. Charakterisieren Sie Hans.
3. Beschreiben Sie die sprachlichen Besonderheiten des Textes und ihre Wirkung auf den Leser.
4. Welche Gedanken kann der Romanauszug beim Leser hervorrufen?
5. a) Der römische Philosoph Seneca kritisierte vor rund 2 000 Jahren das Schulwesen seiner Zeit mit folgenden Worten: „Nicht für das Leben, sondern für die Schule lernen wir.“ Inwiefern bereitet die Schule heute auf das Leben vor? oder
   b) August kommt vorbei und sieht die Zerstörung. Wie könnte sich der Dialog zwischen den beiden Freunden entwickeln? Sie können so beginnen:

   August (bestürzt): Hans, was machst du da?
   Hans: …

Mögliche Gliederung

A. Der Romanauszug schildert den letzten Tag eines Schülers vor einer wichtigen Aufnahmeprüfung, auf die er sich drei Jahre lang unter großer Anstrengung vorbereitet hat

B. Auseinandersetzung mit dem Text „Unterm Rad“ und weiterführende Aufgabe

1 Inhaltszusammenfassung in eigenen Worten

2 Charakterisierung von Hans

3 Sprachliche Besonderheiten und ihre Wirkung auf den Leser

3.1 Wortwahl
3.2 Satzbau
3.3 Stil

4 Mögliche Gedanken, die der Text beim Leser hervorrufen kann

5 Argumentation: Inwiefern bereitet die Schule heute auf das Leben vor?

oder:

5 Dialog: Sein ehemaliger Schulfreund August trifft auf Hans, als dieser den Hasenstall zerstört

C. Eine unbeschwerte Kindheit und Jugend ist genauso wichtig wie schulischer Erfolg

Notizen und Lösungshinweise zu den einzelnen Bereichen der Gliederung

Einleitung **A.**

– Thematik des Textes/Quelle (*ausformuliertes Beispiel*):
Hans Giebenrath ist ein sehr begabter Schüler, der drei Jahre lang auf eine wichtige Aufnahmeprüfung vorbereitet wurde, die ihm bei Bestehen einen kostenlosen Studienplatz ermöglicht. Der Romanauszug beschreibt Hans’ letzten Tag vor der entscheidenden Prüfung. Es wird deutlich, dass ein großer Erwartungsdruck auf ihm lastet und dass er für die Vorbereitung auf diese Prüfung eine unbeschwerte Jugend opfern musste. Er verabschiedet sich von seiner Kindheit, indem er im Garten den Kaninchenstall, den er in unbeschwerten Tagen selbst gebaut hat, zerstört. Der Roman „Unterm Rad“ stammt von dem Schriftsteller und Literaturnobelpreisträger Hermann Hesse. Der Text ist erstmals 1906 veröffentlicht worden.

oder:

– eigenständige Hinführung zur Thematik des Textes z. B. mit Aussagen über eigene Erfahrungen mit den Erwartungen Erwachsener oder mit Leistungsdruck in der Schule, mit Prüfungen und Prüfungsangst, Erinnerungen an die eigene Kindheit; jeweils verbunden mit einer Überleitung zum Text, den du im Hauptteil bearbeitest.

Inhaltszusammenfassung und Textaufbau **B. 1**

– Hans verabschiedet sich vom Rektor, der ihn auf die Aufnahmeprüfung für den kostenlosen Studienplatz vorbereitet hat.
– Er ist erstaunt und erleichtert über das nachsichtige Verhalten seines strengen Lehrers, der ihm nahelegt, heute nichts mehr zu lernen, damit er morgen ausgeruht die Prüfung antreten könne.

- Hans macht einen Spaziergang durch seine Heimatstadt und findet sich an Orten wieder, an denen er eine unbeschwerte Kindheit verbrachte. Am Fluss erinnert er sich an das Angeln, seine ehemals liebste Freizeitbeschäftigung, die ihm im letzten Jahr aber wegen der Prüfungsvorbereitungen verboten worden war.
- Er trifft auf den tiefgläubigen Schuhmachermeister Flaig, der ihm klarmacht, dass es im Leben nicht nur auf schulischen Erfolg ankomme und eine nichtbestandene Prüfung keine Schmach sei.
- Die beiden begegnen dem Stadtpfarrer und dieser konfrontiert Hans mit seinen hohen Erwartungen und teilt ihm mit, dass er nichts anderes als eine bestandene Prüfung von ihm erwarte.
- Nach der Rückkehr in den Garten seines Elternhauses nimmt er die Überbleibsel der Dinge wahr, mit denen er in seiner Kindheit gespielt hat, bevor die Lernerei alles bestimmte. Eigentlich möchte er sich seiner Trauer darüber hingeben, doch stattdessen holt er eine Axt und beginnt den Hasenstall zu zerstören.

Charakterisierung von Hans 2

- Er ist ein begabter Schüler (Vorspann, im Text immer wieder Bezug auf das Examen, das nur den Besten vorbehalten ist; z. B. Z. 2, 27, 35 ff.).
- Der Schüler ist sehr naturverbunden und gerne draußen (Z. 12 ff., 57–59).
- Hans ist im Zusammenhang mit der Prüfung ängstlich und unsicher (Z. 39, 45) und lässt sich vom Pfarrer unter Druck setzen und einschüchtern (Z. 37–44).
- Er ist handwerklich begabt und kreativ (Z. 46 f., 50 ff.).
- Er vermisst seinen Freund August, mit dem er als Kind im Garten gespielt hat (Z. 56 ff.).
- Seit er sich auf die Prüfung vorbereitet, ist er oft allein und ohne Freunde (Z. 59 ff.).
- Er steht offenbar nicht hinter der Lernarbeit (Z. 59).
- Aus der Traurigkeit über die verlorene Kindheit (Z. 14 ff., 45 ff., 52 f.) wird Wut und Verzweiflung (Z. 63 ff.).
- Hans versucht, die Erwartungen der Erwachsenen brav zu erfüllen, aber ihn plagen Selbstzweifel (Z. 39, 42).
- Die Zerstörung des Hasenstalls ist eine logische Verzweiflungstat, da die „Streberei“ (Z. 59) seine Kindheit schlagartig beendet hat.

Sprachliche Besonderheiten und ihre Wirkung auf den Leser 3

Wortwahl 3.1

- bildhafter Ausdruck als Titel („Unterm Rad“): Damit fasst der Autor die Gefühlslage von Hans prägnant zusammen: Der Junge ist dem übergroßen Druck der Erwartungen der Erwachsenen ausgesetzt, gegen den er sich nicht wehren kann.
- anschauliche Adjektive und Partizipien, z. B. „schmale Klosterpforte“ (Z. 2), „gefürchtete[r] Herrscher“ (Z. 4), „bitterlich“ (Z. 15), „schüchtern“ (Z. 39), „bedrückt“ (Z. 45): Verdeutlichung seiner Verzweiflung und Angst vor der Prüfung
- treffende Verben, zum Teil als Nominalisierungen, z. B. „schlenderte“ (Z. 9), „bummelte“ (Z. 11), „geschwommen und getaucht und gerudert und geangelt“ (Z. 13), „das Angeln“ (Z. 16), „das nahe Rauschen“ (Z. 17), „das sanfte Schwanken“ (Z. 18) usw.: Rückblick auf unbeschwerte Kindheitstage, Sehnsucht danach; darüber hinaus traurige Erkenntnis, dass die Kindheit Vergangenheit ist, z. B. „zusammengefallen“ (Z. 51), „verbogen und zerbrochen“ (Z. 52)
- Wortwiederholungen, z. B. „alte[s] Rathaus“ (Z. 10), „alte[] Brücke“ (Z. 11): stehen sinnbildlich für das „alte“ Leben, die unbeschwerte Kindheit; aber auch Verdeutlichung des Erwartungsdrucks wegen der bevorstehenden Prüfung, z. B. „durchfalle“ (Z. 39), „‚Durchfallen!? […] Durchfallen ist einfach unmöglich. Einfach unmöglich! […]‘“ (Z. 40 f.)
- inhaltlich gegensätzliche Wortgruppen werden einander gegenübergestellt: „geschwommen und getaucht und gerudert und geangelt“ (Z. 13) – „verlernt und vergessen, […]

vergangenen Jahr […] verboten" (Z. 14 f.): heben hervor, dass das frühere kindlich unbeschwerte Leben in der Natur nicht mehr existiert
- Verkleinerungen (Diminutive): „Gartenhäuschen" (Z. 46), „Wasserrädchen" (Z. 52), „Ärmlein" (Z. 64): Herstellung einer Beziehung zur Kindheit
- Personifikation: „Wolkenschatten liefen eilig übers Tal" (Z. 62): versinnbildlicht die Verzweiflung und Bedrohung

Satzbau 3.2
- kurze Hauptsätze, z. B. „Es war nun so weit." (Z. 1), „Dieser nahm den Knaben mit sich." (Z. 34), „Freilich, auch der hatte jetzt keine Zeit mehr." (Z. 61): betonen den Abschied und dessen Endgültigkeit
- Aufforderungssätze, z. B. „‚darfst du nichts mehr arbeiten […]. Du musst […]. Geh noch […]. Junge Leute müssen […]'" (Z. 5 ff.): verdeutlichen die Autorität des Rektors
- Ausrufesätze, Ausrufe, z. B. „‚Nun, halte dich gut!'" (Z. 37), „‚Durchfallen?!'" (Z. 40) usw.: bringen den großen Erwartungsdruck des Stadtpfarrers zum Ausdruck; „Ach, das Angeln!" (Z. 14): Ausdruck der Sehnsucht nach der unbeschwerten Zeit vor der (jahrelangen) Prüfungsvorbereitung

Stil 3.3
- Wechsel zwischen längeren Erzählabschnitten und kurzen Dialogszenen
- literarisch anspruchsvolle Schilderungen, z. B. Z. 9 bis 20, Z. 45 bis Ende
- Symbolik, z. B. „morsches […] Gartenhäuschen" (Z. 46), „der leere Verschlag sah baufällig aus" (Z. 50 f.), „Tropfsteingruppe […] war zusammengefallen" (Z. 51) bis hin zum „Wasserrädchen", das „verbogen und zerbrochen" ist (Z. 52): starke Hinweise darauf, dass sein früheres Leben Vergangenheit ist, denn die liebgewonnenen Gegenstände sind kaputt und verloren

Mögliche Gedanken, die der Text beim Leser hervorrufen kann **4**

Der Leser könnte zum Beispiel zu folgenden Gedanken angeregt werden:
- Wie wird der weitere Lebensweg des Jungen aussehen?
- Was geschieht, wenn er die Prüfung nicht besteht?
- Was ist wichtiger, schulischer Erfolg oder eine erfüllte Kindheit und Jugend?
- Wie groß ist der Wert einer höheren Schulbildung im Vergleich zu einer Berufsausbildung?
- Was bewirken Erwachsene, wenn sie ihren Kindern die Unbeschwertheit nehmen und sie in eine höhere Schullaufbahn zwingen und sie praktisch fremdbestimmen?
- Welche Bedeutung und welche Auswirkungen haben Prüfungssituationen oder Prüfungsängste?
- Warum kann sich der Junge nicht gegen den aufgezwungenen Weg zu diesem Examen wehren?
- Welche Gefühle/Ängste bringt das Verlassen des Elternhauses mit sich? usw.

Weiterführende Aufgabe: Argumentation: Inwiefern bereitet die Schule heute auf das Leben vor? 5

Hinweis: *Zur Bearbeitung dieser Aufgabenstellung gehst du genauso vor wie bei einer Erörterung, da diese weiterführende Aufgabe die gleichen Anforderungen stellt. Nach einer genauen Themaanalyse machst du eine kurze Stoffsammlung und suchst dir drei Argumente aus, die dir am wichtigsten erscheinen. In der Regel dürften drei ausführlich veranschaulichte Argumente (mit Begründung, Beispiel(en) und eventuell Folge/Wirkung) genügen. Die Sprache ist sachlich zu halten. Verknüpfe deine Argumente sprachlich miteinander. Nutze das in der Aufgabenstellung erwähnte Zitat des Philosophen Seneca beispielsweise als Überleitung zu deinen Argumenten.*

Mögliche Stichworte für die Stoffsammlung:
Wichtig für die Stoffsammlung ist, dass du dich gedanklich davon löst, dass Schule lediglich fachliches Wissen vermittelt. Denke auch an die vielfältigen anderen Lerninhalte bzw. daran, wofür das Gelernte im Leben nützlich sein kann, z. B.:

Vermittlung von …
- Fertigkeiten für Beruf und Studium
- Schlüsselqualifikationen wie Teamfähigkeit
- Verantwortungsgefühl
- praktischem Wissen zur Lebensgestaltung
- Benimmregeln
- grundlegenden Werten wie Achtung der Umwelt
- Wissen über Gefahren und Gefährdungen usw.

Beispiel für ein ausformuliertes Argument und Überleitung mithilfe des Zitats:
Ob die vor 2 000 Jahren geäußerte Kritik des römischen Philosophen Seneca am Schulwesen tatsächlich berechtigt war und die Lerninhalte nichts mit der Lebenswirklichkeit und der Fähigkeit, sein eigenes Leben zu gestalten, zu tun hatten, kann man aus heutiger Sicht nicht beurteilen. Die Frage, inwiefern die Schule heute auf das Leben vorbereitet, ist jedoch klar zu beantworten, wenn man zum Beispiel an die Vermittlung von praktischem Wissen denkt, das man im Alltagsleben braucht. Das fängt zum Beispiel damit an, dass das schulische Wissen über die Zusammensetzung der Nahrung und ausgewogene Ernährung dazu dient, seine Lebensmitteleinkäufe und die Mahlzeiten danach auszurichten. Aus dem Wissen über Globalisierung oder Massentierhaltung kann man später als Verbraucher sein Einkaufsverhalten zugunsten von Lebensmitteln, die nachhaltig produziert werden bzw. aus der Region stammen, ausrichten.

oder:

Dialog: Sein ehemaliger Schulfreund August trifft auf Hans, als dieser den Hasenstall zerstört 5

Hinweis: *Bei dieser Aufgabe hast du mehr Freiheiten in der inhaltlichen und sprachlichen Gestaltung. Dennoch musst du Folgendes berücksichtigen:*
Ein Dialog ist ein Gespräch zwischen zwei Menschen. In diesem Fall geht es um ein Gespräch zwischen Hans und seinem früheren engen Schulfreund August. Dabei ist es nötig, dass du die Ausgangssituation beider Figuren genau klärst und dir überlegst, wie sie zueinander stehen. Ihre Lebenswege laufen seit der Ausbildung von August und vor allem seitdem Hans auf das „Landexamen" getrimmt wird, auseinander. Obwohl sie früher enge Freunde waren, haben sie sich im vergangenen Jahr nur noch zwei Mal gesehen.
Ferner ist wichtig zu erfassen, in welcher Stimmung sich beide befinden. Zu Hans erhältst du im Text viele Hinweise, die du im Rahmen der Beantwortung der anderen Aufgaben bereits herausgearbeitet hast: Er ist traurig, verzweifelt, verunsichert, hängt seinen Kindheitserinnerungen nach und hat Angst vor der bevorstehenden Prüfung. Sein Schmerz und seine Verzweiflung haben sich gerade darin Bahn gebrochen, dass er den alten selbstgebauten Hasenstall zerstört hat. Bei August ist eine Festlegung aus der Vorlage heraus nicht möglich, weshalb du sie selber treffen musst. Es könnte zum Beispiel sein, dass er sich sehr freut, Hans wiederzusehen. Zur Ausgangslage des Gesprächs gehört auch, dass du festlegst, ob er mit seinem Leben als Lehrling zufrieden ist. Ganz wichtig ist der in der Aufgabenstellung vorgegebene Beginn, aus dem hervorgeht, dass August bestürzt auf Hans' Zerstörungstat reagiert.
Schließlich musst du noch Gesprächsrichtung und Inhalt bestimmen. Hans wird wohl einerseits seiner Verzweiflung Ausdruck verleihen, sich andererseits über das Zusammentreffen freuen. Für den Inhalt könntest du auch nutzen, was er vorher alles erlebt

hat und welche Gedanken er sich machte. August könnte selbst auch nicht glücklich über seinen Weg sein. In jedem Fall könnte August Hans Mut machen, ihn beruhigen und ihm helfen zu akzeptieren, dass die unbeschwerten Kindheitstage unwiderruflich vorbei sind. Aber auch ein negativer Verlauf des Gesprächs ist denkbar bis hin zum Streit. In dieser Entscheidung bist du frei, der Inhalt des Gesprächs muss aber zur Situation passen, die der Text vorgibt.

Bei der sprachlichen Gestaltung der Dialogbeiträge greifst du den Stil auf, der in der Vorlage verwendet wird bzw. formulierst so, dass die Sprache für beide Gesprächspartner angemessen ist (z. B. passend zum Alter, zur Bildung, zur Lebenssituation, zur Gefühlslage; aber auch der Entstehungszeit des Textes (1906) angemessen). Orientiere dich am mündlichen Sprachgebrauch, baue z. B. Fragen, Ausrufe, unvollständige Sätze, verkürzte Sätze, Unterbrechungen usw. ein. Ein Dialog sollte an wichtigen Stellen Regieanweisungen (wie jemand spricht, wie sich jemand bewegt, was jemand in dem Augenblick tut) angeben. Als Zeitstufe verwendest du in der Regel Präsens, außer es geht um Zukünftiges oder Vergangenes.

Beispiel für einen ausgearbeiteten Dialog:

AUGUST *(bestürzt)*: Hans, was machst du da?

HANS *(völlig außer Atem)*: Aufräumen, das siehst du doch! Ist ja schön, dass du dich auch mal wieder blicken lässt.

AUGUST *(ratlos)*: Aber warum haust du denn alles kurz und klein? Hier haben wir doch eine wunderschöne Zeit zusammen verbracht.

HANS *(traurig)*: Genau deswegen, weil es nie mehr so werden wird, weil ich für die Lernerei alles aufgeben musste und morgen dieses verfluchte Examen machen muss, vor dem ich eine Heidenangst habe.

AUGUST *(versöhnlich)*: Aber genau deswegen bin ich hier, weil ich dir Glück und Zuversicht wünschen wollte. Wer, wenn nicht du, sollte das schaffen.

HANS *(den Tränen nahe)*: Ach ja, alle wollen nur mein Bestes. Der Pfarrer meinte vorhin, durchfallen gäbe es nicht! Wenn ich es nicht schaffe, traue ich mich nicht mehr heim!

AUGUST: Keine Sorge, die haben dich doch ewig vorbereitet und du hast immer gebüffelt.

HANS *(aufgebracht)*: Ja und der Preis?! Kein Angeln mehr, keine Hasen, keine Zeit! Ich würd' lieber auch eine Lehre machen!

AUGUST *(laut)*: Dass du dich da mal nicht täuschst!

HANS *(überrascht)*: Wieso? Du wolltest doch unbedingt die Schule vorzeitig verlassen, um endlich etwas mit den Händen tun zu können!

AUGUST: Ja schon, aber jetzt arbeite ich 10 Stunden am Tag, der Lehrherr ist streng und gemein, ich tu' nur die Drecksarbeit …

HANS *(unterbricht)*: So schlimm?

AUGUST *(wütend)*: Ja, den ganzen Tag wird man herumgeschickt und wenn ich die Gesellen anschaue, die verdienen so wenig, dass sie keine Familie gründen können!

HANS: Kannst du dir keine neue Lehrstelle suchen?

AUGUST *(verzweifelt)*: Nein, was glaubst du? Mein Vater würde mich davonjagen, außerdem hat er für mich für vier Jahre Lehrzeit unterschrieben.

HANS: Das wird meiner auch tun, wenn ich durchgefallen bin!

AUGUST: Ach Unsinn, erstens ist er kein Unmensch und zweitens schaffst du deine Prüfung schon.

HANS *(unsicher)*: Und dann, dann bin ich irgendwo und muss lernen, lernen und wieder lernen!

AUGUST *(eindringlich)*: Aber du kannst damit mehr erreichen als ich. Dich wird man später nicht herumkommandieren.

HANS *(bedrückt)*: Das sagt sich so leicht. Ich weiß nicht, ob ich den Druck aushalte.

AUGUST *(umarmt ihn)*: Mensch, Kopf hoch, das ist deine Chance, die hab ich nicht mehr. Du schaffst es, ich drücke dir alle Daumen!

Schlussgedanke C.

Ein Schlussgedanke kann aus folgenden Überlegungen entwickelt werden:
Welche eigenen Erfahrungen mit Prüfungen und Prüfungsangst hast du? Welche Erinnerungen verbindest du mit Kindheit und Jugend? Warum ist es nicht richtig, wenn Eltern den schulischen Erfolg des Kindes an die erste Stelle setzen? Warum sind weiterführende Schule und Studium nicht immer einer Berufsausbildung vorzuziehen?
Möglich ist auch eine begründete persönliche Wertung des Romanausschnitts oder eine (kritische) Bewertung der Aussagen der Figuren (Rektor, Schuster, vor allem Pfarrer).

Beispiel für einen ausformulierten Schluss:
Die Aussagen, die der Pfarrer gegenüber Hans bei ihrer Begegnung macht, sind nicht nur unsensibel, sondern für den Jungen auch überhaupt nicht hilfreich. Dem Pfarrer scheint es nur um sein Interesse zu gehen, mit Hans einen Schüler aus seiner Gemeinde vorweisen zu können, der die Hürde „Landexamen" geschafft hat. Er setzt ihn unter doppelten Druck, indem er in Latein eine besonders gute Leistung fordert und sich überhaupt nicht um Hans' Bedenken wegen des Durchfallens kümmert. Im Gegenteil, er schließt das Scheitern kategorisch aus, was den Jungen in eine noch ausweglosere Situation bringt, aus der er sich nicht befreien kann. So wird aus den Aussagen des Pfarrers ein völlig gescheiterter Versuch, Mut zu machen, falls er dies tatsächlich vorgehabt hatte.

Aufgabe 8

Marlene Röder: Chuck Norris und all seine Freunde

„Kennst du den schon? Kleine Jungs tragen Schlafanzüge mit Superman drauf, Superman trägt einen Schlafanzug mit Chuck Norris drauf!" – „Ja, kenn ich. Jetzt halt die Klappe und trag mich einfach da hoch. Oder willst du warten, bis Chuck vorbeikommt und mit anpackt?"

Chuck Norris ist ein Actionheld. Ich habe noch nie einen Film mit ihm gesehen, aber wie alle kenne ich die Witze. In denen geht es immer darum, dass Chuck Norris etwas tut, was eigentlich unmöglich ist. Leider ist er jetzt nicht hier, deswegen muss mein Kumpel Piet den Actionhelden spielen. Piet riecht nach Schweiß, als ich ihm den linken Arm um den Hals schlinge und er seinen unter meine Kniekehlen schiebt und mich hochhebt und trägt wie eine verdammte Braut.

„Ich bin nicht sicher, ob das so 'ne geniale Idee ist, Ben", keucht er, während wir die Metalltreppe hochwanken. „Klar ist das genial", behaupte ich, obwohl ich mir gerade auch nicht mehr so sicher bin. Durch das Gitterwerk der Treppe kann man auf den Boden gucken. Er ist ziemlich tief unten. Endlich sind wir oben. Piet setzt mich vorsichtig ab. Meine Beine, diese dummen, nutzlosen Anhängsel, baumeln über den Rand der Halfpipe. Über unserer zerkratzten, steilen, wunderbaren Halfpipe. Wie immer fühle ich mich sofort besser. „Jetzt noch den Rolli", sage ich. „Los, beeil dich, die anderen müssten gleich hier sein." Rainbow, denke ich, Rainbow, Rainbow.

Piet stöhnt, er hat einen ziemlich roten Kopf, aber er tut, was ich ihm sage, weil er weiß, dass mir das hier wirklich wichtig ist, und weil er ein guter Kumpel ist, der beste, vielleicht sollte ich ihm das mal sagen, aber dann lass ich es doch. Er geht die Treppe wieder runter und ich sitze hier und kann die ganze Prärie überblicken. Wir nennen es die Prärie, weil hier nichts ist. Keine Häuser, nur verrostete Bahnschienen und Glasscherben und über allem das hohe Gras. Mittendrin unsere Halfpipe. Horror für jeden Rollifahrer. Außer für mich. Es stimmt nicht, was ich über den Namen gesagt habe. Wir nennen es die Prärie, weil es cool klingt.

Jetzt kann ich die anderen sehen, sie sind schon beim Skelett des kaputten Kinderwagens. Johnny geht voran, natürlich, dann Patexx und Fred mit seinem Punkerhund. Zuletzt kommt Rainbow, wie ein Leuchtfeuer am Schluss. Sie geht mit ausgebreiteten Armen, als wollte sie mit den Händen über das Gras streichen, als wollte sie das Zittern spüren, das der Wind durch die Halme laufen lässt. Ich würde das auch gern machen, bei ihren Haaren. Wie sich das wohl anfühlt, all die Farben. Eigentlich heißt sie anders. Aber ich nenne sie Rainbow, weil ihre Haare so bunt sind. Vielleicht hat jemand einen Witz erzählt, denn jetzt kann ich sie lachen hören, ihr Lachen sprudelt über die ganze Prärie. Niemand kann so lachen wie Rainbow. Ohne sie sind Piets Chuck-Norris-Witze nur halb so lustig. Es stimmt nicht, was ich über Rainbows Namen gesagt habe. Ich nenne sie Rainbow, weil sie mir Glück bringt.

Johnny hat mich oben auf der Halfpipe gesehen, er salutiert vor mir wie ein General und ruft: „Zu Diensten! Warum hast du uns herbestellt, Ben?" Johnny ist eine echt coole Sau, und wäre Chuck Norris hier, würde er das bestimmt auch finden und er und Johnny wären Freunde. […] Er ist echt in Ordnung, und wenn Johnny loslegt, Mann, er macht unglaubliche Sachen mit seinem Board. „Chuck Norris isst keinen Honig, Chuck Norris kaut Bienen!", sagt Piet dann immer. Wenn wir skaten gehen, sagen wir manchmal, wir gehen Bienen kauen. Und wenn es auf dieser Welt einigermaßen gerecht zugehen würde, würde mir Johnny beibringen, wie man sie richtig kaut. „Wirste schon sehen, Johnny!", rufe ich zurück. „Wirste gleich sehen!" Die Halfpipe ist echt hoch. Aber was soll mir schon passieren? Im Rollstuhl sitze ich ja schon. Es stimmt nicht, was ich über das Skaten gesagt habe. Wir nennen es fliegen.

Fluchend zerrt Piet meinen Rolli auf die Plattform, klappt ihn auf und murmelt dabei, dass ich ihm was schuldig bin. […] Unten witzeln Patexx und Fred, dass ich jetzt auch auf die

Pipe will. Aber Rainbow lacht nicht. Nicht ein winziges bisschen. „Was soll 'n das werden, Ben?", fragt Johnny. „Willst du das wirklich durchziehen, nur wegen letzter Woche …", fragt Piet.

Letzte Woche waren wir bei Johnny und haben DVDs übers Skaten geguckt und ein paar Folgen *Jackass*. Rainbow hielt sich die Hände vor die Augen, während die Jackass-Truppe mit einem Bobbycar Rolltreppen runtersauste und alle möglichen anderen krassen Kamikaze-Aktionen machte. Ich musste über Rainbow lachen und sie selbst lachte auch und wiederholte immer wieder: „Sind die mutig oder einfach total durchgeknallt, oh Gott, ich kann nicht hingucken!" Aber dann guckte sie doch.

Johnny war eine neue Cola holen gegangen und da habe ich sie gefragt, obwohl ich doch weiß, dass Rainbow auf Johnny steht, jeder weiß das, aber ich musste sie trotzdem fragen, ob sie mal Bock hat, was mit mir zu machen. Nur wir beide. Rainbow zögerte ganz kurz, dann sagte sie: „Klar, warum nicht?" Und einen Moment habe ich gedacht, dass ich ein Glückspilz bin, aber dann habe ich kapiert, dass ich nur ein Krüppel bin. Jeden anderen hätte sie abblitzen lassen, weil sie sich wegen Johnny nicht mit anderen Jungs trifft. Aber ich zähle wohl nicht als Junge, ich bin nur der im Rollstuhl. Mit mir auszugehen ist ungefähr so erotisch, wie seinen Opa durch den Park schieben. Na, danke. Das war letzte Woche, und da wusste ich, dass ich was ändern muss.

„Willste das wirklich machen?", wiederholt Piet. Ich frage nur, ob er die Kamera hat. „Klar", antwortet Piet und klappt die Videokamera auf: „Mach mal winke, winke für deine Fans." Ich mache das Victory-Zeichen in die Kamera und sage: „Egal, was passiert, du stellst das auf YouTube." „Was soll 'n das heißen, Ben, ‚egal, was passiert'?" Ich antworte nicht. […] Die anderen unten an der Halfpipe haben jetzt kapiert, dass ich es ernst meine. Johnny ruft zu mir hoch: „Hey, Ben, wir brauchen dich noch! Du bist doch unser Maskottchen!" Aber ich hab keinen Bock, den Rest meines Lebens bloß das Scheißmaskottchen von anderen Leuten zu sein. Jetzt balanciere ich nur noch auf den Hinterreifen, es ist ein geiles Gefühl, den Rolli so unter Kontrolle zu haben.

„Mach keinen Scheiß, hörst du?!", brüllt Johnny und vielleicht ist das Angst in seiner Stimme.

Rainbow ist ganz still und sieht aus, als würde sie sich am liebsten die Augen zuhalten.

„Chuck Norris hat bis unendlich gezählt. Zweimal!", flüstere ich, stoße mich ab über die Kante – und fliege.

Textquelle: Marlene Röder: Melvin, mein Hund und die russischen Gurken. Ravensburger Buchverlag 2011, S. 13–18.

Informationen zur Autorin: Marlene Röder, geb. 1983 in Mainz, Ausbildung als Glasmalerin und Lehrerin an Förderschulen. Sie begann bereits im Alter von 14 Jahren zu schreiben und verfasste bislang zahlreiche Erzählungen, aber auch Romane, die sich vorrangig an Kinder und Jugendliche richten.

Anmerkungen: Jackass (Z. 55): Fernsehsendung des Musiksenders MTV, in der die Darsteller zum Teil lebensgefährliche Mutproben durchführen.

Aufgabenstellung

Lesen Sie den Text „Chuck Norris und all seine Freunde" sorgfältig durch und bearbeiten Sie dann die folgenden Aufgaben. Bei Nummer 5 können Sie a <u>oder</u> b wählen.

1. Fassen Sie den Inhalt des Textes mit eigenen Worten zusammen.
2. Weisen Sie Elemente der Kurzgeschichte am Text nach.
3. Beschreiben Sie die sprachlichen Besonderheiten des Textes und deren Wirkung.
4. Charakterisieren Sie den Ich-Erzähler und berücksichtigen Sie dabei auch den Titel.
5. a) Erörtern Sie, mit welchen Maßnahmen man Jugendlichen mit Behinderung eine selbstverständliche Teilhabe am Alltag ermöglichen kann. <u>oder</u>

   b) Erzählen Sie, wie jemand aus der Clique Bens Mutprobe und deren Ausgang erlebt.

2013/8 „Chuck Norris und all seine Freunde“ von Marlene Röder

Mögliche Gliederung

A. In dieser Kurzgeschichte bereitet sich ein im Rollstuhl sitzender Jugendlicher auf eine riskante Mutprobe vor

B. Auseinandersetzung mit dem Text „Chuck Norris und all seine Freunde“ und weiterführende Aufgabe

1 Zusammenfassung des Inhalts in eigenen Worten

2 Nachweis der Elemente der Kurzgeschichte

3 Sprachliche Besonderheiten und deren Wirkung

3.1 Wortwahl
3.2 Satzbau
3.3 Stil

4 Charakterisierung des Ich-Erzählers unter Berücksichtigung des Titels

5 Argumentation: Mit welchen Maßnahmen kann man Jugendlichen mit Behinderung eine selbstverständliche Teilhabe am Alltag ermöglichen?

oder:

5 Erzählung: Ein Mitglied aus der Clique erlebt Bens Mutprobe und deren Ausgang

C. An unserer Schule werden behinderte und nicht behinderte Schüler gemeinsam unterrichtet

Notizen und Lösungshinweise zu den einzelnen Bereichen der Gliederung

Einleitung A.

– Thematik des Textes/Quelle/Information zur Autorin aus den Angaben in der Textvorlage (*ausformuliertes Beispiel*):
In der Geschichte „Chuck Norris und all seine Freunde“ geht es um den behinderten Jugendlichen Ben, der mit seinem Rollstuhl eine Halfpipe hinunterfahren will, um mit dieser Mutprobe echte Anerkennung in seiner Clique, im Speziellen vom Mädchen Rainbow, zu erhalten. Marlene Röder verfasste diese Kurzgeschichte, die 2011 erschienen ist. Die Autorin ist ausgebildete Glasmalerin und Förderschullehrerin und schreibt seit ihrem 14. Lebensjahr. Ihre Texte richten sich hauptsächlich an Kinder und Jugendliche.

oder:

– eigenständige Hinführung zur Thematik des Textes, z. B. mit der Schilderung von Einschränkungen, die ein Mensch mit Behinderung hinnehmen muss, oder über die Bedeutung von Mutproben innerhalb einer Clique bzw. über die Wichtigkeit für Jugendliche, einer Clique anzugehören, jeweils verbunden mit einer Überleitung zur Thematik der Kurzgeschichte und der Nennung der Autorin

Inhaltszusammenfassung in eigenen Worten B.1

– Ohne Einleitung beginnt die Handlung mit einem Gespräch über einen der populären Chuck-Norris-Witze, deren Inhalt sich immer um übermenschliche oder gar unmögliche Heldentaten dreht.

- Nach diesem Dialog beginnt die eigentliche Handlung: Der Ich-Erzähler Ben wird von seinem Freund Piet gerade auf eine Halfpipe getragen. Ben ist aufgrund einer Behinderung auf den Rollstuhl angewiesen.
- Während Piet den Rollstuhl holt, denkt Ben an jemanden mit dem Namen Rainbow und beobachtet von oben das Gelände, das die Clique als „Prärie" bezeichnet.
- Nun sieht er die Skater-Freunde aus der Clique kommen, zu der auch das Mädchen Rainbow zählt, das er liebevoll beschreibt.
- Ben hat die Clique zusammengerufen, weil er ihnen beweisen möchte, dass er die Halfpipe mit seinem Rollstuhl hinunterfahren kann.
- In einer Rückschau erklärt sich der Grund für dieses riskante Unternehmen: Ben glaubt, dass sich Rainbow nur aus Mitleid auf eine Verabredung mit ihm einließ.
- Er nötigt den Freunden das Versprechen ab, dass das Video von der Mutprobe unabhängig von ihrem Ausgang auf „YouTube" veröffentlicht wird.
- Seine Freunde haben Bedenken und wollen ihn abhalten, nicht nur Rainbow scheint Angst vor dem Ausgang zu haben. Trotzdem stößt sich Ben mit dem Rollstuhl von der Kante ab. Es bleibt offen, was danach geschieht.

Nachweis der Elemente der Kurzgeschichte 2

1. Unmittelbarer Beginn: Dialog über den Chuck-Norris-Witz, ohne dass die Sprecher mit Namen bezeichnet werden; fehlende Zeitangabe, keine genauen Ortsangaben; Handelnde sind auf Vornamen, Spitznamen und ihr Verhalten beschränkt
2. Bedeutsames Ereignis im Leben eines Menschen: Der behinderte Ich-Erzähler Ben will mit einer riskanten Mutprobe Anerkennung in seiner Clique erzwingen und er hofft, das Mädchen Rainbow mit seiner Aktion beeindrucken zu können.
3. Beschränkung auf ein zentrales Ereignis: Die selbst gewählte Mutprobe des behinderten Jugendlichen steht im Mittelpunkt.
4. Offener Ausgang: Es bleibt offen, wie die Mutprobe endet und wie sich die Cliquenmitglieder, vor allem Rainbow, danach verhalten.
5. Symbolik: Der Rollstuhl stellt auch im übertragenen Sinn ein Symbol für Handicap, Eingeschränktheit und Unbeweglichkeit dar.

Sprachliche Besonderheiten und deren Wirkung 3

Wortwahl 3.1

- grobe Ausdrücke: z. B. „verdammte Braut" (Z. 10), „Sau" (Z. 39), „Krüppel" (Z. 64), „Scheißmaskottchen" (Z. 75 f.), „Scheiß" (Z. 78): Hervorhebung einerseits der Härte des Ich-Erzählers gegen sich selbst, andererseits derbe Jugendsprache (Glaubwürdigkeit der Darstellung der Jugendlichen) und Ausdruck der Aufregung der Freunde
- Ausdrücke aus der Sprache der Skater: z. B. „Halfpipe" (Z. 15 f. usw.), „Board" (Z. 42): wirklichkeitsgetreue Darstellung
- Ausdrücke einer Gruppensprache: z. B. „Prärie" (Z. 22, 25), „gehen Bienen kauen" (Z. 43 f.), „fliegen" (Z. 48): Ausdrücke, die nur die Clique benutzt und versteht, als Gruppensymbol und als Zeichen der Verbundenheit
- umgangssprachliche und jugendsprachliche Ausdrücke: z. B. „halt die Klappe" (Z. 2), „guter Kumpel" (Z. 20), „echt coole" (Z. 39), „wirste" (Z. 45 f.), „durchziehen" (Z. 52), „krassen" (Z. 56) usw.: wirklichkeitsnahe Darstellung der Figuren
- Verniedlichungen: „Rolli" (Z. 17 usw.), „Rollifahrer" (Z. 24): lässiger Umgang mit dem Thema Behinderung
- Wiederholungen: z. B. „Rainbow, denke ich, Rainbow, Rainbow" (Z. 18), „sie lachen hören, ihr Lachen […] so lachen wie" (Z. 34 f.): Ben schwärmt von Rainbow, Anzeichen für Verliebtheit
- Aneinanderreihung von Adjektiven: z. B. „dummen, nutzlosen Anhängsel" (Z. 15), „unserer zerkratzten, steilen, wunderbaren Halfpipe" (Z. 16), „weil er ein guter Kumpel ist, der beste" (Z. 20): Verstärkung der Bedeutung des Bezugswortes

Satzbau 3.2
- viele wörtliche Reden: z. B. Z. 1 bis 4, Z. 11 f., 17 f., 69 ff. usw.: lebendige und abwechslungsreiche Darstellung, direktes Miterleben des Geschehens
- Ausrufe und Fragen: z. B. Z. 45 f., 51 ff., 69, 72 usw.: Überzeugung Bens, die Mutprobe zu wagen; Angst und Bedenken der Freunde
- einfacher und häufig verkürzter oder elliptischer (unvollständiger) Satzbau: z. B. Z. 23 bis 25, „Nur wir beide“ (Z. 62), „Na, danke“ (Z. 67): glaubhafte Wiedergabe von Jugend- und Umgangssprache
- Wiederholung des Satzbaumusters „Es stimmt nicht, was ich über […] gesagt habe“ (Z. 25, 35 f., 47): Betonung der Bedeutung von Schlüsselwörtern wie „Rainbow“, „Prärie“ und „Fliegen“

Stil 3.3
- im Wesentlichen jugend- und umgangssprachlicher Stil, einige derbe Ausdrücke: stimmige Nachvollziehbarkeit und wirklichkeitsgetreue Darstellung
- Abweichen von diesem Stil bei der Beschreibung von Rainbow in Z. 28 bis 34: poetische Schilderung bringt die Verliebtheit zum Ausdruck
- lebendige und ausdrucksvolle Darstellung durch:
  - die echt wirkenden wörtlichen Reden
  - Vergleiche: „wie seinen Opa durch den Park schieben“ (Z. 67), „wie ein Leuchtfeuer“ (Z. 29)
  - Metapher: „Skelett des kaputten Kinderwagens“ (Z. 27)
- Symbole: „Rollstuhl“ für Behinderung, Einschränkung in wörtlicher und übertragener Bedeutung; „Rainbow“ = Regenbogen als Symbol für Glück und Hoffnung; „Skaten“ als Symbol für die Freiheit

Charakterisierung des Ich-Erzählers unter Berücksichtigung des Titels 4
- Ben ist ein Jugendlicher, der aufgrund seiner Behinderung einen Rollstuhl benötigt. Seine Beine bezeichnet er als „dumme, nutzlose Anhängsel“ (vgl. Z. 15).
- Trotz seiner gelähmten Beine gehört der Ich-Erzähler zu einer Skater-Clique.
- Er versucht durch Verhalten und Sprache seine Behinderung zu überspielen: „Jetzt halt die Klappe […]“ (Z. 2 f.), „Rolli“ (Z. 17), „Aber was soll mir schon passieren?“ (Z. 46 f.)
- Andererseits ist er aber auch hart zu sich wegen seiner Behinderung: „Im Rollstuhl sitze ich ja schon.“ (Z. 47), „Krüppel“ (Z. 64)
- Ben gibt sich zwar cool und unabhängig, scheint aber dennoch unsicher zu sein, was daran zu erkennen ist, dass er sich z. B. immer wieder selbst verbessert (vgl. Z. 25, 35 f., 47).
- Er wünscht sich, dass er nicht auf seine Behinderung beschränkt wird; er will kein Mitleid, sondern Anerkennung als vollwertiges Mitglied der Skaterclique und der Gesellschaft: Z. 63–68, „Aber ich hab keinen Bock, den Rest meines Lebens bloß das Scheißmaskottchen von anderen Leuten zu sein“ (Z. 75 f.), „‚Egal, was passiert, du stellst das auf YouTube.‘“ (Z. 71 f.)
- Zur Bedeutung des Titels:
  - Chuck Norris als Held dieser Witze ist das Idealbild für Coolness (Z. 39 f., 42 f.)
  - Er scheint ein Idol für die Mitglieder der Clique und Ben zu sein, weil er in ihren Augen sogar Superman übertrifft (Z. 1 f.) und das Unmögliche schafft (Z. 5 ff.).
  - Am Ende der Kurzgeschichte steht der Name auch für Ben, weil er mit seiner Mutprobe Chuck Norris ebenbürtig wird (Z. 81 f.).
  - Der zweite Teil der Überschrift („all seine Freunde“) bezieht sich auf Ben, der sich am Schluss der Geschichte wie Chuck Norris fühlt. Gemeint sind also seine Freunde, die Skater-Clique.

Argumentation: Mit welchen Maßnahmen kann man Jugendlichen mit Behinderung eine selbstverständliche Teilhabe am Alltag ermöglichen? 5

Hinweis: Zur Bearbeitung gehst du genauso vor wie bei einer Erörterung, da diese weiterführende Aufgabe die gleichen Anforderungen stellt. Nach einer genauen Themaanalyse machst du eine kurze Stoffsammlung und suchst dir drei Argumente aus, die dir am wichtigsten erscheinen. In der Regel dürften drei ausführlich veranschaulichte Argumente (mit Begründung, Beispiel(en) und eventuell Folge/Wirkung) genügen. Die Sprache ist sachlich zu halten. Verknüpfe deine Argumente sprachlich miteinander. Besonders wichtig ist, dass du klärst, was unter „einer selbstverständlichen Teilhabe am Alltag" zu verstehen ist. Teilhabe bedeutet in etwa so viel wie teilnehmen oder einbezogen sein. Auch den Begriff „Alltag" solltest du hinterfragen, denn die Antworten darauf liefern bereits die Bereiche für Maßnahmen. Alltag ist alles, was man jeden Tag macht oder machen muss. Es geht also um das Einbezogen-Sein behinderter Jugendlicher in Schule, Freizeit, Sport, bei der Arbeit, beim Einkauf, Wohnen, bei der Fortbewegung usw. Vielleicht ist es auch hilfreich, daran zu denken, dass es nicht nur körperliche Behinderungen gibt. In gewisser Weise stellt die Skater-Clique aus dem Text ein gelungenes Beispiel für eine gemeinsame Freizeitgestaltung von Behinderten und Nichtbehinderten dar.

Mögliche Argumente / Maßnahmen

- Beseitigung von Barrieren in Wohnungen, Städten, Verkehrsmitteln
- Gemeinsamer Schulunterricht von Behinderten und Nichtbehinderten
- Öffnung von Freizeit- und Sportangeboten für behinderte Jugendliche
- Ausbildungs- und Arbeitsplätze für behinderte Jugendliche
- Maßnahmen zur Bewusstseinsbildung in der Gesellschaft

Beispiel für ein ausformuliertes Argument:
Neben einem gemeinsamen Unterricht von behinderten und nichtbehinderten Schülern ist auch eine Öffnung von Freizeit- und Sportangeboten notwendig. Selbstverständliche Teilhabe am Alltag bedeutet, dass behinderte Jugendliche nicht unter sich bleiben müssen, sondern zusammen mit denen, die ohne Handicap leben können, Spiel, Spaß und vielfältige Aktivitäten unternehmen können. So könnten Sportvereine Gruppen gründen, in denen gemeinsam trainiert und gespielt wird. Freizeitheime können gemeinsame Partys oder Kurse organisieren und zum Beispiel ihr Ferienprogramm entsprechend planen. Somit besteht für Behinderte die Möglichkeit, im Freizeitbereich eingebunden zu sein, Nichtbehinderten eröffnet sich die Chance, Berührungsängste abzubauen.

oder:

Erzählung: Ein Mitglied aus der Clique erlebt Bens Mutprobe und deren Ausgang 5

Hinweis: Bei dieser Aufgabe solltest du dich erinnern, was du im Unterricht zu den Merkmalen und dem Aufbau einer Erzählung gelernt hast. Eine gute Erzählung ist anschaulich, spannend, lebendig. Dies erreichst du zum Beispiel mit ausdrucksstarken Adjektiven und Verben und der Verwendung von wörtlicher Rede. Spannung kann man mit kurzen oder unvollständigen Sätzen steigern. In der Regel benutzt man das Präteritum, beim Höhepunkt kannst du zur Spannungssteigerung ins Präsens wechseln. Der Stil sollte der Glaubwürdigkeit wegen an die Sprache der Jugendlichen in der Kurzgeschichte angepasst werden.
Aufgebaut ist eine Erzählung in Einleitung, Hauptteil und Schluss. In der Einleitung wird die Ausgangssituation dargestellt (Wer? Wo? Wann?). Der Hauptteil besteht aus den aufeinanderfolgenden Handlungsschritten, die auf den Höhepunkt zulaufen. Wichtig ist hierbei auch, das Verhalten, die Gedanken und Gefühle der handelnden Figuren

darzustellen. Der Schluss stellt das Ergebnis oder die Folgen in den Mittelpunkt.
Die Erzählperspektive ist in der Aufgabenstellung schon vorgegeben. Du sollst aus der Sicht eines Cliquenmitglieds erzählen (Ich-Perspektive), wie du die Mutprobe erlebt hast und vor allem auf den Ausgang und die Folgen eingehen.
Wenn du dich ein wenig mit Halfpipes auskennst, ist klar, dass es sich aufgrund der Beschreibung durch Ben um eine relativ hohe Anlage handeln muss. Es ist unwahrscheinlich, dass mit einem normalen Rollstuhl, ohne angeschnallt zu sein, ohne Schutzkleidung und ohne Übung, ein unfallfreier Ablauf der Mutprobe möglich ist.

Beispiel für eine Erzählung:
Da standen wir nun an unserer Halfpipe, Schlag zwölf Uhr hatte er uns antanzen lassen und alle waren da: Piet, Johnny, Patexx, Fred und ich, die er Rainbow nannte. Ben stand mit dem Rollstuhl an der Kante und würde sich wohl bald abstoßen.
Wir wollten das nicht, ich wollte das nicht. Vielleicht hatte er recht, dass ich aus Mitleid zum Date ja gesagt hatte. Aber er brauchte mir und uns nichts beweisen. Er gehört so oder so zu uns. Ich konnte nicht mehr hinschauen, wie er über der Kante kippelte, die Beine in der Luft. Johnny versuchte noch einmal, ihn zurückzuholen und rief hinauf: „Komm, Alter, mach es nicht, du brauchst es nicht, wir brauchen das nicht!" Konnte ich überhaupt hinsehen? Vom Table rief Ben uns zu und ich glaube, seine Stimme zitterte etwas: „Chuck Norris hat zwei Mal bis unendlich gezählt und fährt jetzt los." Wir blickten atemlos nach oben. Er war jetzt an der Kante, die Hälfte des Rollis ragte schon ins Leere. Gleich wird er sich abstoßen, dachte ich und dann, was wird dann wohl passieren? Scheißidee, so etwas! Mir gingen Szenen, die ich auf YouTube gesehen hatte, nicht aus dem Kopf … Rollifahrer in der Halfpipe, die es aus ihrem Schlitten schmiss. „Ben, tu's nicht, was machste bloß für einen Blödsinn", rief ich ihm zu und dann war es schon zu spät. Er stößt sich ab, der Rolli nimmt sofort irre Fahrt auf und rauscht mit ihm über den senkrechten Vert nach unten, er schreit, rutscht beinahe von der Sitzfläche und schon geht es drüben wieder hinauf. Mir stockt der Atem, Ben trifft den Anstieg zu schräg, der Rollstuhl verliert an Geschwindigkeit, neigt sich gefährlich. Ein Rad ist in der Luft. „Gewicht verlagern!", brüllt Patexx plötzlich neben mir, sodass ich noch mehr erschrecke. „Ich fall um, helft mir!", jault Ben und in diesem Augenblick kippt der Rolli nach innen, Ben reißt es vom Stuhl, er fällt seitlich hinaus und rollt wie in Zeitlupe die Halfpipe hinunter. Ich bin wie gelähmt, aber die anderen rennen hin, Johnny erwischt den Rollstuhl, bevor dieser auf das schlaffe Bündel Ben fällt. Ben liegt mitten auf der Bahn, ich laufe hin, die Beine tragen mich kaum. Er hebt einen Arm, spreizt die Finger zum Victory-Zeichen und krächzt: „Chuck Norris ist gelandet!" Wenigstens konnte er sich bewegen und seinen Humor hatte er auch nicht verloren. Voller Panik riefen wir einen Krankenwagen, denn hochheben trauten wir uns ihn nicht. Später stellte sich heraus, dass er Riesenglück hatte. Sein rechtes Bein war gebrochen und er hatte überall Abschürfungen. Der Rolli war natürlich im Eimer. Piet machte sich schlimme Vorwürfe, dass er ihn da rauf getragen hatte.

Schlussgedanke c.
Hier bietet es sich zum einen an, mögliche eigene Erfahrungen im Zusammenleben und -arbeiten mit behinderten Mitschülern zu schildern. Zum anderen kannst du, wenn du Skater-Erfahrung hast, das Vorhaben von Ben beurteilen. Aber auch ohne diese Erfahrung ist seine riskante Fahrt in der Halfpipe einer kritischen Beurteilung zu unterziehen. Ein Schlussgedanke, der die Kurzgeschichte bewertet, ist natürlich auch immer möglich und dann erfolgreich, wenn du genau begründest, was dir daran gefallen/nicht gefallen hat (z. B. das Thema, die Sprache, die Figuren, der Aufbau).

Aufgabe 9

Gemeinsam anders

Von Astrid Becker

Neulich im Bier- und Oktoberfestmuseum in München: Zwei Männer sitzen auf einer Bierbank. Sie tragen das, was man heutzutage wohl Dachauer Tracht nennen würde – zu erkennen unter anderem an den vielen silbernen Knöpfen an ihren Westen. Genau dieses Erkennungsmerkmal hat einen der beiden, Markus Schneider, so fasziniert, dass er mittlerweile Trachtenknöpfe sammelt. Der andere, ein wenig älter als Schneider, hatte gar nichts mit Tracht im Sinn, bis er mit seinem Harley-Davidson-Club vor ein paar Jahren nach Amerika fuhr: „Da wollt i ned mit normale Motorradlstiefi hi, dann hob i mir hoit die Stiefi von der Tracht macha lassn, und langsam is dann a der Rest dazuakumma." * Weil sie „cool" ist, die Tracht. Da sind sich die beiden einig. Und weil man sich mit ihr von einer Welt abheben kann, die sich mehr und mehr der Vereinheitlichung verschrieben hat.

Angenehmer Nebeneffekt: Gelebte Volkskultur ist beste Tourismuswerbung.

Damit stehen sie nicht allein da. Brauchtumspflege und die Rückbesinnung auf die eigenen Wurzeln liegen im Trend, in der Stadt ebenso wie im Umland. Das Interesse an allen Bereichen der Volkskultur habe enorm zugelegt, sagt Eva Becher, seit zehn Jahren im Münchner Kulturreferat für dieses Thema zuständig. Damals, in ihrer Anfangszeit, seien Dirndl, Volkstanz, Volksmusik oder gar Bauerntheater „echt bäh" gewesen. Vielleicht noch mit Ausnahme der Wiesn – wo es bereits Ende der Neunziger nicht mehr als schick galt, so wie bisher in Jeans und T-Shirt zu erscheinen.

** Dort wollte ich nicht mit normalen Motorradstiefeln hin, darum habe ich mir Trachtenstiefel anfertigen lassen und nach und nach ist der Rest dazugekommen.*

Vor drei Jahren, sagt Becher, hätten sich plötzlich traditionelle Elemente spürbar in die Jugendkultur geschmuggelt: „Vor allem in die Musik. Denken Sie an *LaBrassBanda* oder die fränkischen Musiker von *Kellerkommando*." […]

Die touristischen Vermarkter nutzen diesen Trend längst, um neue Kunden zu gewinnen und alte an München und sein Umland zu binden. Die Münchner Tourismusamtschefin, Gabriele Weishäupl, geht sogar noch weiter: „Ich denke, dass wir diesen Trend sogar gefördert haben." Tatsächlich gibt es in der Stadt eine Menge Veranstaltungen, die mit volkskulturellen Inhalten locken.

Für die wahrscheinlich größte Furore sorgte bislang wohl die historische Wiesn zum 200. Jubiläum des Oktoberfestes 2010. Goaßlschnalzer, Trachtengruppen, Volkstanz und -musik kamen dabei besonders gut an. So sehr, dass eine Bürgerinitiative forderte, diese Veranstaltung beizubehalten – mit Erfolg.

Auch auf dem diesjährigen Stadtgründungsfest im Juni wurde ein Heimatabend zelebriert, der unter dem Motto „Volksmusik trifft VoiXmusik" stand: ein authentisches Zeugnis regionaler Volksmusik, das von der Tradition den Bogen zur Moderne spannte. Es gab dort zudem einen Trachtenmarkt, eine bayerische Singstunde für Erwachsene und Kinder und vieles mehr. Bilanz des Tourismusamts: „Diese

Veranstaltungen waren alle trotz schlechten Wetters rappelvoll“, sagt eine Sprecherin. […]

„Die eigene Heimat ist heute das Fremdeste überhaupt – und das gilt es nun zu erkunden.“

Auch auf dem Tollwood-Festival fand am Sonntag unter dem Motto „Bunt tanzt gut“ ein multikultureller Volkstanzwettbewerb für die Jugend statt. Erstmals überhaupt wird auch auf der Auer Jakobidult ein Tanzboden aufgebaut, und zwar beim Sommernachtsfest am 30. Juli. Die Liste all der Veranstaltungen ließe sich noch lange fortführen – und das keineswegs nur für das Stadtgebiet. Maibaumaufstellen und -stehlen gehören auf dem Land längst wieder zu den höchst beliebten Ereignissen, ebenso wie Sonnwendfeuer, Almabtriebe, Leonhardiritte oder Kirchweihfeiern.

Doch woher kommt diese Besinnung auf Heimat und Brauchtum? Touristiker, Veranstalter und Wissenschaftler sind sich in dieser Frage einig: Verantwortlich dafür sei die Globalisierung, die letztlich zu einer Suche nach der eigenen Identität geführt habe. Der Volkskundler Andreas Koll erklärt dieses Phänomen so: „Früher stand die Frage im Vordergrund: Was haben wir gemeinsam? Heute geht es darum, was uns unterscheidet.“ Das Eigene komme in einer globalisierten Welt nicht vor, deshalb wollten die Menschen, vor allem die jungen, wissen, was das Besondere an ihnen selbst sei, sagt er. Im Grunde ist die Renaissance des Brauchtums also als Reaktion auf eine Entwicklung zu verstehen, die dem Menschen zunehmend die eigene Identität raube – weil den virtuellen Welten im Internet eine große Bedeutung beigemessen werde und nun für fast jedermann die Möglichkeit bestehe, in aller Herren Länder zu reisen, meint auch Eva Becher vom Kulturreferat: „Wenn man vor dem Computer sitzt, ist es ja egal, wie man ist. Deshalb wächst das Bedürfnis nach realem Leben und Erleben von sich selbst.“ Früher, so sagt sie, seien die Menschen neugierig gewesen auf die Welt „da draußen“, jetzt richteten sie verstärkt ihren Blick auf ihr unmittelbares Umfeld. „Die eigene Heimat ist heute das Fremdeste überhaupt – und das gilt es nun zu erkunden.“

Die Dachauer Trachtler aus dem Bier- und Oktoberfestmuseum würden dies sicher unterschreiben. Auch für sie ist klar: „Allein die Großstädte schauen mittlerweile alle gleich aus. Diese Gleichheit – des packt doch koa Mensch!“

Textquelle: Süddeutsche Zeitung vom 4. 7. 2011
Foto: Daniel Reiter/STOCK4B/Getty Images (Das verwendete Foto entspricht nicht der Original-Aufgabenstellung, zeigt aber ein sehr ähnliches Motiv)

Anmerkungen: Goaßlschnalzer (Z. 61): Peitschenknaller

Aufgabenstellung

Lesen Sie den Text sorgfältig durch und bearbeiten Sie dann die folgenden Aufgaben. Bei Nummer 5 können Sie a oder b wählen.

1. Fassen Sie den Textinhalt so zusammen, dass der innere Aufbau erkennbar wird.
2. Untersuchen Sie auffällige sprachliche Mittel und beschreiben Sie deren Wirkung.
3. Weisen Sie nach, um welche Textsorte es sich hier handelt.
4. Welche Absichten könnte die Autorin mit diesem Text verfolgt haben? Gehen Sie dabei auch auf die Zielgruppe ein.
5. a) Erörtern Sie, welche Vorteile die Beherrschung des ortsüblichen Dialekts haben kann.

   oder

   b) Das ist meine Heimat, hier bin ich zu Hause! Schildern Sie eine für Sie dazu passende Situation.

Mögliche Gliederung

A. Der Text beschäftigt sich mit dem wachsenden Interesse am bayerischen Brauchtum

B. Auseinandersetzung mit dem Text „Gemeinsam anders“ und weiterführende Aufgabe

1 Inhaltszusammenfassung und innerer Aufbau

2 Auffällige sprachliche Mittel und deren Wirkung

2.1 Wortwahl
2.2 Satzbau
2.3 Stil

3 Nachweis der Textsorte: Reportage

4 Absichten der Autorin unter Berücksichtigung der Zielgruppe

5 Erörterung: Welche Vorteile kann die Beherrschung des ortsüblichen Dialekts haben?

oder:

5 Schilderung: Das ist meine Heimat, hier bin ich zu Hause

C. Unsere SMV veranstaltet zum Beginn des Volksfestes seit Neuestem einen Tag unter dem Motto „Alles in Tracht“

Notizen und Lösungshinweise zu den einzelnen Bereichen der Gliederung

Einleitung A.

- Thematik des Textes/Quelle/Autorin (*ausformuliertes Beispiel*):
  Der Text „Gemeinsam anders“ greift das wachsende Interesse der Menschen an Tracht, Brauchtum und Volkskultur auf, das sich längst nicht nur darin niederschlägt, dass es „schick“ ist, in Tracht auf das Oktoberfest zu gehen. Dieses Wiederaufleben ist mittlerweile auch von der Tourismusbranche entdeckt worden. Für Experten ist es erwiesen, dass dieser Trend etwas mit der Globalisierung zu tun hat, die die Menschen wieder verstärkt nach der eigenen Identität suchen lässt. Die Reportage von Astrid Becker erschien am 4. Juli 2011 in der Süddeutschen Zeitung.

oder:

- eigenständige Hinführung zur Thematik des Textes, z. B. durch Darstellung eigener Erfahrungen mit den Themen Tracht, Brauchtum, Volksfeste, bayerische Elemente in der Popmusik, Dialekt; jeweils verbunden mit einer Überleitung zur Thematik der Reportage und Nennung der Autorin und Quelle

Inhaltszusammenfassung und innerer Aufbau B. 1

Sinnabschnitt 1 (Z. 1–23): Zwei Männer erzählen, wie sie zur Tracht gekommen sind und welche Bedeutung diese für sie hat. → Direkter Einstieg ins Thema mit der für die Reportage typischen Zoomtechnik
Sinnabschnitt 2 (Z. 27–47): Eine Mitarbeiterin des Münchner Kulturreferats spricht über ihre Erfahrungen mit der Wiederentdeckung von Brauchtum und Tradition. → Allgemeine Informationen zum Thema, Perspektivenwechsel

Sinnabschnitt 3 (Z. 48–78): Es werden verschiedene Beispiele für Veranstaltungen genannt, die die touristische Nutzung des neuen Trends in München belegen. → Darstellung des wirtschaftlichen Aspekts
Sinnabschnitt 4 (Z. 82–96): Es wird auf die zunehmende Bedeutung von Festen und Brauchtum eingegangen. → Hinweis darauf, dass der Trend dennoch vor allem dem Interesse der Menschen geschuldet ist
Sinnabschnitt 5 (Z. 97–130): Unterschiedliche Experten kommen zur gemeinsamen Auffassung, dass die Rückbesinnung auf das Brauchtum damit zusammenhängt, dass in einer globalisierten Welt die Menschen ihre Identität suchen. → Darstellung der wissenschaftlichen Sicht
Sinnabschnitt 6 (Z. 131–136): Die zu Beginn befragten Männer bestätigen die Aussagen des Wissenschaftlers kurz und bündig. → Anknüpfung an den Anfang der Reportage (Zoomtechnik)

Sprachliche Besonderheiten und deren Wirkung 2

Wortwahl 2.1

- Fremdwörter, zum Teil sehr anspruchsvoll: z. B. „Furore" (Z. 58), „zelebriert" (Z. 68), „Phänomen" (Z. 104), „Renaissance" (Z. 112): Hinweis auf sprachliche Kompetenz
- Fachbegriffe aus dem gesellschaftlichen Bereich: „Volkskultur" (Z. 25), „Globalisierung" (Z. 101), „Identität" (Z. 102, 115), „Volkskundler" (Z. 103), „globalisierte[] Welt" (Z. 108): Betonung der wissenschaftlichen Grundlage dieser Aussagen
- Fachbegriffe aus dem Bereich Wirtschaft/Marketing: z. B. „Vermarkter" (Z. 48), „Kunden […] gewinnen" (Z. 49 f.), „binden" (Z. 51), „Bilanz" (Z. 75): Hinweis auf den wirtschaftlichen Aspekt
- Häufung von verstärkenden Adverbien bzw. von Superlativen: z. B. „mehr und mehr" (Z. 22), „enorm" (Z. 32), „wahrscheinlich größte" (Z. 58), „besonders gut" (Z. 62 f.), „längst wieder" (Z. 92 f.), „höchst beliebten" (Z. 93): zeigt die große Bedeutung des Trends zum Brauchtum, positive Bewertung
- Titel „Gemeinsam anders": Widerspruch, der im Text aufgelöst wird
- umgangssprachliche Wendung „cool" (Z. 19) und die Motorradfahrer des Harley-Davidson-Clubs: wirkt als scheinbarer Kontrast zur Tracht
- kindlicher Ausdruck „echt bäh" (Z. 37): trotzige Ablehnung der Tracht früher

Satzbau 2.2

- Häufung von Aufzählungen: z. B. „Dirndl, Volkstanz, Volksmusik oder gar Bauerntheater" (Z. 35 f.), „Sonnwendfeuer, Almabtriebe, Leonhardiritte oder Kirchweihfeiern" (Z. 94 ff.): Veranschaulichung der lebendigen Vielfalt des Brauchtums
- sehr häufig indirekte Rede: z. B. in den Zeilen 30 ff., 34 ff., 42 ff. usw.: befragte Fachleute werden zitiert
- mehrfach wörtliche Rede: z. B. in den Zeilen 15 ff., 44 ff., 53 f., 104 ff. usw.: Experten und Vertreter des Trends kommen zu Wort; steigert die Glaubwürdigkeit der Aussagen; macht den Text im Wechsel mit der indirekten Rede lebendiger
- nachgestellte Einschübe: z. B. „– zu erkennen unter anderem an […]" (Z. 5 ff.), „– wo es bereits Ende der […]" (Z. 38 ff.), „– und das keineswegs nur […]" (Z. 90 f.), „– und das gilt es nun zu erkunden." (Z. 129 f.): Lenkung der Aufmerksamkeit auf das soeben Erwähnte, starke Hervorhebung der zuvor getroffenen Aussage
- viele Ellipsen, oft als Weiterführung des vorhergehenden Satzes: z. B. „Und weil man sich […]" (Z. 20 ff.), „Vielleicht noch mit Ausnahme der […]" (Z. 37 f.), „So sehr, dass eine Bürgerinitiative […]" (Z. 63 ff.) usw.: wirkt auflockernd und lebendig und ist ein Merkmal des Schreibstils der Autorin
- Frage „Doch woher […]?" (Z. 97 f.): Vorwegnahme der Reaktion des Lesers, Einleitung in neues Thema/neuen Abschnitt

Stil 2.3

Insgesamt sehr abwechslungsreich und anspruchsvoll durch:
- z. T. lange und komplexe Satzgefüge, vor allem bei indirekter Rede (z. B. Z. 107 ff.)
- in Abwechslung dazu einfache Hauptsätze (z. B. Z. 19 f., 27) und Ellipsen (siehe oben)
- bewusst gesetzte Zitate in Bairisch (Z. 15 ff., 135 f.) am Beginn und als ausdrucksvoller Abschluss
- einzelne anspruchsvolle Fremdwörter (siehe oben) bzw. Fachsprache
- bewusster Einsatz von Wörtern aus der Umgangssprache

Bestimmung der Textsorte: Reportage 3
- Textäußeres: Foto, Zwischenüberschriften, Autorenname
- Wechsel von direkter und indirekter Rede
- Zoomtechnik: direkter Einstieg am Beginn mit den Trachtlern, am Schluss Rückkehr zu ihnen
- Abschnitte mit Information (z. B. Z. 58 bis 65) und Unterhaltung (z. B. Z. 11 bis 19)

Absichten der Autorin unter Berücksichtigung der Zielgruppe 4

Absichten:
- positive Darstellung der Wiederbelebung von Brauchtum allgemein
- Unterstützung der Besinnung auf heimatliche Traditionen in einer globalisierten Welt
- Werbung für verschiedene Veranstaltungen in München, z. B. historische Wiesn (Z. 58 ff.) und Sommernachtsfest (Z. 88)
- Information über verschiedene Formen des Brauchtumsbooms
- Unterhaltung, z. B. die Aussagen der beiden Trachtler zu Beginn

Zielgruppe:
- Menschen, denen Brauchtum wichtig ist bzw. die sich aktiv daran beteiligen
- kulturell interessierte Leser
- Leser, die sich über aktuelle Trends auf dem Laufenden halten wollen

Erörterung: Welche Vorteile kann die Beherrschung des ortsüblichen Dialekts haben? 5

Hinweis: *Zur Bearbeitung gehst du genauso vor wie bei einer Erörterung, da diese weiterführende Aufgabe die gleichen Anforderungen stellt. Nach einer genauen Themaanalyse machst du eine kurze Stoffsammlung und suchst dir drei Argumente aus, die dir am wichtigsten erscheinen. In der Regel dürften drei ausführlich veranschaulichte Argumente (mit Begründung, Beispiel und eventuell Folge/Wirkung) genügen. Die Sprache ist sachlich zu halten. Verknüpfe deine Argumente miteinander.*
Zunächst mag es schwierig erscheinen, auf die Themafrage nach den Vorteilen der Beherrschung des am Wohnort gesprochenen Dialekts Antworten zu finden. Als Ausgangspunkt könntest du deine eigene Situation betrachten. Wenn du Dialekt sprichst, überlege, was du daran positiv findest und frage dich, was er dir für Vorteile bieten könnte bzw. schon gebracht hat. Auch wenn du den Dialekt, der in deiner Umgebung gesprochen wird, nicht beherrscht, kannst du darüber nachdenken, ob es vielleicht schon Situationen gegeben hat, in denen du dir gewünscht hättest, ihn zu können.

In Gebieten, in denen die meisten Menschen im Alltag Dialekt sprechen, verstärkt dies das Zusammengehörigkeitsgefühl und erleichtert die Kommunikation. Mundart zu sprechen, ist sicherlich auch ein Stück eigener Persönlichkeit, gehört also zur Identität. Schließlich ist der Dialekt aber auch ein besonderes Kennzeichen des Ortes oder der Gegend, in der man lebt oder aufgewachsen ist, und verstärkt so die Bindung an die Heimat. Wenn man in einen Ort umzieht, in dem derselbe Dialekt gesprochen wird, dann erleichtert seine Beherrschung das Einleben, weil möglicherweise soziale Kontakte leichter entstehen. Er stärkt also die Integration. Nicht zuletzt stützen Forschungsergebnisse die Vermutung, dass das Beherrschen eines Dialekts zusätzlich zur Hochsprache die Fähigkeit, Fremdsprachen zu lernen, fördert. Aus diesen Überlegungen lassen sich nun einige wesentliche Vorteile als Argumente formulieren:

- Erleichterung der Kommunikation
- Erleichterung des Erlernens von Fremdsprachen
- Stärkung des Gemeinschaftsgefühls
- Stärkung der Bindung an die Heimat
- Bestandteil der eigenen Identität
- Erleichterung der Integration

Zwei Argumentationsbeispiele:

Neben der Erleichterung der Kommunikation mit Menschen, die den gleichen Dialekt sprechen, scheint die Beherrschung eines Dialekts neben der Hochsprache das Erlernen von Fremdsprachen zu erleichtern. Forscher konnten feststellen, dass das Sprechen von Mundarten der Zweisprachigkeit sehr nahe kommt – Voraussetzung ist natürlich, dass die Person sich auch in der Schriftsprache gut ausdrücken kann. Demzufolge haben jene Personen, die einen Dialekt beherrschen, ein feineres Gefühl für Sprache – und können leicht zwischen Dialekt und Schriftsprache hin- und herwechseln. Dadurch fällt es ihnen leichter, eine andere Sprache zu lernen, da die entsprechenden Bereiche ihres Gehirns bereits auf Mehrsprachigkeit vorprogrammiert wurden.

Darüber hinaus stärkt der Dialekt das Gemeinschaftsgefühl, da er eine wichtige Gemeinsamkeit für alle, die ihn sprechen, darstellt. Auf dieser Basis bringt er auch fremde Menschen leichter zusammen und das nicht nur in der Heimatregion. Viele werden schon die Situation erlebt haben, im Urlaub eine fremde Person zu treffen, die aus der eigenen Heimat kommt und Dialekt spricht. Getragen durch den Dialekt entsteht hier meist schnell ein Gefühl der Sympathie, das Gespräch wird durch diese Gemeinsamkeit erheblich erleichtert. Das bekannte bayerische Motto „mia san mia“, was so viel bedeutet wie „Wir sind so, wie wir sind, und wir gehören zusammen“, drückt diese Wirkung wohl am besten aus.

oder:

Schilderung: Das ist meine Heimat, hier bin ich zu Hause 5

Hinweis: *Diese Aufgabenstellung bietet dir mehr inhaltliche und sprachliche Freiheiten. Du musst jedoch darauf achten, dass die Merkmale einer Schilderung erfüllt werden. Es geht dabei um die anschauliche Darstellung der Gedanken, Stimmungen und Empfindungen im Zusammenhang mit einer Situation, die ein Heimatgefühl aufkommen lässt. Das Ziel dieser Schilderung ist die Veranschaulichung der Wirkung eines Geschehens, einer Situation, eines Erlebnisses, einer Beobachtung usw. auf dich. Somit ist sie eine Mischung aus Beobachtungen, Gefühlen und Gedanken, die einen dabei bewegen. Beginne als Einleitung mit der Erläuterung der Situation und runde deinen Aufsatz nach dem Hauptteil ab (z. B. mit einer abschließenden Handlung, dem Zurückkehren zum Anfang, einem zusammenfassenden Gesamteindruck, einem offenen Schluss oder einer überraschenden Wende). Dazu schreibst du in der Ich-Form und beschreibst deine Gedanken und Empfindungen und die Situation. Verwende anschauliche Adjektive und Verben, sprachliche Bilder und/oder Vergleiche. Schreibe im Präsens. Weitere Hinweise zur Schilderung findest du im vorderen Teil dieses Buches.*
Da die hier geforderte Schilderung dich persönlich anspricht, solltest du eine derartige Aufgabenstellung nur dann wählen, wenn du solche Situationen oder Erfahrungen kennst und einen persönlichen Bezug zur Aussage in der Aufgabenstellung hast. Nur so ist das notwendige Maß an Echtheit zu erreichen.

Eine ausformulierte Schilderung findest du im anschließenden Aufsatzbeispiel.

Schlussgedanke C.

Die Thematik, mit der du sicher persönlich schon in Berührung gekommen bist, bietet dir viele Möglichkeiten an. Du kannst dich auch kritisch mit den genannten Erscheinungen auseinandersetzen oder mit eventuellen Nachteilen von Dialekten abschließen.

Mögliche Ideen, die zu einem Schlussgedanken ausformuliert werden können, sind:

- Persönliche Einstellung zur Tracht
- Eigene Meinung zu Brauchtumsveranstaltungen wie Maibaum-Aufstellen, Kirchweih etc.
- Persönliches Engagement, beispielsweise in Trachtenvereinen
- Erfahrungen mit Veranstaltungen, die den Trend aufgreifen, z. B. Thementag an der Schule
- Vorliebe für Musikgruppen, die volkstümliche Elemente in ihre Musik einbauen (z. B. *LaBrassBanda*, *Kellerkommando*)
- Nachteile durch den Dialekt
- Begründete persönliche Meinung zum Wiederaufleben bayerischen Brauchtums
- Darstellung negativer Seiten der Globalisierung im Kontrast zu ihrer Wirkung auf das Brauchtum

Ein ausformuliertes Beispiel findest du im anschließenden Aufsatzbeispiel.

Aufsatzbeispiel

(Die Gliederungspunkte sind nicht Teil des Aufsatzes, sie dienen nur deiner Orientierung.)

Seit ein paar Jahren kann man beobachten, dass es auch unter Jugendlichen als angesagt gilt, zu passenden Gelegenheiten eine Lederhose oder ein Dirndl anzuziehen. Besonders deutlich wird dies während der zwei Wochen, in denen in der Stadt das Volksfest stattfindet oder auch bei den immer beliebter werdenden Festen zum Maibaum-Aufstellen und zum Sonnwendfeuer. Sogar unsere SMV hat in diesem Jahr einen Thementag in der Schule unter dem Motto „Alles in Tracht" veranstaltet und es hat mich sehr überrascht, wie viele Schüler und Lehrer mitgemacht haben. Diesem Trend widmet sich auch die Reportage „Gemeinsam anders" von Astrid Becker, die am 4. Juli 2011 in der Süddeutschen Zeitung erschienen ist. A.

Die Textvorlage lässt sich in sechs Sinnabschnitte gliedern. Im ersten Abschnitt erzählen zwei Männer, dass sie eher zufällig zu ihrer Tracht gekommen sind und diese deswegen so gerne tragen, weil man sich damit ein Stück weit von der herrschenden Gleichmacherei abgrenzen könne. Dieser Sinnabschnitt stellt einen direkten Einstieg ins Thema mithilfe der für eine Reportage typischen Zoomtechnik dar. B. 1

Im nächsten Abschnitt äußert sich eine Mitarbeiterin des Münchner Kulturreferats über ihre Erfahrungen mit dem zunehmenden Interesse an Brauchtum und Tradition, das sich bis vor ein paar Jahren noch darin erschöpfte, dass man im Höchstfall das Oktoberfest in Tracht besuchte. Mit verschiedenen populären Musikgruppen habe dieser Trend aber nun sogar in die Jugendkultur Einzug gehalten. In diesem Abschnitt werden – aus anderer Perspektive – allgemeine Informationen zum Thema gegeben.

Im dritten Sinnabschnitt stellt die Autorin die wirtschaftlichen Aspekte dieses neuen Trends dar. Dazu werden verschiedene Beispiele für Veranstaltungen, von der historischen Wiesn bis hin zum Tollwood-Festival, angeführt, die das Interesse an der Volkskultur widerspiegeln und zugleich fördern. Doch auch jenseits der touristischen Vermarktung nehme die Bedeutung von Festen und Brauchtum in der Stadt und im Umland zu – eine Tatsache, die darauf hinweise, dass diese Wiederbelebung aus einem echten Interesse der Menschen entstanden sei.

Der vorletzte Abschnitt beschäftigt sich mit der wissenschaftlichen Antwort auf die Frage nach den Ursachen für diesen Trend. Ein Volkskundler erklärt die einheitliche Aussage vieler Experten, dass er eine Folge der Globalisierung sei. Die Rückbesinnung auf das Brauchtum hänge damit zusammen, dass die Menschen in einer globalisierten Welt und wegen der virtuellen Möglichkeiten des Internets das Gefühl hätten, ihre eigene Identität zu verlieren. Deswegen richten sie den Blick zunehmend auf das Nächstliegende, die Heimat.

Im Schlussabschnitt kehrt die Reportage wieder zu den am Anfang beschriebenen Männern zurück und lässt sie die zuvor erläuterte wissenschaftliche Aussage bestätigen.

Die Herausarbeitung der sprachlichen Besonderheiten und deren Wirkung kann mit der **2**
Wortwahl beginnen. Hier fallen zunächst zum Teil recht anspruchsvolle Fremdwörter 2.1
auf, zum Beispiel „Furore" (Z. 58), „zelebriert" (Z. 68), „Phänomen" (Z. 104) oder „Renaissance" (Z. 112). Sie sind als Hinweis auf die sprachliche Kompetenz der Autorin zu werten. Zu erwähnen sind auch Fachbegriffe aus dem gesellschaftlichen Bereich, die den Aussagen über die Ursachen des Trends eine wissenschaftliche Grundlage geben. Belege dafür sind Begriffe wie „Volkskultur" (Z. 25), „Globalisierung" (Z. 101), „Identität" (Z. 102, 115), „Volkskundler" (Z. 103), „globalisierte Welt" (Z. 108). Auch Fachbegriffe aus dem Bereich der Wirtschaft fallen besonders dort auf, wo es der Autorin darum geht, die wirtschaftliche Bedeutung der Hinwendung zum Brauchtum hervorzuheben. Als Beispiele sind „Vermarkter" (Z. 48), „Kunden [...] gewinnen" (Z. 49 f.), „binden" (Z. 51) oder „Bilanz" (Z. 75) zu nennen. Häufig werden auch verstärkende Adverbien und Superlative verwendet, zum Beispiel „mehr und mehr" (Z. 22), „enorm" (Z. 32), „wahrscheinlich größte" (Z. 58), „besonders gut" (Z. 62 f.), „längst wieder" (Z. 92 f.), „höchst beliebten" (Z. 93). Damit kommt nicht nur die große Bedeutung des neuen Trends zum Ausdruck, sondern auch seine durchweg positive Bewertung durch die Autorin. Schließlich ist noch auf den Titel der Reportage „Gemeinsam anders" hinzuweisen. Er stellt eigentlich einen Widerspruch dar, der sich aber im Text nach und nach auflöst. Als scheinbarer Kontrast wirkt auch die umgangssprachliche Wendung „cool" (Z. 19) und die Erwähnung, dass die beiden Männer in Tracht Mitglieder des Harley-Davidson-Clubs sind. Damit soll gezeigt werden, dass Trachten mittlerweile im Trend liegen und auch nicht mehr als „echt bäh" (Z. 37) angesehen werden, wie das noch vor nicht allzu langer Zeit der Fall war.

Bei der Untersuchung des Satzbaus fallen einige Aufzählungen auf, die vor allem dort 2.2
zu finden sind, wo mit vielfältigen Beispielen die Lebendigkeit des Brauchtums veranschaulicht werden soll. Besonders deutlich wird dies in Zeile 35 f. („Dirndl, Volkstanz, Volksmusik oder gar Bauerntheater") oder ab Zeile 94 („Sonnwendfeuer, Almabtriebe, Leonhardiritte oder Kirchweihfeiern"). Häufig benutzt die Verfasserin auch indirekte Rede, vor allem dann, wenn sie Aussagen von Fachleuten wiedergibt (z. B. in den Abschnitten ab Z. 30 ff., 34 ff., 42 ff. usw.). Mithilfe der wörtlichen Rede lässt sie Experten und Betroffene direkt zu Wort kommen, was die Glaubwürdigkeit der Aussagen steigert und im Wechsel mit der indirekten Rede für Lebendigkeit sorgt (z. B. in den Zeilen 15 ff., 44 ff., 53 f., 104 ff.). Nachgestellte Einschübe lenken die Aufmerksamkeit auf das soeben Erwähnte und heben die gemachten Aussagen auf besondere Weise hervor. Dies wird unter anderem an folgenden Stellen deutlich: „– zu erkennen unter anderem an" (Z. 5 ff.), „– wo es bereits Ende der [...]" (Z. 38 ff.), „– und das keineswegs nur [...]" (Z. 90 f.), „– und das gilt es nun zu erkunden" (Z. 129 f.). Ein besonderes Merkmal des Schreibstils der Autorin sind die vielen unvollständigen Sätze (Ellipsen), mit denen sie oft einen vorhergehenden Satz weiterführt. Dies wirkt auflockernd und macht den Text sehr lebendig, was sich mit folgenden Stellen belegen lässt: „Und weil man sich [...]" (Z. 20 ff.), „Vielleicht noch mit Ausnahme der [...]" (Z. 37 f.), „So sehr, dass eine Bürgerinitiative [...]" (Z. 63 ff.). Mit der Frage „Doch woher kommt diese Besinnung auf Heimat und Brauchtum?" (Z. 97 f.) leitet die Autorin den fünften Sinnabschnitt ein und wendet sich einem neuen Aspekt des Themas zu. Sie nimmt damit die Reaktion des Lesers vorweg, der sich wahrscheinlich schon gefragt hat, welche Gründe es für die zunehmende Beliebtheit von Brauchtum und Volkskultur gibt.

Der Stil von Astrid Becker ist darüber hinaus als sehr abwechslungsreich und anspruchsvoll zu beschreiben. Sie verwendet zum Teil lange und komplexe Satzgefüge, vor allem in den Abschnitten mit indirekter Rede (z. B. Z. 107 ff.). In Abwechslung dazu findet man aber immer wieder auch kurze und einfache Hauptsätze (z. B. Z. 19 f., 27) und die bereits erwähnten Ellipsen. Sie setzt bewusst Zitate in Bairisch an den Beginn der Reportage und an ihr ausdrucksstarkes Ende, wohl einerseits, um zu zeigen, dass der Dialekt wieder im Trend ist und andererseits, um zu verdeutlichen, dass Dialekt und Tracht keineswegs für Rückständigkeit stehen, sondern eben auch zu einem Motorradfahrer mit einer Harley passen. Dies wird dadurch unterstrichen, dass sie einzelne anspruchsvolle Fremdwörter verwendet und bewusst zwischen Wörtern aus der Umgangssprache und Fach- und Fremdwörtern abwechselt. 2.3

Eine Reihe von Merkmalen spricht eindeutig dafür, dass es sich bei dem vorliegenden Text um eine Reportage handelt. So findet sich beispielsweise ein Foto, das den Blick auf trachtentypische Kleidungsdetails lenkt. Es gibt Zwischenüberschriften, die den Text zusätzlich gliedern, in Kurzform auf den Inhalt der folgenden Abschnitte hinweisen und so vielleicht zum Lesen anregen wollen. Außerdem wird der Name der Autorin genannt. Weitere Merkmale sind der durchgängige Wechsel zwischen indirekter und direkter Rede und die Zoomtechnik, der unmittelbare Einstieg in das Geschehen mit dem Blick auf eine bestimmte Situation, die typisch für diese Textsorte sind. Dadurch ist es auch möglich, viele Aussagen von Beteiligten oder Befragten direkt und glaubwürdig darzustellen. Die Autorin wählt den direkten Einstieg in ihren Beitrag und „zoomt" ganz nahe ans Thema heran, indem sie von den beiden Männern in Tracht berichtet. Dies wiederholt sich am Ende, denn dort kehrt sie quasi wieder zu den beiden zurück. Darüber hinaus wechseln sich Abschnitte, die reine Informationen enthalten (z. B. Z. 58 bis 65) mit Bereichen, die eine unterhaltende Wirkung besitzen (z. B. Z. 11 bis 19), ab. 3

Am Ende der Auseinandersetzung mit dem Text geht es nun noch um die möglichen Absichten der Autorin und die Zielgruppe. Astrid Becker wollte sicherlich die Wiederentdeckung des Brauchtums positiv darstellen, denn es finden sich nirgendwo kritische Anmerkungen. Somit unterstützt sie auch die Besinnung auf heimatliche Traditionen in einer globalisierten Welt und wirbt sogar für verschiedene Veranstaltungen in München (z. B. Sommernachtsfest, Z. 88). Die Reportage informiert auch über die verschiedenen Formen des „Brauchtumsbooms" („Sonnwendfeuer, Almabtriebe, Leonhardiritte oder Kirchweihfeiern", Z. 94 ff.). Schließlich will die Autorin mit ihrem Text auch unterhalten. Dies zeigt sich vor allem im ersten Sinnabschnitt, wenn sie von den beiden Männern in Tracht erzählt. 4
Als Zielgruppe kommen natürlich Menschen in Betracht, denen Brauchtum ganz allgemein wichtig ist oder die selbst aktiv daran beteiligt sind, sei es in einem Verein oder nur als „Besitzer" einer Tracht. Für sie sind die Aussagen sicherlich eine Bestätigung. Nachdem es sich um ein kulturelles Thema handelt, ist es auch für alle Leser interessant, die sich ganz allgemein mit der Lebensweise von Menschen beschäftigen. Es ist durchaus vorstellbar, dass auch diejenigen diesen Text lesen, die über aktuelle Trends informiert sein wollen, um sich ihnen anzuschließen, damit man immer den neuesten „Lifestyle" zeigen kann.

„Hier ist meine Heimat, hier bin ich zu Hause." An diesen Satz muss ich immer denken, wenn ich mich an einem heißen Sommertag durch die vertrauten Straßen meines Wohnviertels auf den Weg zum Badesee mache. Die Hitze flimmert über dem Asphalt, es riecht nach Heu, die Grillen lärmen um die Wette. Ich fühle mich einfach gut, die Schule ist weit weg, wie in einem anderen Universum. Langsam radle ich weiter, rufe einer Nachbarin, die im Garten arbeitet, einen Gruß zu, den sie freundlich und fröhlich erwidert. Es tut gut, die Menschen um einen herum zu kennen und auch von ihnen wahrgenommen zu werden. Irgendwann biege ich in die Auffahrtsallee zur Burg ein, das Son- 5

nenlicht tupft ein paar flirrende Flecken auf das schattige Pflaster, jetzt werde ich gleich in die Duftwolke der blühenden Linden eintauchen. Das ist mein ganz spezielles Sommerfeeling, dann ist für mich wirklich die Leichtigkeit des Sommers spürbar. Vor mir glänzen die Türme und Zinnen der Burg im Sonnenschein um die Wette. Wie immer mache ich eine Zwischenstation am Kiosk am Burgeingang, kaufe mir ein kleines Eis und ratsche mit dem freundlichen älteren Herrn, dem er gehört – übers Wetter, über die bevorstehenden Ferien, über Neuigkeiten. In mir entsteht ein Gefühl der Vertrautheit und Sicherheit. Ich erreiche den Weg zum See – mitten in der Stadt, denke ich mir immer ganz verblüfft. Wo gibt's das ein zweites Mal? Wir haben es wirklich gut hier. Grünlich leuchtet das Wasser zu mir herauf, strahlt Sauberkeit und Frische aus. Der warme Wind trägt das Geschrei der Kinder vom See herauf. Nun sause ich den steilen Weg hinunter und freue mich auf mein etwas verborgenes Plätzchen ganz hinten am Ufer, auf meine Freunde, aufs unbekümmerte Plantschen und Schwimmen, auf die Currywurst mit Pommes im Strandbad. Nirgendwo anders möchte ich jetzt sein, um nichts in der Welt möchte ich jetzt irgendwo im Urlaub sein, ohne meine Freunde und ohne diese vertraute Umgebung, mit der ich so viele Erlebnisse verbinde. Ich sperre mein Rad ab, zeige an der Kasse meine Saisonkarte vor und mache mich durch die Spielenden und Sonnenbadenden auf den Weg zu unserem Platz.
Plötzlich durchzuckt mich der Gedanke, was wäre, wenn mein Vater versetzt würde und wir wegziehen müssten. Die Beklemmung, die dieser Gedanke auslöst, schiebe ich lieber ganz schnell wieder weg.

Die Auseinandersetzung mit der Reportage „Gemeinsam anders" hat mich dazu angeregt, über mein eigenes Verhältnis zu Brauchtum und Tracht nachzudenken. Natürlich lasse ich kein Volksfest aus und bin gerne dabei, wenn der Maibaum aufgestellt wird oder das große Sonnwendfeuer stattfindet. Mit der Volksmusik oder mit Volkstänzen kann ich mich jedoch nicht anfreunden. Dennoch finde ich es wichtig, dass möglichst viele traditionelle Bräuche und Lebensweisen erhalten bleiben. Trotz des in der Einleitung erwähnten, bei vielen Schülern beliebten Thementags an unserer Schule hatte ich bisher ein eher negatives Verhältnis zur Tracht, obwohl meine Mitschülerinnen und Mitschüler gut darin aussahen. Für mich war das Tragen einer Tracht etwas Verstaubtes oder für ältere Menschen Geeignetes. Mit der Lektüre dieses Textes hat sich meine Einstellung aber geändert, denn die Autorin konnte überzeugend darlegen, dass Trachten auch „cool" sein können. Ich könnte mir gut vorstellen, mir irgendwann zumindest eine kurze Lederhose zuzulegen. c.

Abschlussprüfung 2014 an Realschulen: Deutsch
Aufgabengruppe A: Erörterung

Erörterungen ohne Informationsmaterial

1. Die Vereinbarkeit von Familie und Beruf stellt in unserer Gesellschaft auch heute noch für viele eine Herausforderung dar. Erörtern Sie, welche Schwierigkeiten dabei auftreten können. Welche Lösungsansätze sehen Sie?

2. Warum streben manche Jugendliche eine Karriere als Leistungssportler an? Mit welchen Belastungen kann eine solche Entscheidung verbunden sein?

3. Trotz großer Anstrengungen im Bereich der Suchtprävention ist der Konsum illegaler Drogen weit verbreitet. Worin sehen Sie die Ursachen und mit welchen Auswirkungen muss gerechnet werden?

4. Öffentliche Verkehrsmittel – eine gute Alternative zum Auto? Nehmen Sie Stellung dazu.

5. Laut aktuellem Schuldneratlas 2013 ist in Deutschland die Zahl der stark verschuldeten Jugendlichen in den letzten zehn Jahren drastisch gestiegen. Erörtern Sie Ursachen hierfür. Was lässt sich dagegen unternehmen?

Erörterung mit Informationsmaterial

6. Schikane, Hetze und Beleidigung erfolgen heute häufig über moderne Medien. Warum ist gerade Cybermobbing für die Opfer ein schwerwiegendes Problem? Was kann dagegen unternommen werden? (siehe Anlage)

Hinweis: Gehen Sie zur Bearbeitung des Themas zunächst das vorliegende Material durch und überlegen Sie sich, welche Informationen Sie für Ihren Aufsatz verwerten möchten. Das Material dient *zur Ergänzung* Ihrer eigenen Ideen. **Es muss jedoch deutlich erkennbar sein, dass Teile des Materials in die Bearbeitung mit einbezogen wurden.** Falls Sie Textstellen wörtlich übernehmen bzw. angegebene Daten oder Aussagen verwenden, müssen Sie dies in Ihrem Aufsatz angeben.

Material 1: Karikatur

Quelle: Stefan Eling, www.HanisauLand.de, bpb

Material 3: Online-Nachricht

„Hallo! Ich habe mich entschieden, euch meine unendliche Geschichte zu erzählen.“ So beginnt Amanda Todd ihre Video-Erzählung auf YouTube. Es ist die tragische Geschichte eines Lebens voller Mobbingattacken im Netz. Die Schülerin aus dem kanadischen Vancouver konnte diese nicht mehr ertragen, als sie das Video im September 2012 ins Internet stellte. Amanda nahm sich im Oktober 2012 das Leben. Sie wurde 15 Jahre alt …

Quelle: Benedikt Peters: Online-Nachricht von Amanda Todd. In: Der Tagesspiegel vom 20. 10. 2012 (verändert)

Material 2: Ergebnis einer Umfrage unter Jugendlichen

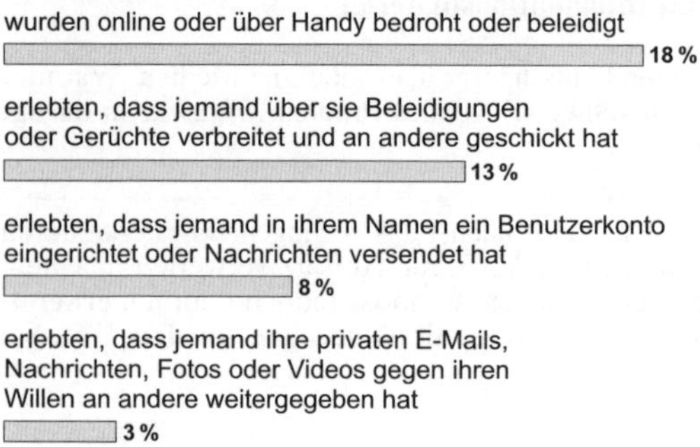

Quelle: Techniker Krankenkasse-Meinungspuls / Cybermobbing 2011

Material 4: Informationstext

Problematisch ist, dass vor allem auch das Privatleben der Opfer von Cybermobbing geprägt ist. Diese sind häufig bedrückt, ungewöhnlich schweigsam oder nervös und angespannt. Viele Opfer leiden unter schwerwiegenden psychischen, körperlichen und sozialen Folgen wie Schlaf- und Lernstörungen, Schulangst, Depression, Selbstverletzungen oder körperlichen Erkrankungen.

Quelle: www.polizei-beratung.de/themen-und-tipps/gefahren-im-internet/cybermobbing/folgen-fuer-opfer.html (leicht verändert)

Material 5: Definition

Unter Cybermobbing versteht man das absichtliche Beleidigen, Bedrohen, Bloßstellen oder Belästigen anderer mit Hilfe moderner Kommunikationsmittel – meist über einen längeren Zeitraum. Cybermobbing findet entweder im Internet oder per Handy statt. Oft handelt der Täter (Bully) anonym, so dass das Opfer nicht weiß, von wem die Angriffe stammen. Gerade bei Cybermobbing unter Kindern und Jugendlichen kennen Opfer und Täter einander meist auch in der „realen“ Welt.

Quelle: www.klicksafe.de/themen/kommunizieren/cyber-mobbing/cyber-mobbing-was-ist-das/ (verändert)

Material 6: Zitat

„Zivilcourage im Internet, das muss eigentlich das Ziel von Medienerziehung in diesem Bereich sein.“

Moritz Becker, smiley – Verein zur Förderung der Medienkompetenz e. V.

Material 7: Radiobeitrag (wörtliche, leicht veränderte Wiedergabe)

Bei Patrick konnte ein längerer Leidensweg vermieden werden, weil er sich seinen Eltern gleich am nächsten Tag mitgeteilt hat und die Eltern die nötigen weiteren Schritte einleiten konnten. Besonders wichtig für Patrick war die Aufmerksamkeit und Fürsorge seiner Freunde:

Was ich sehr gut fand, dass mich meine Freunde auf jeden Fall ermutigt haben, das heißt, als ich am Montag in der Schule war, ging ich davon aus, dass ich diese Drohung einfach auf meiner Pinnwand gelöscht hätte. Da kamen aber gleich mehrere Freunde auf mich zu und sagten, hey, wir haben gelesen, was da auf deiner Pinnwand stand, das ist ja total unglaublich, da müssen wir unbedingt gegen vorgehen. […]

Die Schulleitung reagierte sofort. Die beiden Klassenkameraden, die unter ihrem eigenen Namen gemobbt hatten, mussten die Schule verlassen. Patrick hat sich also nicht zum Opfer machen lassen und er empfiehlt anderen, keine Angst aufkommen zu lassen:

Ich würde ihnen auf jeden Fall raten, sobald sie auch nur die geringste Idee haben, wer dahinterstecken könnte, dass sie es auf jeden Fall melden. Nachdem meine Klassenlehrerin meine Eltern angerufen hat, da haben wir lange überlegt, ob wir das der Polizei melden, und wir sind zu dem Entschluss gekommen, dass das Sinn macht, weil der beleidigten Person eigentlich nicht wirklich was passieren kann. Da wird sich keiner von den Tätern, wenn er weiß, dass die Polizei eingeschaltet ist, mehr rächen oder irgendwas Schlimmeres tun.

Quelle: www.deutschlandfunk.de/virtuelle-belaestigung-mit-realen-folgen.724.de.html?dram:article_id=99999; Radiobeitrag vom 31. 10. 2010, Manuela Lundgren, Deutschlandradio Köln

Material 8: aus dem Strafgesetzbuch

In Deutschland gibt es noch keine eigenen Gesetze zu Cybermobbing. Es greifen aber mehrere Gesetze des Strafgesetzbuches (StGB):

§ 185 Beleidigung

Die Beleidigung wird mit Freiheitsstrafe bis zu einem Jahr oder mit Geldstrafe und, wenn die Beleidigung mittels einer Tätlichkeit begangen wird, mit Freiheitsstrafe bis zu zwei Jahren oder mit Geldstrafe bestraft.

§ 186 Üble Nachrede

Wer in Beziehung auf einen anderen eine Tatsache behauptet oder verbreitet, welche denselben verächtlich zu machen oder in der öffentlichen Meinung herabzuwürdigen geeignet ist, wird, wenn nicht diese Tatsache erweislich wahr ist, mit Freiheitsstrafe bis zu einem Jahr oder mit Geldstrafe und, wenn die Tat öffentlich oder durch Verbreiten von Schriften (§11 Abs. 3) begangen ist, mit Freiheitsstrafe bis zu zwei Jahren oder mit Geldstrafe bestraft.

Material 9: Einführungstext bei den Besinnungstagen

Heute war wieder so ein unerträglicher Tag. Sie hören nicht auf. Es hört nicht auf. Nicht zu Hause, nicht in meinem Zimmer, nicht nach der Schule, nicht in meinem Kopf, nie … nie und nirgends. Was wollen die eigentlich von mir? Und wer, verdammt nochmal, ist das denn eigentlich? Wer macht denn alles noch so mit beim lustigen Mich-Fertigmachen? Die sind so feig! Und ich kann nichts tun! Diese Ohnmacht! Jeder kann es lesen, jeder kann alles sehen. Wer weiß, auf welchen Plattformen schon schreckliche Dinge über mich stehen! Weltweit, überall! Ich halte das nicht länger aus …

2014/1 Die Vereinbarkeit von Familie und Beruf stellt in unserer Gesellschaft auch heute noch für viele eine Herausforderung dar. Erörtern Sie, welche Schwierigkeiten dabei auftreten können. Welche Lösungsansätze sehen Sie?

Hinweise zur Erschließung des Themas

Der Themabegriff dieser Aufgabenstellung lautet „Familie und Beruf" und findet sich im Vorspann. Eingeschränkt wird das Thema durch den Begriff „Vereinbarkeit" und den Hinweis, dass es in unserer Gesellschaft auch heute noch eine Herausforderung ist, Familie und Beruf zu vereinbaren. Präzisiert wird das Thema durch die beiden Erörterungsaufträge, die zum einen nach den Schwierigkeiten fragen, die dabei auftreten können, wenn man Familie und Beruf unter einen Hut bringen will. Zum anderen sollst du Lösungsansätze vorschlagen.

Themabegriff	Familie und Beruf
Einschränkung	Vereinbarkeit; eine aktuelle Herausforderung in unserer Gesellschaft
Präzisierung	mögliche Schwierigkeiten, Familie und Beruf zu vereinbaren; Lösungsansätze aus eigener Sicht
Erörterungsauftrag zweigliedrig	1. Welche Schwierigkeiten können sich in Bezug auf die Vereinbarkeit von Familie und Beruf ergeben? 2. Welche Lösungsansätze gibt es aus meiner Sicht?

Stoffsammlung und Strukturierung

Überlegungen zur Einleitung

Es ist zu berücksichtigen, dass viele der gängigen Varianten für den Einleitungsgedanken Argumente vorwegnehmen, z. B. wenn du eigene familiäre Erfahrungen im positiven wie im negativen Sinn schilderst oder wenn du einen aktuellen Bezug herstellst, z. B. die Bemühungen um den Kita-Ausbau (= Argument zur Lösung). Vielmehr können Überlegungen, warum es heute üblich ist, dass beide Elternteile dieser Doppelbelastung ausgesetzt sind, einen sinnvollen und gut auf das Thema hinführenden Gedanken ergeben. Ebenso könntest du kurz auf die Bedeutung der Arbeit und der Familie für den Menschen eingehen. Auch der Blick darauf, wie die Rollenverteilung in den Familien früher war, eignet sich für die Einleitung.
Grundsätzlich verlangt dieses Thema Wissen über Situation und Schwierigkeiten berufstätiger Eltern in der Bundesrepublik und auch Kenntnisse über bereits vorhandene Lösungsmaßnahmen bzw. Mängel auf diesem Gebiet.

Mögliche Fragestellungen für deinen Einleitungsgedanken können sein:

- Warum sind heute in vielen Familien beide Elternteile von der Schwierigkeit der Vereinbarkeit von Familie und Beruf betroffen? → Gleichberechtigung, berufliche Karriere für beide Elternteile wichtig, aus finanziellen Gründen müssen beide arbeiten usw.
- Wie waren die Strukturen in vielen Familien früher? → klare Rollenverteilung (Frau: Familie, Mann: Beruf), Großeltern als Erziehungs- und Familienhelfer
- Welche Bedeutung hat die Arbeit für den Menschen? → Existenzsicherung, Entfaltung der Persönlichkeit, Ansehen, Zufriedenheit usw.
- Welche Bedeutung hat die Familie für den Menschen? → Geborgenheit, Glück, Werteerziehung, Liebe usw.

Vorarbeiten für den Hauptteil

Familie und Beruf unter einen Hut zu bringen ist eine Herausforderung, da Schwierigkeiten damit verbunden sein können. Als Erstes überlegst du dir, wer überhaupt betroffen ist. Zunächst sind dies natürlich die berufstätigen Eltern. Doch auch für die Kinder bzw. die Familien an sich können sich Schwierigkeiten ergeben. Frage in einem nächsten Schritt nach der Art der Herausforderungen, die sich für die Betroffenen ergeben können. Dabei ist immer zu berücksichtigen, dass die Herausforderung wohl darin besteht, sich bestimmten Schwierigkeiten zu stellen, die es nicht geben würde, wenn Beruf und Familie ohne Weiteres vereinbar wären. Für den zweiten Teil der Themafrage sollst du Lösungsmöglichkeiten finden, die die Herausforderungen und damit die Schwierigkeiten verkleinern könnten. Dabei kannst du dich an den herausgefundenen Schwierigkeiten orientieren und dazu mögliche Lösungen formulieren.

Übergeordnete Fragen zur Stoffsammlung

1. Wer oder was in unserer Gesellschaft ist davon betroffen?
2. Was zwischen Familie und Beruf kann schwer vereinbar sein?
3. Welche Schwierigkeiten können sich für wen daraus ergeben?
4. Wer kann zur Lösung der Schwierigkeiten beitragen?
5. Wie sehen konkrete Möglichkeiten zur Lösung der Schwierigkeiten aus?

Überlegungen zum ersten Teil der Themafrage – Welche Schwierigkeiten können sich bei der Vereinbarkeit von Familie und Beruf ergeben?

Die Schwierigkeiten für die Eltern erwachsen aus dem Spannungsfeld zwischen Beruf und Familie. Hierbei gibt es sowohl negative Auswirkungen für den Beruf als auch Problemsituationen, die innerhalb der Familie entstehen. Frage dich, welchen Verpflichtungen und Zielen die Eltern in Familie (Erziehung, Versorgung der Kinder, Fürsorge z. B. bei Krankheit, Hilfe für die Schule) und Beruf (Pünktlichkeit, Flexibilität z. B. bei Überstunden, Fortbildung, Zuverlässigkeit usw.) nachzukommen haben und welche Erwartungen die Menschen mit ihrer Arbeit verbinden (Erfüllung, berufliche Karriere, Arbeitsplatzsicherheit usw.). Schon alleine aus dem Zeitmangel oder der beruflichen Belastung können sich Schwierigkeiten in der Familie ergeben (gestörtes Familienleben, frühe Selbstständigkeit der Kinder, Mangel an gemeinsamer Freizeit, Fehlen von Ansprechpartnern bei Problemen usw.). Mögliche Argumente können sein:

Mögliche Schwierigkeiten in der Familie (durch Berufstätigkeit der Eltern)	**Mögliche Schwierigkeiten im Beruf**
– fehlende Zeit für gemeinsame Aktivitäten – wenig Zeit für Zuwendung für die Kinder/den Partner – fehlende Ansprechpartner für die Kinder bei Problemen/häufiges Alleinsein – gestörtes Familienklima durch Stress und Überforderung der Eltern – keine Betreuung der Kinder bei Krankheit – Mangel an Betreuungsplätzen – schwierige Organisation des Tagesablaufs – zusätzliche Arbeitsbelastung durch den Haushalt	– mehr Fehltage (z. B. durch Krankheit der Kinder) – geringere Leistungsfähigkeit durch Doppelbelastung – ggf. Unzuverlässigkeit (bei „Notfällen“ in der Familie) – geringere Flexibilität (bei Überstunden, kurzfristigen Schulungen/Meetings) – Mangel an geeigneten Arbeitsplätzen (Teilzeitarbeit) – schlechtere Chancen, Aufstiegs- und Weiterbildungsangebote zu nutzen

Überlegungen zum zweiten Teil der Themafrage – Welche Lösungsansätze gibt es aus meiner Sicht?

Die Erarbeitung von möglichen Lösungen lässt sich sinnvoll über die Schwierigkeiten angehen, die du aufgelistet hast. Es geht um die Frage, wer/was kann zur Entlastung im Einzelnen beitragen und vor allem wie? Welche Lösungen können helfen, die Schwierigkeiten abzubauen, damit Familie und Beruf besser miteinander vereinbar sind? Dabei ist zunächst an Möglichkeiten in der Familie selbst zu denken, etwa in Form eines genauen Zeitmanagements. Die Gesellschaft oder das soziale Umfeld stellt einen weiteren Bereich dar, der zur Lösung beitragen kann – z. B. durch Nachbarschaftshilfe. Schließlich sind Arbeitgeber/Wirtschaft und auch der „Staat" (also Städte, Länder und die Gesetzgebung des Bundes) für Lösungsmöglichkeiten zuständig.

Familie	**Gesellschaft**	**Arbeitgeber / Wirtschaft**	**Staat**
– partnerschaftliche Aufteilung der Hausarbeit – partnerschaftliche Betreuung der Kinder – Unterstützung durch die Großeltern – Mithilfe aller Familienmitglieder im Haushalt – genaue Beachtung einer Zeiteinteilung	– Nachbarschaftshilfe in Notfällen – Aufbau von Initiativen zur Kinderbetreuung und Haushaltsorganisation – mehr Verständnis für die Probleme berufstätiger Eltern	– Entgegenkommen bei Krankheit der Kinder – Ausweitung der Möglichkeit der Teilzeitbeschäftigung – betriebliche Kinderbetreuung – Flexibilisierung der Arbeitszeiten	– Versorgung mit Ganztagskindergartenplätzen – Versorgung mit Ganztagsbetreuung für Schulkinder – bezahlter Urlaub bei Krankheit der Kinder – Verbesserungen bei der Elternzeit

Überlegungen zum Schlussgedanken

Der Schluss rundet deinen Aufsatz sinnvoll ab, das heißt, der Schlussgedanke sollte zum Aufsatz passen und deine Aussagen müssen ausreichend begründet sein. Folgende Aspekte bieten sich an:

- Hervorhebung eines für dich besonders wichtigen Bereiches bei den möglichen Schwierigkeiten und Begründung
- Hervorhebung eines für dich besonders wichtigen Bereiches bei den Lösungsansätzen und Begründung
- Bedeutung der Familie für Staat und Gesellschaft
- Verantwortung der Eltern für ein intaktes Familienleben und -klima
- Verantwortung der Eltern im Beruf
- Ausweitung bzw. Fokussierung des Themas auf die noch viel stärkere Belastung von Alleinerziehenden, da sie alleine mit der Doppelbelastung umgehen müssen
- Folgen der Schwierigkeiten/Probleme (für Familie, Partnerschaft, Gesundheit, Karriere)

Gliederungsvorschlag

Hinweis: *Die Unterpunkte können entweder mit einer dritten Ziffer (1.1.1) oder mit Spiegelstrichen angeordnet werden.*

A. In den Zeiten vor der Gleichberechtigung waren die Rollen in der Familie klar verteilt und die Frauen kümmerten sich um Familie und Haushalt

B. Welche Schwierigkeiten können sich bei der Vereinbarkeit von Familie und Beruf ergeben? Welche Lösungsansätze gibt es aus meiner Sicht?

1 Schwierigkeiten, die sich bei der Vereinbarkeit von Familie und Beruf ergeben können

1.1 Schwierigkeiten in der Familie
- Mangel an Zeit für Zuwendung für den Partner/die Kinder
- Fehlende Zeit für gemeinsame Aktivitäten
- Fehlende Ansprechpartner für die Kinder bei Problemen/häufiges Alleinsein
- Gestörtes Familienklima durch Stress und Überforderung
- Fehlende Kinderbetreuungsmöglichkeit bei Überstunden
- Fehlende Betreuung der Kinder bei Krankheit
- Zusätzliche Arbeitsbelastung durch den Haushalt
- Probleme bei der Organisation des Tagesablaufs der Kinder
- Mangel an (wohnortnahen) Kita- oder Kindergartenplätzen

1.2 Schwierigkeiten für Eltern im Beruf
- Sinkende Leistungsfähigkeit und mehr Fehltage
- Gefahr von Unzuverlässigkeit
- Mangel an Aufstiegs- und Weiterbildungsmöglichkeiten
- Mangel an geeigneten Arbeitsplätzen (Teilzeit)
- Arbeitsplatzverlust durch Mängel in der beruflichen Zuverlässigkeit

2 Lösungsansätze aus meiner Sicht

2.1 Lösungswege in der Familie
- Partnerschaftliche Aufteilung der Hausarbeit
- Partnerschaftliche Betreuung der Kinder
- Unterstützung durch die Großeltern
- Genaue Beachtung einer Zeiteinteilung

2.2 Lösungswege in der Gesellschaft
- Mehr Verständnis für die Probleme berufstätiger Eltern
- Nachbarschaftshilfe in Notfällen
- Aufbau von Initiativen zur Kinderbetreuung und Haushaltsorganisation

2.3 Lösungswege durch Wirtschaft und Arbeitgeber
- Entgegenkommen bei Krankheit der Kinder
- Ausweitung der Möglichkeit der Teilzeitbeschäftigung
- Betriebliche Kinderbetreuung
- Flexibilisierung der Arbeitszeiten

2.4 Lösungswege durch den Staat
- Verbesserungen bei der Elternzeit
- Vollständige Versorgung mit Ganztagsbetreuung für Schulkinder
- Vollständige Versorgung mit Ganztagskindergartenplätzen
- Bezahlter Urlaub bei Krankheit der Kinder

C. Für Alleinerziehende wirken sich die Schwierigkeiten bei der Vereinbarkeit von Familie und Beruf noch viel stärker negativ aus

Hinweis zur Ausformulierung: *Da die Gliederung unter Punkt 2 sehr viele Aspekte enthält, erscheint es hier sinnvoll, beim Schreiben der Erörterung die jeweiligen Teilbereiche (2.1, 2.2 etc.) als Behauptung zu verwenden, mit den Unterpunkten zu begründen und mit Beispielen zu versehen. Ein Beispiel für ein solches Vorgehen findest du im Aufsatzbeispiel zu Aufgabe 5.*

2014/2 Warum streben manche Jugendliche eine Karriere als Leistungssportler an? Mit welchen Belastungen kann eine solche Entscheidung verbunden sein?

Hinweise zur Erschließung des Themas

Als Themabegriff steht die „Karriere als Leistungssportler" im Mittelpunkt. Wichtig für die Auseinandersetzung mit dem Thema ist, dass zunächst der Begriff Leistungssport geklärt wird. Im Gegensatz zum sogenannten Breitensport ist hierbei tägliches und zeitintensives Training üblich und das Ziel ist der sportliche Erfolg. Aus der Verbindung mit dem Wort „Karriere" ergibt sich, dass es um Sport als Beruf, also Profisport, geht. Eingeschränkt wird das Thema auf „Jugendliche". Präzisiert wird die Aufgabenstellung mit der Frage nach den Gründen, weshalb manche Jugendliche eine Karriere als Leistungssportler anstreben, und der allgemein gehaltenen Frage nach den Belastungen.

Themabegriff	Karriere als Leistungssportler
Einschränkung	Jugendliche
Präzisierung	Gründe Jugendlicher für eine Karriere als Leistungssportler; mögliche Belastungen, die sich aus einer angestrebten Karriere als Leistungssportler für sie ergeben
Erörterungsauftrag zweigliedrig	1. Aus welchen Gründen streben manche Jugendliche eine Karriere als Leistungssportler an? 2. Welche Belastungen sind mit einer Karriere als Leistungssportler für die Jugendlichen verbunden?

Stoffsammlung und Strukturierung

Überlegungen zur Einleitung

Um eine sinnvolle Einleitung zu entwickeln, die zum Thema hinführt, kannst du dich vom Begriff „Sport" zu eigenen Gedanken anregen lassen. Ohne Argumente vorwegzunehmen gelingt dies zum Beispiel mit folgenden Fragestellungen:

- Wie ist meine eigene Einstellung zum Sport? → positiv oder negativ, jeweils mit Begründung
- Welche Sportarten betreibe ich selbst? → Sportarten und Begründung, warum du sie gerne ausübst
- Habe ich selbst Erfahrungen? → Betreibe ich selbst Leistungssport? *(Hierbei musst du die Gründe dafür aber aussparen; du könntest jedoch schildern, wie du dazu gekommen bist, oder wie der Trainingsablauf aussieht.)*
- Gibt es Leistungssportler an meiner Schule / in meiner Klasse? → Welche Sportarten?
- Gibt es ein (aktuelles) Sportereignis (eventuell selbst besucht), das mich aufgrund der sportlichen Leistungen faszinierte? → Ereignis und Gründe, warum du fasziniert warst

Von Begriffsdefinitionen (Breitensport, Leistungssport, Profisport) solltest du eher Abstand nehmen, denn dabei ist die Gefahr groß, dass du Argumente aus beiden Teilen des Themas vorwegnimmst. Eine weitere Möglichkeit für eine gelungene Einleitung besteht darin, auf die große Vielfalt der Sportarten einzugehen, in denen Leistungssport betrieben wird, z. B. Leichtathletiksportarten, aber auch Schach oder Billard etc. Denke dabei an die unterschiedlichen Anforderungen, die an die Sportler gestellt werden.
Abgerundet wird die Einleitung wie üblich mit einer Überleitung auf die Themafrage und der Themafrage selbst.

Vorarbeiten für den Hauptteil

Schon bei der Erschließung des Themas wird klar, dass mit dem Begriff „Leistungssport" in Verbindung mit „Karriere" gemeint ist, dass hierzu ein großer zeitlicher, körperlich anstrengender und mit Verzicht verbundener Aufwand betrieben werden muss. In den Überlegungen zum ersten Teil der Themafrage geht es also darum, warum sich Jugendliche dennoch diesen Anstrengungen aussetzen wollen. Bei der Frage nach den Belastungen kannst du an diesem Aufwand und an den Folgen aus dem Sport ansetzen.

Leitfragen für die Stoffsammlung

1. Was ist Leistungssport?
2. Was verlangt Leistungssport von dem, der ihn ausübt?
3. Was treibt Jugendliche an, als Leistungssportler Karriere machen zu wollen?
4. Welche Folgen hat der große Zeitaufwand, der in das Training investiert werden muss?
5. Welche körperlichen Belastungen ergeben sich durch den Leistungssport?
6. Welche seelischen Belastungen können entstehen?

Überlegungen zum ersten Teil der Themafrage – Aus welchen Gründen streben manche Jugendliche eine Karriere als Leistungssportler an?

Man kann davon ausgehen, dass Leistungssport verbunden ist mit einem sehr hohen Aufwand an Zeit für tägliches Training, mit dem Willen, sich anzustrengen, sich zu überwinden, auf Freizeit und Freunde zu verzichten usw. Dies ist noch mehr der Fall, wenn man in einer Sportart Karriere machen möchte, d. h. in die Leistungsspitze seines Landes gelangen möchte. Die genannten Anforderungen sind nicht gerade so einzuschätzen, dass sie „gerne" erfüllt werden. Also müssen andere Faktoren dahinterstecken, welche einen jungen Menschen dazu bringen, sich solchen Herausforderungen zu stellen.
Diese Frage nach dem „Warum" lässt sich leicht beantworten, wenn man danach fragt, was Jugendliche im wahrsten Sinne antreiben könnte, eine Karriere als Leistungssportler anzustreben. Daraus lassen sich entsprechende Argumente entwickeln:

- Entwicklung und Förderung bestimmter Talente
- Ehrgeiz, Höchstleistungen zu erbringen
- Vorbilder, denen man nacheifern möchte
- Eltern als Förderer einer sportlichen Karriere
- Wunsch nach Ruhm
- Hoffnung auf hohes Einkommen
- Traum vom Profisport als Beruf

Überlegungen zum zweiten Teil der Themafrage – Welche Belastungen sind mit einer Karriere als Leistungssportler für die Jugendlichen verbunden?

Schon mehrfach bist du darauf gestoßen, dass eine solche Karriere mit einem hohen Zeitaufwand verbunden ist. Frage dich daher als Erstes, welche Belastungen sich daraus ergeben können. Die Auswirkungen betreffen verschiedene Lebensbereiche des Einzelnen (Freunde, Familie, Freizeit, Schule), die man unter dem Stichwort soziale Folgen zusammenfassen könnte. Außerdem ist der Leistungssport in der Regel mit großen körperlichen Anstrengungen verbunden. Hier stellt sich die Frage, welche Belastungen sich daraus ergeben können bzw. welche Auswirkungen eventuelle Verletzungen haben können. Zusätzlich ist zu fragen, ob Leistungssport auch seelische Belastungen hervorruft, z. B. wenn sich Misserfolge einstellen, durch Leistungsdruck, Konkurrenzkampf usw. Eine Ausweitung deiner Überlegungen dahingehend, dass es Belastungen gibt, wenn der Sportler bereits berühmt ist und im Licht der Öffentlichkeit steht, ist in der Aufgabenstellung nicht gefordert. Auf diese Belastungen (im Mittelpunkt des Medieninteresses zu stehen usw.) kann man deshalb verzichten. Sie eignen sich aber als Ausweitung des Themas im Schlussgedanken.

In der folgenden Übersicht sind wichtige Gesichtspunkte der Belastungen strukturiert aufgelistet.

Soziale Belastungen	Seelische Belastungen	Körperliche Belastungen
– Mangel an Freizeit – wenig Zeit für Freundschaften – Einschränkungen im Familienleben – Vernachlässigung der Schule aus Zeitmangel	– extremes Maß an Selbstdisziplin – ausgeprägter Konkurrenzkampf – hoher Erfolgs- und Leistungsdruck – Umgehen mit Niederlagen und Versagensängsten	– Überbeanspruchung des Körpers – mangelhafte Ausheilung von Verletzungen – Gefahr gesundheitlicher Dauerschäden

Überlegungen zum Schlussgedanken

Nun geht es noch darum, deinen Aufsatz mit einem Schlussgedanken sinnvoll abzurunden. Folgende Möglichkeiten bieten einen anschaulichen und zum Thema passenden Abschluss:
- Zusammenfassende Abwägung, z. B. Belastungen überwiegen, begründet mit dem großen Zeitaufwand und/oder den körperlichen bzw. seelischen Belastungen
- persönliches Fazit mit Begründung, z. B.: Sport ist für mich wichtig, aber Spaß und körperliche Fitness stehen im Vordergrund, nicht der Leistungsgedanke
- Ausblick: Leistungssportler brauchen eine solide Berufsausbildung, um nach dem Karriereende eine Existenz aufbauen zu können.
- Ausblick auf mögliche positive Auswirkungen einer Karriere als Leistungssportler: Chance, ein berühmter und beliebter Sportstar zu werden, hohes Einkommen, hohe Werbeeinnahmen
- Ausweitung: Kennenlernen fremder Länder und Kulturen bei Wettkämpfen, Zusammentreffen mit Sportlern aus anderen Nationen und Kulturen
- Ausweitung: negative Folgen eines Lebens im Rampenlicht

Gliederungsvorschlag

Hinweis: *Gliederungspunkte, die mit Spiegelstrich angeordnet sind, können auch mit Ziffern (z. B. 2.1.1) versehen werden.*

A. Sportarten, in denen Leistungssport betrieben wird, sind nicht nur die klassischen wie Leichtathletik, Tennis, Schwimmen oder Fußball, sondern auch Schach, Darts oder Billard

B. Aus welchen Gründen streben manche Jugendliche eine Karriere als Leistungssportler an? Welche Belastungen sind mit einer Karriere als Leistungssportler für die Jugendlichen verbunden?

1 Gründe Jugendlicher für eine Karriere als Leistungssportler

1.1 Nutzung und Weiterentwicklung besonderer Talente und Neigungen
1.2 Motivation und Ehrgeiz, Höchstleistungen zu erbringen
1.3 Sportliche Vorbilder, denen man nacheifern möchte
1.4 Eltern als Vorbilder oder Förderer einer sportlichen Karriere

1.5 Wunsch nach Bekanntheit und Ruhm
1.6 Hoffnung auf ein hohes Einkommen
1.7 Traum vom Profisport als Beruf

2 Belastungen, die sich aus einer Karriere als Leistungssportler für sie ergeben

2.1 Soziale Belastungen
- Mangel an Freizeit
- Wenig Zeit für Freundschaften
- Einschränkungen im Familienleben
- Vernachlässigung der Schule aus Zeitmangel

2.2 Seelische Belastungen
- Notwendigkeit großer Selbstdisziplin
- Bestehen in einem ausgeprägten Konkurrenzkampf
- Verarbeiten von Niederlagen und Versagensängsten
- Umgehen mit einem großen Erfolgs- und Leistungsdruck

2.3 Körperliche Belastungen
- Überbeanspruchung des Körpers
- Mangelhafte Ausheilung von Verletzungen
- Gefahr gesundheitlicher Dauerschäden

C. Jugendliche, die eine Karriere als Leistungssportler anstreben, sollten zur Sicherung ihrer Existenz nicht auf eine gute schulische und berufliche Ausbildung verzichten

Hinweis zur Ausformulierung: *Auch hier könntest du beim Schreiben deines Aufsatzes die Aspekte unter Punkt 2 in Form von „Sammelargumenten" zusammenfassen (siehe Aufsatzbeispiel zu Aufgabe 5).*

2014/3 Trotz großer Anstrengungen im Bereich der Suchtprävention ist der Konsum illegaler Drogen weit verbreitet. Worin sehen Sie die Ursachen und mit welchen Auswirkungen muss gerechnet werden?

Hinweise zur Erschließung des Themas

Im Vorspann zu den Erörterungsaufträgen ist der Themabegriff zu finden: Es geht um „illegale Drogen". Präzisiert wird der Begriff durch das Wort „Konsum" und durch den Zusatz „weit verbreitet", was bedeutet, dass offenbar viele Menschen illegale Drogen zu sich nehmen. Eine Einschränkung auf eine Alters- oder Gesellschaftsgruppe gibt es nicht, das heißt, dass du das Thema mit Blick auf die gesamte Gesellschaft bearbeiten sollst. Der erste der beiden Erörterungsaufträge verlangt, dass du die Ursachen des weitverbreiteten Konsums illegaler Drogen aus deiner Sicht aufzeigst, der zweite fragt ganz allgemein nach den Auswirkungen. Den Hinweis auf die großen Anstrengungen in der Suchtprävention, also die Maßnahmen, die verhindern sollen, dass Menschen überhaupt zu Drogen greifen, kannst du für deinen Einleitungs- oder auch Schlussgedanken verwenden.

Themabegriff	Illegale Drogen
Einschränkung	Konsum, weit verbreitet
Präzisierung	Worin sehen Sie die Ursachen? Mit welchen Auswirkungen muss gerechnet werden?
Erörterungsauftrag zweigliedrig	1. Worin sehe ich die Ursachen, dass der Konsum illegaler Drogen weit verbreitet ist? 2. Mit welchen Auswirkungen durch den weit verbreiteten Konsum illegaler Drogen ist zu rechnen?

Stoffsammlung und Strukturierung

Überlegungen zur Einleitung

Als Einleitungsgedanke bieten sich folgende Möglichkeiten an:

- Definition des Begriffs „illegale Drogen" → künstliche oder natürliche Stoffe / Substanzen, die nach dem Betäubungsmittelgesetz verboten sind, einige Beispiele
- Gegenüberstellung → Darstellung des Bereichs der „legalen Drogen", also Alkohol, Tabak, aber auch Medikamente
- Aufgreifen des Vorspanns → kurze Schilderung von Präventions- und Aufklärungsmaßnahmen, z. B. in der Schule
- aktueller Bezug → Verweis auf das immer häufigere Auftreten der Droge Crystal Meth

Die Überleitung zum Hauptteil und die Themafrage schließen die Einleitung ab.

Vorarbeiten für den Hauptteil

Zunächst ist zu berücksichtigen, dass der erste Teil des Erörterungsauftrags, die Frage nach den Ursachen, dich persönlich anspricht. Das bedeutet, dass du dich auf deine Ansicht zu den Ursachen konzentrieren kannst und keine allumfassende Darstellung der Problematik, warum viele Menschen illegale Drogen konsumieren, verfassen musst. Dennoch wird natürlich eine sachliche und ernsthafte Auseinandersetzung mit dem Thema erwartet.
Der zweite Teil des Themas fragt ganz allgemein nach den Auswirkungen. Hier wirst du primär an die Folgen für die Konsumenten denken, also an die Gefahr für deren Gesundheit und dass Drogenkonsum in aller Regel zu einer Abhängigkeit führt. Man sollte aber auch berücksichtigen, dass der Drogenkonsum jedes Einzelnen in der Summe auch Auswirkungen auf die Gesellschaft haben kann.

Leitfragen zur Stoffsammlung

1. Was sind illegale Drogen?
2. Welche vermeintlich positiven Wirkungen besitzen sie?
3. Welche Ereignisse bringen Menschen dazu, nach diesen Wirkungen zu verlangen?
4. Worin liegen die großen Gefahren illegaler Drogen?
5. Wie wirken sich Abhängigkeit und Sucht auf den Körper aus? Welche Langzeitfolgen gibt es?
6. Welche psychischen Auswirkungen kann es geben?
7. Welche Folgen haben diese Auswirkungen auf den Betroffenen und sein Umfeld?
8. Welche gesellschaftlichen Folgen hat der Konsum illegaler Drogen?

Überlegungen zum ersten Teil der Themafrage – Worin sehe ich die Ursachen, dass der Konsum illegaler Drogen weit verbreitet ist?

Bei der Frage nach den Ursachen sollte man zunächst an die Wirkung illegaler Drogen denken, beispielsweise können sie beruhigend oder entspannend wirken, die Stimmung verbessern, kurzfristig Leistung und Konzentration steigern usw. Das bedeutet, dass Menschen zu illegalen Drogen greifen, weil sie ihren körperlichen bzw. seelischen Zustand zu verbessern versuchen. Also muss es Situationen und Einflüsse geben, die sie belasten oder ihnen Probleme bereiten. Dabei ist zum Beispiel an den Beruf, möglicherweise schon die Schule zu denken (Leistungsdruck, Misserfolge, Konflikte), an Familie (negative Vorbilder, fehlende Zeit füreinander, Beziehungsprobleme) und Freundeskreis (schlechter Einfluss, Gruppenzwang), an gesellschaftliche Einflüsse, etwa dass sogenannte „weiche Drogen" gerade „in" sind. Schließlich muss man auch davon ausgehen, dass illegale Drogen kein so schwerwiegendes Problem darstellen würden, wenn sie nicht relativ leicht zugänglich wären. Die Tatsache, dass legale Drogen in der Gesellschaft anerkannt sind, trägt ebenfalls dazu bei, dass die Hemmschwelle, auch zu illegalen Drogen zu greifen, niedrig ist.
Natürlich gibt es auch Ursachen, die beim Einzelnen selbst zu suchen sind, etwa Neugier, die Suche nach dem „gewissen Kick", Langeweile, Flucht vor Problemen, mangelndes Selbstbewusstsein, eine instabile Persönlichkeit usw.

Überlegungen zum zweiten Teil der Themafrage – Mit welchen Auswirkungen durch den weit verbreiteten Konsum illegaler Drogen ist zu rechnen?

Ebenso wie bei den Ursachen steht zunächst der Betroffene selbst im Mittelpunkt. Aber Drogenmissbrauch und Sucht haben auch Auswirkungen auf Angehörige und Freunde sowie auf die gesamte Gesellschaft.
Du kannst bei deinen Überlegungen wiederum bei der Wirkung illegaler Drogen ansetzen. Sie machen alle mehr oder weniger schnell körperlich oder/und seelisch abhängig, d. h., sie besitzen ein hohes Suchtpotenzial. Desweiteren führen sie in der Langzeitwirkung zu unterschiedlichsten Folgen für die Gesundheit, d. h., sie machen krank. Außerdem verändern sie bei längerem Gebrauch das Verhalten der betroffenen Personen und deren Leistungsfähigkeit. Dies wiederum kann direkte Auswirkungen auf Beruf oder Schule haben, z. B. wenn Betroffene den Anforderungen nicht mehr gerecht werden können. Verändertes Verhalten, z. B. depressive Stimmungen oder Aggression, kann darüber hinaus Auswirkungen auf Familie und Beziehung haben (Streit, Gewalt, Auseinanderleben, Trennung) und generell auf soziale Kontakte (Freunde oder der Abhängige selbst ziehen sich zurück). Schließlich kann sich der Konsum illegaler Drogen durch viele Menschen auch negativ auf die Gesellschaft auswirken, nämlich in Form von steigenden Kosten für die Behandlung suchtbedingter Krankheiten oder bei Arbeitslosigkeit infolge von Abhängigkeit. Die Nachfrage nach illegalen Drogen begünstigt letztendlich auch einen Anstieg der Drogenkriminalität.

Überlegungen zum Schlussgedanken

Da ein gelungener Schluss das Thema abrunden soll, kann man den Gedanken im Vorspann des Themas aufgreifen und über verschiedene Präventionsmaßnahmen schreiben. Auch eine kritische Auseinandersetzung mit der Wirksamkeit dieser Maßnahmen ist möglich. Eine weitere Möglichkeit besteht darin, seine eigene Position zum Thema illegale Drogen bzw. Drogen allgemein (also auch legale) begründet darzustellen. Außerdem könntest du das Thema auf die sogenannten legalen Drogen ausweiten und über die weitverbreitete gesellschaftliche Akzeptanz schreiben bzw. diese kritisieren. Der Aspekt, dass einige wenige illegale Drogen (Haschisch, Marihuana) erfolgreich in der Medizin, zum Beispiel bei Schmerzpatienten, eingesetzt werden und der Verkauf in Apotheken in einigen Staaten erlaubt ist, stellt eine weitere Variante dar. Da sich bestimmte Ursachen für den Drogenkonsum auf gesellschaftliche Bedingungen beziehen, könnte der Schlussgedanke Vorschläge enthalten, was sich in der Gesellschaft, im Berufsleben, im Zusammenleben der Menschen ändern müsste, damit die Drogenproblematik gelöst werden könnte. Schließlich könntest du darüber schreiben, dass der Missbrauch legaler Drogen wie Alkohol, was die gesundheitlichen Folgen und Kosten angeht, ein ebensolches, wenn nicht noch größeres Problem darstellt.

Gliederungsvorschlag

A. Unter illegalen Drogen versteht man künstliche oder natürliche Substanzen, die nach dem Betäubungsmittelgesetz verboten sind

B. Worin sehe ich die Ursachen, dass der Konsum illegaler Drogen weit verbreitet ist? Mit welchen Auswirkungen durch den weit verbreiteten Konsum illegaler Drogen ist zu rechnen?

1 Ursachen für die weite Verbreitung des Konsums illegaler Drogen

1.1 Schlechter Einfluss oder Gruppenzwang durch Freunde
1.2 Negative Vorbilder
1.3 Beziehungsprobleme in der Partnerschaft
1.4 Leistungsdruck und Misserfolge in Schule oder Beruf
1.5 Gesellschaftliche Akzeptanz legaler und illegaler „weicher Drogen"
1.6 Einsamkeit und Langeweile
1.7 Neugier und erhöhte Risikobereitschaft
1.8 Flucht vor persönlichen Problemen
1.9 Mangelndes Selbstbewusstsein und labile Persönlichkeit
1.10 Relativ leichter Zugang zu illegalen Drogen

2 Auswirkungen durch den weit verbreiteten Konsum illegaler Drogen

2.1 Auswirkungen für den Einzelnen
- Gefahr körperlicher und seelischer Abhängigkeit durch hohes Suchtpotenzial
- Schädigung der Gesundheit
- Einbußen in der Leistungsfähigkeit
- Probleme im Beruf und daraus resultierende Arbeitslosigkeit
- Veränderung von Verhalten und Persönlichkeit
- Entstehung von Beziehungs- und Familienkonflikten
- Verlust sozialer Beziehungen

2.2 Auswirkungen für die Gesellschaft
- Anstieg der Drogenkriminalität
- Steigende Ausgaben für Krankheit und Arbeitslosigkeit

C. Legale oder illegale Drogen können weder gesellschaftliche noch persönliche Probleme lösen, sondern stellen selbst ein großes und gefährliches Problem dar

2014/4 Öffentliche Verkehrsmittel – eine gute Alternative zum Auto? Nehmen Sie Stellung dazu.

Hinweise zur Erschließung des Themas

Themabegriff sind die öffentlichen Verkehrsmittel. Es soll untersucht werden, ob sie eine gute Alternative zum Auto sind oder nicht. Anschließend wird dazu aufgefordert, dass du dazu Stellung nimmst, also deine eigene Meinung darstellst. In einem ersten Teil deiner Erörterung muss es darum gehen, dass du wichtige Argumente formulierst, die dafür sprechen, dass öffentliche Verkehrsmittel eine gute Alternative zum Pkw sind. Im zweiten Teil stellst du Argumente dar, die dagegen sprechen. Je nachdem, ob du öffentliche Verkehrsmittel für eine gute Alternative hältst oder nicht, solltest du im dritten Teil die für dich wichtigsten Pro- oder Kontra-Argumente anführen und begründen, warum sie für dich ausschlaggebend sind. Möglich ist auch, deine Zustimmung oder Ablehnung ggf. mit bedeutenden Gegenargumenten einzuschränken. Je nachdem, wie du es im Unterricht gelernt hast, ist bei dieser Stellung nehmenden Erörterung deine Meinung ein eigener Abschnitt im Hauptteil oder du stellst sie ausführlich im Schluss dar.

Themabegriff	öffentliche Verkehrsmittel
Präzisierung	Eine gute Alternative zum Auto? – Stellungnahme
Erörterungsauftrag dreigliedrig / Stellung nehmend	**Sind öffentliche Verkehrsmittel eine gute Alternative zum Auto?** 1. Was spricht dafür, dass öffentliche Verkehrsmittel eine gute Alternative zum Auto sind? 2. Was spricht dagegen, dass öffentliche Verkehrsmittel eine gute Alternative zum Auto sind? 3. Sind für mich öffentliche Verkehrsmittel eine gute Alternative zum Auto?

Stoffsammlung und Strukturierung

Überlegungen zur Einleitung

Für eine passende Einleitung eignen sich die nachfolgend skizzierten Gedanken:

- Erklärung → Was sind öffentliche Verkehrsmittel? – Verkehrsmittel, die von allen zu den gleichen Bedingungen benutzt werden können; Beispiele: Straße (Bus), Schiene (Straßenbahn, U-Bahn usw.), Wasser (Fähre)
- aktueller Hintergrund → hohe Benzinpreise schildern, die wohl auch in Zukunft steigen werden, oder auf den Anstieg der Benzinpreise in den vergangenen Jahren verweisen; → CO_2-Problematik, Treibhauseffekt, Autos als bedeutender Verursacher *(Wichtig ist es, nicht hier schon darauf einzugehen, dass öffentliche Verkehrsmittel billiger sind als der Kauf und Unterhalt eines Autos. Ebenso wenig sollte der Aspekt Umweltschutz erwähnt werden. Beides sind wichtige Argumente, die nicht vorweggenommen werden sollten.)*
- Grundsätzlich ist auch ein Einleitungsgedanke möglich, der die eigenen Erfahrungen oder das Nutzungsverhalten (Pkw und öffentliche Verkehrsmittel) in der Familie wiedergibt. Auch hier musst du aber aufpassen, dass du keine Argumente vorwegnimmst.
- Denkbar ist ein Blick in die Zukunft, denn möglicherweise stellt sich für dich bald die Frage, ob du den Weg zur Arbeit mit dem Auto oder mit öffentlichen Verkehrsmitteln zurücklegst.

Vorarbeiten für den Hauptteil

Ganz wesentlich für die erfolgreiche Auseinandersetzung mit dem Thema sind eigene Erfahrungen mit öffentlichen Verkehrsmitteln und Wissen zum Thema Auto. Schreibe in deiner Stoffsammlung zuerst die Vorteile der öffentlichen Verkehrsmittel gegenüber dem Auto auf, danach die Aspekte, wo sie gegenüber dem Pkw im Nachteil sind. Im dritten Teil folgt deine begründete Stellungnahme, ob öffentliche Verkehrsmittel für dich eine gute Alternative zum Auto sind oder nicht.

Hinweis: *Bei der Stoffsammlung ergibt sich aus der Vielfalt von Verkehrsmitteln mit durchaus unterschiedlichen Eigenschaften das Problem, dass nicht alle Argumente für alle öffentlichen Verkehrsmittel gültig sind. So ist eine U-Bahn ein sehr schnelles Transportmittel, der Bummelzug, der in jedem Bahnhof hält, jedoch nicht. Für den Bewohner einer Großstadt, der dort mit öffentlichen Verkehrsmitteln unterwegs ist, ist die Jahreskarte vergleichsweise günstig im Vergleich zu einem Pendler, der einen weiten Weg mit der Bahn zurücklegen muss. Auch sind Fernreisen mit der Bahn selten günstiger als mit dem Auto.*

Übergeordnete Fragen zur Stoffsammlung

1. Mit welchen öffentlichen Verkehrsmitteln habe ich Erfahrungen?
2. Sind meine Erfahrungen positiv oder negativ?
3. Welche Vorteile besitzen öffentliche Verkehrsmittel?
4. Welche Nachteile besitzen sie?
5. Welche Vorteile besitzt das Auto?
6. In welchen Fällen ist das Auto besser geeignet?

Überlegungen zur Teilfrage 1 – Was spricht dafür, dass öffentliche Verkehrsmittel eine gute Alternative zum Auto sind?

Frage dich, was für dich angenehm ist, wenn du Busse oder Bahnen benutzt. Zunächst fällt dir vielleicht der Gesichtspunkt Bequemlichkeit ein. In der Regel sind die Verkehrsmittel modern und gut ausgestattet, die Fahrt verläuft stressfrei und man muss am Ziel keinen Parkplatz suchen. Darüber hinaus gibt es den Aspekt Schnelligkeit, gerade bei U- und S-Bahnen. Eine Staugefahr besteht in der Regel nicht, da es selbst für Busse häufig eigene Spuren gibt. Beim Stichwort Kosten kommst du sicherlich auf den Gedanken, dass für öffentliche Verkehrsmittel keine Ausgaben für Anschaffung und Unterhalt (Werkstatt, Versicherung, Benzin) fällig werden, wie es beim Auto der Fall ist. Außerdem gibt es günstigere Monats- oder Jahreskarten und andere Sparmöglichkeiten (Bahncard, Bayern-Ticket). Hinzu kommt der Umweltaspekt. Busse und Bahnen sind umweltfreundlicher (in Bezug auf Lärmentwicklung und Luftverschmutzung), weil sie viele Autos „ersetzen“. Außerdem gelten öffentliche Verkehrsmittel als sehr sichere Transportmittel.

Argumente, die für öffentliche Verkehrsmittel als Alternative zum Auto sprechen	– moderne und gute Ausstattung – stressfreie und erholsame Fahrt – Wegfall der Parkplatzsuche – schnelles und staufreies Vorwärtskommen – Einsparung von Anschaffungs- und Unterhaltskosten für ein Auto – günstige Sparangebote – hohes Maß an Sicherheit – Verminderung der Lärmbelastung – Verringerung der Luftverschmutzung und des CO_2-Ausstoßes

Überlegungen zur Teilfrage 2 – Was spricht dagegen, dass öffentliche Verkehrsmittel eine gute Alternative zum Auto sind?

Bleibe bei den Überlegungen zu den Nachteilen öffentlicher Verkehrsmittel gegenüber dem Auto zunächst beim Stichwort Bequemlichkeit: Warum kann die Nutzung des öffentlichen Personennahverkehrs auch unbequem sein? Das ist der Fall, wenn man Gepäck oder schwere Einkäufe bei sich hat. Außerdem ist man an feste Abfahrtszeiten gebunden und an Haltestellen, die oft noch einen weiten Fußweg oder zeitaufwendiges Umsteigen bedeuten. Oft ist auch das Liniennetz weitmaschig oder Busse und Bahnen fahren nur selten oder zu bestimmten Zeiten gar nicht. Gerade im ländlichen Raum fehlen häufig entsprechende Verbindungen ganz und eine Fahrt in den nächsten Ort ohne Auto ist gar nicht möglich. Öffentliche Verkehrsmittel können überfüllt sein, sodass eine Fahrt unangenehm werden kann. Über weitere Strecken sind öffentliche Verkehrsmittel auch nicht besonders schnell.

Argumente, die gegen öffentliche Verkehrsmittel als Alternative zum Auto sprechen	– Schwierigkeiten beim Transport von schweren Einkäufen und Gepäck – fehlende Unabhängigkeit durch Abfahrtszeiten und Haltestellen – Problem weiter Fußwege von und zur Haltestelle – lange Aufenthalte beim Umsteigen – dünnes oder fehlendes öffentliches Verkehrsnetz im ländlichen Raum – mangelnder Komfort bei Überfüllung – relativ langsames Vorwärtskommen

Überlegungen zu Teilfrage 3 – Sind für mich öffentliche Verkehrsmittel eine gute Alternative zum Auto?

Du kannst die Frage bejahen oder verneinen, wobei eine ausführliche Begründung nicht fehlen darf. Benutze hierfür die Argumente, die für dich das meiste Gewicht haben. In der Regel sollten drei Argumente ausreichen, mit denen du deine Meinung untermauerst. Du kannst deine Stellungnahme aber auch so aufbauen, dass du zwar zustimmst und entsprechende wichtige Gründe veranschaulichst, jedoch deine Zustimmung mit einem Gegenargument einschränkst. So könnten öffentliche Verkehrsmittel für dich aus Umweltschutzgründen und wegen der stressfreien Fahrt eine gute Alternative zum Pkw sein – mit der Einschränkung, dass es auf dem Land nur ein dünnes öffentliches Verkehrsnetz gibt.

Überlegungen zum Schlussgedanken

Je nachdem, wie du es im Deutschunterricht gelernt hast, kann deine Stellungnahme den Schluss des Aufsatzes bilden. Bildet sie jedoch einen eigenen Abschnitt im Hauptteil, benötigst du eine sinnvolle Abrundung deines Aufsatzes. Diese hängt auch davon ab, welche Meinung du bei der Stellungnahme vertrittst.

Im Falle einer Zustimmung:
- positives Erlebnis bei einer Fahrt mit einem öffentlichen Verkehrsmittel
- Blick in die Zukunft: Positive Effekte, wenn mehr Menschen vom Auto auf die öffentlichen Verkehrsmittel umsteigen (Umweltschutz)
- Vorschläge zur Verbesserung, z. B. Ausbau der Netze, höhere Geschwindigkeiten, mehr Fahrten
- Aufgreifen der Forderung einiger Politiker, dass der öffentliche Nahverkehr für die Bürger kostenlos werden müsse

Im Falle einer Ablehnung:
- negatives Erlebnis bei einer Fahrt mit einem öffentlichen Verkehrsmittel
- eventuell Ausweitung auf weitere Nachteile, z. B. mangelnde Sauberkeit, Ansteckungsgefahr in der Erkältungszeit
- Schilderung des mangelhaften Angebots an öffentlichen Verkehrsmitteln, wenn du beispielsweise außerhalb der Großstädte lebst
- Sicherheitsproblematik vor allem nachts (Übergriffe, Pöbeleien)

Gliederungsvorschlag

A. Die Endlichkeit des Rohstoffes Erdöl führt seit Langem zu regelmäßig steigenden Benzinpreisen

B. Sind öffentliche Verkehrsmittel eine gute Alternative zum Auto?

1 Was spricht dafür, dass öffentliche Verkehrsmittel eine gute Alternative zum Auto sind?

1.1 Moderne und gute Ausstattung
1.2 Stressfreie und erholsame Fahrt
1.3 Wegfall der Parkplatzsuche
1.4 Schnelles und staufreies Vorwärtskommen
1.5 Einsparung von Anschaffungs- und Unterhaltskosten für ein Auto
1.6 Günstige Sparangebote
1.7 Hohes Maß an Sicherheit
1.8 Verminderung der Lärmbelastung
1.9 Verringerung der Luftverschmutzung und des CO_2-Ausstoßes

2 Was spricht dagegen, dass öffentliche Verkehrsmittel eine gute Alternative zum Auto sind?

2.1 Mühsame Beförderung von schweren Einkäufen und Gepäck
2.2 Fehlende Unabhängigkeit durch Abfahrtszeiten und Haltestellen
2.3 Problem weiter Fußwege von und zu der Haltestelle
2.4 Lange Aufenthalte beim Umsteigen
2.5 Dünnes oder fehlendes öffentliches Verkehrsnetz im ländlichen Raum
2.6 Mangelnder Komfort bei Überfüllung
2.7 Relativ langsames Vorwärtskommen

3 Für mich sind öffentliche Verkehrsmittel eine gute Alternative zum Auto

3.1 Verringerung der Luftverschmutzung und des CO_2-Ausstoßes
3.2 Schnelles und staufreies Vorankommen
3.3 Wegfall der Parkplatzsuche

C. Öffentliche Verkehrsmittel könnten mit schnelleren und häufigeren Verbindungen noch attraktiver gemacht werden

Oder für den Fall, dass die eigene Meinung in C. abgehandelt wird:

C. Für mich sind öffentliche Verkehrsmittel eine gute Alternative zum Auto

Aufsatzbeispiel

(Die Gliederungspunkte sind nicht Teil des Aufsatzes, sie dienen nur deiner Orientierung.)

Die Entwicklung der Benzinpreise in den zurückliegenden Jahren zeigt eine klare Tendenz: Die Preise steigen stetig. Sicherlich sind auch andere Faktoren, z. B. Steuererhöhungen, dafür verantwortlich, dass die Preise immer höher wurden. In erster Linie liegt es jedoch daran, dass die Nachfrage an Erdöl immer mehr zunimmt, andererseits die Ölvorkommen aber begrenzt sind. Es ist also absehbar, dass der Preisanstieg auch in Zukunft ungehindert weitergehen wird, weshalb viele Menschen auf der Suche nach Einsparmöglichkeiten sind. In diesem Zusammenhang stellt sich die Frage, ob öffentliche Verkehrsmittel eine gute Alternative zum Auto sind.	**A.** Einleitungsgedanke Überleitung Themafrage als Aussagesatz
Zunächst soll untersucht werden, was für Busse und Bahnen als Alternative spricht. Längst verfügen die öffentlichen Verkehrsmittel über eine moderne und gute Ausstattung, die eine bequeme und angenehme Fahrt versprechen. Große Fensterflächen sorgen für Helligkeit, die Sitze sind komfortabel und die Einrichtung der Busse und Bahnen ist in freundlichen Farben gehalten. Durch Klimaanlagen ist die Benutzung sogar an heißen Sommertagen angenehm.	**B. 1** 1.1 Behauptung Begründung Beispiele
Die Benutzung dieser Transportmittel verspricht auch eine stressfreie und erholsame Fahrt, denn man braucht weder auf den Verkehr zu achten, noch hat man Verantwortung als Lenker eines Fahrzeugs. Der Fahrgast kann sich angenehmen Dingen widmen, beispielsweise lesen, Musik hören oder mit dem Smartphone im Internet surfen. Auch nur aus dem Fenster zu schauen und die Landschaft an sich vorbeiziehen zu lassen, ist ein erholsamer Zeitvertreib.	1.2 Behauptung Begründung Beispiele
Aber nicht nur die Fahrt an sich verläuft ohne Stress. Am Ziel angekommen, erspart man sich die lästige Parkplatzsuche. Gerade in den Innenstädten sind Parkplätze rar. Die Suche nach einer Abstellmöglichkeit für das Auto kostet viel Zeit, Nerven und Parkgebühren werden auch meistens fällig.	1.3 Behauptung Begründung Beispiele
Zeit und Nerven lassen sich mit öffentlichen Verkehrsmitteln noch auf eine andere Art und Weise sparen, denn sie ermöglichen ein schnelles und staufreies Vorankommen. Gerade in den Ballungszentren und zu den Hauptverkehrszeiten sind Staus an der Tagesordnung. Dagegen verfügen Stadtbusse sehr oft über eigene Busspuren, die andere Fahrzeuge nicht benutzen dürfen, und beim genau abgestimmten S- und U-Bahn-Takt gibt es auf den Gleisen sowieso keinen Stau.	1.4 Behauptung Begründung Beispiele
Die Nutzung von Bussen und Bahnen als Alternative zum eigenen Pkw bringt den entscheidenden Vorteil dadurch, dass Anschaffungs- und Unterhaltskosten entfallen. Ausschließlich den öffentlichen Verkehr zu nutzen, bedeutet, dass man völlig auf ein eigenes Auto verzichten kann. Dies wiederum spart den Kaufpreis für ein neues ein bzw. man erhält Geld aus dem Verkauf des bisher genutzten Wagens. Die Kosten für Kfz-Steuer, Versicherung, Reparatur und vor allem für den Treibstoff fallen ganz weg. Sollte man dennoch einmal ein Auto benötigen, gibt es vor allem in den Großstädten günstige Car-Sharing-Modelle.	1.5 Behauptung Begründung Beispiele Abrundung
Sparen kann man jedoch auch noch auf andere Weise, indem man die verschiedenen Angebote der Verkehrsbetriebe nutzt. Bei täglicher Benutzung empfehlen sich Monats- oder Jahreskarten, die deutlich günstiger sind als Einzelfahrkarten. Für die regelmäßige Nutzung der Bahn gibt es die Bahncard, deren Erwerb unterschiedliche Rabatte auf die Fahrkarten bietet. Nutzer, die nicht auf bestimmte Fahrzeiten angewiesen sind, können mit dem Bayern-Ticket zu einem günstigen Festpreis ab 9 Uhr an einem Tag beliebig viele Fahrten auf allen Schienen- und fast allen Busstrecken in Bayern machen.	1.6 Behauptung Begründung mit Beispielen
Neben dem Sparaspekt stellt jedoch auch der Sicherheitsaspekt ein Argument dar, das für öffentliche Verkehrsmittel spricht. Denn Bus- und Schienenverkehr	1.7 Behauptung Begründung

gelten als besonders sicher. Die Zahl der Verletzten und der Unfälle beträgt nur einen Bruchteil derer im Straßenverkehr und nur das Flugzeug ist, was Unfallverletzte angeht, noch etwas sicherer. *Beispiele*

Die Benutzung eines Stadtbusses oder einer Bahn anstatt des eigenen Autos senkt auch die Lärmbelastung in unseren Städten, da dadurch viele Autos auf den Straßen vermieden werden, die häufig nur von einem Menschen benutzt werden. So spart ein einziger voll besetzter Stadtbus über 50 Pkws ein, bei einer vollbesetzten U- oder S-Bahn sind dies hunderte. *1.8 Behauptung / Begründung / Beispiel*

Die Tatsache, dass öffentliche Verkehrsmittel eine große Zahl von Autos auf unseren Straßen vermeiden helfen, führt zum Schluss, dass dadurch eine erhebliche Reduzierung des CO_2-Ausstoßes und damit der Luftverschmutzung möglich wird. Ein Bus hat einen wesentlich geringeren Abgasausstoß als beispielsweise die dadurch eingesparten Autos. Auch die Herstellung des Stroms für einen Nahverkehrszug, der hunderte Menschen transportiert, setzt weit weniger Abgase frei als hunderte Kraftfahrzeuge. *1.9 Behauptung / Begründung / Beispiele*

Nach der Erörterung der Argumente, die für öffentliche Verkehrsmittel als Alternative zum Auto sprechen, stehen nun die Aspekte im Mittelpunkt, die dagegen sprechen. Dabei ist als Erstes zu bedenken, dass der Transport von Gepäck oder größeren und damit schweren Einkäufen in Bus oder Bahn recht mühsam ist. Da die Nutzung dieser Transportmittel immer mit Fußwegen zum Beispiel beim Umsteigen verbunden ist, muss man die schweren Lasten auch noch tragen. Oft ist es auch mit einigen Schwierigkeiten verbunden, für ein größeres Gepäckstück in der Bahn oder im Bus Platz zu finden. Das klassische Beispiel, mit dem man die Schwierigkeiten veranschaulichen kann, ist der Wochenendeinkauf, bei dem schnell mehrere schwere Taschen zusammenkommen oder auch noch sperrige Dinge wie etwa ein Kasten Mineralwasser dabei sein können. ***Überleitung zu B. 2*** / *2.1 Behauptung / Begründung / Beispiele*

Gerade das Auto hat dem Menschen viel Unabhängigkeit geschenkt und genau diese verlieren wir bei der Nutzung öffentlicher Verkehrsmittel. So sind wir nicht nur an Haltestellen gebunden, sondern vor allem an die Fahrpläne mit festen Abfahrtszeiten. Daraus ergibt sich, dass man nicht einfach dann losfahren kann, wenn man möchte, sondern erst, wenn ein Bus oder eine Bahn kommt. Auch sind die öffentlichen Verkehrsmittel an Haltestellen gebunden und man kann selten dort aussteigen, wo man möchte. Die Aufgliederung des Verkehrsnetzes in verschiedene Linien führt dazu, dass man sein Ziel nicht wie mit dem Auto direkt, sondern oft nur durch mehrmaliges Umsteigen erreichen kann. *2.2 Behauptung / Begründung mit Beispielen / Ausweitung*

Im Zusammenhang mit den Haltestellen ergibt sich als weiterer Nachteil oft ein langer Fußweg von der eigenen Wohnung und von dort wieder zurück. Dies liegt daran, dass natürlich nicht in jeder Straße eine Buslinie verkehrt und auch in den Großstädten zwischen den Buslinien große Lücken sind, die man zu Fuß überwinden muss. Weitaus grobmaschiger ist naturgemäß das Netz beim Verkehr auf der Schiene, sodass es hier ganz unmöglich sein kann, die Haltestelle zu Fuß zu erreichen. *2.3 Behauptung / Begründung mit Beispielen*

Aus der Tatsache, dass ein individuelles Fahrziel nur durch mehrfaches Umsteigen erreichbar ist, ergibt sich der Nachteil von langen Wartezeiten beim Umsteigen. Oft sind die Abfahrts- und Ankunftszeiten der verschiedenen Linien oder Verkehrsmittel nicht aufeinander abgestimmt oder man verpasst durch eine Verspätung den Zug oder Bus, mit dem man seine Fahrt fortsetzen wollte. Lange Wartezeiten ergeben sich besonders dann, wenn man von einem Verkehrsmittel auf ein anderes umsteigen muss, oder in der Nacht, wenn die Häufigkeit der Fahrten stark eingeschränkt ist. Nahverkehrszüge der Bahn warten bei Verspätungen selten aufeinander und beim üblichen Stundentakt können sich unangenehm lange Wartezeiten ergeben. *Verknüpfung / 2.4 Behauptung / Begründung / Beispiele*

Besonders schwer haben es öffentliche Verkehrsmittel im ländlichen Raum, eine Alternative zum Auto darzustellen. So ist außerhalb der Ballungszentren das öffentliche Verkehrsnetz oft sehr dünn. Lange Fußwege zur nächsten Haltestelle oder eine fehlende Busverbindung zu einem weit entfernten Bahnhof machen die Nutzung unrentabel oder unmöglich. Ähnlich wirkt sich der Umstand aus, dass es auf dem Land oft nur wenige Fahrten auf einer Linie gibt und diese häufig zu Zeiten, die nicht dem individuellen Bedarf entsprechen. An Wochenenden oder später am Abend finden häufig gar keine Fahrten mehr statt. 2.5 Behauptung Begründung Beispiel

Einen ganz anderen Nachteil im Vergleich zum Auto stellt die häufige Überfüllung öffentlicher Verkehrsmittel zu den Hauptverkehrszeiten dar. Anders als im Auto kann man dann nicht sitzen, sondern steht dicht an dicht, was von den meisten Menschen als unangenehm empfunden wird. Auf einer kurzen U-Bahn-Fahrt erscheint dies noch erträglich, in einem überfüllten Nahverkehrszug oder gar stehend ein paar Stunden im Intercity ist es nicht mehr akzeptabel. 2.6 Behauptung Begründung Beispiel

Abschließend ist anzumerken, dass öffentliche Verkehrsmittel in der Summe eine relativ langsame Art des Vorwärtskommens darstellen. Rechnet man die unter Umständen langen Fußwege zu den Haltestellen, die Wartezeiten beim Umsteigen, das mehrfache Umsteigen und den nötigen Fußweg zum individuellen Ziel zusammen, dann schrumpft die Reisegeschwindigkeit selbst mit schnellen Verkehrsmitteln wie der U-Bahn oder des Intercity beträchtlich. Hinzu kommt, dass man in Zubringerverkehrsmitteln wie dem Bus oder dem Nahverkehrszug aufgrund der großen Anzahl an Haltestellen sehr langsam unterwegs ist. 2.7 Behauptung zusammenfassende Begründung mit Beispielen

Nach der Auseinandersetzung mit den Vor- und Nachteilen öffentlicher Verkehrsmittel komme ich zu dem Schluss, dass sie für mich eine Alternative zum eigenen Auto darstellen. Den wichtigsten Grund sehe ich darin, dass dadurch die Lärmbelastung und der CO_2-Ausstoß erheblich verringert werden können. Dies ergibt sich daraus, dass durch einen Bus oder einen Nahverkehrszug viele Autos ersetzt werden können, erst recht, wenn man davon ausgeht, dass gerade bei Fahrten zur Arbeit in jedem Auto meistens nur eine Person sitzt. Die Luftqualität vor allem in unseren Städten und die Lebensqualität der Menschen würde spürbar verbessert, vom Beitrag für den Klimaschutz ganz zu schweigen. **Überleitung zu B. 3**, eigene Meinung Begründung 3.1

Daneben empfinde ich das schnelle und staufreie Vorankommen als einen großen Vorteil. Wer will schon mehrere Stunden pro Woche im Stau verbringen und wertvolle Zeit, die man als Freizeit nutzen kann, vergeuden? Selbst die Zeit während der Fahrt kann ich in Bus oder Bahn sinnvoll nutzen, weil ich mich nicht auf den Verkehr konzentrieren muss. 3.2

Schließlich entfällt mit dem Wegfall der Parkplatzsuche ein weiterer Zeitfresser, den die Benutzung des Autos mit sich bringt. Ein Parkplatz, den man nicht suchen muss, erspart einem außerdem viel Stress und jede Menge Parkgebühren. 3.3

Obwohl in den letzten Jahren viel Geld in den Ausbau öffentlicher Verkehrsnetze geflossen ist und so die Verkehrsmittel von immer mehr Menschen genutzt werden, könnten sie noch attraktiver gemacht werden. Wichtig ist hierbei Schnelligkeit, die man zum Beispiel mit eigenen Gleisen für S-Bahnen steigern könnte. Genauso könnten häufigere Verbindungen zum Beispiel zu den Stoßzeiten oder am späteren Abend die Akzeptanz und die Nutzung durch die Bevölkerung erhöhen. Schließlich müsste mehr Geld in ein bedarfsgerechtes Verkehrsnetz auf dem Land investiert werden, damit für die Menschen dort die öffentlichen Verkehrsmittel eine gute Alternative darstellen, um z. B. in die Ballungsräume zu gelangen. Umgekehrt könnten dann die Menschen aus den Großstädten in der Freizeit und am Wochenende bequem in die ländlichen Regionen reisen. **C.** Schluss

2014/5 Laut aktuellem Schuldneratlas 2013 ist in Deutschland die Zahl der stark verschuldeten Jugendlichen in den letzten zehn Jahren drastisch gestiegen. Erörtern Sie Ursachen hierfür. Was lässt sich dagegen unternehmen?

Hinweise zur Erschließung des Themas

Im Vorspann findet sich der Themabegriff „verschuldete Jugendliche". Er wird genauer umrissen mit den Aussagen „in den letzten Jahren drastisch gestiegen" (= starker Anstieg) und „stark" in Bezug auf die Schulden. Zwei Erörterungsaufträge präzisieren das Thema. Zum einen wird nach den Ursachen für den drastischen Anstieg der Zahl stark verschuldeter Jugendlicher gefragt. Zum anderen sollst du Maßnahmen erörtern, mit denen etwas dagegen unternommen werden kann. Etwas problematisch im Zusammenhang mit dem Thema ist der Begriff „Jugendliche", da unklar ist, welche Altersgruppe unter diesen Begriff fällt. Spontan würde man sagen, dass die „Jugend" mit dem Erreichen der Volljährigkeit vorbei ist. Da man unter 18 Jahren, wie du weißt, nicht in vollem Umfang geschäftsfähig ist, fallen jedoch etliche Ursachen für eine starke Verschuldung weg. In Deutschland ist es durchaus üblich, von Jugendlichen zu sprechen, wenn die Betreffenden zwischen 13 und 21 Jahren alt sind. Damit sind die Betroffenen drei Jahre im voll geschäftsfähigen Alter, weshalb sie im vorliegenden Thema mit gemeint sind, da sich nur dann schlüssige Ursachen finden lassen. Diese Vorüberlegungen können auch gleich für einen Einleitungsgedanken nützlich sein.

Themabegriff	verschuldete Jugendliche
Einschränkung	„Zahl […] in den letzten Jahren drastisch gestiegen" = starker Anstieg; „stark verschuldet" = hohe Schulden
Präzisierung	Ursachen für den drastischen Anstieg der Zahl stark verschuldeter Jugendlicher; Maßnahmen, mit denen diesem begegnet werden kann
Erörterungsauftrag zweigliedrig	1. Welche Ursachen gibt es, dass die Zahl stark verschuldeter Jugendlicher in den letzten Jahren drastisch gestiegen ist? 2. Mit welchen Maßnahmen kann man diesem Problem begegnen?

Stoffsammlung und Strukturierung

Überlegungen zur Einleitung

Für eine sinnvolle Hinführung zum Thema, ohne bereits Argumente vorwegzunehmen, gibt es hier relativ wenig Spielraum. Denn die Darstellung eigener Erfahrungen im positiven Sinne, etwa wie du gelernt hast, dir dein Taschengeld einzuteilen (→ Maßnahmen werden angesprochen), oder im negativen Sinne, wenn jemand in deinem Umfeld Schulden hat (→ Ursachen werden genannt), führen zur Vorwegnahme von Argumenten. Es verbleiben diese Möglichkeiten:

- Definition des Begriffes Jugendlicher → Begründung, warum die Ausweitung auf bis 21-Jährige sinnvoll ist *(siehe Hinweise zur Erschließung des Themas)*
- Definition des Begriffes Verschuldung und Abgrenzung zur Überschuldung → Wer Schulden hat, ist verschuldet. Das Thema stellt hohe Schulden (stark verschuldet) in den Mittelpunkt. Wer Schulden nicht mehr zurückzahlen kann, ist überschuldet. Möglicherweise helfen dir dafür Kenntnisse aus dem Wirtschafts- und Rechtslehreunterricht.
- kurze Erklärung, worum es beim Schuldneratlas geht → Darstellung der Höhe der Verschuldung, Anteil von Schuldnern an der Gesamtbevölkerung, Anzahl der Verschuldeten nach Altersgruppen und Geschlecht auf Landkreis-, Gemeindeebene bis hin zu einzelnen Stadtbezirken in Großstädten usw. (Wirtschafts- und Rechtslehre)

- Rückblick → Schulden zu haben war früher in der Gesellschaft schlecht angesehen und man versuchte, ohne sie auszukommen.
- Begriff „stark verschuldet" → Erklärung, dass eine starke Verschuldung nicht zwingend von der Höhe der Schulden abhängt, sondern vielmehr von der Höhe des zur Verfügung stehenden Einkommens, sie abzubezahlen. Mit der Überleitung auf die Jugendlichen kannst du darauf verweisen, dass sie in der Regel über ein noch vergleichsweise geringes Einkommen verfügen (Ausbildung, Studium, erste Berufsjahre).

Vorarbeiten für den Hauptteil

Der Stoffsammlung zum Thema näherst du dich am besten mit den Fragestellungen, wofür zu viel Geld ausgegeben wird und warum viele Jugendliche genau das tun. Auch die Frage, wer oder was dafür verantwortlich ist, dass man Schulden anhäuft, führt dich auf einen gut strukturierten Weg. Die Ursachen kannst du dann nach den „Verursachern" untergliedern. Auch bei der Suche nach Maßnahmen kannst du bei den „Verursachern" ansetzen.

Leitfragen zur Stoffsammlung

1. Wofür geben Jugendliche mehr Geld aus, als ihnen zur Verfügung steht?
2. Warum geben Jugendliche mehr Geld aus, als sie verdienen?
3. Welche Einflüsse von außen, die zur Verschuldung führen, gibt es dafür?
4. Welche Maßnahmen kann der Einzelne und können die übrigen Verantwortlichen treffen, damit (starke) Verschuldung vermieden werden kann?
5. Welche Möglichkeiten haben hier Gesetzgeber und Schulen?

Überlegungen zum ersten Teil der Themafrage – Welche Ursachen gibt es, dass die Zahl stark verschuldeter Jugendlicher in den letzten Jahren drastisch gestiegen ist?

Es geht hier zunächst um die Gründe für die starke Zunahme der Zahl verschuldeter Jugendlicher. Man muss sich zuerst die Frage stellen, wodurch dieses Problem entsteht, d. h., warum und wofür Geld ausgegeben wird, das man nicht hat. In erster Linie entsteht dieses Problem durch das Konsumverhalten der Betroffenen. Als Nächstes musst du dir klar werden, warum viele Jugendliche weit über ihre finanziellen Verhältnisse leben; zum Beispiel, um ihr Ansehen in der Clique zu erhöhen, um „in" zu sein oder um ihr Selbstbewusstsein zu stärken. Schließlich ist dann noch die Frage zu klären, welche Einflüsse von außen dazu führen, dass es zu einer Veränderung im Konsumverhalten der Jugendlichen kommt mit der Folge, dass die Verschuldung zunimmt. Es müssen Einflüsse oder Verursacher sein, die Bedürfnisse wecken, z. B. die Medien, die Werbung, gesellschaftliche Werte, die Industrie usw. Dann ist noch zu überlegen, wie und von wem die Finanzierung dieser geweckten Bedürfnisse scheinbar leicht und unkompliziert möglich gemacht wird (Raten, Kredite, Kreditkarten, Kontoüberziehung usw. durch Banken, Versandhäuser, Mobilfunkanbieter, Onlinehandel, …). Die Gründe kannst du nach den „Verursachern" gliedern.

Stoffsammlung: Ursachen im Überblick

Individuell	– Wunsch nach Ansehen und Selbstbewusstsein – „Markenwahn" – übermäßige Nutzung von Handy und Internet – falsches Verhältnis zum Geld
Gesellschaft	– materielle Werte überbetont – Äußerlichkeiten bestimmen Ansehen
Medien/Werbung	– immer neue Trends – immer neue Bedürfnisse – Stars und Idole als Vorbilder

Familie/soziales Umfeld	– Eltern als negatives Vorbild – Erziehung, Umgang mit Geld – Gruppenzwang
Banken und Handel	– Bankcard für Jugendliche unter 18 – unkomplizierte Kredite – jetzt kaufen, später bezahlen – leichte Ratenzahlung

Überlegungen zum zweiten Teil der Themafrage – Mit welchen Maßnahmen kann man diesem Problem begegnen?

Bei der Frage nach den Maßnahmen gegen die stark steigenden Zahlen verschuldeter Jugendlicher bewährt es sich, wieder bei den schon genannten „Verursachern" anzusetzen. Zusätzlich liegt auf der Hand, dass auch der Gesetzgeber und die Schule hier gefordert sind.

Stoffsammlung: Maßnahmen im Überblick

Gesellschaft	– nicht Äußerlichkeiten in den Mittelpunkt stellen – Konsumdenken einschränken
Familie	– zum richtigen Umgang mit Geld erziehen – Eltern als Vorbild – Ausgabenkontrolle durch die Eltern
Werbung und Medien	– über Gefahren der Verschuldung aufklären – auf fragwürdige Werbekampagnen verzichten
Handel und Banken	– über Folgen von Krediten besser aufklären – strengere Kreditvergabe/Ratenzahlungen erschweren – auf „kaufe jetzt und zahle später" verzichten
Gesetzgeber	– strengere Regeln für Kredite/Ratengeschäfte mit Jugendlichen – Kostenfallen im Internet/Handybereich verbieten
Schule	– Aufklärung/Fachleute im Unterricht – Konsumverhalten und Verschuldung als Unterrichtsthema
Individuell	– Ausgaben-Einnahmen-Buch führen – Bedürfnisse und Konsum an die finanziellen Mittel anpassen

Überlegungen zum Schlussgedanken

Nun ist dieses recht umfangreiche Thema noch mit einem passenden Schlussgedanken abzurunden. Dazu eignen sich unter anderem folgende Ansätze:

- Folgen einer hohen Verschuldung → Überschuldung, mit der Folge, dass man seinen finanziellen Verpflichtungen nicht mehr nachkommen kann; Auswirkungen (z. B. mit der Miete in Rückstand geraten, die Wohnung verlieren etc.)
- eigene Erfahrungen im Umgang mit Geld
- begründete persönliche Meinung zum Konsumdenken
- Kritik an der Überbetonung materieller Werte und daran, dass Ansehen oft von Äußerlichkeiten abhängt
- Kritik am „Markenwahn" oder daran, immer die neuesten technischen Geräte haben zu müssen, z. B. bestimmte Smartphones oder Tablets

Gliederungsvorschlag

A. Eine starke Verschuldung ist nicht nur von der Höhe der Schulden abhängig, sondern auch von der Höhe des verbleibenden Einkommens, mit dem man die Verbindlichkeiten abtragen kann

B. Welche Ursachen gibt es, dass die Zahl stark verschuldeter Jugendlicher in den letzten Jahren drastisch gestiegen ist? Mit welchen Maßnahmen kann man diesem Problem begegnen?

1 Ursachen für die steigende Zahl stark verschuldeter Jugendlicher

1.1 Gesellschaftliche Ursachen
- Überbetonung materieller Werte
- Abhängigkeit des Ansehens von Äußerlichkeiten

1.2 Ursachen in der Familie und im sozialen Umfeld
- Eltern als negatives Vorbild
- Fehlende Erziehung in Bezug auf den Umgang mit Geld
- Beeinflussung durch Gruppenzwang

1.3 Werbung und Medien als Ursachen
- Schaffung neuer und kurzlebiger Trends
- Wecken immer neuer Bedürfnisse
- Stars und Idole als Konsumvorbilder

1.4 Banken und Handel als Ursachen
- Bankcard für Jugendliche
- Möglichkeit, unkompliziert Kredite zu erhalten
- Möglichkeit, jetzt zu kaufen und später zu bezahlen
- Möglichkeit der einfachen und leichten Ratenzahlung

1.5 Individuelle Ursachen
- Fehlendes Verhältnis zum Geld
- Wunsch nach Steigerung des Ansehens und des Selbstbewusstseins
- Abhängigkeit vom „Markenwahn“
- Unkontrollierte und kostspielige Nutzung von Mobiltelefon und Internet

2 Maßnahmen gegen die steigende Zahl stark verschuldeter Jugendlicher

2.1 Gesellschaftliche Maßnahmen
- Bewertung von Menschen nicht nach Äußerlichkeiten
- Einschränkung des Konsumdenkens

2.2 Familiäre Maßnahmen
- Ausgabenkontrolle durch die Eltern
- Eltern als positives Vorbild
- Erziehung zu einem verantwortungsbewussten Umgang mit Geld

2.3 Maßnahmen der Werbung und der Medien
- Aufklärung über die Gefahren der Verschuldung
- Verzicht auf fragwürdige Werbekampagnen

2.4 Maßnahmen der Banken und des Handels
- Bessere Aufklärung über die Folgen von Krediten
- Kreditvergabe und Ratengeschäfte für junge Menschen erschweren
- Verzicht auf „Kaufen und später Bezahlen“

2.5 Maßnahmen des Gesetzgebers
- Strengere Gesetze für Kredit- und Ratengeschäfte bei jungen Menschen
- Verbot von Kostenfallen bei Mobilfunkverträgen und im Internet

2.6 Maßnahmen der Schulen
- Einbeziehung von Fachleuten in den Unterricht
- Konsumverhalten, Verschuldung, Umgang mit Geld als Unterrichtsthema

2.7 Maßnahmen des Einzelnen
- Führung eines Ausgaben-Einnahmen-Buches
- Anpassung des Konsums an die finanziellen Möglichkeiten

C. Überschuldung kann die Lebensplanung junger Menschen zerstören

***Hinweis zur Ausformulierung:** Dadurch, dass sowohl Ursachen als auch Maßnahmen sehr vielfältig sind, ergibt sich nicht nur eine sehr lange Gliederung, auch deine Erörterung wird sehr umfangreich, wenn du jedes Argument mit Begründung, Beispiel und auch noch Folge/ Wirkung versiehst. Deshalb erscheint es hier sinnvoll, die jeweiligen Teilbereiche als Behauptung zu verwenden, mit den Unterpunkten zu begründen und mit Beispielen zu versehen. Mit diesen „Sammelargumenten" erreichst du einen übersichtlicheren Aufsatz und die Gefahr ist gering, dass du dich (vor allem bei den Begründungen) wiederholst.*

Aufsatzbeispiel

(Die Randbemerkungen sind nicht Teil des Aufsatzes, sie dienen nur deiner Orientierung.)

Der Grad einer Verschuldung ist nicht nur abhängig von der Höhe der angehäuften Schulden, sondern er richtet sich auch nach dem Einkommen, das zur Verfügung steht, um die Verbindlichkeiten zu bedienen. Konkret heißt das, dass für einen Menschen mit geringem Einkommen ein paar tausend Euro Schulden bereits zu einem erheblichen Problem werden können. Gerade bei jungen Menschen, die noch in der Ausbildung oder ganz am Anfang ihrer beruflichen Laufbahn stehen, trifft dies häufiger zu. Da laut aktuellem Schuldneratlas die Zahl stark verschuldeter Jugendlicher deutlich gestiegen ist, stellt sich deshalb die Frage nach den Ursachen für diesen Anstieg und nach Maßnahmen, mit denen man dieses Problem in den Griff bekommen kann. — **A.** Einleitungsgedanke; Überleitung; Themafrage als Aussagesatz

Bevor man sich näher mit den vielschichtigen Ursachen beschäftigt, muss man sich bewusst sein, dass der in der Aufgabenstellung genannte Begriff „Jugendliche" für Personen bis zum 21. Lebensjahr gültig ist. Damit rückt die Personengruppe, die voll geschäftsfähig ist, sich in der Ausbildung oder am eher schlecht bezahlten Beginn des Berufslebens befindet, in den Mittelpunkt der Überlegungen, wobei viele Ursachen auch bei Jugendlichen unter 18 Jahren zutreffend sind. — klärende Vorbemerkung

Die Gliederungspunkte sind folgendermaßen ausformuliert: Oberpunkt/übergeordnete Behauptung (hier z. B.: gesellschaftliche Ursachen) – Unterpunkte für vielseitige Begründungen und Beispiele

Zunächst sind einige Ursachen festzuhalten, die gesellschaftliche Ursprünge haben. Heutzutage werden materielle Werte häufig überbetont, was bedeutet, dass Geld und Besitz im Vordergrund stehen und zum Beispiel ein möglichst „schickes" Auto ein wichtiges Statussymbol darstellt, für das man bereit ist, Schulden zu machen. Außerdem hängt gerade bei der jungen Generation das Ansehen sehr von Äußerlichkeiten ab, die häufig viel Geld kosten. Dabei braucht man nur an teure Markenkleidung, aufwendige Frisuren oder an die beliebten Tätowierungen und Piercings denken. — **B.1** Sammelargument 1.1 mit zwei Unterpunkten

Neben der Gesellschaft spielen auch Familie und soziales Umfeld eine gewisse Rolle, wenn man an die Ursachen für die Verschuldung Jugendlicher denkt. El- — Sammelargument 1.2

tern, die selbst Schulden haben und viele Anschaffungen „auf Pump" finanzieren, dienen unter Umständen als negatives Vorbild, da Jugendliche den Eindruck gewinnen, Einkäufe auf Kredit oder mittels Ratenzahlung seien alltäglich. Den Eltern kommt bei der Erziehung in Bezug auf den Umgang mit Geld eine wesentliche Rolle zu. Viele bringen ihren Kindern nicht bei, sich das Taschengeld eigenverantwortlich einzuteilen. Oft ist es auch so, dass die Eltern fehlende Zuwendung mit einem hohen Taschengeld auszugleichen versuchen, sodass die Jugendlichen kein richtiges Verhältnis zum Geld entwickeln können. Ebenso kann das soziale Umfeld eine Rolle spielen. Jungen Menschen ist ihr Freundeskreis sehr wichtig und Gruppenzwang kann dazu führen, dass man zu viel Geld für Dinge ausgibt, die man vermeintlich haben muss, um dazuzugehören. mit drei Unterpunkten

Darüber hinaus muss der Einfluss von Werbung und Medien berücksichtigt werden. Ständig werden neue Trends geschaffen, die bald wieder von anderen abgelöst werden, beispielsweise im Bereich der Mode. Zudem gelingt es der Werbung, immer neue Bedürfnisse zu wecken und die jungen Menschen dazu zu bringen, diese „Must-Haves" zu kaufen. In immer kürzeren Abständen kommen zum Beispiel neue Smartphones auf den Markt, die mit zusätzlichen Funktionen oder neuen Designs dazu verführen, dass man sich das aktuelle und teurere Gerät kauft, obwohl das Vorgängermodell noch völlig ausreichend wäre. Aber auch Stars und Idole dienen der Jugend als Konsumvorbilder, ohne dass darüber nachgedacht wird, dass Prominente über ganz andere finanzielle Möglichkeiten verfügen. Sammelargument 1.3 mit drei Unterpunkten

Bei all diesen Kaufabsichten spielen Banken und Handel eine gewichtige Rolle für die Verschuldungsgefahr. So können Jugendliche unter 18 Jahren bereits mit einer Bankcard über ein Taschengeldkonto verfügen. Obwohl diese Konten in der Regel bis zum 18. Lebensjahr nicht überzogen werden können, besteht dennoch die Gefahr, dass man beim Geld abheben über den Bankautomaten den Überblick über Kontostand und Ausgaben verliert. Jugendliche über 18 Jahren mit eigenem Einkommen erhalten meist ganz unkompliziert von ihrer Bank einen Kredit, wobei häufig nicht deutlich genug auf die Belastung durch die Rückzahlung hingewiesen wird. Nutzt ein junger Mensch die weiteren „Verlockungen", zum Beispiel die Möglichkeiten, jetzt zu kaufen und erst nach einer gewissen Zeit mit dem Bezahlen zu beginnen oder etwas auf Raten zu finanzieren, dann können sich innerhalb kürzester Zeit hohe Verbindlichkeiten anhäufen. Spürbar wird deren Belastung erst dann, wenn die Rückzahlung fällig wird. Sammelargument 1.4 mit vier Unterpunkten

Doch neben den bisher erörterten Ursachen von außen gibt es auch ganz individuelle Gründe, die zu einer starken Verschuldung in jungen Jahren führen können. Ein fehlendes Verhältnis zum Geld bedeutet zum Beispiel, dass man zum einen Ausgaben und Einnahmen nicht kontrollieren kann und zum anderen, dass man sich der finanziellen Folgen von Krediten oder Ratenkäufen nicht bewusst ist. Man erkennt möglicherweise viel zu spät, dass das Einkommen zur Zahlung von Zinsen und für die Rückzahlung der Schulden nicht mehr ausreicht. Viele junge Menschen legen Wert auf ein hohes Ansehen in ihrem sozialen Umfeld und wollen durch den materiellen Besitz ihr Selbstbewusstsein steigern. So gibt man z. B. viel Geld aus, um teure Tuningteile für sein Auto anzuschaffen, damit man sich von der Masse abheben kann. Beispiel einer Verknüpfung Sammelargument 1.5 mit vier Unterpunkten

Auch das, was als „Markenwahn" bezeichnet wird, spielt als Ursache eine Rolle. Bezog sich der Begriff früher eher auf bestimmte (überteuerte) Modelabels, so meint man heute vor allem ausgabenintensive technische Produkte (Smartphones, große Flachbildfernseher usw.). Letztlich stellt die unkontrollierte und kostspielige Nutzung von Mobiltelefon und Internet eine weitere Verschuldungsursache dar. Bei der Nutzung von Apps ergeben sich z. B. oft versteckte Kosten, die schwer zu kalkulieren sind.

Nachdem nun die vielen Ursachen für die Zunahme starker Verschuldung bei Jugendlichen dargestellt wurden, geht es im zweiten Teil dieser Erörterung um die Maßnahmen, mit denen dieser Entwicklung begegnet werden kann. **Überleitung zu B.2**

Zunächst ist dabei die Gesellschaft gefordert. Es sollte ein gesellschaftliches Einvernehmen hergestellt werden, das bei der Bewertung eines Menschen nicht die Äußerlichkeiten in den Mittelpunkt stellt. Das Ansehen einer Person sollte von ihrer Persönlichkeit und ihrem Charakter abhängen, nicht davon, welches Auto sie fährt oder welche Markenturnschuhe sie trägt. Einen ähnlichen Wertewandel hin zu einer kritischen Sicht müsste es beim Konsumdenken geben. Sammelargument 2.1 mit zwei Unterpunkten

Ebenso besitzen auch die Familien Möglichkeiten, der späteren Verschuldung der Kinder vorzubeugen, etwa durch eine Kontrolle der Ausgaben durch die Eltern. Dabei ist es wichtig, dass die Erwachsenen selbst eine positive Vorbildfunktion besitzen, indem sie schuldenfrei wirtschaften und größere Anschaffungen sorgfältig planen. Noch besser als eine Ausgabenkontrolle ist die Erziehung zu einem verantwortungsbewussten Umgang mit Geld. Den jungen Menschen muss bewusst gemacht werden, dass nicht alle Wünsche sofort erfüllbar sind und dass sie sich auch durch Sparen verwirklichen lassen. Auch sollten sie lernen, Ausgaben und Einnahmen zu planen und in einem Gleichgewicht zu halten. Sammelargument 2.2 mit drei Unterpunkten

Ferner kommt auch der Werbung und den Medien eine große Verantwortung zu. Wenn einerseits immer neue und teure Bedürfnisse kreiert werden, dann besteht auch eine gewisse Verpflichtung darauf hinzuweisen, dass die Gefahr der Verschuldung mit allen negativen Folgen besteht. Diese Hinweise könnten sich in Form und Inhalt an der Medikamentenwerbung orientieren oder wie die Warnungen auf Zigarettenpackungen formuliert sein. Vor allem aber sollte auf fragwürdige Werbekampagnen verzichtet werden, mit denen gerade bei jungen Menschen Bedürfnisse geweckt werden, mit denen man angeblich „voll im Trend“ liegt. Viele glauben dann, dass es ohne riesigen Flachbildschirm oder das neueste Apple iPad nicht geht. Sammelargument 2.3 mit zwei Unterpunkten

Neben Werbung und Medien stehen auch Banken und Handel in der Pflicht, Maßnahmen zu ergreifen. Banken müssen deutlicher über die Folgen von Krediten aufklären und mit den jungen Kunden durchrechnen, wie viel sie sich leisten können, und die Höhe des Kredits entsprechend begrenzen. Grundsätzlich sollte die Kreditvergabe und die Möglichkeit der Ratenzahlung für junge Menschen erschwert werden, da sie in der Regel noch über ein relativ niedriges Einkommen verfügen. Ebenso sollte der Handel auf Angebote wie „jetzt Kaufen – später Bezahlen“ verzichten. Diese laden förmlich zum Schuldenmachen ein, indem sie dazu verführen, kostspielige Anschaffungen zu tätigen, obwohl man im Moment kein Geld zur Verfügung hat. Sammelargument 2.4 mit drei Unterpunkten

Damit die oben genannten Maßnahmen durchgesetzt werden können, ist auch der Gesetzgeber gefordert, indem er strengere gesetzliche Grundlagen für Kredit- und Ratengeschäfte junger Menschen erlässt, die die maximale Höhe der Schulden abhängig vom Einkommen regeln und die Banken und den Handel zwingen, diese Grenzen einzuhalten. Bei der Bankcard für Jugendliche ist eine Kontoüberziehung beispielsweise gesetzlich verboten. Großer Nachholbedarf besteht auch dabei, Kostenfallen bei Mobilfunkverträgen und im Internet zu verbieten und konsequent zu verfolgen. So sollten beispielsweise unseriöse Anbieter, die mit versteckten Kosten arbeiten, durch empfindlich hohe Strafen abgeschreckt werden. Sammelargument 2.5 mit zwei Unterpunkten

Nicht zuletzt haben die Schulen die Aufgabe, den Jugendlichen vertiefte Kenntnisse über den Umgang mit Geld zu vermitteln. Eine Maßnahme hierfür kann sein, Fachleute aus dem Bereich Banken und Kreditwirtschaft in den Unterricht einzubeziehen. Ebenso eignen sich dafür Schuldenberater, die Einblick in die Praxis geben und aufzeigen können, wie schwierig es ist, Schulden wieder in Sammelargument 2.6 mit zwei Unterpunkten den Griff zu bekommen. Auch ehemalige Schuldner, die über ihren Lebensweg berichten, bieten einen überzeugenden Einblick. Themen wie Konsumverhalten, Verschuldung und Umgang mit Geld sollten stärker im Unterricht berücksichtigt werden. Da ist durchaus ein eigenes Unterrichtsfach angebracht, weil das Wissen der Jugendlichen offenbar erschreckend gering ist, wenn von einem drastischen Anstieg der Zahl stark verschuldeter Jugendlicher die Rede ist.

Letztendlich ist jeder Einzelne in der Pflicht, Maßnahmen zu ergreifen, wenn er bemerkt, dass die finanzielle Lage angespannt ist. Mit der Führung eines Ausgaben-Einnahmen-Buches behält man immer einen klaren Überblick und weiß, was man sich leisten kann und was nicht. Darüber hinaus sollte jede Person ihren Konsum an die finanzielle Lage anpassen und bei größeren Anschaffungen besser im Voraus sparen als unüberlegt einen Kredit aufnehmen.

Sammelargument 2.7 mit zwei Unterpunkten

Aus einer hohen Verschuldung können sich schnell eine Überschuldung und der finanzielle Bankrott ergeben. Wenn dieser Ernstfall eintritt, besteht die Gefahr, dass die Lebensplanung junger Menschen zerstört wird. Einerseits sind sie über lange Zeit durch die Rückzahlung der Schulden kaum handlungsfähig, andererseits ergeben sich aus der Überschuldung weitere schwerwiegende Folgen, z. B. der Verlust der Wohnung. Oft flüchten Überschuldete vor ihren Problemen in eine Sucht oder es kommt dazu, dass Beziehungen an den Auswirkungen der finanziellen Schwierigkeiten zerbrechen.

C. Schluss

2014/6 Schikane, Hetze und Beleidigung erfolgen heute häufig über moderne Medien. Warum ist gerade Cybermobbing für die Opfer ein schwerwiegendes Problem? Was kann dagegen unternommen werden?

Hinweise zur Erschließung des Themas

In dieser materialgestützten Erörterung geht es um den Themabegriff „Cybermobbing", der im Vorspann erklärt ist. Eingeschränkt wird der Themabegriff durch die Sichtweise auf die Opfer. Die beiden Erörterungsaufträge fragen nach den Gründen, warum Cybermobbing für die Opfer ein schwerwiegendes Problem darstellt, und welche Maßnahmen gegen Cybermobbing unternommen werden können.
Eine genaue Auseinandersetzung mit dem vorgegebenen Material steht am Anfang deiner Arbeit und ist ein wesentlicher Teil der Stoffsammlung. Dabei ist es wichtig zu überlegen, welche Informationen du für welchen Bereich deines Aufsatzes verwenden kannst. Konkret heißt das: Welche Materialvorgaben enthalten Argumente? Was kannst du daraus zur Veranschaulichung deiner Argumente verwenden? Welche Informationen können in die Einleitung oder den Schluss einfließen? Da es sich in diesem Fall um zum Teil längere Textauszüge handelt, ist es sinnvoll, wichtige Aussagen zu markieren und zu notieren, wie du sie verwenden möchtest. Ein zweiter Teil der Stoffsammlung besteht dann darin, zu überlegen, ob sich für dich aus dem Informationsmaterial weitere Argumente ergeben und ob du selbst weitere Gesichtspunkte weißt, z. B. aus dem Unterricht, aus persönlicher Erfahrung oder aufgrund aktueller Ereignisse, die in den Medien aufgegriffen wurden. Auch für deinen Einleitungs- und Schlussgedanken kannst du auf eigene Ideen zurückgreifen. Grundsätzlich wird erwartet, dass dem Aufsatz deutlich anzumerken ist, dass das Material gelesen, ausgewertet und sinnvoll verarbeitet wurde.

Themabegriff	Cybermobbing (= Schikane, Hetze, Bedrohung und Beleidigung über moderne Medien)
Einschränkung	Opferseite
Präzisierung	Gründe, warum Cybermobbing für die Opfer ein schwerwiegendes Problem darstellt; Maßnahmen, etwas gegen Cybermobbing zu unternehmen
Erörterungsauftrag zweigliedrig	1. Warum ist gerade Cybermobbing für die Opfer ein schwerwiegendes Problem? 2. Was kann gegen Cybermobbing unternommen werden?

Stoffsammlung und Strukturierung

Überlegungen zur Einleitung und zum Schluss

Du überprüfst das Material auf seine Verwendbarkeit für einen sinnvollen Einleitungsgedanken oder greifst auf eigene Erfahrungen zurück. Es ist auch eine Kombination aus mehreren Materialaussagen möglich.

Welche Einleitungs- oder Schlussgedanken kann ich aus dem Material gewinnen?

- Einleitung: Statistik zur Häufigkeit und zu verschiedenen Erscheinungsformen von Cybermobbing (M 2)
- Einleitung: Amanda Todd, ihr YouTube-Video und der Selbstmord mit 15 Jahren (M 3)
- Einleitung: Definition des Begriffs Cybermobbing (M 5)
- Schluss: Extreme Auswirkungen am Beispiel des Falles Amanda Todd (M 3)
- Schluss: Strafrechtliche Folgen im Strafgesetzbuch (M 8)
- Schluss: Aufgreifen des Hinweises, dass es in Deutschland bislang keine eigenen Gesetze gibt und begründete Forderung danach (aus M 8)

Natürlich brauchst du nicht auf diese Möglichkeiten zurückgreifen, wenn du selbst einen guten Einleitungs- oder Schlussgedanken hast. Achte aber darauf, dass du in der Einleitung keine Probleme oder Gegenmaßnahmen vorwegnimmst. Ein Ansatz könnte auch sein, vom „realen Mobbing" auszugehen, um dann auf die „virtuelle" Variante überzuleiten. Für den Schluss könnte sich die Darstellung von Aktivitäten zu diesem Thema an deiner Schule anbieten.

Überlegungen zum Hauptteil

Neben einer genauen Materialauswertung unter der Vorgabe, daraus Argumente zu formulieren, lohnt sich auch der Blick „zwischen die Zeilen" der Textauszüge des Materials. Auch hieraus können Argumente gewonnen werden. Überprüfe abschließend, was aus deinem eigenen Wissen zum Thema Gesichtspunkte liefern könnte. Eine Untergliederung der Argumente in einzelne Bereiche erscheint nicht notwendig.

Überlegungen zum ersten Teil der Themafrage – Warum ist gerade Cybermobbing für die Opfer ein schwerwiegendes Problem?

Für die Gewinnung von Argumenten kommen vor allem die Materialien M 1, 3, 4, 5 und 9 infrage, indirekt auch Material 7. Denn dort heißt es, dass man keine Angst aufkommen lassen soll. Natürlich ist es klar, dass Cybermobbingattacken zunächst Angst auslösen.
Die Materialien 1, 5, 9 verweisen auf den Schutz der Täter durch die Anonymität im Internet bzw. über das Handy. Das veranschaulicht auch die Karikatur (M 1), in der ein Schüler oder eine Schülerin von gleich aussehenden Handys massiv bedroht wird. Zusätzlich gibt Material 9 den Hinweis, dass Cybermobbing Auswirkungen auf alle Lebensbereiche hat, dass man also nicht einmal zu Hause geschützt ist. Ebenso lässt sich aus diesem Text ableiten, dass die einzelnen oder gemeinschaftlichen Täter nicht fassbar und einzugrenzen sind, auch wenn man annehmen muss, dass man sie in der realen Welt kennt (siehe M 5). Der fehlende Schutzbereich (= massive Beeinflussung des Privatlebens) wird auch in Material 4 angesprochen. Die Online-Nachricht (M 3) und insbesondere M 4 sprechen körperliche, psychische und soziale Folgen an. Um die sozialen Folgen zu veranschaulichen, solltest du dir überlegen, dass z. B. Angst und Unklarheit, wer die Täter sind, als Reaktion dazu führen, dass man sich aus dem Freundeskreis zurückzieht oder in der Klasse die Rolle eines Außenseiters wählt, weil man allen misstraut. Aspekte, die du noch zusätzlich weißt, kannst du entsprechend einordnen.

Deine Stoffsammlung zum ersten Teil der Themafrage könnte so aussehen:

Gründe, warum Cybermobbing für die Opfer ein schwerwiegendes Problem ist	– Auslösung von Verunsicherung und Angst – Schnelligkeit der Verbreitung und große Reichweite im Netz – Fehlen eines privaten Schutzraums – Folgen für die körperliche Gesundheit – Auftreten massiver psychischer Folgen – soziale Folgen – Unklarheit über den Täterkreis – Schutz der Täter durch die Anonymität im Netz

Überlegungen zum zweiten Teil der Themafrage – Was kann gegen Cybermobbing unternommen werden?

Für die Maßnahmenaspekte eignen sich vor allem die Materialien 6, 7, 8. Hieraus kannst du folgende Argumente gewinnen:

- Der Radiobeitrag (M 7) schildert, dass Patrick keine Angst bei sich aufkommen ließ.
- Deshalb war er in der Lage, das einzig Richtige zu tun und sich sofort den Eltern, Mitschülern und Lehrern anzuvertrauen (M 7).
- Der gleiche Beitrag erwähnt auch, dass die Polizei informiert wurde (M 7).
- Es muss Anzeige erstattet werden, weil es sich um Straftatbestände handelt (M 8).
- Wenn du mit dem Begriff „Zivilcourage“ (M 6) etwas anfangen kannst, dann wäre das eine weitere Möglichkeit, Cybermobbing eindämmen zu helfen. Zivilcourage bedeutet wörtlich „Bürgermut“ und im konkreten Fall heißt das, dass es notwendig ist, bei Cybermobbing einzugreifen und sich für Bedrängte einzusetzen.
- Im Radiobeitrag wird auch immer wieder auf schnelles Handeln verwiesen („Die Schulleitung reagierte sofort.“, M 7), denn sonst zieht das Mobbing immer weitere Kreise.

Eigene Gesichtspunkte hierzu könnten noch sein:

- Konsequente Bestrafung der Täter durch die Schule (aus M 7 herzuleiten): Es ist hilfreich, wenn potenzielle Täter wissen, dass ihnen der Verweis von der Schule droht.
- Notwendigkeit der Aufklärung zum Beispiel an Schulen, wie man mit Cybermobbing umgeht und wie man sich einigermaßen sicher und unangreifbar im Internet bewegt.
- Letzten Endes zählt zu den Gegenmaßnahmen auch, nicht alles von sich auf sozialen Plattformen preiszugeben, keine Kontaktdaten zu veröffentlichen oder an Unbekannte weiterzugeben, also ein vorsichtiger und sicherheitsbewusster Umgang mit persönlichen Daten.

Gliederungsvorschlag

A. Laut einer Umfrage aus dem Jahr 2011 wurde fast jeder fünfte Jugendliche schon online oder über das Handy bedroht oder beleidigt

B. Warum ist gerade Cybermobbing für die Opfer ein schwerwiegendes Problem? Was kann gegen Cybermobbing unternommen werden?

1 Gründe, warum Cybermobbing für die Opfer ein schwerwiegendes Problem ist

1.1 Auslösung von Verunsicherung und Angst
1.2 Schnelligkeit der Verbreitung und große Reichweite im Netz
1.3 Fehlen eines privaten Schutzraums
1.4 Soziale Folgen
1.5 Folgen für die körperliche Gesundheit
1.6 Auftreten massiver psychischer Folgen
1.7 Unklarheit über den Täterkreis
1.8 Schutz der Täter durch die Anonymität im Netz

2 Maßnahmen, die dagegen unternommen werden können

2.1 Keine Angst aufkommen lassen
2.2 Sich Eltern, Mitschülern, Lehrern anvertrauen
2.3 Die Polizei informieren
2.4 Anzeige erstatten
2.5 Zivilcourage zeigen
2.6 Schnell handeln
2.7 Täter durch die Schule konsequent bestrafen
2.8 Verstärkt über Cybermobbing und den Umgang damit aufklären
2.9 Mit persönlichen Daten und Inhalten sicherheitsbewusst im Internet umgehen

C. Mehr Zivilcourage ist auch notwendig, um dem realen Mobbing entschiedener zu begegnen

Aufgabe 7

Wolfgang Herrndorf: Tschick (Romanauszug)

Ich hatte nie einen Spitznamen. Ich meine, an der Schule. Aber auch sonst nicht. Mein Name ist Maik Klingenberg. Maik. Nicht Maiki, nicht Klinge und der ganze andere Quatsch auch nicht, immer nur Maik. Außer in der Sechsten, da hieß ich mal kurz Psycho. Das ist auch nicht der ganz große Bringer, wenn man Psycho heißt. Aber das dauerte auch nicht lang, und dann hieß ich wieder Maik.

Wenn man keinen Spitznamen hat, kann das zwei Gründe haben. Entweder man ist wahnsinnig langweilig und kriegt deshalb keinen, oder man hat keine Freunde. Wenn ich mich für eins von beiden entscheiden müsste, wär's mir, ehrlich gesagt, lieber, keine Freunde zu haben, als wahnsinnig langweilig zu sein. Weil, wenn man langweilig ist, hat man automatisch keine Freunde, oder nur Freunde, die noch langweiliger sind als man selbst.

Es gibt aber auch noch eine dritte Möglichkeit. Es kann sein, dass man langweilig ist *und* keine Freunde hat. Und ich fürchte, das ist mein Problem. […]

[…] wie gesagt, für kurze Zeit hieß ich auch Psycho. Keine Ahnung, was das sollte. Also schon klar: Das sollte bedeuten, dass ich sie nicht alle beisammen hab. Aber da hätten meiner Meinung nach ein paar andere viel eher so heißen können. Frank hätte so heißen können, oder Stöbcke mit seinem Feuerzeug, die sind auf jeden Fall gestörter als ich. Oder der Nazi. Aber der Nazi hieß schon Nazi, der brauchte keinen Namen mehr. Und natürlich hatte das auch einen speziellen Grund, warum ausgerechnet ich so hieß. Dieser Grund war ein Deutschaufsatz bei Schürmann, sechste Klasse. Thema Reizwortgeschichte. Falls jemand nicht weiß, was das ist, Reizwortgeschichte geht so: Man bekommt vier Wörter, zum Beispiel „Zoo“, „Affe“, „Wärter“ und „Mütze“, und dann muss man eine Geschichte schreiben, in der ein Zoo, ein Affe, ein Wärter und eine Mütze vorkommen. Wahnsinnig originell. Der reine Schwachsinn. Die Wörter, die Schürmann sich ausgedacht hatte, waren „Urlaub“, „Wasser“, „Rettung“ und „Gott“. Was schon mal deutlich schwieriger war als mit dem Zoo und dem Affen, und die Hauptschwierigkeit war natürlich Gott. Bei uns gab es nur Ethik, und in der Klasse waren sechzehn Atheisten inklusive mir […]. […] Und deshalb war dieser Aufsatz ziemlich schwierig. Die meisten haben sich erst mal an dem Wort Urlaub festgehalten. Da rudert die Kleinfamilie an der Côte d'Azur rum, und dann geraten sie vollkommen überraschend in einen höllischen Sturm und rufen „o Gott“ und werden gerettet und so. Und so was hätte ich natürlich auch schreiben können. Aber als ich über diesem Aufsatz saß, fiel mir als Erstes ein, dass wir die letzten drei Jahre schon nicht mehr in den Urlaub gefahren waren, weil mein Vater die ganze Zeit seinen Bankrott vorbereitete. Was mich nie gestört hatte, so gern bin ich mit meinen Eltern auch wieder nicht in Urlaub gefahren. Stattdessen hatte ich den ganzen letzten Sommer in unserem Keller gehockt und Bumerangs geschnitzt. […]

Und das waren tolle Sommerferien, viel besser als Urlaub. Meine Eltern waren fast nie zu Hause. Mein Vater fuhr von Gläubiger zu Gläubiger, und meine Mutter war auf der Beautyfarm. Und da hab ich dann eben auch den Aufsatz drüber geschrieben: *Mutter und die Beautyfarm.* Reizwortgeschichte von Maik Klingenberg.

In der nächsten Stunde durfte ich sie vorlesen. Oder musste. Ich wollte ja nicht. Svenja war zuerst dran, und die hat diesen Quatsch mit der Côte d'Azur vorgelesen, den Schürmann wahnsinnig toll fand, und dann hat Kevin nochmal das Gleiche vorgelesen, nur dass die Côte d'Azur jetzt die Nordsee war, und dann kam ich. Mutter auf der Schönheitsfarm. Die ja nicht wirklich eine Schönheitsfarm war. Obwohl meine Mutter tatsäch-

lich immer etwas besser aussah, wenn sie von dort zurückkam. Aber eigentlich ist es eine Klinik. Sie ist ja Alkoholikerin. Sie hat Alkohol getrunken, solange ich denken kann, aber der Unterschied ist, dass es früher lustiger war. […]
Ich mag meine Mutter. Ich muss das dazusagen, weil das, was jetzt kommt, vielleicht kein supergutes Licht auf sie wirft. Aber ich hab sie immer gemocht, und ich mag sie noch. Sie ist nicht so wie andere Mütter. Das mochte ich immer am meisten. Sie kann zum Beispiel sehr witzig sein, das kann man ja von den meisten Müttern nicht gerade behaupten. Und dass das Schönheitsfarm hieß, das war eben auch nur so ein Witz von meiner Mutter.

Textquelle: Wolfgang Herrndorf: Tschick. Berlin: Rowohlt-Verlag 2010. (Auszüge aus den Kapiteln 5 und 6)

Anmerkungen: Atheisten (Z. 26): Menschen, die nicht an einen Gott glauben; Côte d'Azur (Z. 28): Teil der französischen Mittelmeerküste; Gläubiger (Z. 37): jemand, bei dem man Schulden hat

Informationen zum Autor:
Wolfgang Herrndorf, 1965 in Hamburg geboren, avancierte mit „Tschick" zum Bestsellerautor. 2012 erhielt er für seinen Roman „Sand" den renommierten Preis der Leipziger Buchmesse. Der Autor nahm sich im August 2013 nach schwerer Krankheit das Leben.

Informationen zum Buch (Klappentext):
Mutter in der Entzugsklinik, Vater mit Assistentin auf Geschäftsreise. Der 14-jährige Maik Klingenberg wird die großen Ferien allein am Pool der elterlichen Villa verbringen. Doch dann kreuzt Tschick auf. Tschick, eigentlich Andrej Tschichatschow, kommt aus einem der Asi-Hochhäuser in Hellersdorf, hat es von der Förderschule irgendwie bis aufs Gymnasium geschafft und wirkt doch nicht gerade wie das Musterbeispiel der Integration. Außerdem hat er einen geklauten Wagen zur Hand. Und damit beginnt eine Reise ohne Karte und Kompass durch die sommerglühende deutsche Provinz. […]

Aufgabenstellung

Lesen Sie den Text sorgfältig durch und bearbeiten Sie dann die folgenden Aufgaben. Bei Nummer 5 können Sie a oder b wählen.

1. Fassen Sie den Textinhalt zusammen.
2. Untersuchen Sie auffällige sprachliche Mittel und beschreiben Sie ihre Wirkung. Gehen Sie dabei auch auf die Erzählperspektive ein.
3. Was für ein Mensch könnte Maik Klingenberg sein? Stellen Sie unter Berücksichtigung konkreter Textstellen Vermutungen zu seinem Charakter an.
4. Wolfgang Herrndorf hat 2011 den Deutschen Jugendliteraturpreis für „Tschick" erhalten.

   Auszug aus der Begründung der Jury: *[…] Seine scharfe Beobachtungsgabe, seine geistreiche Schilderung von Menschen, Szenen und Begegnungen sowie seine Vorliebe für skurrile Situationen übergibt Herrndorf dem Ich-Erzähler Maik, der im Rückblick von diesem Abenteuer berichtet. […] Formen bittersüßer Ironie beherrscht der Autor auf virtuose Weise. […] Das feine Gespür des Autors für jugendrelevante Themen […], der jugendlich-authentische Erzählton […] machen den Roman herausragend.*

   Zeigen Sie am vorliegenden Romanauszug, dass die Begründung der Jury nachvollziehbar ist. Wählen Sie hierzu vier Aspekte der Jury aus.
5. a) Erörtern Sie, welche Auswirkungen Suchtkrankheiten im familiären Bereich haben können.
   oder

   b) „Mutter und die Beautyfarm" – Verfassen Sie Maik Klingenbergs Reizwortgeschichte über seine Mutter und die Entzugsklinik unter Verwendung der Reizwörter „Urlaub", „Wasser", „Rettung" und „Gott".

Mögliche Gliederung

A. In diesem Romanauszug geht es um den Jugendlichen Maik Klingenberg, der von seiner Außenseiterrolle in der Schule und seiner schwierigen familiären Situation erzählt

B. Auseinandersetzung mit dem Text „Tschick“ und weiterführende Aufgabe

1 Zusammenfassung des Textinhalts

2 Sprachliche Mittel des Textes und ihre Wirkung unter Berücksichtigung der Erzählperspektive

2.1 Wortwahl
2.2 Satzbau
2.3 Stil
2.4 Erzählperspektive

3 Charakterisierung von Maik Klingenberg

4 Bestätigung des Urteils der Jury anhand des Textauszugs

5 Erörterung: Welche Auswirkungen können Suchtkrankheiten im familiären Bereich haben?

<u>oder:</u>

5 Reizwortgeschichte: „Mutter und die Beautyfarm“ (Reizwörter *Urlaub – Wasser – Rettung – Gott*)

C. Maik leidet nicht nur unter mangelnder Anerkennung in der Schule, sondern auch unter den Problemen seiner Eltern

Notizen und Lösungshinweise zu den einzelnen Bereichen der Gliederung mit ausformulierten Lösungsvorschlägen zu einzelnen Teilaufgaben

Einleitung A.

- Thematik des Textes/Quelle/Verwendung der Informationen über den Autor und des Klappentextes (*ausformuliertes Beispiel*):
  Im vorliegenden Text schildert der 14-jährige Maik Klingenberg seine Außenseiterrolle an der Schule. Er erinnert sich an einen verunglückten Deutschaufsatz in der sechsten Klasse, der ihm wenigstens für kurze Zeit einen Spitznamen einbrachte. In seiner Schilderung werden auch die familiären Probleme deutlich, unter denen er leidet. Der Text ist dem Roman „Tschick“ von Wolfgang Herrndorf entnommen, der 2010 im Rowohlt-Verlag erschienen ist. Herrndorf, der sich 2013 wegen einer schweren Krankheit das Leben nahm, erzählt darin vom Zusammentreffen Maiks mit Tschick, der eigentlich Andrej Tschichatschow heißt. Tschick hat einen geklauten Wagen, mit dem sie eine abenteuerliche Reise durch Deutschland unternehmen.

<u>oder:</u>

- eigenständige Hinführung zur Thematik des Textes, kombiniert mit Angaben zu Text, Autor, Quelle und einer Überleitung zum Hauptteil, z. B.:
  - Eigene Erfahrungen mit der Außenseiterrolle in der Schule
  - Entstehung von Spitznamen

- Fehlen von Freunden
- „Unmögliche“ Aufsatzthemen
- Belastung der familiären Situation durch die Folgen einer Suchtkrankheit oder aufgrund beruflicher Schwierigkeiten

Inhaltszusammenfassung mit eigenen Worten B. 1

- Maik macht sich Gedanken über den Wert eines Spitznamens in der Schule. Er selbst hatte nur kurze Zeit einen.
- Der Ich-Erzähler sucht nach Begründungen, warum er keinen Spitznamen hat, und sieht den Grund darin, dass er langweilig sei und eben keine Freunde habe.
- Er erwähnt seine negativen Erfahrungen mit einem verunglückten Deutschaufsatz, einer Reizwortgeschichte, die ihm für kurze Zeit einen Spitznamen einbrachte.
- Das Reizwort „Urlaub“ veranlasste Maik, über seine familiären Probleme zu erzählen.
- Sein Vater stand damals mit seiner Firma vor dem Konkurs, seine Mutter ist Alkoholikerin. Deren Aufenthalt in einer Entzugsklinik hatte Maik zum Thema seiner Reizwortgeschichte gemacht.

Sprachliche Mittel des Textes und ihre Wirkung unter Berücksichtigung der Erzählperspektive 2

Wortwahl 2.1

- jugendsprachliche bzw. umgangssprachliche Wörter, z. B. „Quatsch“ (Z. 3, 41), „Psycho“ (Z. 3 f., 13), „Bringer“ (Z. 4), „alle beisammen hab“ (Z. 14), „gestörter“ (Z. 16), „supergutes“ (Z. 49): wirken glaubwürdig im Hinblick auf den mündlichen Stil und die Jugendlichkeit des Ich-Erzählers
- viele Wortwiederholungen, z. B. „langweilig/er“ (Z. 7, 9 ff.), „Freunde“ (Z. 7 ff.), „auch“ (Z. 1, 3 ff., 11), „hieß/heißen“ (Z. 3 ff., 13, 15 f. usw.): jugendsprachlicher Stil, mündlicher Erzählstil
- Anapher: „Nicht Maiki, nicht Klinge“ (Z. 2): Betonung, dass er nicht einmal einen wenig originellen Spitznamen bekommen hat
- Euphemismus (Beschönigung) „Beautyfarm“ (Z. 37 ff.) und Synonym „Schönheitsfarm“ (Z. 43 f.): verbergen den (harten) Begriff Entzugsklinik
- sprachliches Bild „an dem Wort Urlaub festgehalten“ (Z. 28): Zeichen dafür, welche Mühe und Schwierigkeiten die Schüler beim Aufsatzschreiben hatten
- philosophische Fachbegriffe, z. B. „Ethik“ (Z. 26), „Atheisten“ (Z. 26): verdeutlichen den Gegensatz zum vorgegebenen Wort „Gott“ und die schülerferne Auswahl der Reizwörter

Satzbau 2.2

- sehr viele unvollständige Sätze (Ellipsen), z. B. „Ich meine, an der Schule.“ (Z. 1), „Aber auch sonst nicht.“ (Z. 1), „Also schon klar“ (Z. 13 f.), „Wahnsinnig originell. Der reine Schwachsinn.“ (Z. 23) etc.: wirkt wie eine spontane, unvorbereitete mündliche Erzählung (siehe auch Wortwahl), teilweise mit kommentierenden Elementen
- recht einfacher Satzbau mit vielen Wiederholungen, z. B. in den Zeilen 4 bis 12, zusätzlich zum Teil fehlerhafter Satzbau („Weil, wenn man langweilig ist, hat man automatisch keine Freunde […]“, Z. 9 f.): verstärkt den mündlichen Erzählstil
- häufig einfache Hauptsätze, z. B. Z. 27 f., Z. 43 f., und einfache Satzgefüge, z. B. Z. 11 f., Z. 14, Z. 23 f.: wichtiges Element des mündlichen Erzählstils

Stil 2.3

- umgangssprachlich, zum Teil jugendsprachlich
- mündlicher Erzählstil, ähnlich einem inneren Monolog
- Ironie, z. B. „[…] die ganze Zeit seinen Bankrott vorbereitete“ (Z. 32 f.), „Mein Vater fuhr von Gläubiger zu Gläubiger […]“ (Z. 37), „Reizwortgeschichte geht so:“ (Z. 20): lächerlich machen von Respektspersonen (Vater, Lehrer)

Erzählperspektive 2.4

- Wolfgang Herrndorf lässt den Schüler Maik Klingenberg aus der Ich-Perspektive erzählen: z. B. „Mein Name ist Maik Klingenberg." (Z. 1 f.), „Und ich fürchte, das ist mein Problem. […] wie gesagt, für kurze Zeit hieß ich auch Psycho." (Z. 12 f.)
- Maik erzählt in einem Rückblick von einem Erlebnis in der sechsten Klasse, bewertet und kommentiert die Ereignisse (Spitzname, Reizwortgeschichte) und erklärt die Zusammenhänge, die zur verunglückten Reizwortgeschichte geführt haben (Vater auf Fahrt zu Gläubigern, Mutter in der Entzugsklinik). Schließlich beginnt er von seinem Verhältnis zu seiner Mutter zu erzählen. Dieser Rückblick beginnt ab Zeile 3: „Außer in der Sechsten, da hieß ich mal kurz Psycho."

Charakterisierung von Maik Klingenberg 3

- Maik Klingenberg hält sich für langweilig und hat offensichtlich deswegen keine Freunde (Z. 11 ff.). Er erhält nur wenig Anerkennung und leidet darunter, ein Außenseiter zu sein.
- Seine belastenden Familienverhältnisse, der drohende Bankrott des Vaters und die Alkoholkrankheit seiner Mutter, scheinen ihm nicht viel auszumachen, da er nur kurz und eher beiläufig darüber berichtet (Z. 31 ff. und Z. 43 ff.).
- Er sieht in manchen Unterrichtsinhalten der Schule keinen Sinn (Z. 23) und äußert sich entsprechend negativ.
- Maik scheint nicht viel mit seiner Zeit anfangen zu können, da er den ganzen Sommer im Keller sitzt und Bumerangs schnitzt (Z. 34 f.). Er empfindet es aber als angenehm, sich selbst überlassen zu sein (Z. 36 f.).
- Mit seinen 14 Jahren befindet sich Maik in einer schwierigen Entwicklungsphase und es belastet ihn, dass er von seinen Mitschülern nicht beachtet wird. Er muss sich mit einer schwierigen Familiensituation auseinandersetzen, was sicher nicht leicht ist, auch wenn er eher beiläufig davon erzählt. Dass ihm für seinen Aufsatz die familiäre Situation als Erstes einfällt, zeigt dies (Z. 31 ff.).

Bestätigung des Urteils der Jury anhand des Textauszugs 4

(Auseinandersetzung mit vier Jury-Begründungen reicht aus)

- scharfe Beobachtungsgabe: „[…] den Schürmann wahnsinnig toll fand, und dann hat Kevin nochmals das Gleiche vorgelesen, nur dass die Côte d'Azur jetzt die Nordsee war […]" (Z. 41 ff.)
- geistreiche Schilderung von Menschen und Szenen: „[…] weil mein Vater die ganze Zeit seinen Bankrott vorbereitete." (Z. 32 f.), „Mein Vater fuhr von Gläubiger zu Gläubiger […]" (Z. 37)
- skurrile Situationen: „Die ja nicht wirklich eine Schönheitsfarm war. Obwohl meine Mutter tatsächlich immer etwas besser aussah, wenn sie von dort zurückkam." (Z. 44 f.)
- Formen bittersüßer Ironie: „[…] die Hauptschwierigkeit war natürlich Gott. Bei uns gab es nur Ethik, und in der Klasse waren sechzehn Atheisten […]" (Z. 25 f.), „Da rudert die Kleinfamilie […] und ruf[t] ‚o Gott' und [wird] gerettet und so." (Z. 28 ff.)
- Gespür für jugendrelevante Themen: „Ich hatte nie einen Spitznamen […] da hieß ich nur mal kurz Psycho." (Z. 1 ff.).

Weiterführende Aufgabe: Erörterung: Welche Auswirkungen können Suchtkrankheiten im familiären Bereich haben? 5

Hinweise: *Bei der Bearbeitung gehst du genauso vor wie bei einer Erörterung, da diese weiterführende Aufgabe die gleichen Anforderungen stellt. Nach einer genauen Themaanalyse machst du eine kurze Stoffsammlung und suchst dir drei Argumente aus, die dir am wichtigsten erscheinen. In der Regel dürften drei ausführlich veranschaulichte Argumente (mit Begründung, Beispiel(en) und eventuell Folge/Wirkung) genügen. Die Sprache ist sachlich zu halten. Verknüpfe deine Argumente sprachlich miteinander.*

Mögliche Auswirkungen können sein:

- hohe psychische Belastung für die Kinder von suchtkranken Eltern
- Zunahme von Streit und Konflikten
- unberechenbares Verhalten und Stimmungsschwankungen des/der Süchtigen
- finanzielle Probleme
- Verlust von Geborgenheit und Vertrauen der Kinder
- Gefahr der Vernachlässigung der Kinder
- Gefahr von Misshandlung
- Trennung und Scheidung

Beispiel für ein ausformuliertes Argument:

Der psychische Druck, unter dem zum Beispiel Kinder von alkoholabhängigen Eltern stehen, ist hoch, denn viele entwickeln Schuld- und Ohnmachtsgefühle. Gerade jüngere Kinder denken oft, sie müssten braver, lieber oder besser in der Schule sein, damit die Eltern aufhören zu trinken. Zum psychischen Druck gehört auch, dass Kinder und Jugendliche oft eine sehr zwiespältige Beziehung zum suchtkranken Elternteil ausbilden. Einerseits empfinden sie Wut und Hass, andererseits lieben sie natürlich die Mutter/den Vater. Im Hinblick auf die persönliche Entwicklung von Kindern und Jugendlichen ist dieses gespaltene Verhältnis zu den Eltern oder einem Elternteil negativ zu beurteilen.

<u>oder:</u>

Reizwortgeschichte „Mutter und die Beautyfarm" mit den Reizwörtern *Urlaub – Wasser – Rettung – Gott* 5

Hinweise: *Eine Reizwortgeschichte hast du vielleicht in einer der unteren Jahrgangsstufen schreiben müssen. Grundsätzlich hast du dabei mehr Freiheiten bei der inhaltlichen und sprachlichen Gestaltung als bei der Argumentation. Aber auch bei einer Reizwortgeschichte sind allgemeine und aufgabenbezogene Hinweise zu beachten.*
Die vorgegebenen Reizwörter sollen dich zum Verfassen einer interessanten Geschichte anregen, wobei alle Reizwörter in deiner Geschichte vorkommen und in einem sinnvollen Zusammenhang stehen müssen. Du kannst selbst entscheiden, ob du eine spannende oder witzige Geschichte erzählen willst – in jedem Fall soll sie lebendig und unterhaltsam sein. Es gelten hierbei die Merkmale einer Erlebniserzählung. Du beginnst mit der Überschrift (Hier kannst du die Vorgabe aus der Aufgabenstellung verwenden), dann folgt die Einleitung (Wer? Wo? Wann? – nötige Informationen für den Leser, die zum Verstehen der Geschichte wichtig sind). Im Hauptteil gibst du die Antworten auf die Fragen Was?, Wie?, Warum?. Du erzählst das Geschehen in der richtigen zeitlichen Reihenfolge und achtest auf einen abwechslungsreichen Satzbau (Satzanfänge). Der Höhe- oder Wendepunkt deiner Geschichte gehört zum Hauptteil. Wörtliche Reden und die Beschreibung von Gedanken und Gefühlen der Figuren lockern deine Erzählung auf und machen sie lebendig. Eine Reizwortgeschichte wird im Präteritum geschrieben.
Aus der Aufgabenstellung ergeben sich weitere Vorgaben, nämlich, dass die Geschichte von Maiks Mutter und der Entzugsklinik handeln muss. Außerdem sollst du Maiks Reizwortgeschichte schreiben, d. h., du musst dessen Perspektive einnehmen. In deine Geschichte kannst du in jedem Fall die Hinweise einbauen, die Maik im Romanauszug macht (in den Ferien alleine, Vater auf Geschäftsreise, Bumerang schnitzen usw.).

Beispiel für eine Reizwortgeschichte nach den Vorgaben:

Mutter und die Beautyfarm

Auch im letzten Jahr nutzte meine Mutter die Sommerferienzeit, um einen längeren Aufenthalt in ihrer, wie sie es nannte, Beautyfarm an der Nordsee zu verbringen. Für mich bedeutete das, dass ich die meiste Zeit alleine zu Hause saß, da mein Vater ständig geschäftlich unterwegs war.

An einem Freitagabend, als ich im Keller an meinem zehnten Bumerang herumschnitzte, überraschte mein Vater mich mit einem völlig unerwarteten Plan: „Weißt du was, Maik, am Wochenende machen wir einen Ausflug an die See und besuchen deine Mutter und sehen nach, ob die Schönheitsfarm schon wirkt." Das mit der Schönheitsfarm hätte er sich zwar sparen können, weil darüber nur Mutter scherzen durfte, aber ich freute mich sehr über seine überraschende Idee. „Oh, das ist riesig, ich vermisse sie nämlich schon sehr", stimmte ich begeistert zu. „Dann raus aus dem Keller, Abendessen, Packen und ab in die Federn, denn wir müssen früh raus", rief er mir von der Kellertreppe zu.
Früh am nächsten Morgen, der schon sommerwarm und sonnig war, ging es los Richtung Hamburg. Fünf Stunden Fahrzeit hatte das Navi berechnet. Mir fiel plötzlich ein, dass dies der erste gemeinsame Ausflug mit meinem Vater seit Jahren war, und ich wünschte mir sehnlichst wieder ein normales langweiliges Familienleben mit einem gemeinsamen **Urlaub**, wie es die meisten in meiner Klasse kannten. „Weiß Mutter eigentlich, dass wir kommen?", fragte ich irgendwann mal. Ungewöhnlich war, dass mein Vater meine Frage bejahte. „Sie hat auch eine Überraschung für uns", schob er hinterher. Na da war ich neugierig, sie kam ja jedes Mal ganz entspannt von ihrer Schönheitsfarm zurück, aber die Wirkung ließ meistens bald nach, wenn sie mit den geschäftlichen Problemen mit Vaters Firma konfrontiert wurde und mit seiner Assistentin. Lange Zeit hing ich meinen Gedanken nach und es wurde eine sehr schweigsame Fahrt.
Am späten Vormittag erreichten wir den kleinen Badeort an der Nordsee und ich war ganz gespannt, wie so eine Entzugsklinik, nichts anderes war nämlich Mutters Schönheitsfarm, aussieht. Das Gebäude entpuppte sich zu meiner Überraschung als große weiße Villa in unmittelbarer Strandnähe. Bis zum **Wasser** waren es nur 50 Meter.
Auf einer Bank entdeckte ich Mutter, ich lief zu ihr hin und wir umarmten uns. „Schön, dass ihr da seid, aber Maik, du siehst blass aus", fügte sie hinzu. „Dafür du umso besser", freute ich mich, denn sie hatte eine gesunde Bräune und sah entspannter aus als zu Hause. Die Begrüßung meines Vaters fiel dagegen etwas unterkühlt aus. Anschließend zeigte sie uns ihr helles, freundliches Zimmer, berichtete von den Gesprächstherapien und ließ durchblicken, dass sie es dieses Mal schaffen wolle, auch daheim trocken zu bleiben. „Aber das hängt auch von dir ab, Franz", wandte sie sich an meinen Vater. „Verkauf die blöde Firma und lass die Hände von deiner Assistentin." Das waren für mich ungewohnte Töne aus dem Mund meiner Mutter. „Wenn das was wird, dann werde ich der erste von 16 Atheisten in meiner Klasse, der an **Gott** glaubt", dachte ich mir.
Nach dem Mittagessen in einem schicken Fischlokal, das mein Vater hauptsächlich schweigend und mit verkniffener Miene verbrachte, drängte ich meine Mutter, die angekündigte Überraschung zu verraten. Sie lächelte stolz, als sie erklärte, dass sie auf Rat eines Therapeuten in den letzten beiden Wochen Schwimmen gelernt habe, um ihre Ängste zu überwinden. „Wow, toll, das musst du uns zeigen, auf zum Strand!", rief ich.
Eine Viertelstunde später waren meine Mutter und ich umgezogen und breiteten unsere Strandtücher aus. Mein Vater blieb demonstrativ angezogen und meinte nur, das Wasser sei ihm bestimmt zu kalt und außerdem habe die Ebbe eingesetzt. „Die zieht euch aufs Meer hinaus." „Feigling", meinte ich da nur. Ich nahm meine Mutter an der Hand und wir gingen vorsichtig den Wellen entgegen. Das Meer war gar nicht kalt. Bald hatten wir genügend Tiefe erreicht, sodass wir schwimmen konnten. Meine Mutter war glücklich und lachte über das ganze Gesicht und ich hätte weinen können vor Freude.
Plötzlich brannte mein ganzer Bauch wie Feuer, ich schrie laut auf, konnte vor Schreck nicht mehr schwimmen, schluckte Wasser, die Augen brannten vom Salz des Meerwassers. Ich schlug gurgelnd und prustend um mich. „Hiiilllfee, ich ertrinke!" Eine hohe Welle schwappte über mir zusammen, ich bekam keine Luft mehr. Da spürte ich, wie zwei Hände meine Arme packten und mich wieder hochzogen. Als ich wieder Luft bekam, bemerkte ich, dass meine Mutter mich Richtung Strand zog. Dort angekommen, vergaß ich kurz das höllische Brennen auf der Haut, so erleichtert war ich, und ich

dankte meiner Mutter für die **Rettung** in letzter Sekunde. Mein Vater kam auf uns zugerannt und meinte vorwurfsvoll: „Ich hab es ja gleich gewusst, dass das gefährlich ist!“ „Klar, du weißt immer alles besser, wenn es um andere geht,“ entgegnete meine Mutter trocken, „nur bei dir bist du großzügig.“
Ich hatte das Pech gehabt, an eine Qualle zu geraten. Aber auch darauf war Mutter vorbereitet, denn sie hatte die passende Salbe auf ihrem Zimmer, und beim recht harmonischen Abendessen merkte ich fast nichts mehr von der schmerzhaften Begegnung.

Schlussgedanke C.

Ein Schlussgedanke kann z. B. aus folgenden Gesichtspunkten entwickelt werden:
- Auswirkungen von familiären Problemen auf Kinder und Jugendliche
- Problem mangelnder Anerkennung und Beachtung in der Schulklasse
- Wert eines intakten Familienlebens besonders auch für Jugendliche in der Pubertät
- Hilflosigkeit der Kinder bei Suchtproblemen der Eltern
- Sinn und Unsinn von Aufsatzthemen usw.

Du kannst aber auch ganz allgemein eine begründete Bewertung des Romanauszugs formulieren, z. B. was dir besonders gefällt oder wie sympathisch und echt du die Figur des Maik findest. Möglich ist auch eine Mischung aus beiden Varianten, wie im ausformulierten Beispiel.

Beispiel für einen ausformulierten Schluss:
Gerade in der Pubertät ist es für Jugendliche besonders wichtig, dass sie eine stabile und verlässliche Beziehung zu den Eltern haben. Da man in dieser Zeit häufig mit sich und seinen Gefühlen nicht klarkommt, braucht es Eltern, die Verständnis und Geduld aufbringen und die nicht in erster Linie mit sich selbst beschäftigt sind. Maik versucht die Problematik der Sucht seiner Mutter und die beruflichen Probleme seines Vaters zu verdrängen, zieht sich zurück und macht sich vor, dennoch glücklich zu sein. Doch drängt sich die Wirklichkeit in den Vordergrund, weil er bei dem Deutschaufsatz sofort an seine Situation denkt und sie in seiner Geschichte in den Mittelpunkt rückt. Dies ist für mich ein deutliches Zeichen, dass er sehr unter den familiären Problemen leidet und eigentlich Hilfe braucht, denn alleine kann er damit nicht zurechtkommen.

Aufgabe 8

Heinrich Böll: An der Brücke (1949)

Die haben mir meine Beine geflickt und haben mir einen Posten gegeben, wo ich sitzen kann: Ich zähle die Leute, die über die neue Brücke gehen. Es macht ihnen ja Spaß, sich ihre Tüchtigkeit mit Zahlen zu belegen, sie berauschen sich an diesem sinnlosen Nichts aus ein paar Ziffern, und den ganzen Tag, den ganzen Tag geht mein stummer Mund wie ein Uhrwerk, indem ich Nummer auf Nummer häufe, um ihnen abends den Triumph einer Zahl zu schenken. Ihre Gesichter strahlen, wenn ich ihnen das Ergebnis meiner Schicht mitteile, je höher die Zahl, umso mehr strahlen sie, und sie haben Grund, sich befriedigt ins Bett zu legen, denn viele Tausende gehen täglich über ihre neue Brücke …

Aber ihre Statistik stimmt nicht. Es tut mir leid, aber sie stimmt nicht. Ich bin ein unzuverlässiger Mensch, obwohl ich es verstehe, den Eindruck von Biederkeit zu erwecken.

Insgeheim macht es mir Freude, manchmal einen zu unterschlagen und dann wieder, wenn ich Mitleid empfinde, ihnen ein paar zu schenken. Ihr Glück liegt in meiner Hand. Wenn ich wütend bin, wenn ich nichts zu rauchen habe, gebe ich nur den Durchschnitt an, manchmal unter dem Durchschnitt, und wenn mein Herz aufschlägt, wenn ich froh bin, lasse ich meine Großzügigkeit in einer fünfstelligen Zahl verströmen. Sie sind ja so glücklich! Sie reißen mir förmlich das Ergebnis jedes Mal aus der Hand, und ihre Augen leuchten auf, und sie klopfen mir auf die Schulter. Sie ahnen ja nichts! Und dann fangen sie an zu multiplizieren, zu dividieren, zu prozentualisieren, ich weiß nicht, was. Sie rechnen aus, wie viel heute jede Minute über die Brücke gehen und wie viel in zehn Jahren über die Brücke gegangen sein werden. Sie lieben das zweite Futur, das zweite Futur ist ihre Spezialität – und doch, es tut mir leid, dass alles nicht stimmt …

Wenn meine kleine Geliebte über die Brücke kommt – und sie kommt zweimal am Tage –, dann bleibt mein Herz einfach stehen. Das unermüdliche Ticken meines Herzens setzt einfach aus, bis sie in die Allee eingebogen und verschwunden ist. Und alle, die in dieser Zeit passieren, verschweige ich ihnen. Diese zwei Minuten gehören mir, mir ganz allein, und ich lasse sie mir nicht nehmen. Und auch wenn sie abends wieder zurückkommt aus ihrer Eisdiele – ich weiß inzwischen, dass sie in einer Eisdiele arbeitet –, wenn sie auf der anderen Seite des Gehsteiges meinen stummen Mund passiert, der zählen, zählen muss, dann setzt mein Herz wieder aus, und ich fange erst wieder an zu zählen, wenn sie nicht mehr zu sehen ist. Und alle, die das Glück haben, in diesen Minuten vor meinen blinden Augen zu defilieren, gehen nicht in die Ewigkeit der Statistik ein: Schattenmänner und Schattenfrauen, nichtige Wesen, die im zweiten Futur der Statistik nicht mitmarschieren werden …

Es ist klar, dass ich sie liebe. Aber sie weiß nichts davon, und ich möchte auch nicht, dass sie es erfährt. Sie soll nicht ahnen, auf welche ungeheure Weise sie alle Berechnungen über den Haufen wirft, und ahnungslos und unschuldig soll sie mit ihren langen braunen Haaren und den zarten Füßen in ihre Eisdiele marschieren, und sie soll viel Trinkgeld bekommen. Ich liebe sie. Es ist ganz klar, dass ich sie liebe.

Neulich haben sie mich kontrolliert. Der Kumpel, der auf der anderen Seite sitzt und die Autos zählen muss, hat mich früh genug gewarnt, und ich habe höllisch aufgepasst. Ich habe gezählt wie verrückt, ein Kilometerzähler kann nicht besser zählen. Der Oberstatistiker selbst hat sich drüben auf die andere Seite gestellt und hat später das Ergebnis einer Stunde mit meinem Stundenplan verglichen. Ich hatte nur einen weniger als er. Meine kleine Geliebte war vorbeigekommen, und niemals im Leben werde ich dieses hübsche Kind ins zweite Futur transponieren lassen, diese meine kleine Geliebte soll nicht multipliziert und dividiert und in ein prozentuales Nichts verwandelt werden. Mein Herz hat mir geblutet, dass ich zählen musste, ohne ihr nachsehen zu können, und dem Kumpel drüben, der die Autos zählen muss, bin ich sehr dankbar gewesen. Es ging ja glatt um meine Existenz.

Der Oberstatistiker hat mir auf die Schulter geklopft und hat gesagt, dass ich gut bin, zuverlässig und treu. „Eins in der Stunde verzählt“, hat er gesagt, „macht nicht viel. Wir zählen sowieso einen gewissen prozentualen Verschleiß hinzu. Ich werde beantragen, dass Sie zu den Pferdewagen versetzt werden.“

Pferdewagen ist natürlich die Masche. Pferdewagen ist ein Lenz wie nie zuvor. Pferdewagen gibt es höchstens fünfundzwanzig am Tage, und alle halbe Stunde einmal in seinem Gehirn die nächste Nummer fallen zu lassen, das ist ein Lenz!

Pferdewagen wäre herrlich. Zwischen vier und acht dürfen überhaupt keine Pferdewagen über die Brücke, und ich könnte spazieren gehen oder in die Eisdiele, könnte sie mir lange anschauen oder sie vielleicht ein Stück nach Hause bringen, meine kleine ungezählte Geliebte …

Textquelle: Heinrich Böll: Wanderer, kommst du nach Spa … Erzählungen. Verlag Kiepenheuer & Witsch: Köln 1956

Der Text wurde zu Prüfungszwecken in die neue Rechtschreibung übertragen; die Auslassungszeichen stammen vom Autor.

Anmerkungen: defilieren (Z. 31): feierlich vorbeiziehen; transponieren (Z. 45): übertragen; Lenz (Z. 54): (sich) einen (faulen) Lenz machen: faulenzen

Aufgabenstellung

Lesen Sie den Text „An der Brücke“ sorgfältig durch und bearbeiten Sie dann die folgenden Aufgaben. Bei Nummer 5 können Sie a oder b wählen.

1. Fassen Sie den Inhalt des Textes mit eigenen Worten zusammen.
2. Charakterisieren Sie den Ich-Erzähler.
3. Belegen Sie, um welche Textsorte es sich handelt.
4. Beschreiben Sie die sprachlichen Besonderheiten und deren Wirkung auf den Leser.
5. a) Der Text von Heinrich Böll wurde vor 65 Jahren geschrieben. Erörtern Sie, welchen Gewinn junge Menschen heute noch aus diesem Text ziehen können.

   oder

   b) Der Mann könnte die Frau eines Tages ansprechen. Schreiben Sie die Geschichte im Stil der Vorlage weiter.

Mögliche Gliederung

A. Ein Mann, den der Krieg zum Invaliden gemacht hat, muss an einer Brücke die Menschen zählen, die diese benutzen, wobei sein Hauptinteresse einer Frau gilt, in die er sich verliebt hat

B. Auseinandersetzung mit dem Text „An der Brücke" und weiterführende Aufgabe

1 Inhaltszusammenfassung mit eigenen Worten

2 Charakterisierung des Ich-Erzählers

3 Belege für die Textsorte Kurzgeschichte

4 Sprachliche Besonderheiten und deren Wirkung auf den Leser

4.1 Wortwahl
4.2 Satzbau
4.3 Stilmittel

5 Erörterung: Welchen Gewinn können junge Menschen heute noch aus diesem Text ziehen?

oder:

5 Weiterführung der Geschichte: Eines Tages spricht der Mann die Frau an

C. Der Menschenzähler an der Brücke steht dem Eifer der Statistiker zu Recht ablehnend gegenüber

Notizen und Lösungshinweise zu den einzelnen Bereichen der Gliederung mit ausformulierten Lösungsvorschlägen zu einzelnen Teilaufgaben

Einleitung **A.**

– Thematik des Textes/Quelle/Autor (*ausformuliertes Beispiel*):
  Ein Mann, den der Krieg zum Invaliden gemacht hat, muss an einer Brücke die Menschen zählen, die diese benutzen. Er steht der Zahlensammelwut seiner Auftraggeber ablehnend gegenüber und genießt es, die Zählergebnisse bewusst zu verfälschen, vor allem dann, wenn eine Frau, in die er sich verliebt hat, über die Brücke geht. Die Kurzgeschichte „An der Brücke" wurde von Heinrich Böll verfasst und ist 1967 im Band „Wanderer, kommst du nach Spa…" im Deutschen Taschenbuch Verlag in München erschienen.

oder:

– eigenständige Hinführung zur Thematik des Textes, jeweils kombiniert mit Angaben zu Text, Autor, Quelle z. B.:
  - Folgen für Kriegsversehrte, die wegen ihrer Verletzungen nicht mehr richtig arbeiten konnten oder in einfache und oft sinnlose Beschäftigungen gesteckt wurden
  - mangelndes Selbstwertgefühl wegen einer Verletzung/Behinderung und der Unzufriedenheit mit der Arbeit
  - Krieg beeinflusste weiterhin das Leben der Menschen (Arbeitssituation, Behinderung, Beziehungsunfähigkeit aufgrund von Kriegstraumata oder geringere Chancen auf eine Liebesbeziehung wegen einer Kriegsverletzung).
  - gescheiterte Lebensplanung durch körperliche und seelische Folgen des Krieges

Inhaltszusammenfassung mit eigenen Worten B. 1

- Am Beginn erläutert der Ich-Erzähler seine Aufgabe, Menschen zu zählen, die über eine Brücke gehen. Er macht sich über die Tätigkeit und seine Auftraggeber lustig.
- Der Mann beeinflusst bewusst seine Zählergebnisse und hat Freude daran bzw. empfindet darin so etwas wie Macht.
- Am meisten verfälscht er die Ergebnisse dadurch, dass er in der Zeit, wenn zweimal am Tag eine bestimmte Frau über die Brücke geht, das Weiterzählen ganz einstellt.
- Der Grund für die Zählverweigerung liegt darin, dass der Mann in die Frau, eine Mitarbeiterin einer Eisdiele, verliebt ist. Er möchte ihr jedoch weder gestehen, dass er in sie verliebt ist, noch möchte er ihr sagen, dass sie der Grund dafür ist, dass er falsche Zählergebnisse meldet.
- Ein Kollege informiert ihn über eine anstehende Überprüfung seiner Zählleistung. Dieses Mal zählt er genau, mit Ausnahme der Frau, weil sie für ihn zu wertvoll ist.
- Für das nahezu korrekte Ergebnis wird er gelobt und man kündigt an, ihm eine weniger anstrengende Zählaufgabe zu geben.
- Der Mann träumt davon, dass er dann viel mehr Zeit für seine Schwärmerei haben wird.

Charakterisierung des Ich-Erzählers 2

- Als Kriegsversehrter ist er nur noch für eine einfache Tätigkeit geeignet (vgl. Z. 1 f.).
- Er lehnt die Zahlensammelwut seiner Auftraggeber ab, macht sich über sie lustig und hält die Erhebung für sinnlos: z. B. „[…] sie berauschen sich an diesem sinnlosen Nichts aus ein paar Ziffern […]“ (Z. 3 f.); „[…] um ihnen abends den Triumph einer Zahl zu schenken.“ (Z. 5 f.); „Ihre Gesichter strahlen, wenn ich ihnen das Ergebnis meiner Schicht mitteile […]“ (Z. 6 f.).
- Er gefällt sich in seiner bewussten Unzuverlässigkeit (vgl. Z. 9 ff.), andererseits kann er, wenn es sein muss, sehr genau arbeiten (vgl. Z. 40 ff.).
- Für ihn ist es eine stille Genugtuung, die Zahlen zu manipulieren; er empfindet Freude dabei, die Ergebnisse je nach Stimmungslage zu verfälschen (vgl. Z. 11–15).
- Der Protagonist ist verliebt (z. B. Z. 22–30, Z. 34–38), möchte es der Frau aber nicht zeigen und scheint auch in Zukunft nicht vorzuhaben, ihr von seiner Liebe zu erzählen. Möglicherweise ist er dazu zu schüchtern oder er rechnet sich keine Chancen aus.
- Sein Handeln, wegen der Schwärmerei für die Frau minutenlang nicht zu zählen, hält er für ungeheuer (vgl. Z. 35).
- Als „Liebesbeweis“ zählt er die Frau trotz der Kontrolle nicht mit (vgl. Z. 43–47).
- Der Mann ist sehr romantisch und träumt gerne (vgl. Z. 57–60).
- Insgesamt wird aufgrund seines Verhaltens beim Zählen deutlich, dass er die Menschen, die seine Arbeitgeber sind, eigentlich verachtet.

Belege für die Textsorte Kurzgeschichte 3

- Angaben zu Ort und handelnden Figuren fehlen. Man erfährt nur, dass die Handlung an einer Brücke spielt und der Ich-Erzähler im Krieg schwer verwundet worden ist.
- Die Handlung findet in einem überschaubaren zeitlichen Rahmen statt.
- Es wird eine Alltagssituation geschildert: Der Ich-Erzähler geht einer eintönigen Beschäftigung nach.
- Als Höhe-/Wendepunkt kann der Besuch des Kontrolleurs gelten. Der Ich-Erzähler weicht trotz dieser Konfliktsituation nicht von seinen romantischen Vorstellungen ab.
- Die Handlung beschränkt sich auf wenige Figuren.
- Kurzgeschichten bedienen sich oft eines Symbols. Dies könnte die Brücke sein, zum einen als Symbol für das Verbindende (er fühlt sich der Frau verbunden, ohne dass sie es weiß), zum anderen möglicherweise als Ort, der im Krieg besonders heftig umkämpft war, und nun für einen Neuanfang steht.
- Der Schluss ist offen, da man nicht erfährt, ob der Mann die leichtere Tätigkeit bekommt und ob er die Frau vielleicht doch noch anspricht.

- Die Kurzgeschichte endet mit einer pointierten Formulierung: „[…] meine kleine ungezählte Geliebte … (Z. 59 f.)
- Schließlich werden auch allgemeine gesellschaftliche Probleme thematisiert (Auswirkungen von Kriegen, Umgang mit Vorgesetzten).

Sprachliche Besonderheiten und deren Wirkung auf den Leser 4

Wortwahl 4.1

- wiederholte Verwendung von Personalpronomen, häufig, wenn es um die Auftraggeber geht, z. B. „sie", „ihre", „ihnen", „ihr" (Z. 2–12): unpersönliche Darstellung der Arbeitgeber; aber auch die Häufung von „sie", wenn es um die Frau geht (z. B. Z. 22–30): Einseitigkeit der Liebe, er selbst bleibt anonym
- häufige Verwendung des Possessivpronomens „mein" (z. B. Z. 6, 12, 14, 22 f. usw.): Darstellung und Betonung der Ansichten des Mannes
- Fachbegriffe aus der Mathematik, z. B. „[…] zu multiplizieren, zu dividieren, zu prozentualisieren […]" (Z. 18): Misstrauen gegenüber der Aussagekraft von Statistiken
- Nominalstil, z. B. „Triumph einer Zahl" (Z. 5 f.), „Eindruck von Biederkeit" (Z. 10), „Ticken meines Herzens" (Z. 23), „Ewigkeit der Statistik" (Z. 31), „zweiten Futur der Statistik" (Z. 32) usw.: Ausdruck des Spotts gegenüber den Auftraggebern
- anschauliche und bildhafte Ausdrücke, z. B. „blinden Augen" (Z. 30 f.), „zarten Füßen" (Z. 37) usw.: beschreiben die Frau oder verdeutlichen die Schwärmerei
- lebendige Verben, z. B. „verströmen" (Z. 15), „leuchten auf" (Z. 17), „defilieren" (Z. 31) usw.: genaue Beobachtung menschlicher Verhaltensweisen

Satzbau 4.2

- kurze Ausrufesätze, z. B. „Sie sind ja so glücklich!" (Z. 15 f.), „Sie ahnen ja nichts!" (Z. 17): Verhalten der Auftraggeber wird ins Lächerliche gezogen
- Wechsel zwischen langen Sätzen/zum Teil komplexem Satzbau, z. B. Z. 2–8, Z. 11 f. und kurzen Sätzen, z. B. Z. 9, 12 („Ihr Glück liegt in meiner Hand."): Abwechslung und Tempowechsel, aber auch Kontrast zwischen langwierigem Zähl- und Manipulationsvorgang und persönlichem Ergebnis
- einzelne Aufzählungen, z. B. „[…] zu multiplizieren, zu dividieren, zu prozentualisieren […]" (Z. 18): Missbilligung des Zahlenwahns und der Rechnerei
- Einschübe (Parenthesen), z. B. „– und sie kommt zweimal am Tage –" (Z. 22), „– ich weiß inzwischen, dass sie in einer Eisdiele arbeitet –" (Z. 27): Betonung der Wichtigkeit der Frau für den Ich-Erzähler

Stilmittel 4.3

- Vergleiche, z. B. „wie ein Uhrwerk" (Z. 4 f.), „ein Kilometerzähler kann nicht besser zählen" (Z. 41): Eintönigkeit der Arbeit
- Metaphern, z. B. „Großzügigkeit […] verströmen" (Z. 15), „reißen mir förmlich das Ergebnis […] aus der Hand" (Z. 16), „Schattenmänner und Schattenfrauen" (Z. 31 f.): Geringschätzung/Ablehnung der Vorgesetzten bzw. derer, die das Sagen haben
- Wiederholungen, z. B. „den ganzen Tag" (Z. 4), „stimmt nicht" (Z. 9), „zählen" (Z. 28), „ein Lenz" (Z. 54 und 56): einerseits Hervorhebung der Eintönigkeit, andererseits Betonung der Überlegenheit des Erzählers
- Übertreibungen (Hyperbeln), z. B. „Das unermüdliche Ticken meines Herzens setzt einfach aus […]" (Z. 23 f.), „stummen Mund" (Z. 28), „blinden Augen" (Z. 30 f.): drücken Stärke der Verliebtheit und Schwärmerei aus
- Tempuswechsel, z. B. Z. 39 ff.: umgangssprachlicher Stil, mündlicher Erzählstil
- Sprachwitz, z. B. „niemals […] werde ich dieses hübsche Kind ins zweite Futur transponieren lassen […]" (Z. 44 f.), „[sie] soll nicht […] in ein prozentuales Nichts verwandelt werden" (Z. 45 f.): Auflehnung, der Ich-Erzähler fühlt sich den Statistikern und ihren Methoden überlegen

Weiterführende Aufgabe: Erörterung: Welchen Gewinn können junge Menschen heute noch aus diesem Text ziehen? 5

Hinweise: Bei der Bearbeitung gehst du genauso vor wie bei einer Erörterung, da diese weiterführende Aufgabe die gleichen Anforderungen stellt. Nach einer genauen Themaanalyse machst du eine kurze Stoffsammlung und suchst dir drei Argumente aus, die dir am wichtigsten erscheinen. In der Regel dürften drei ausführlich veranschaulichte Argumente (mit Begründung, Beispiel(en) und eventuell Folge/Wirkung) genügen. Die Sprache ist sachlich zu halten. Verknüpfe deine Argumente sprachlich miteinander.
Da der Erörterungsauftrag der Aufgabenstellung sehr allgemein gefasst ist, findest du am besten Ideen für die Stoffsammlung, wenn du dir die Themen der Kurzgeschichte vor Augen führst: Nachkriegszeit, Kriegsinvalide, sinnloses Zählen, Auflehnung gegen die Tätigkeit; Liebe, ohne es dem Gegenüber zeigen zu können oder zu wollen usw.

Möglicher Gewinn für Jugendliche könnte sein:

- Dankbarkeit, keinen Krieg erlebt haben zu müssen
- berechtigtes Misstrauen gegenüber statistischen Erhebungen
- Datensammelwut nicht nur ein aktuelles Problem
- Auflehnung gegen ein einengendes System braucht Fantasie
- Liebe als große treibende Kraft
- Einblick in die Trostlosigkeit der Nachkriegszeit

Beispiel für ein ausformuliertes Argument:
Die Frage danach, welchen Gewinn Jugendliche auch heute noch aus dieser Kurzgeschichte ziehen können, lässt sich zunächst damit beantworten, dass sie zur Einsicht gelangen können, dass es ein Glück ist, Krieg nicht am eigenen Leib erlebt haben zu müssen. Es wird deutlich, dass Krieg für eine Gesellschaft erhebliche Auswirkungen hat. Am konkreten Beispiel des Zählers an der Brücke lässt sich erkennen, dass z. B. eine schwere Kriegsverletzung die gesamte Lebensplanung erheblich beeinträchtigt. Mit der Verletzung haben sich alle beruflichen Pläne in Luft aufgelöst und dem Mann bleibt nur die sinnlose und monotone Tätigkeit, Menschen auf einer Brücke zu zählen. Darüber hinaus hinterlassen Kriege nicht nur körperliche Verletzungen, sondern reißen auch emotionale Wunden, die oftmals nicht mehr heilen. Auch dies lässt sich an der Kurzgeschichte ablesen, denn der Mann ist zwar noch fähig, Liebe zu entwickeln und für einen Menschen zu schwärmen. Es scheint jedoch undenkbar zu sein, auf die Frau zuzugehen.

oder:

Weiterführung der Geschichte: Eines Tages spricht der Mann die Frau an C.

Hinweise: Diese weiterführende Aufgabe bietet dir inhaltlich mehr Freiräume als die Erörterung. Es ist jedoch zu berücksichtigen, dass ein klarer Bezug zu der im Text geschilderten Situation vorhanden sein muss. Zur Planung einer Fortsetzung des Textes findest du wichtige allgemeine Hinweise im vorderen Teil dieses Buchs.
Eine wichtige Grundlage für die sprachliche Gestaltung deiner Fortsetzung liefert dir deine bisherige Auseinandersetzung vor allem mit den sprachlichen Besonderheiten des Textes. Durch Verwendung typischer Merkmale der Wortwahl und des Satzbaus sowie einiger Stilmittel lässt sich der Text angemessen fortführen.
Wichtig ist dann, die Ausgangslage genau zu beachten. Das heißt, du musst einen sinnvollen Weg finden, wie der Mann die Frau ansprechen könnte, darfst dabei aber nicht vergessen, dass dies in der Kurzgeschichte für ihn absolut ausgeschlossen scheint. Am Ende der Geschichte gibt es einen Hinweis, dass der Mann diese Haltung aufgeben könnte, denn er träumt davon, sie vielleicht ein Stück nach Hause zu bringen. Schließlich ist noch zu planen, wie das Gespräch verläuft. Das Ergebnis kann dabei durchaus wieder offen sein, da es sich um eine Kurzgeschichte handelt.

Beispiel für eine ausformulierte Fortführung der Geschichte:
Tagelang höre ich nichts von ihnen. Sie scheinen mich vergessen zu haben und das treibt mich dazu, in den kostbaren Minuten, in denen meine Liebe über die Brücke schreitet, mir immer neue Sabotagetricks an ihren Zahlen auszudenken. Ich zähle rückwärts, dividiere, multipliziere, subtrahiere mit dem Tag, dem Monat, dem Jahr. Die Zahlen explodieren förmlich, aber wenn es sie glücklich macht, die Statistiker. Und dann kommen sie doch noch, stellen mich zu den Pferdewagen ab. Ich habe mir nicht vorstellen können, wie bequem es ist, mal alle halbe Stunde eine Zahl zu bilden. Natürlich muss ich meine Zahlenspiele aufgeben, das fällt bei den Pferdewagen gleich auf. Ich habe tatsächlich von vier bis acht Pause, Pause für meine Geliebte.
In mir reift der ungeheure Gedanke, sie in ihrer Eisdiele zu besuchen, sie anzusprechen, sie nach Hause zu begleiten. Das erste Mal verlasse ich den Brückenkopf. Ich wandere die Allee hinunter, ganz langsam, zähle die Schritte, damit ich weiß, wie viele sie täglich machen muss von der Brücke bis zu ihrer Eisdiele. Dann stehe ich davor. Aufregung hat mein Gehirn geflutet und alle Zahlen gelöscht. Mein Herz klopft bis zum Hals. Ich betrete den Laden, sage guten Tag zu ihr, setze mich an einen Tisch. Bis jetzt ist es ganz leicht. Nun kann ich sie lange anschauen, sie ist so schön; so jemanden reduziert man nicht auf eine Zahl. Ich bestelle ein kleines Eis ohne Sahne, sie lächelt mich an und sagt: „Gerne der Herr, kommt sofort." Gesprochen haben wir! In mir wächst der Mut, als sie mein Eis bringt. Kann ich ihr, meiner großen Liebe, meine Gefühle gestehen? „Ich sehe Sie täglich zwei Mal über die Brücke gehen", sage ich. „Ach, Sie beobachten mich?", sagt sie ziemlich kühl. „Nein, ich muss Sie zählen, wie alle anderen, die über die Brücke gehen." Jetzt nichts Falsches sagen. „Und das machen Sie den ganzen Tag? Ist das nicht furchtbar langweilig?", meint sie fast mitleidig. Das Eis ist geschmolzen, zumindest im Becher. „Ich zähle ja nicht alle, Sie werden keine schnöde Zahl, wenn Sie vorbeikommen", rutscht es mir heraus. „Bin ich etwa Luft für Sie? Warum bin ich denn nicht zählenswert? … Dann nehme ich ab morgen die andere Brücke!"

Schlussgedanke
Für den Schlussgedanken eignen sich Überlegungen, die man auch für die weiterführende Argumentationsaufgabe anstellen kann. Oder du stellst Mutmaßungen an, warum der Mann seine große Liebe für sich behalten und sie nicht ansprechen will. Denkbar ist auch, zu überlegen, wie die Kurzgeschichte letztendlich ausgehen könnte, falls der Mann die Eisdielenmitarbeiterin doch noch anspricht.

Mögliche Ausgangspunkte können also sein:
- Auswirkungen des Krieges auf die entsprechenden Generationen
- Sinnlosigkeit mancher statistischer Erhebungen
- Manipulierbarkeit von Statistiken
- Kritik an der Datensammelwut vor dem aktuellen Hintergrund (Abhören von Telefongesprächen, Mitlesen von E-Mails)
- begründete Einordnung des Verhaltens des Mannes, entweder gegenüber der Frau oder gegenüber den Vorgesetzten oder beides

Beispiel für einen ausformulierten Schluss:
Auch für mich erscheint es völlig sinnlos, zu zählen, wie viele Autos oder Menschen eine neue Brücke benutzen. Denn man kann davon ausgehen, dass eine Brücke grundsätzlich an einer Stelle gebaut wird, an der Bedarf dafür vorhanden ist. Deshalb hält auch der Mann in der Kurzgeschichte das Zahlenmaterial für überflüssig. Seine ablehnende Haltung gegenüber seiner Arbeit ist deshalb nachvollziehbar, denn offenbar wurde sie lediglich als Arbeitsbeschaffungsmaßnahme für Invalide eingerichtet. Da ihm vielleicht das Recht auf eine sinnvolle Beschäftigung, die sein Selbstwertgefühl nicht noch weiter untergräbt, verweigert wird, hat er einen kreativen Weg gefunden, mit der Sinnlosigkeit seiner Aufgabe umzugehen.

Aufgabe 9

Was ich notiert habe …

Einfach mal „Guten Tag" sagen, einfach so

Von Arnd Brummer

An dieser Stelle habe ich vor einem Jahr den Zauber der Anonymität beschworen, der uns Massenmenschen in den großen Städten davor schützt, verrückt zu werden. Würden wir uns in Bussen, Bahnen und Einkaufszentren ständig als Einzelne wahrnehmen und begrüßen müssen, wir wären längst des Wahnsinns verwirrte Beute. Dabei bleibe ich. Man kann nicht laut „Guten Tag zusammen!" rufen, wenn man sich abgehetzt in den völlig überfüllten Bus quetscht. Aber es gibt Orte, an denen ärgert es mich, wenn jemand reinkommt, die Anwesenden wie Luft behandelt und sie nicht der geringsten Aufmerksamkeit für würdig erachtet.

Ich sitze mit einer Hand voll anderer Schwitzender in einer öffentlichen Sauna. Da tritt ein neuer Nackter durch die Tür, blickt stumm in der Kabine herum, findet die Lücke, setzt sich, schwitzt und schweigt.

Im Wartezimmer meiner Ärztin zwängt sich eine junge Frau auf den letzten freien Stuhl. Kein Gruß, kein Blick, der Griff nach einer Illustrierten, Sendepause. Im Theater besetzt das adrette Paar die Plätze neben uns. Warum teilen sie uns nicht wenigstens mit einem Kopfnicken mit, dass sie uns als Nachbarn für die nächsten zweieinhalb Stunden registriert haben?

Und in der Kirche wird es peinlich, als die Pastorin nach einer Dreiviertelstunde bittet: „Geben Sie doch Ihrem Nebensitzer ein Zeichen des Friedens und begrüßen Sie ihn." Nachdem wir fünfundvierzig Minuten Seit' an Seit' im Gesangbuch geblättert, nach vorne geschaut und einander ignoriert haben. Jürgen Fliege hat mal gesagt, er halte es für unehrlich, wenn Menschen in einer solchen Atmosphäre „Vater unser" beten; sie sollten das Gebet der Gebete lieber mit „Mein Vater" beginnen. Ich befürchte, dass viele diese Aufforderung nicht mal mehr als Provokation verstehen können, sondern nur noch stumm mit den Achseln zucken. So ist es halt. Grüßmuffel sehen das Problem nicht.

Eigentlich wäre es aber auch umgekehrt kein Problem, oder? Auch wer in der Sauna, in der Kirche, im Wartezimmer oder im Parkett für sich sein will, könnte doch wenigstens „Tach" murmeln oder „Hallo", von dem im Süden Deutschlands üblichen „Grüß Gott" oder „Salü" ganz zu schweigen. Vielleicht müssten wir weniger über die Folgen der Individualisierung, über Vereinsamung und fehlende Mitmenschlichkeit klagen, wenn wir uns häufiger mit dieser knappsten Geste des gegenseitigen Respekts begegnen könnten.

„Fehlende Kinderstube" hat meine Tante kurz und knochentrocken festgestellt, als ich sie um ihre Erklärung der allgemeinen Grußlosigkeit gebeten habe. Das klingt sehr altmodisch. Wahrscheinlich ist es nicht ganz falsch. Aufmerksamkeit will gelernt und geübt sein. Wenn ich morgens meinen Sohn auf den Schulhof bringe und seine Klassenkameraden begrüße, blickt mich mehr als die Hälfte der Kinder stumm, starr und erschrocken an: Was will der denn von mir? Freundlich sein ist überhaupt nicht cool. Schweig, Bub! Bleibe für dich, halte dich raus! Stoffel werden nicht geboren, sie werden erzogen.

„Vielleicht ist das alles nur Unsicherheit oder die Angst, aufdringlich zu sein", mutmaßt eine Kollegin. Sie trennt gar nicht viel von meiner Tante. Die Unsicherheit ist nichts anderes als das Ergebnis von zu wenig Übung, von Nichtwissen, wie man sich verhalten soll: Wenn ich nichts tue, tue ich nichts Falsches. Und doch brauchen wir alle Wärme, Nähe und ein Stückchen Aufmerksamkeit. Möglicherweise denken Sie jetzt gerade: Der Mann hat Sorgen, gibt es denn nichts Wichtigeres mitzuteilen? Natürlich gibt es Wichtigeres, zum Beispiel den Kampf gegen Gewalt. Nur: Wie soll ich es schaffen, in der Straßenbahn Partei für einen angepöbelten Fremden zu ergreifen, wenn ich es als die natürlichste Haltung begreife, meine Mitmenschen zu ignorieren? Guten Tag, allerseits!

Textquelle: Der vorliegende Text ist erstmals 2002 im Aprilheft des Magazins „Chrismon" unter der Rubrik „Was ich notiert habe ..." erschienen. „Chrismon" ist eine monatlich erscheinende Zeitschrift der evangelischen Kirche. Der Text findet sich (Anfang verändert) auch im Kolumnenbuch des Autors mit dem Titel „Der Fluch des Taxifahrers".

(Foto: Sven Paustian)

Informationen zum Autor:
Arnd Brummer ist Chefredakteur des Magazins „Chrismon" und äußert sich dort u. a. zu Fragen des Zeitgeschehens.

Anmerkungen: Jürgen Fliege (Z. 23): evangelischer Theologe, Autor, Talkshow-Moderator, bekannt als „Fernsehpfarrer"; Schweig, Bub! (Z. 39): Titel eines Theaterstücks von Fitzgerald Kusz: Mit den Worten „Schweig, Bub!" wird dem Jungen, zu dessen Konfirmation eine Familienfeier stattfindet, der Mund verboten, damit sich die anwesenden Erwachsenen unterhalten können; Stoffel (Z. 40): umgangssprachlich für: ungebildeter, unhöflicher Mensch

Aufgabenstellung

Lesen Sie den Text sorgfältig durch und bearbeiten Sie dann die folgenden Aufgaben.
Bei Nummer 5 können Sie a oder b wählen.

1. Fassen Sie den Textinhalt so zusammen, dass dessen Aufbau erkennbar wird.
2. Weisen Sie am vorliegenden Text Elemente der Glosse nach.
3. Beschreiben Sie auffällige sprachliche Mittel und deren Wirkung.
4. Erläutern Sie mögliche Absichten des Autors.
5. a) Nehmen Sie in einem Leserbrief zu dem Artikel Stellung.

   oder

   b) Der Autor berichtet in den Zeilen 12–23 von unerfreulichen Begegnungen mit Mitmenschen. Verfassen Sie einen „Gegentext" zu dieser Passage und erzählen Sie von Situationen, bei denen Sie sich über das Verhalten eines Mitmenschen gefreut haben.

2014/9 „Einfach mal ‚Guten Tag‘ sagen, einfach so“ von Arnd Brummer

Mögliche Gliederung

A. Die Glosse beschäftigt sich mit dem zunehmenden Mangel an Höflichkeit und Respekt gegenüber Mitmenschen im Alltag

B. Auseinandersetzung mit dem Text „Einfach mal ‚Guten Tag‘ sagen, einfach so“ und weiterführende Aufgabe

1 Zusammenfassung des Textinhalts und innerer Aufbau

2 Nachweis von Elementen der Glosse

3 Auffällige sprachliche Mittel und deren Wirkung

3.1 Wortwahl
3.2 Satzbau
3.3 Stil

4 Mögliche Absichten des Autors

5 Leserbrief zur Thematik bzw. zum Inhalt der Glosse

oder:

5 Gegentext: Situationen, bei denen ich mich über das Verhalten von Mitmenschen gefreut habe

C. Elternhaus und Schule tragen eine große Verantwortung, wenn es um die Vermittlung von Höflichkeit und Respekt gegenüber Mitmenschen geht

Notizen und Lösungshinweise zu den einzelnen Bereichen der Gliederung mit ausformulierten Lösungsvorschlägen zu einzelnen Teilaufgaben

Einleitung **A.**

– Thematik des Textes / Quelle / Verwendung der Informationen über den Text und den Autor

oder:

– eigenständige Hinführung zur Thematik des Textes, kombiniert mit Angaben zu Text, Autor, Quelle und einer Überleitung zum Hauptteil, z. B.:
  - Aussagen über Erfahrungen mit mangelnden Umgangsformen und fehlendem Respekt
  - positive Erfahrungen
  - Beispiele: Eltern als gute Vorbilder, Lehrer als gute Vorbilder
  - Darstellung eigener Erfahrungen an der Schule, z. B. Benimmkurse, Klassenregeln für das Miteinander
  - Folgen des Mangels an Höflichkeit und Respekt usw.

Ausformuliertes Beispiel:
Offensichtlich ist in unserer Gesellschaft ein zunehmender Mangel an Höflichkeit und Respekt festzustellen. Arbeitgeber beklagen unter anderem, dass immer mehr Auszubildenden die Grundlagen der Höflichkeit gegenüber anderen, z. B. das Grüßen oder Bitte und Danke sagen, fehlen. An immer mehr Schulen wird darüber nachgedacht, Benimmkurse anzubieten oder verpflichtend einzuführen. An meiner Schule ist es üblich, be-

reits in den unteren Jahrgangsstufen gemeinsam Regeln für den respektvollen Umgang miteinander aufzustellen. Die Einhaltung dieser Regeln trägt sehr zu einem positiven Klassenklima bei. Diese Thematik des Problems mangelnder Umgangsformen im Alltag greift auch die Glosse „Einfach mal ‚Guten Tag' sagen, einfach so" von Arnd Brummer auf. Der vorliegende Text erschien erstmals 2002 im Aprilheft des Magazins „Chrismon" in der Rubrik „Was ich notiert habe …".

Zusammenfassung des Textinhalts und innerer Aufbau B. 1

Sinnabschnitt 1 (Z. 1–8) – Einleitung: Bezugnehmend auf einen früheren Beitrag bestätigt der Verfasser seine Haltung, dass eine gewisse Unpersönlichkeit das Leben besonders in Großstädten erleichtert.
Sinnabschnitt 2 (Z. 8–11) – Überleitung zum Hauptteil: Das Thema der Glosse wird benannt: viele Anlässe, bei denen sich der Autor über fehlende Umgangsformen ärgert
Sinnabschnitt 3 (Z. 12–23) – Hauptteil 1: Belege für und Veranschaulichung von unhöflichem Verhalten an verschiedenen Orten/in bestimmten Situationen
Sinnabschnitt 4 (Z. 23–27) – Hauptteil 2: Kritik; Brummer nimmt an, dass die „Grüßmuffel" den Vorwurf Jürgen Flieges nicht verstehen könnten, weil sie das Problem gar nicht erkennen würden.
Sinnabschnitt 5 (Z. 28–33) – Hauptteil 3: Wunsch nach mehr gegenseitiger Achtung und Überlegungen zu positiven Auswirkungen; der Verfasser wirbt dafür, mit einem Gruß dem Gegenüber Respekt zu erweisen; ein höflicher Umgang könnte eine Lösung für bestimmte gesellschaftliche Probleme sein.
Sinnabschnitt 6 (Z. 34–45) – Hauptteil 4: Darstellung von Ursachen; anhand von Aussagen seiner Tante und einer Arbeitskollegin kommt Brummer zu dem Schluss, dass die Hauptursachen der Unhöflichkeit zum einen in einer mangelnden Erziehung, zum anderen in der Unsicherheit, wie man sich richtig verhalten soll, liegen. Diese sei die Folge von zu wenig Übung und der Angst, etwas falsch zu machen.
Sinnabschnitt 7 (Z. 45–49) – Schluss: Der Autor möchte, dass sich die Leser darüber Gedanken machen, ob es gelingen kann, einem Fremden in Bedrängnis zu helfen, wenn man ihn vorher nicht beachtet oder nicht einmal wahrgenommen hat. Der Verfasser verabschiedet sich mit einem höflichen Gruß von den Lesern.

Nachweis von Elementen der Glosse 2

- kritische Auseinandersetzung mit einer Zeiterscheinung, nämlich Erscheinungsformen, Ursachen und Folgen von Unhöflichkeit und Respektlosigkeit
- Rubriküberschrift „Was ich notiert habe …"; auch in den Angaben zur Textquelle Hinweis auf den Rubriknamen, unter dem regelmäßig entsprechende Texte des Autors erscheinen (Meinungsbeitrag in einer Zeitung/Zeitschrift); gesammelt in einem „Kolumnenbuch"; weiterer Hinweis auf wiederkehrende Form: „An dieser Stelle" (Z. 1)
- Der Autor wird namentlich genannt und es gibt ein Foto von ihm.
- Brummer äußert sich zum Problem nicht in sachlicher Weise, sondern er bedient sich persönlicher Wertungen und verurteilt das Verhalten vieler Zeitgenossen: „[…] an denen ärgert es mich, wenn […]" (Z. 9); „[…] wird es peinlich […]" (Z. 20); „Grüßmuffel" (Z. 27); „Stoffel werden nicht geboren, sie werden erzogen." (Z. 40)
- lockerer, an manchen Stellen spöttischer Stil: z. B. „So ist es halt. Grüßmuffel sehen das Problem nicht." (Z. 27)
- insgesamt ausgefeilte Sprache: typisches Glossenmerkmal (siehe 3)

Auffällige sprachliche Mittel und deren Wirkung 3

Wortwahl 3.1

- Wortneuschöpfungen (Neologismen): z. B. „Nebensitzer" (Z. 21), „Grüßmuffel" (Z. 27), „allgemeinen Grußlosigkeit" (Z. 35): Sprachwitz, aber auch bewusste Abwertung unhöflicher Menschen

– Alliterationen, z. B. „Bussen, Bahnen […]" (Z. 4), „neuer Nackter" (Z. 13), „schwitzt und schweigt" (Z. 14), „kurz und knochentrocken" (Z. 34), „stumm, starr" (Z. 38): schiefe Zusammenhänge erzeugen Witz, unterhalten
– Mischung aus anspruchsvoller Wortwahl, z. B. Fremdwörter wie „Anonymität" (Z. 2), „adrette" (Z. 17), „Provokation" (Z. 26), und umgangssprachlichen Ausdrücken wie „mal" (Z. 23), „halt" (Z. 27), „cool" (Z. 39): Zeichen für hohe sprachliche Kompetenz, gleichzeitig Versuch, möglichst viele Leser anzusprechen
– unterschiedliche Formen der Begrüßung aus verschiedenen Gesellschaftsschichten und geografischen Räumen: „Guten Tag zusammen!" (Z. 7), „Tach" (Z. 30), „Grüß Gott" (Z. 30), „Salü" (Z. 31), „Guten Tag, allerseits" (Z. 49): zeigt, dass es Unhöflichkeit in allen Schichten und überall gibt, aber auch, dass es nicht darauf ankommt, wie man grüßt, sondern dass man überhaupt aufmerksam für sein Gegenüber ist

Satzbau 3.2
– Aufzählungen, z. B. „[…] blickt stumm in der Kabine herum, […] setzt sich, schwitzt und schweigt." (Z. 13 f.), „Kein Gruß, kein Blick, der Griff nach einer Illustrierten, Sendepause (Z. 16), „[…] in der Sauna, in der Kirche, im Wartezimmer oder im Parkett […]" (Z. 28 f.): schlagwortartige Darstellung des Verhaltens, da allgemein bekannt; Kritik; Verdeutlichung des Ausmaßes des Problems
– Fragesätze, z. B. „[…] gibt es denn nichts Wichtigeres mitzuteilen?" (Z. 46), „Wie soll ich es schaffen […]?" (Z. 47 ff.): indirekte Kritik an den als negativ empfundenen Verhaltensweisen; Fragen als Impulse für den Leser
– indirekte und direkte Rede bei der Wiedergabe von Aussagen anderer, z. B. „[…] er halte es […] sie sollten […] beginnen." (Z. 23 ff.), „Fehlende Kinderstube" (Z. 34), „Vielleicht ist das alles nur Unsicherheit […] aufdringlich zu sein, […]" (Z. 41): Wiedergabe der Meinung Dritter zur Unterstützung der eigenen Meinung
– vorwiegend längere Satzgefüge, an einigen Stellen durch kurze Hauptsätze unterbrochen, z. B. Satzgefüge Zeile 3 bis 6, dann kurzer Hauptsatz: „Dabei bleibe ich." (Z. 6); Satzgefüge Zeile 25 bis 27, dann: „So ist es halt." (Z. 27) usw.: Darstellung umfangreicher Zusammenhänge im Satzgefüge, Hauptsatz wirkt wie ein Fazit

Stil 3.3
– witzige Stilelemente, z. B. Neologismen, Alliterationen
– gewandter und gehobener Stil, z. B. Satzgefüge, Aufzählungen
– Spiel mit verschiedenen Stilebenen, z. B. umgangssprachliche Ausdrücke, Fremdwörter, gehobene Ausdrücke, z. B. „[…] sie nicht der geringsten Aufmerksamkeit für würdig erachtet" (Z. 10 f.)
– direkte Anrede des Lesers, z. B. „Möglicherweise denken Sie […]" (Z. 45 ff.): Miteinbeziehung, Aufforderung zum Nachdenken über das Problem und seine Bedeutung
– emotionaler Stil, z. B. durch Aufzählungen, Fragen, Leseranreden

Mögliche Absichten des Autors *(beispielhaft in ganzen Sätzen formuliert)* 4
– Arnd Brummer möchte auf das Alltagsproblem, dass viele Menschen nicht einmal ein Mindestmaß an Höflichkeit und Respekt gegenüber anderen aufbringen, aufmerksam machen. Dies geschieht auf unterhaltsame Art und Weise, indem er z. B. unangenehme und peinliche Anlässe beschreibt, die dadurch entstehen.
– Ferner drückt er seinen Unmut über die vorherrschende „Grußlosigkeit" aus.
– Der Autor möchte die Folgen der Unhöflichkeit darstellen und die Menschen dafür sensibilisieren. Dies wird in den Abschnitten von Zeile 28 bis 33 und 44 bis 49 deutlich.
– Als Ursachen dieser gesellschaftlichen Erscheinung kritisiert er Erziehungsdefizite, mangelndes Interesse am Mitmenschen, einen weitverbreiteten Egoismus sowie Unsicherheit aufgrund mangelnder Übung (vgl. Z. 34–44).
– Schließlich stellt der Autor dem Leser Fragen, um ihn dazu zu bringen, über sein eigenes (Fehl-)verhalten nachzudenken, z. B. in den Zeilen 17 ff. und 28.

Weiterführende Aufgabe: Leserbrief zu Thematik bzw. zum Inhalt der Glosse 5

Hinweise: *Die Aufgabenstellung verlangt einen Leserbrief, also ein argumentatives Schreiben. Du sollst deine Meinung zur Thematik der Glosse formulieren, in der der Verfasser die Unhöflichkeit und die Respektlosigkeit der Menschen im Umgang miteinander anprangert, seiner Verärgerung darüber Ausdruck verleiht und Ursachen und Folgen anspricht. Zur Vorgehensweise bei der Anfertigung eines Leserbriefs und zur sprachlichen Gestaltung findest du Hinweise im vorderen Teil dieses Buchs. Der erste Schritt zur Bearbeitung dieser Teilaufgabe ist es, dass du dir zur Position des Autors eine eigene Meinung bilden musst – vermutlich kannst du dem Autor zustimmen. Konzentriere dich auf diejenigen Aussagen des Textes, die für dich am wichtigsten sind. Dann formulierst du sie in eigenen Worten als Behauptung und nimmst dazu begründend und mit Beispielen veranschaulicht Stellung. Natürlich könntest du der stellenweise sehr scharfen Kritik an der „Grußlosigkeit" auch widersprechen, wofür du einige Aussagen mit stichhaltigen Argumenten widerlegst. Es ist jedoch nicht leicht, der durchaus berechtigten Kritik Brummers etwas entgegenzusetzen. Eine Möglichkeit ist, deine Zustimmung zu bestimmten Punkten einzuschränken. Du könntest beispielsweise auf den „Zauber der Anonymität" in der Großstadt eingehen und anführen, dass du es auch dort nicht richtig findest, andere Menschen zu ignorieren.*

Vorarbeiten für ein Beispiel

Festlegung der eigenen Meinung:
Der Meinung des Autors, dass Unhöflichkeit und Respektlosigkeit gegenüber anderen Menschen immer mehr um sich greifen und dass dies zu kritisieren ist, ist uneingeschränkt zuzustimmen.

Formulierung von Behauptungen, die diese Aussage stützen sollen:
- In Situationen, in denen man anderen Menschen begegnet und Zeit miteinander verbringt, ist ein Gruß ein Zeichen der Achtung des anderen (Bezug auf Z. 8–23).
- Mitmenschlichkeit und Respekt setzen die Wahrnehmung des anderen Menschen voraus (Bezug auf Z. 31–33).
- Höflichkeit und Respekt zu vermitteln ist in erster Linie Erziehungsaufgabe, die in den Familien stattfinden sollte (Bezug auf Z. 34–40).
- Erziehungsdefizite führen dazu, dass man als Erwachsener vielleicht aus Unsicherheit oder mangelnder Übung den Mitmenschen lieber ignoriert (Bezug auf Z. 41–44).
- Mangelnde Hilfsbereitschaft und fehlende Zivilcourage haben ihre Ursache im Ignorieren der Mitmenschen (Bezug auf Z. 44–49).

Die Behauptungen verknüpfst du nun mit Begründungen und veranschaulichst sie mit einem Beispiel oder mit Folgen/Auswirkungen. Auch ein Leserbrief besteht aus einer Einleitung (Bezug auf den Artikel, Veröffentlichungsbitte), dem Hauptteil (Argumente) und einem Schluss (abschließende Zusammenfassung, eventuell Schlusspointe). Beachte auch die formalen Vorgaben für einen Brief.

Ausformuliertes Beispiel für einen Leserbrief

Florian Höflich
Kniggestraße 3
00815 Hochachtungsburg

Herrn
Arnd Brummer
Chefredakteur Chrismon
Eine genaue Adresse wird in der Aufgabenstellung nicht genannt, deshalb kannst du darauf verzichten.

04. 06. 2014

Leserbrief zur Glosse „Einfach mal ‚Guten Tag‘ sagen, einfach so“

Sehr geehrter Herr Brummer,
ich bitte um Veröffentlichung meines Leserbriefes zu Ihrer oben genannten Glosse in der Aprilausgabe 2002 der Zeitschrift Chrismon.
Ihrer Meinung, dass Unhöflichkeit und Respektlosigkeit immer mehr um sich greifen und deutlich zu kritisieren sind, ist uneingeschränkt zuzustimmen. In Situationen, in denen man sich nicht in großen Menschenmassen bewegt, sondern dem einzelnen Menschen begegnet und eine bestimmte Zeit miteinander verbringt, ist ein Gruß einfach notwendig, denn wenn man nichts sagt, ist das dem anderen gegenüber respektlos. Für das Gegenüber im Bus oder den Nebenmann im Konzertsaal ist dies ein Zeichen der Geringschätzung, denn offenbar ist er es nicht „wert“, Aufmerksamkeit zu erfahren. Häufig behandeln wir andere Menschen wie Luft und zeigen, dass sie uns egal sind. Wie soll bei so viel Ich-Bezogenheit in unserer Gesellschaft die Mitmenschlichkeit Bestand haben? Da wundere ich mich nicht, wenn deren Fehlen immer öfter beklagt wird.
Ich bin der Meinung, dass das Erlernen von Höflichkeit und Respekt in erster Linie Teil der Erziehung sein sollte, die in den Familien stattfinden muss. Offenbar können aber viele Eltern ihren fundamentalen Erziehungsaufgaben immer weniger nachkommen, vielleicht deswegen, weil sie selbst ein Defizit in Sachen Höflichkeit haben. Was wird werden, wenn die heutige Grüßmuffelgeneration der Jugendlichen mal als Eltern Verantwortung trägt? Darüber hinaus finde ich, dass es als Erwachsener schwierig ist, Höflichkeit und Respekt zu lernen, wenn man dies nicht schon als Kind, Schüler oder Jugendlicher verinnerlicht hat. Unsicherheit und mangelnde Übung kommen noch hinzu und führen dazu, dass man den Mitmenschen lieber ignoriert, weil man nicht weiß, wann es richtig ist, jemanden zu grüßen oder sich ihm zuzuwenden.
Dass wir immer häufiger mangelnde Hilfsbereitschaft und fehlende Zivilcourage beklagen müssen, hat für mich auch ihre Ursache im Ignorieren der Mitmenschen. Wenn ich lieber wegschaue, als mein Gegenüber im Zug zu grüßen und damit zu (be-)achten, dann tue ich dies vermutlich auch, wenn es unangenehm wird, der andere z. B. von jemandem beleidigt oder angepöbelt wird. Dann ist dieses Verhalten zwar konsequent zu nennen – menschlich ist es nicht.

Mit freundlichen Grüßen

Florian Höflich

Kniggestraße 3
00815 Hochachtungsburg
Tel. 00816-123876

oder:

Gegentext: Situationen, bei denen ich mich über das Verhalten von Mitmenschen gefreut habe **5**

Hinweise: *Unter einem Gegentext versteht man einen Text, der inhaltlich und thematisch genau das Gegenteil dessen darstellt, was man als Vorlage vorgegeben hat. Die sprachliche Form sollte sich im Idealfall am vorliegenden Text orientieren.*
Grundlage für deinen Gegentext sind die unerfreulichen Begegnungen, die der Autor im Sinnabschnitt 3 zugespitzt und oft schlagwortartig schildert. Im Gegensatz dazu soll es in deinem Text um erfreuliche Begegnungen mit Menschen gehen, bei denen du dich über das Verhalten anderer gefreut hast. Schreibe also über Ereignisse, in denen du Höflichkeit, Respekt und Mitmenschlichkeit erfahren hast. Es heißt, du sollst von entsprechenden Erlebnissen erzählen, d. h., dass du in der inhaltlichen und sprachlichen Gestaltung relativ frei bist.

Dennoch gelten auch für eine Erzählung wichtige Merkmale, die einzuhalten sind, z. B. die Gliederung in Einleitung, Hauptteil und Schluss. In der Einleitung kannst du dich auf die Thematik des Ausgangstextes beziehen. Der Hauptteil beinhaltet dann die Situationen, bei denen du dich über das Verhalten von Mitmenschen gefreut hast. Im Schluss bewertest du das Erlebte oder du beschreibst die Folgen und Auswirkungen auf dein Handeln, deine Einstellung zum Thema Mitmenschlichkeit, Respekt und Höflichkeit.
Die Sprache einer Erzählung sollte anschaulich sein. Achte auf Abwechslung bei den Satzanfängen, verknüpfe deine Sätze, verwende lebendige Verben und Adjektive. Schreibe deine Erzählung im Präteritum.
Lege eine Stoffsammlung mit (jugendtypischen) Alltagssituationen an, in denen das Verhalten deiner Mitmenschen erfreulich war oder gewesen sein könnte. Notiere dir, wo und wann das jeweilige Erlebnis stattfand/stattgefunden haben könnte. Erzähle jeweils kurz die Ausgangssituation und dann die Reaktion deines Gegenübers.

Ausformuliertes Beispiel:

Den Mitmenschen wahrzunehmen, macht die Welt ein entscheidendes Stückchen besser

Es gibt nicht nur Orte, an denen sich Menschen ignorieren, und Situationen, in denen sie sich voller Unhöflichkeit begegnen. Ich scheine da ein wahres Glückskind zu sein, denn ich musste mich selten über Unhöflichkeit oder mangelndes Miteinander ärgern, im Gegenteil, ich durfte schon oft Mitmenschlichkeit erleben. Von einigen dieser Erlebnisse möchte ich hier erzählen.
Das erste ist noch gar nicht lange her. In den Pfingstferien durfte ich allein ein Open-Air-Konzert im Nachbarort besuchen. Da es ein strahlend schöner und heißer Sommertag war, kam ich gar nicht auf den Gedanken, mir eine Regenjacke mitzunehmen. Als die Band zu spielen begann, waren Wolken aufgezogen, die nach und nach dichter wurden. „Ach, das wird schon noch halten", dachte ich mir. Der Regen ließ jedoch nicht lange auf sich warten – und ich hatte nur Shorts und T-Shirt an. Neben mir standen zwei Mädchen, die ich nicht kannte. Wir hatten uns am Beginn des Konzerts nur kurz zugelächelt. Während sie ihre übergroßen Regenumhänge auspackten, bemerkten sie, dass ich keine Jacke dabei hatte. „Hey, du wirst ja ganz nass!", rief die eine und fügte hinzu: „Hier, nimm meinen Umhang." An das andere Mädchen gewandt sagte sie: „Ich darf bestimmt mit unter deinen Umhang schlüpfen, der ist doch groß genug für uns beide, oder?" Das andere Mädchen war gleich einverstanden. Dankbar nahm ich das Angebot an, wir stellten uns gegenseitig vor, kamen ins Gespräch und als der Regen aufgehört hatte und das Konzert fortgesetzt wurde, hatten wir noch eine Menge Spaß.
Im letzten Winter erlebte ich so ein kleines Wunder am Bahnhof in der Kreisstadt. Ich wollte am Automaten eine Fahrkarte nach Hause lösen, hatte nur noch einen 20-Euro-Schein, der Automat jedoch wollte ihn nicht schlucken. Immer wieder versuchte ich es – vergeblich. Der Schalter war natürlich schon geschlossen. Dutzende Leute warteten mit mir am Bahnsteig, aber viele taten so, als bemerkten sie meine Bemühungen nicht. Zu fragen traute ich mich nicht, weil sie alle verschlossen ins Leere blickten. Eine ältere Frau wollte sich gerade zu der Gruppe der Wartenden stellen, kam aber stattdessen auf mich zu. „Ist der Automat schon wieder kaputt?" Ich erklärte die Misere mit meinem Zwanziger. Die Frau öffnete ihre Geldbörse und meinte: „Jetzt probieren wir es mal mit meinem Geldschein" und – schwups – war dieser im Schlitz verschwunden und ich konnte meine Fahrkarte lösen. Was war ich erleichtert, froh und dankbar!
Dabei fällt mir auch wieder die Klassenfahrt nach Salzburg ein. Wir hatten zwei Stunden zur freien Verfügung und ich hatte mir bei der Stadtführung einen riesigen Laden mit Computerspielen gemerkt, den ich auch sofort wieder fand – die anderen wollten lieber in ein Café gehen, sodass ich ganz alleine war. Nach einer Stunde verließ ich mit einem neuen Strategiespiel das Geschäft und wollte mich auf den Weg zum Busbahn-

hof, unserem Treffpunkt, machen. Bald merkte ich, dass ich mich verlaufen hatte. Langsam wurde es brenzlig, denn ich hatte nur noch eine halbe Stunde Zeit. Zuspätkommen hätte wieder einen Riesenärger mit den Lehrern gegeben. Also nahm ich allen Mut zusammen und fragte Passanten, aber die waren entweder nicht von hier oder sie verhielten sich extrem unfreundlich und gaben patzige Antworten. In allerhöchster Not lief ich zu einem Taxistand, an dem ich kurz vorher vorbeigekommen war. Ich fragte den erstbesten Taxifahrer, ob er mich zum Busbahnhof fahren könne. „Ich habe aber nur noch fünf Euro und ich werde zu spät kommen und ganz großen Ärger bekommen", stotterte ich und spürte die Tränen aufsteigen. „Steig ein und halt dich fest", beruhigte mich der Mann, „das haben wir gleich." Ziemlich flott brachte er mich in kaum fünf Minuten zum Busbahnhof, wo ich schon unseren Bus und zwei nervöse Lehrer davor stehen sah. Erleichtert wollte ich dem Taxifahrer mein letztes Geld geben. Aber er lehnte ab und meinte: „Ist schon in Ordnung, ich hab dir gerne geholfen, die paar Euro schenke ich dir." Diese und andere Erlebnisse haben mich dazu gebracht, nicht mehr mit gesenktem Blick durchs Leben zu gehen, sondern hinzuschauen, auf meine Mitmenschen zu achten und ihnen zu helfen, wenn ich kann. Oft sind es Kleinigkeiten, die einem anderen in einer misslichen Situation weiterhelfen können. Wenn ich damals zu spät zum Bus gekommen wäre, hätte es einen Riesenärger mit den Lehrern und dann mit meinen Eltern gegeben – das konnte der Taxifahrer durch seine nette Geste und seine Großzügigkeit abwenden. Ich werde versuchen, in Zukunft auch so zu handeln.

Schlussgedanke

Je nach gewählter weiterführender Aufgabe bieten sich folgende Varianten an:

- Bei der Wahl des Leserbriefes könntest du im Schlussgedanken ausführen, wie wichtig Höflichkeit, Respekt und Mitmenschlichkeit im täglichen Umgang miteinander sind und dass selbst kleine Zeichen der Aufmerksamkeit die Welt um uns herum ein bisschen besser machen können.
- Bei der Wahl des Gegentextes ist es möglich, auf die Folgen des Egoismus, der Gleichgültigkeit, der Respektlosigkeit und Unhöflichkeit einzugehen und darzustellen, dass dies unseren Alltag in allen möglichen Situationen, ob in der Schule, in der Freizeit oder im Beruf, schwieriger und frustrierender macht.
- Grundsätzlich kannst du auch, sofern noch nicht in der Einleitung geschehen, auf eigene Erfahrungen mit der Thematik der Glosse eingehen und diese kurz schildern.
- Eine weitere Möglichkeit stellt das Aufgreifen aktueller Fälle von mangelnder Zivilcourage dar, von denen immer wieder in den Medien berichtet wird. Der Autor der Glosse stellt hier einen entsprechenden Zusammenhang her.

Beispiel für einen ausformulierten Schluss:

Der Autor hat für mich ein sehr wichtiges und oft unbeachtetes Thema aufgegriffen. Obwohl überall geklagt wird, wie respektlos wir oft miteinander umgehen, macht sich niemand Gedanken, wie einfach es wäre, dies zu ändern. Jemanden achten heißt, ihn beachten und nicht gleichgültig zu sein, nicht wegzusehen, wenn jemand Hilfe oder auch nur eine kleine Geste der Aufmerksamkeit braucht. Eine wichtige Voraussetzung für Achtung und Respekt ist sicher die Höflichkeit. Sie ist ein Zeichen dafür, dass mein Gegenüber merkt, dass ich ihn oder sie wahrgenommen habe. Auf diese Art und Weise kommt eine gemeinsame Basis zustande, auch wenn man nur kurz am selben Ort ist und dann wieder getrennte Wege geht. Mitmenschlichkeit muss nicht immer die große Geste sein, sie zeigt sich auch darin, einen anderen einfach wahrzunehmen und ihm die Sicherheit zu geben, dass er nicht übersehen wird, erst recht dann nicht, wenn er in einer schwierigen Lage ist.

Abschlussprüfung 2015 an Realschulen: Deutsch
Aufgabengruppe A: Erörterung

Erörterungen ohne Informationsmaterial

1. Im Jahr 2015 blicken wir auf das Ende des Zweiten Weltkriegs vor 70 Jahren zurück. Warum sollten sich Jugendliche heute noch mit der Kriegsvergangenheit auseinandersetzen? Wie kann dies sinnvoll geschehen?

2. Auf welche Herausforderungen können Jugendliche mit Behinderung stoßen? Welche Möglichkeiten der Unterstützung gibt es?

3. Viele Schulen unterstützen Projekte in Entwicklungsländern. Welche Ziele verfolgen sie damit für die Betroffenen, welche positiven Auswirkungen können sich aus diesem Engagement für die Schule ergeben?

4. Was halten Sie von einer generellen Geschwindigkeitsbegrenzung auf deutschen Autobahnen?

5. Erörtern Sie, warum es wichtig ist, als Jugendlicher Fremdsprachen zu lernen. Wie kann Ihrer Meinung nach innerhalb, aber auch außerhalb der Schule das Erlernen von Sprachen gefördert werden?

Erörterung mit Informationsmaterial

6. Erörtern Sie mögliche Ursachen für mangelnde Zivilcourage in unserer Gesellschaft. Zeigen Sie auf, wie Zivilcourage bei jungen Menschen gefördert werden kann.

Hinweis: Gehen Sie zur Bearbeitung des Themas zunächst das vorliegende Material durch und überlegen Sie sich, welche Informationen Sie für Ihren Aufsatz verwerten möchten. Das Material dient *zur Ergänzung* Ihrer eigenen Ideen. **Es muss jedoch deutlich erkennbar sein, dass Teile des Materials in die Bearbeitung mit einbezogen wurden.** Falls Sie Textstellen wörtlich übernehmen bzw. angegebene Daten oder Aussagen verwenden, müssen Sie dies in Ihrem Aufsatz angeben.

Aufgabengruppe B: Textgebundener Aufsatz (siehe S. 2015-33 ff.)

7. Alfred Andersch: „Sansibar oder der letzte Grund“

8. Sylvia Plath: „Ein Tag im Juni“

9. „Denn wir wissen, was wir nicht tun“

Material 1: Werbung für ein Projekt von Aktion Courage e. V.

Wie wird unsere Schule zur „Schule ohne Rassismus – Schule mit Courage"?

Voraussetzungen sind u. a.:

- Mindestens 70 Prozent aller Personen, die in SOR-SMC-Schulen lernen und arbeiten, unterschreiben, dass sie sich künftig gegen jede Form von Diskriminierung wenden.
- Sollte es zu Diskriminierungen kommen, verpflichten sich die Unterzeichner zu aktivem Einschreiten.

SCHULE OHNE RASSISMUS
SCHULE MIT COURAGE

Quelle: Schule ohne Rassismus – Schule mit Courage; www.schule-ohne-rassismus.org/courage-schulen

Material 2: Aus dem Duden

Zivilcourage: mutiges Verhalten, mit dem jemand seinen Unmut über etwas ohne Rücksicht auf mögliche eigene Nachteile zum Ausdruck bringt

Duden. Das Fremdwörterbuch

Zivilcourage: Beherztheit, Entschlossenheit, Furchtlosigkeit, Unerschrockenheit, Mumm, Schneid, …

Duden. Das Synonymwörterbuch

Material 3: Zitate

„Man muss etwas machen, um selbst keine Schuld zu haben. Dazu brauchen wir einen harten Geist und ein weiches Herz. Wir haben alle unsere Maßstäbe in uns selbst, nur suchen wir sie zu wenig." *Sophie Scholl*

„Bei Vorbildern ist es unwichtig, ob es sich dabei um einen großen toten Dichter, um Mahatma Gandhi oder um Onkel Fritz aus Braunschweig handelt, wenn es nur ein Mensch ist, der im gegebenen Augenblick ohne Wimpernzucken gesagt oder getan hat, wovor wir zögern." *Erich Kästner*

Material 4: Aus einem Flyer der Polizei

Ziele des Projekts:

Förderung der Gemeinschaft durch:

- Verbesserung der Kommunikationsfähigkeit
- Erarbeitung von Regeln für den Umgang miteinander
- Integration und Toleranz
- Bereitschaft, sich in andere einzufühlen

Förderung der Zivilcourage durch:

- Erlernen eines optimalen Opfer- und Helferverhaltens
- Vermittlung eines adäquaten Zeugenverhaltens
- Sensibilisierung für Notsituationen
- Vermittlung der Wichtigkeit zivilcouragierten Handelns

Quelle: Polizeipräsidium München; www.polizei.bayern.de/content/9/8/9/6/2/zammgrauft-info_f_internet_2012.pdf

Material 5: Radiobeitrag

Tugce Albayrak, die 23 Jahre alte Lehramtsstudentin an der Uni Gießen, war am 15. November nach dem Versuch, in einem Offenbacher Schnellrestaurant bedrängten Jugendlichen zu helfen, mutmaßlich von einem 18-Jährigen aus Offenbach geschlagen worden. Sie stürzte auf den Asphalt des Parkplatzes vor dem Restaurant und fiel ins Koma.
(...) dann die für viele erschütternde Meldung: Tugces Koma ist irreversibel, der Hirntod wurde diagnostiziert. (...) Bundespräsident Joachim Gauck lässt prüfen, ob Tugce Albayrak posthum das Bundesverdienstkreuz verliehen werden kann, wie es mehr als hunderttausend Menschen in einer Internet-Petition forderten.

Quelle: www.deutschlandfunk.de/trauerfeier-die-letzte-ruhe-fuer-tugce-albayrak.1773.de.html?dram:arti; Ludger Fittgau, 3.12.2014 *Bild: dpa*

Material 6: Nachricht

Friedensnobelpreis 2014 für Malala Yousafzai

Die 17-jährige Malala Yousafzai aus dem pakistanischen Swat-Tal ist vielen erst seit dem Attentat im Jahr 2012 bekannt, als Taliban-Extremisten sie in einem Schulbus mit Schüssen in den Kopf schwer verletzten. Die junge Frau setzt sich seit ihrem elften Lebensjahr dafür ein, dass die Mädchen in ihrer Heimat bessere Bildungschancen erhalten. „Ein Kind, ein Lehrer, ein Buch und ein Stift können die Welt verändern“ – diesen Leitspruch verkündete sie unter anderem bei ihrer Rede vor den Vereinten Nationen im Jahr 2013.

Quelle: www.sueddeutsche.de/politik/entscheidung-in-oslo-malala-yousafzai-und-kailash-satyarthi-bekommen-friedensnobelpreis-1.2167661

Material 7: Aus der Broschüre für Jugendliche „Nur Mut. Zivilcourage lernen“

Alles Ausreden ...

„Es waren doch noch andere Passanten da.“
„Was geht mich das an?“
„Es wundert mich nicht, wenn sie von Männern belästigt wird.“
„Mit denen rede ich doch gar nicht.“
„Da mache ich mich doch lächerlich, wenn ich eingreife.“
„Ich mische mich hier nicht ein.“
„Ich kann sowieso nicht helfen – ich bin nicht sehr stark.“

Quelle: www.basta-net.de

Material 8: Auszug aus einem Interview

SPIEGEL ONLINE: Warum zeigen so wenige Menschen Zivilcourage und greifen nicht ein, wenn sie Zeugen von Gewalt werden?

Jens Mollenhauer (Polizist): Die Menschen sind oft hilflos und haben Angst. Vielen hat man nie vermittelt, wie man mit Gewalt vernünftig umgeht. Dazu kommt, dass die meisten von uns inzwischen ziemlich abgestumpft sind – auch durch die Medien. Da ist Gewalt an der Tagesordnung, und viele denken: Ach, so viel ist ja noch gar nicht passiert. [...] Wenn ich als Zeuge vor Gericht aussage, kennt mich der Täter.

nach: Spiegel Online vom 9.10.2009 (Interview: Catherine Simon); www.spiegel.de/panorama/justiz/zivilcourage-man-muss-kein-held-sein-um-zu-helfen-a-654062.htm

Material 9: Strafgesetzbuch	Material 10: Zum Nachdenken …
§ 323 c Unterlassene Hilfeleistung Wer bei Unglücksfällen oder gemeiner Gefahr oder Not nicht Hilfe leistet, obwohl dies erforderlich und ihm den Umständen nach zuzumuten, insbesondere ohne erhebliche eigene Gefahr und ohne Verletzung anderer wichtiger Pflichten möglich ist, wird mit Freiheitsstrafe bis zu einem Jahr oder mit Geldstrafe bestraft.	Wie reagiere ich selbst eigentlich, wenn … • negative Vorurteile über andere verbreitet werden? • eine Schülerin / ein Schüler bloßgestellt wird? • ausländerfeindliche Witze erzählt werden? • ein Erwachsener ein Kind schlägt? • in einer Gruppe über Abwesende herabsetzend geredet wird? • rechtsextreme Parolen verbreitet werden? • ein Tier gequält wird? • Andersdenkende beleidigt werden? • mir ein „Skandal" bekannt wird? *Quelle: Günther Gugel: Handbuch Gewaltprävention II. Institut für Friedenspädagogik Tübingen 2010.*

2015/1 Im Jahr 2015 blicken wir auf das Ende des Zweiten Weltkriegs vor 70 Jahren zurück. Warum sollten sich Jugendliche heute noch mit der Kriegsvergangenheit auseinandersetzen? Wie kann dies sinnvoll geschehen?

Hinweise zur Erschließung des Themas

Der Vorspann nimmt Bezug auf den 70. Jahrestag des Endes des Zweiten Weltkriegs. Themabegriff ist „Kriegsvergangenheit", eingeschränkt durch „Jugendliche". Die Präzisierung erfolgt durch die Frage nach Gründen für eine Auseinandersetzung mit der Kriegsvergangenheit. Im zweiten Teil wird nach sinnvollen Möglichkeiten gefragt, wie sich Jugendliche mit dieser auseinandersetzen können. Von entscheidender Bedeutung für die Bearbeitung dieses Themas ist, dass du konkrete Vorstellungen entwickelst, was unter dem schwer fassbaren Themabegriff zu verstehen ist.

Themabegriff	Kriegsvergangenheit
Einschränkung	Jugendliche
Präzisierung	Gründe für eine Auseinandersetzung; sinnvolle Möglichkeiten einer Auseinandersetzung
Erörterungsauftrag zweigliedrig	1. Aus welchen Gründen sollten sich Jugendliche heute noch mit der Kriegsvergangenheit auseinandersetzen? 2. Welche sinnvollen Möglichkeiten (der Auseinandersetzung) gibt es?

Stoffsammlung und Strukturierung

Überlegungen zur Einleitung

Ein Ausgangspunkt für einen Einleitungsgedanken ist der erwähnte 70. Jahrestag des Kriegsendes im Jahr 2015: Du könntest einige wichtige Fakten über Ursache, Dauer und Verlauf des Krieges nennen, die zentrale Rolle Deutschlands beleuchten oder auf die Kriegsbegeisterung eingehen, die die Propaganda der Nationalsozialisten bei der Bevölkerung auslöste. Möglich ist auch, auf die Folgen des Zweiten Weltkriegs für die Menschen einzugehen oder über die Zerstörung und Teilung Deutschlands zu schreiben. Ein weiterer Einleitungsgedanke könnte sich mit den Opfern der Verfolgung durch die Nationalsozialisten beschäftigen. Auch aktuelle Bezüge sind denkbar, indem du auf Kriege verweist, die aktuell stattfinden.
Ein Rückgriff auf in der Schule erlebte Formen der Auseinandersetzung empfiehlt sich dagegen nicht, da dies Argumente vorwegnehmen würde.

Mögliche Fragestellungen für deinen Einleitungsgedanken können sein:

- Was weiß ich über den Zweiten Weltkrieg?
- Was war die Ursache, wie gestaltete sich der Verlauf des Krieges?
- Wie sah die Rolle Deutschlands in diesem Krieg aus?
- Welche Folgen hatte der Krieg für die Zivilbevölkerung?
- Welche Folgen hatte der Krieg für Deutschland?
- Wie gelang es, das Volk so für den Krieg zu begeistern?
- Was weiß ich über das Schicksal der europäischen Juden?
- Gibt es aktuell Kriege auf der Welt?

Vorarbeiten für den Hauptteil

Wie bereits erwähnt, kommt der Erschließung des Begriffs „Kriegsvergangenheit" eine zentrale Bedeutung für die Stoffsammlung und somit für den ganzen Aufsatz zu. Es lässt sich herleiten, dass es um alles geht, was im Zweiten Weltkrieg geschehen ist, warum und wie es geschehen ist. Zur Kriegsvergangenheit zählt an sich schon die Machtübernahme im Jahr 1933 durch die Nationalsozialisten, da diese ganz offen auf einen Krieg in Europa hinarbeiteten, erfolgreich Vorurteile gegenüber anderen Völkern schürten sowie Intoleranz und Hass gegenüber bestimmten Bevölkerungsgruppen erzeugten. Außerdem gehören die Abschaffung der Freiheitsrechte, die Verhaftung und die Ermordung Andersdenkender im Vorfeld des Krieges und währenddessen dazu. Die Thematik schließt auch die Manipulation der Wahrheit, das Leiden, die Unterdrückung und der millionenfache Tod von Menschen und schließlich die systematische Vernichtung der Juden und anderer Menschengruppen ein. Du siehst, dass es eine Menge Aspekte gibt, mit denen man sich beschäftigen sollte. Die Beantwortung der Frage, warum man sich als Jugendlicher damit auseinandersetzen soll, ergibt schließlich Argumente für den ersten Teil der Themafrage.

Überlegungen zum ersten Teil der Themafrage – Aus welchen Gründen sollten sich Jugendliche heute noch mit der Kriegsvergangenheit auseinandersetzen?

Wenn du darüber nachdenkst, was der Krieg über die Menschen brachte, dann ergibt sich auf die Themafrage die einfache Antwort: **Damit das nie wieder geschehen kann.** Oder etwas anspruchsvoller ausgedrückt: Jede nachfolgende Generation trägt große Mitverantwortung daran, dass Deutschland und Europa frei bleiben von Intoleranz, Hass, Verfolgung und Krieg. Wenn du dir die sicherlich unvollständige Aufzählung der Fakten (siehe Vorarbeiten) ansiehst, dann findest du konkrete Antworten auf den ersten Teil der Themafrage: Es ist notwendig, sich geschichtliches und politisches Grundwissen anzueignen, um gefährliche Strömungen frühzeitig erkennen zu können. Daraus folgt, dass alle Entwicklungen verhindert werden müssen, die damals zu Unfreiheit und Elend geführt haben, und man aktiv dafür eintreten soll, dass die Werte, die uns heute wichtig sind, wie Frieden und Freiheit, geschützt werden. Mithilfe des folgenden Clusters bekommst du einen optimalen Überblick über die Formulierung und Vollständigkeit deiner Argumente für die Gliederung.

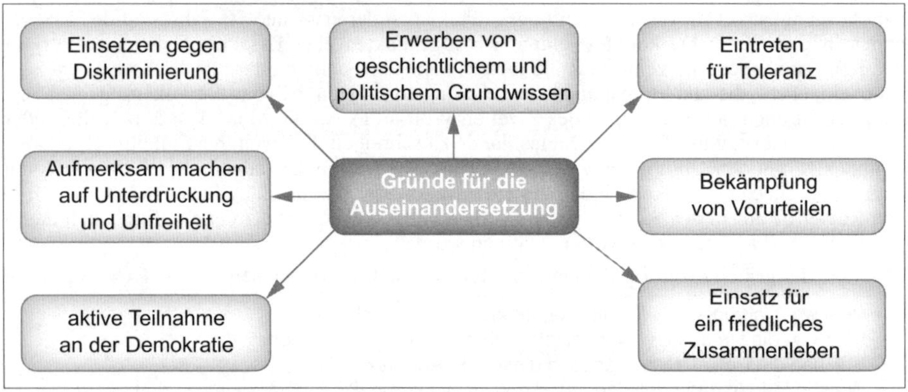

Überlegungen zum zweiten Teil der Themafrage – Welche sinnvollen Möglichkeiten (der Auseinandersetzung) gibt es?

Sich mit etwas auseinandersetzen bedeutet: kennenlernen, sich damit beschäftigen, darüber diskutieren usw. Denke nun zunächst an die Möglichkeiten, die es an deiner Schule über den Geschichtsunterricht hinaus gab oder die die Schulen organisieren können. Überlege dann, wie du dich selbst über die Kriegsvergangenheit informieren und dich mit ihr auseinandersetzen kannst. (Eine Aufgliederung in zwei Unterpunkte ist nicht nötig, da in allen Fällen Jugendliche mit der Vergangenheit konfrontiert werden.)
Liste die Ergebnisse deiner Stoffsammlung der Übersichtlichkeit halber tabellarisch auf:

Sinnvolle Möglichkeiten der Auseinandersetzung
– Teilnahme an fächerübergreifenden Projekten zur Kriegsvergangenheit am Schulort – Vorträge von Zeitzeugen besuchen (noch ist es möglich!) – Besuch einer KZ-Gedenkstätte – Beschäftigung mit Dokumentationen und Literatur über die Kriegszeit – Mitarbeit an Geschichtsprojekten im Heimatort – Engagement in der Kriegsgräberfürsorge – Teilnahme am Jugendaustausch in ehemals besetzten Ländern

Überlegungen zum Schlussgedanken

Jetzt geht es noch um eine sinnvolle Abrundung. Als Anregung können folgende Gedanken dienen, die zeigen, dass du das Thema mit sehr vielfältigen Ideen abschließen kannst.

- Eindrücke aus einer Veranstaltung in der Schule zum Thema
- Eindrücke aus der eigenen Auseinandersetzung mit dem Zweiten Weltkrieg und seinen Folgen
- Verweis auf die Tatsache, dass wir in Europa in der längsten friedlichen Phase leben
- Frieden und Freiheit als höchstes Gut, für das man sich auch einsetzen muss
- Bezug auf den aktuellen Bürgerkrieg in Syrien oder auf die Krise in der Ukraine

Gliederungsvorschlag

A. Der Zweite Weltkrieg, den Deutschland auslöste, brachte ein noch nie dagewesenes Ausmaß von Tod und Zerstörung über Europa und andere Teile der Welt

B. Aus welchen Gründen sollten sich Jugendliche heute noch mit der Kriegsvergangenheit auseinandersetzen? Welche sinnvollen Möglichkeiten der Auseinandersetzung gibt es?

1 Aus welchen Gründen sollten sich Jugendliche heute noch mit der Kriegsvergangenheit auseinandersetzen?

1.1 Erwerben von geschichtlichem und politischem Grundwissen
1.2 Eintreten für Toleranz
1.3 Bekämpfung von Vorurteilen
1.4 Einsatz für ein friedliches Zusammenleben
1.5 Aktive Teilnahme an der Demokratie
1.6 Aufmerksam machen auf Unterdrückung und Unfreiheit
1.7 Einsetzen gegen Diskriminierung

2 Welche sinnvollen Möglichkeiten der Auseinandersetzung gibt es?

2.1 Fächerübergreifende Projekte zur Kriegsvergangenheit am Schulort
2.2 Besuch von Vorträgen von Zeitzeugen
2.3 Besuch einer KZ-Gedenkstätte
2.4 Beschäftigung mit Dokumentationen und Literatur über die Kriegszeit
2.5 Mitarbeit an Geschichtsprojekten im Heimatort
2.6 Engagement in der Kriegsgräberfürsorge
2.7 Teilnahme am Jugendaustausch in ehemals besetzten Ländern

C. Die Menschen in Europa leben in der längsten friedlichen Periode der Geschichte. Grund genug, sich auch heute noch mit den Ursachen und Schrecken des Zweiten Weltkriegs auseinanderzusetzen, um den Frieden zu bewahren

2015/2 Auf welche Herausforderungen können Jugendliche mit Behinderung stoßen? Welche Möglichkeiten der Unterstützung gibt es?

Hinweise zur Erschließung des Themas

Der Themabegriff lautet hier „Behinderung" und ist beschränkt auf den Bereich der Jugendlichen. Im ersten Teil des zweigliedrigen Themas geht es um Herausforderungen, auf die jugendliche Behinderte stoßen können, also im weitesten Sinne um Probleme, die sich aus ihrer Situation ergeben und die ihr Leben erschweren. Der zweite Teil des Themas fordert von dir Antworten auf die Frage nach den Möglichkeiten der Unterstützung.
Da das Thema sehr allgemein gehalten ist, ist es hier besonders wichtig, dass du bei der Stoffsammlung gründlich nachdenkst, damit du die wichtigsten Problemfelder aufzeigst und dich nicht in Einzelaspekten verlierst. Dies gilt auch für den zweiten Teil des Erörterungsauftrags.

Themabegriff	Behinderung
Einschränkung	Jugendliche
Präzisierung	Herausforderungen, die sich ergeben; Möglichkeiten der Unterstützung
Erörterungsauftrag zweigliedrig	1. Auf welche Herausforderungen stoßen Jugendliche mit Behinderung? 2. Welche Möglichkeiten der Unterstützung gibt es für sie?

Stoffsammlung und Strukturierung

Überlegungen zur Einleitung

Neben Erfahrungen aus dem eigenen Umfeld sollte man über einige Kenntnisse zum Thema verfügen. Hilfreich ist es, wenn das Thema bereits im Unterricht besprochen worden ist, denn dann ist dir vielleicht eine Definition bekannt, die du in der Einleitung verwenden kannst und die auch für die weitere Stoffsammlung nützlich wäre.
Aus dem unterrichtlichen Wissen könnten die Ursachen für Behinderungen als Einleitungsgedanke verwendet werden. Möglicherweise verfügst du über statistisches Material, das sich eignet. In der Regel wirst du jedoch aus dem privaten oder schulischen Umfeld jemanden mit einem Handicap kennen und kannst daraus eine Einleitung formulieren (ohne jedoch schon auf mögliche Schwierigkeiten dieser Person einzugehen).

Fragestellungen für deinen Einleitungsgedanken können also sein:

- Was weiß ich aus dem Schulunterricht zum Thema Behinderungen und Behinderte?
- Kann ich den Begriff definieren? Welche Arten von Behinderung gibt es?
- Welche Ursachen haben Behinderungen?
- Kenne ich aus dem privaten oder schulischen Umfeld behinderte Menschen?
- Welche Erfahrungen habe ich mit ihnen gemacht?

Vorarbeiten für den Hauptteil

Wichtig ist zu Beginn einer umfassenden Bearbeitung dieser Aufgabe, dass du dir darüber im Klaren bist, dass hierzu Kenntnisse notwendig sind, die normalerweise nicht den Alltagserfahrungen entsprechen. Du könntest auf Kenntnisse aus dem Unterricht, nicht nur aus dem Fach Deutsch, sondern beispielsweise aus Sozialwesen oder Sozialkunde, zurückgreifen. Noch besser wären natürlich eigene Erfahrungen im Umgang mit Behinderten, zum Beispiel in der eigenen Klasse. Eine erste Grundlage für deine Vorüberlegungen kann auch eine Definition des Begriffes Behinderung sein, die du vielleicht im Unterricht gelernt hast.

Übergeordnete Fragen zur Stoffsammlung

1. Welche Arten von Behinderungen gibt es?
2. Welche Herausforderungen können sich daraus für jugendliche Betroffene jeweils ergeben?
3. In welchen Lebensbereichen können Herausforderungen für Jugendliche auftreten?
4. In welchen Situationen treten Probleme auf?
5. Welche Arten von Hilfen erleichtern behinderten Jugendlichen die Bewältigung der Herausforderungen in den einzelnen Lebensbereichen?
6. Wer kann in den einzelnen Lebensbereichen Unterstützung leisten?

Überlegungen zum ersten Teil der Themafrage – Auf welche Herausforderungen stoßen Jugendliche mit Behinderung?

Zunächst brauchst du einen Überblick über die verschiedenen Arten von Behinderungen, damit dir klar ist, mit welchen unterschiedlichen Auswirkungen zu rechnen ist. Sicher wirst du dabei zunächst an die unterschiedlichen Formen der Körperbehinderung und deren Folgen denken, wie zum Beispiel eine eingeschränkte Bewegungsfähigkeit. Weiter solltest du an sogenannte Sinnesbehinderungen denken (Hören und Sehen), an Sprachbehinderungen und vielleicht auch an psychische Behinderungen (Störungen der seelischen und geistigen Gesundheit, z. B. Depressionen) sowie geistige Behinderungen.
Auf der Basis dieser Formen von Behinderungen kannst du nun über die daraus resultierenden Probleme für den einzelnen Jugendlichen nachdenken. Frage dich, in welche Bereiche sich diese Probleme einteilen lassen. Zum einen ergeben sich durch eine Behinderung physische (körperliche) Probleme, zum anderen psychische (seelische). Außerdem sind Unterricht und Schule, Freizeit, Arbeit stark auf ein Miteinander ausgerichtet. Daraus lässt sich ein Bereich als soziale (gemeinschaftliche) Probleme bezeichnen. Ausgehend von diesen Problemfeldern kannst du dir in einem nächsten Schritt überlegen, welche konkreten Herausforderungen sich daraus ergeben.
Nun ist es sinnvoll, ein Gliederungsraster zu entwickeln. Ein solches erhältst du aus den übergeordneten Fragen nach den Lebensbereichen und den Situationen, in denen für Jugendliche mit Behinderung Probleme auftreten können. Als solche Lebensbereiche kommen der Alltag, die Gesellschaft, die Schule und die Arbeitswelt infrage. Die Nennung von jeweils zwei bis drei Herausforderungen genügen, um jeden Bereich ausreichend zu veranschaulichen. Arbeite dazu wieder mit einer Tabelle oder einem Cluster.

Alltag	Gesellschaft	Schule	Arbeit und Beruf
eingeschränkte Sport- und Freizeitmöglichkeiten	Leben mit Vorurteilen	zu wenige Inklusionsschulen	Einschränkungen in der Berufswahl
mangelnde Barrierefreiheit	Ausgrenzung aus Gruppen	Mobbing und Hänseleien	Mangel an angemessenen Arbeitsplätzen
Schwierigkeit, Freunde oder einen Partner zu finden	Angst vor Kontakten	unterrichtliche Probleme	Zweifel der Arbeitgeber an der Leistungsfähigkeit

Überlegungen zum zweiten Teil der Themafrage – Welche Möglichkeiten der Unterstützung gibt es für sie?

Durch die umfangreiche Vorarbeit für den ersten Teil des Themas ergibt sich der Vorteil, dass man sich bei der Frage nach den Unterstützungsmöglichkeiten an den festgelegten Bereichen orientieren kann. Bei der Beantwortung der folgenden Fragen werden dir sicher zwei bis drei Argumente je Bereich einfallen.

1. Was kann behinderte Jugendliche im Alltag unterstützen?	– behindertengerechte Gestaltung des öffentlichen Raumes – Sport- und Freizeitangebote in den Vereinen für Jugendliche mit und ohne Handicap – finanzielle Förderung für notwendige Hilfsmittel
2. Welche Unterstützungsmöglichkeiten ergeben sich für die Gesellschaft?	– Abbau von Vorurteilen – Begegnungsanlässe zwischen Behinderten und Nichtbehinderten – Unterstützung durch Selbsthilfegruppen
3. Wie kann die Schule behinderte Jugendliche unterstützen?	– Hilfen zur Eingliederung in die Klassengemeinschaft – Bildung von Lerngruppen auch zum Aufbau von Kontakten – Inklusion an allen Schulen
4. Was kann zur Unterstützung behinderter Jugendlicher im/für das zukünftige Berufsleben getan werden?	– spezielle Berufsberatung und berufliche Orientierung für behinderte Jugendliche – der Behinderung angepasste angemessene Arbeitsplätze – Unterstützung beim Zurücklegen des Arbeitswegs – betreute Wohnheime während der Ausbildung – Ausbildung in Förderzentren

Überlegungen zum Schlussgedanken

Um deinen Aufsatz gut abzuschließen, hast du die Möglichkeit, einen oder mehrere weitere Herausforderungen oder Hilfen, die dir eingefallen sind, kurz darzustellen und somit den Blick auf das Thema zu erweitern. Ansätze dazu gibt es genügend, etwa bei den Herausforderungen: Leben mit Schmerzen, Abhängigkeit von der Hilfe anderer, geringes Selbstwertgefühl, Isolation und Vereinsamung usw. Bei der Unterstützung: Partnervermittlung für Jugendliche mit Handicap, bevorzugte Einstellung Behinderter bei gleicher Qualifikation usw.
Du kannst deinen Aufsatz auch dadurch abrunden, dass du den Bereich, der dir am wichtigsten erscheint, noch einmal aufgreifst und begründest, warum er für dich der wichtigste ist.

Gliederungsvorschlag

Hinweis: *Die Unterpunkte können entweder mit einer dritten Ziffer (1.1.1) oder mit Spiegelstrichen angeordnet werden.*

A. Eine Behinderung kann durch eine Krankheit oder einen Unfall eintreten oder angeboren sein und beeinträchtigt den Betroffenen in seiner persönlichen, beruflichen und sozialen Entfaltung

B. Auf welche Herausforderungen stoßen Jugendliche mit Behinderung? Welche Möglichkeiten der Unterstützung gibt es für sie?

1 Herausforderungen Jugendlicher mit Behinderung

1.1 Herausforderungen im Alltag
- Eingeschränkte Sport- und Freizeitmöglichkeiten
- Mangelnde Barrierefreiheit
- Schwierigkeiten, Freunde oder einen Partner zu finden

1.2 Herausforderungen in der Gesellschaft
- Leben mit Vorurteilen
- Ausgrenzung aus Gruppen
- Angst vor Kontakten

1.3 Herausforderungen in der Schule
- Mangelhafte Inklusion
- Mobbing und Hänseleien
- Unterrichtliche Probleme

1.4 Herausforderungen in Arbeit und Beruf
- Einschränkungen in der Berufswahl
- Mangel an angemessenen Arbeitsplätzen
- Zweifel der Arbeitgeber an der Leistungsfähigkeit

2 Welche Möglichkeiten der Unterstützung gibt es für sie?

2.1 Unterstützung im Alltag
- Behindertengerechte Gestaltung des öffentlichen Raumes
- Sport- und Freizeitangebote in den Vereinen für Jugendliche mit und ohne Handicap
- Finanzielle Förderung für notwendige Hilfsmittel

2.2 Unterstützung in der Gesellschaft
- Abbau von Vorurteilen
- Begegnungsanlässe zwischen Behinderten und Nichtbehinderten
- Unterstützung durch Selbsthilfegruppen

2.3 Unterstützung in der Schule
- Hilfen zur Eingliederung in die Klassengemeinschaft
- Bildung von Lerngruppen auch zum Aufbau von Kontakten
- Inklusion an allen Schulen

2.4 Unterstützung in/für Arbeit und Beruf
- Der Behinderung angepasste angemessene Arbeitsplätze
- Unterstützung beim Zurücklegen des Arbeitswegs
- Ausbildung in Förderzentren

C. Im persönlichen Bereich leiden viele behinderte Jugendliche unter einem gering ausgeprägten Selbstwertgefühl und drohen zu vereinsamen

2015/3 Viele Schulen unterstützen Projekte in Entwicklungsländern. Welche Ziele verfolgen sie damit für die Betroffenen, welche positiven Auswirkungen können sich aus diesem Engagement für die Schule ergeben?

Hinweise zur Erschließung des Themas

Im Vorspann ist der Themabegriff erläutert. Es geht um die Unterstützung von Hilfsprojekten in Entwicklungsländern durch Schulen. Der erste Erörterungsauftrag stellt die Frage nach den Zielen, die die Schulen für die Betroffenen mit ihrer Unterstützung erreichen möchten. Der zweite Teil fragt nach den positiven Auswirkungen dieses Einsatzes für die Schule, also auch für die einzelnen Schüler – das darf bei dieser Themenstellung nicht vergessen werden.

Themabegriff	Projekte in Entwicklungsländern
Einschränkung	Unterstützung durch Schulen
Präzisierung	Ziele der Unterstützung für die Betroffenen Positive Auswirkungen des Engagements für die Schule
Erörterungsauftrag zweigliedrig	1. Welche Ziele verfolgen Schulen mit ihrer Unterstützung von Hilfsprojekten in Entwicklungsländern für die Betroffenen? 2. Welche positiven Auswirkungen hat dieses Engagement für die Schule?

Stoffsammlung und Strukturierung

Überlegungen zur Einleitung

Um Ziele oder positive Auswirkungen nicht vorwegzunehmen, eignet sich die Darstellung von persönlichen Erfahrungen am besten für eine anschauliche Hinführung zum Thema. Ausgangspunkt für deinen Einleitungsgedanken kann daher sein, dich an Projekte an deiner Schule zu erinnern, die du kennst oder für die du dich engagiert hast. Stelle sie vor oder berichte von der Arbeit. Eine weitere Möglichkeit besteht in der kurzen Schilderung der Lebensumstände vieler Menschen in den Entwicklungsländern (greife dafür auf Wissen aus dem Erdkunde- und Religionsunterricht oder auch aus Sozialwesen zurück) oder der Gründe, warum die Lebensbedingungen oft so schlecht sind. Schließlich bietet sich mit dem aktuell großen Zustrom von Flüchtlingen auch aus Entwicklungsländern ein aktueller Bezug an.

Mögliche Fragestellungen für deinen Einleitungsgedanken können sein:

- Welche Hilfsprojekte gibt es an meiner Schule?
- Wie sieht die Unterstützungsarbeit aus?
- Welche Erfahrungen habe ich selbst bei meiner Mitarbeit gemacht?
- Wie ist die Lebenssituation vieler Menschen in Entwicklungsländern?
- Warum leben dort viele Menschen unter erbärmlichen Bedingungen?
- Was weiß ich über den aktuellen Zustrom von Flüchtlingen nach Europa?

Vorarbeiten für den Hauptteil

Berichte über Hungerkatastrophen, Seuchenausbrüche oder Kriege lassen das Bewusstsein für die Not der Menschen in Entwicklungsländern wachsen und schärfen den Blick auf die schlechten Lebensbedingungen dort. Sehr wahrscheinlich gibt es auch an deiner Schule bzw. in deiner Klasse ein entsprechendes Engagement und ihr habt euch sicherlich über den Sinn und die Ziele unterhalten und auch schon Erfahrungen gesammelt, was euer Engagement für die Schule und für euch selbst gebracht hat. Der Vollständigkeit halber solltest du beim Stichwort „Schule“ im zweiten Teil der Themafrage auch die Schüler berücksichtigen.

Übergeordnete Fragen zur Stoffsammlung

1. Welche Nöte haben Menschen in Entwicklungsländern?
2. Welche Art von Hilfe kann man mit Geld und Sachmitteln bewirken?
3. Wie wirkt die Hilfe auf die Betroffenen?
4. Was bringt ein derartiges Engagement mir als Schüler?
5. Wie kann sich die Unterstützung von Hilfsprojekten positiv nach innen (Schulgemeinschaft) und außen (Öffentlichkeit) auswirken?

Überlegungen zum ersten Teil der Themafrage – Welche Ziele verfolgen Schulen mit ihrer Unterstützung von Hilfsprojekten in Entwicklungsländern für die Betroffenen?

Zunächst steht die Frage im Mittelpunkt, was Betroffene von der Unterstützung durch Hilfsprojekte an Schulen haben. Die allermeisten Projekte benötigen Geld oder Sachmittel, weshalb du dich fragen solltest, welche vordringlichen Nöte die betroffenen Menschen haben und was man mit Geld- und Sachspenden bewirken kann.
Die Nöte, die durch Armut und Naturkatastrophen hervorgerufen werden, sind ganz unterschiedlich, deshalb sind es auch die Hilfsprojekte: Sie reichen von der Notfallhilfe über den Aufbau einer funktionierenden Infrastruktur bis hin zu Projekten, die Hilfe zur Selbsthilfe leisten und den Menschen Möglichkeiten eröffnen, für sich selbst zu sorgen. Ferner gibt es Projekte, die die medizinische Versorgung der Bevölkerung vorantreiben oder die Ausbildung der Jugendlichen bzw. die Schulbildung fördern helfen. So gibt es zum Beispiel eine Reihe von Schulpatenschaften oder Kinderpatenschaften. Viele Hilfsprojekte kümmern sich auch darum, die Versorgung mit sauberem Trinkwasser aufzubauen oder die Arbeitsbedingungen zu verbessern (Stichwort Kinderarbeit). Hilfreich für die Betroffenen ist aber auch, dass sie erfahren, nicht ganz alleine in ihrer unverschuldeten Notlage zu sein.

Überlegungen zum zweiten Teil der Themafrage – Welche positiven Auswirkungen hat dieses Engagement für die Schule?

Schwieriger wird nun die Frage, welche positiven Auswirkungen dieses Engagement für die Schule besitzt – wobei nicht vergessen werden darf, dass die Schüler auch Teil der Schule als Organisation sind. Auch ist die Schule kein abgeschlossener Raum, aus dem nichts nach außen dringt. Frage dich also, wie ein solches Engagement nach innen (in der Schulgemeinschaft) und nach außen (in der Öffentlichkeit) positiv wirken kann.
Zum einen wird die Schulgemeinschaft durch das soziale Engagement von Schülern und Lehrern gestärkt. Gemeinsam verfolgt man das Ziel zu helfen, kommt sich möglicherweise bei Aktionen auch außerhalb des Unterrichts näher. Vielleicht wird dadurch auch der Umgang miteinander menschlicher, wenn man dem gleichen Ziel verbunden ist, nämlich Menschen, denen es schlechter geht, zu helfen.
Nach außen wirkt das Engagement einer Schule natürlich positiv, weil dadurch sichtbar wird, dass es den Schulen nicht nur um die Vermittlung von Lernstoff geht. Dies verbessert das Image einer Schule und weist ihr eine Vorbildfunktion in der Öffentlichkeit zu.
In einem weiteren Schritt solltest du überlegen, was dieses Engagement dir als Schüler bringt. Greife hier auch auf eventuell vorhandene eigene Erfahrungen zurück. Sicher ist es zunächst einmal ein schönes Gefühl, anderen helfen zu können, da es einem selber gut geht. Ferner zeigen Schüler damit Solidarität mit den Betroffenen, sie lernen, dass wir in einer Welt leben, in der man nicht gleichgültig gegenüber Not und Armut sein kann. Der Einsatz für solche Hilfsprojekte bringt dich auch den Nöten der Menschen näher und du lernst zum Beispiel, die Ursachen zu verstehen. Darüber hinaus bekommst du einen Einblick in die Lebensverhältnisse in einzelnen Ländern. Die Projekte können auch dazu führen, dass sich Kontakte zu Menschen in fernen Ländern entwickeln.
Zur besseren Übersichtlichkeit solltest du Schule und Schülern in der Gliederung je einen übergeordneten Punkt zuweisen.

Überlegungen zum Schlussgedanken

Der Schluss rundet deinen Aufsatz sinnvoll ab, das heißt, der Schlussgedanke sollte zum Aufsatz passen und deine Aussagen müssen ausreichend begründet sein. Aus folgenden Überlegungen kannst du zu diesem Thema einen Schluss formulieren:

- kurze Schilderung des Engagements für Hilfsprojekte an deiner Schule (wenn nicht schon in der Einleitung geschehen)
- konkrete Vorschläge, wie man das Engagement erweitern kann, zum Beispiel mit Schulpatenschaften in Entwicklungsländern
- Forderung an die Politik der Industrieländer, Entwicklungsländer zu unterstützen oder dazu beizutragen, Kriege und Auseinandersetzungen zu beenden
- Hinweis auf die Notwendigkeit von Bildung, um die Armut zu überwinden
- Hinweis auf die Mitverantwortung der reichen Länder an der Armut und Ausbeutung (Kinderarbeit, geringe Löhne, schlechte Arbeitsbedingungen in der Textilindustrie usw.)

Gliederungsvorschlag

Hinweis: *Die Unterpunkte können entweder mit einer dritten Ziffer (1.1.1) oder mit Spiegelstrichen angeordnet werden.*

A. Armut, Mangel an sauberem Trinkwasser und fehlende Bildungsmöglichkeiten sind nur einige Faktoren, die zu den schlechten Lebensbedingungen der meisten Menschen in den Entwicklungsländern beitragen

B. Welche Ziele verfolgen Schulen mit ihrer Unterstützung von Hilfsprojekten in Entwicklungsländern für die Betroffenen? Welche positiven Auswirkungen hat dieses Engagement für die Schule?

1 Ziele des Engagements für die Betroffenen

1.1 Erleben von Solidarität
1.2 Möglichkeit von Ausbildung und Arbeit
1.3 Sicherstellung der Schulbildung
1.4 Bereitstellung sauberen Wassers
1.5 Gewährleistung einer medizinischen Grundversorgung
1.6 Sicherung des Überlebens

2 Positive Auswirkungen des Engagements für die Schule

2.1 Für die Schulgemeinschaft nach außen und innen
- Positive Wirkung auf das öffentliche Image
- Vorbildfunktion für die Öffentlichkeit
- Stärkung der Schulgemeinschaft
- Verbesserung des Miteinanders von Lehrern und Schülern

2.2 Für die Schüler
- Kennenlernen der Lebensverhältnisse in Entwicklungsländern
- Kontakte zu Menschen in betroffenen Regionen
- Auseinandersetzung mit den Ursachen für Armut und Ungerechtigkeit auf der Welt
- Wertschätzung des Lebens im Wohlstand
- Vertiefung von Solidarität und Hilfsbereitschaft

C. Jede Schule in den reichen Industrieländern sollte eine Schulpatenschaft in der Dritten Welt übernehmen, um die Bildungschancen für die Ärmsten zu erhöhen

2015/4 Was halten Sie von einer generellen Geschwindigkeitsbegrenzung auf deutschen Autobahnen?

Hinweise zur Erschließung des Themas

Dieses Thema ist so formuliert, dass du Stellung nehmen musst. Das bedeutet, dass in einem ersten Teil die Argumente aufgeführt werden, die für eine Geschwindigkeitsbegrenzung (= Themabegriff) auf Autobahnen (= Einschränkung) sprechen. „Generell" bedeutet, dass nirgendwo eine höhere Geschwindigkeit erlaubt ist. In einem zweiten Teil werden dann die Gesichtspunkte behandelt, die dagegen sprechen. (Falls du für ein Tempolimit bist, kann es sinnvoll sein, mit den Argumenten dagegen zu beginnen.) In einem dritten Teil der Erörterung geht es um deine Meinung dazu. Unabhängig davon, ob du für oder gegen eine Geschwindigkeitsbeschränkung bist, solltest du hier die für dich wichtigsten Pro- oder Kontra-Argumente anführen und begründen, warum sie für dich ausschlaggebend sind. Möglich wäre auch, deine Zustimmung oder Ablehnung ggf. mit bedeutenden Gegenargumenten einzuschränken.
Je nachdem, wie du es im Unterricht gelernt hast, ist bei dieser Stellung nehmenden Erörterung deine Meinung ein eigener Abschnitt im Hauptteil oder du stellst deine Meinung ausführlich im Schluss dar. Drei Aspekte sollten zur Darstellung der eigenen Meinung genügen.

Themabegriff	Geschwindigkeitsbegrenzung
Einschränkung	generell, auf Autobahnen
Präzisierung	Was halten Sie von …?
Erörterungsauftrag stellungnehmend	1. Was spricht für eine generelle Geschwindigkeitsbegrenzung auf Autobahnen? 2. Was spricht dagegen? 3. Was halte ich von einer generellen Geschwindigkeitsbegrenzung auf Autobahnen?

Stoffsammlung und Strukturierung

Überlegungen zur Einleitung

Eine passende Hinführung zum Thema deines Aufsatzes ist hier etwas eingeengt und bedarf ein wenig des Nachdenkens, damit du keine Argumente vorwegnimmst. Auch die eigene Meinung ist hier nicht möglich. Denkbar ist jedoch eine kurze Beschreibung der Situation in Deutschland und in der Europäischen Union: Richtgeschwindigkeit 130, auf Landstraßen schon seit Jahrzehnten maximal Tempo 100; in allen EU-Ländern gelten Tempolimits.
Eine andere Möglichkeit besteht darin, auf die jahrzehntelange Diskussion einzugehen und darauf, dass ein Tempolimit immer wieder von unterschiedlichen Seiten ins Spiel gebracht und ebenso von anderen Seiten abgelehnt wird: Umweltschützer, Verkehrsexperten und einzelne Parteien fordern regelmäßig eine Geschwindigkeitsbegrenzung, während Automobilclubs, die Wirtschaft und andere Parteien sich dagegen aussprechen.
Etwas weiter hergeholt ist – entsprechendes Wissen über Autos vorausgesetzt – folgende Möglichkeit: Die Automotoren haben im Schnitt in den letzten Jahren immer mehr an Leistung zugelegt, die Autos haben eine immer größere Höchstgeschwindigkeit.

Vorarbeiten für den Hauptteil

Da eine genaue Angabe der möglichen Begrenzung in der Aufgabenstellung fehlt, dies aber für die Argumente durchaus von Bedeutung ist, sollte man entweder von Tempo 130 ausgehen (die jetzige Richtgeschwindigkeit) oder von höchstens 120 km/h. Davon ausgehend musst du nun für die Pro-Argumente überlegen, auf welche Bereiche eine deutlich niedrigere Höchstgeschwindigkeit positive Auswirkungen hätte. Formuliere eine Grundannahme so:

„Wenn nur noch 120/130 km/h gefahren werden dürfte, worauf hätte dies positive Auswirkungen?" Umgekehrt geht es bei der Stoffsammlung für die Gegenargumente um die Frage, in welchen Bereichen eine Geschwindigkeitsbegrenzung nichts bringen würde oder sogar negative Auswirkungen hätte. Deine eigene Meinung veranschaulichst du mit den für dich wichtigsten Argumenten und indem du begründest, warum diese für dich so bedeutsam sind.

Übergeordnete Fragen zur Stoffsammlung

1. Von welcher Höchstgeschwindigkeit ist dann auszugehen?
2. Auf welche Bereiche hätte ein Tempolimit positive Auswirkungen?
3. Welche positiven Auswirkungen gäbe es in den verschiedenen Bereichen?
4. Auf welche Bereiche hätte ein Tempolimit keine oder negative Auswirkungen?
5. Warum gibt es keine relevanten Auswirkungen in diesen Bereichen?
6. Wo gibt es negative Auswirkungen und warum?
7. Welche Haltung vertrete ich?
8. Welche drei Argumente sind für mich am wichtigsten und warum?

Überlegungen zum ersten Teil der Themafrage – Was spricht für eine generelle Geschwindigkeitsbegrenzung auf Autobahnen?

1./ 2. Auf welche Bereiche hätte ein Tempolimit (120 / 130 km/h) positive Auswirkungen?

→ Eine niedrigere Geschwindigkeit würde sich zunächst positiv auf die Verkehrssicherheit auswirken, da alle langsamer und in etwa gleich schnell fahren. Eine niedrigere Geschwindigkeit ist außerdem ein Beitrag zum Umwelt- und Klimaschutz, da weniger Benzin verbrannt wird. Ein Tempolimit bringt auch Vorteile für die Menschen.

3. Welche positiven Auswirkungen gäbe es in den verschiedenen Bereichen?

Verkehrssicherheit	→generell sinkende Unfallzahlen →Senkung der Zahl schwerer tempobedingter Unfälle →weniger Drängler und Raser
Umwelt- und Klimaschutz	→Verringerung des CO_2-Ausstoßes →Verbesserung der Luftqualität
Menschen	→Senkung der Lärmbelastung →Einsparung von Benzinkosten →mehr Gelassenheit im Straßenverkehr

Überlegungen zum zweiten Teil der Themafrage – Was spricht gegen ein generelles Tempolimit?

4. Auf welche Bereiche hätte ein Tempolimit keine oder negative Auswirkungen?

Du musst nun versuchen, für die bereits festgelegten Bereiche zu überprüfen, ob ein Tempolimit hier überhaupt etwas bringt. Das ist nicht einfach und fordert ein wenig Wissen und logisches Nachdenken.

5. Warum gibt es keine relevanten Auswirkungen in diesen Bereichen?

Verkehrssicherheit	→ Die Autobahnen sind die sichersten Straßen Deutschlands, ein Tempolimit würde keine große Verringerung der Durchschnittsgeschwindigkeit bringen, da fast die Hälfte der Autobahnkilometer heute schon Begrenzungen aufweisen und wegen der Verkehrsdichte selten schneller gefahren werden kann.

Umwelt- und Klimaschutz	→ nur unwesentliche Benzineinsparung → nur geringer Rückgang des CO_2-Ausstoßes → nur unwesentlicher Rückgang der Luftverschmutzung
Menschen	→ Kosteneinsparung nur minimal, weil sich die Durchschnittsgeschwindigkeit im Vergleich zu heute kaum verringert, ebenso wie der Verbrauch von Benzin

6. Wo gibt es negative Auswirkungen und warum?

Dabei könnte man an die Wirtschaft, vor allem die Automobilhersteller, denken:
→ Absatzschwierigkeiten vor allem für PS-starke Marken
→ Imageverlust deutscher Autos im Ausland
→ Verlust von Arbeitsplätzen
Schließlich könnte es auch für die Menschen zu negativen Auswirkungen kommen:
→ Einschränkung der persönlichen Freiheit
→ längere Fahrzeiten

Überlegungen zum dritten Teil der Themafrage – Was halte ich von einer generellen Geschwindigkeitsbegrenzung auf Autobahnen?

7. Welche Haltung vertrete ich?
8. Welche drei Argumente sind für mich am wichtigsten und warum?

Nun ist deine Meinung an der Reihe. Du kannst die Frage nach dem Tempolimit auf Autobahnen bejahen oder verneinen, wobei eine ausführliche Begründung nicht fehlen darf. Benutze hierfür die Argumente, die für dich das meiste Gewicht haben. In der Regel sollten drei Argumente ausreichen, mit denen du deine Meinung untermauerst. Darüber hinaus kannst du deine Stellungnahme aber auch so aufbauen, dass du zwar zustimmst oder ablehnst und entsprechende wichtige Gründe veranschaulichst, jedoch deine Zustimmung/Ablehnung mit einem Gegenargument einschränkst. Du könntest z. B. die Zustimmung aus Umweltschutzgründen mit den nur geringfügigen Auswirkungen bei der Zunahme der Verkehrssicherheit abschwächen oder durch den Verlust eines Teils der persönlichen Freiheit.

Überlegungen zum Schlussgedanken

Je nachdem, wie du es im Deutschunterricht gelernt hast, kann deine begründete Meinung den Schluss des Aufsatzes bilden. Dann entfallen weitere Überlegungen zum Schlussgedanken. Bildet sie jedoch einen eigenen Punkt im Hauptteil, brauchst du ein sinnvolles Ende für deinen Aufsatz. Dieses hängt auch davon ab, welche Meinung du vertrittst.

Im Falle einer Zustimmung:	– weitere Vorschläge zur Erhöhung der Verkehrssicherheit – weitere Vorschläge oder Forderungen, wie man beim Verkehr CO_2 einsparen kann – Forderung, als Alternative bei längeren Strecken Bahn und Fernbusse statt das Auto zu benutzen – Verzicht auf ein Auto, wenn man in Ballungsräumen wohnt – hervorheben, dass Deutschland in Europa das einzige Land ohne Tempobegrenzung auf Autobahnen ist – Vertiefung des Gesichtspunktes, dass Lärm krank machen kann

Im Falle einer Ablehnung:	– Veranschaulichung der Bedeutung des Autos für den Einzelnen – Veranschaulichung der Bedeutung der Autoindustrie für die Arbeitsplätze und die Gesamtwirtschaft – Verweis auf neue Sicherheitseinrichtungen in den Fahrzeugen (Spurhalteassistent, Müdigkeitswarner usw.) – Hinweis auf die technologische Zukunft mit selbstfahrenden Autos – Eintreten für die persönliche Freiheit und ein verantwortungsbewusstes Fahrverhalten und gegen die Regelungswut in Deutschland – Hinweis auf Verkehrsdichte und hohen Anteil der bisher schon tempobegrenzten Abschnitte

Gliederungsvorschlag

***Hinweis:** Die Unterpunkte können entweder mit einer dritten Ziffer (1.1.1) oder mit Spiegelstrichen angeordnet werden.*

A. Seit einigen Jahrzehnten gibt es einen einheitlichen Trend bei den neu auf den Markt kommenden Kraftfahrzeugen. Ihre Motorleistung wird im Schnitt immer höher und somit auch die mögliche Höchstgeschwindigkeit

B. Was spricht für eine generelle Geschwindigkeitsbegrenzung auf Autobahnen und was spricht dagegen? Was halte ich von einer generellen Geschwindigkeitsbegrenzung auf Autobahnen?

1 Was spricht für eine generelle Geschwindigkeitsbegrenzung auf Autobahnen?

1.1 Erhöhung der Verkehrssicherheit
- Allgemein sinkende Unfallzahlen
- Senkung der Zahl schwerer tempobedingter Unfälle
- Verringerung der Zahl der Drängler und Raser

1.2 Verbesserung des Umwelt- und Klimaschutzes
- Verringerung des CO_2-Ausstoßes
- Verbesserung der Luftqualität

1.3 Vorteile für die Menschen
- Senkung der Lärmbelastung
- Einsparung von Benzinkosten
- Mehr Gelassenheit im Straßenverkehr

2 Was spricht gegen eine Geschwindigkeitsbegrenzung?

2.1 Wirkung auf den Umwelt- und Klimaschutz
- Minimaler Rückgang des CO_2-Ausstoßes
- Kaum Auswirkungen auf die Luftverschmutzung

2.2 Auswirkungen auf die Menschen
- Minimaler Benzinspareffekt
- Längere Fahrzeiten
- Verlust eines Stücks persönlicher Freiheit

2.3 Auswirkungen auf die Wirtschaft
- Absatzschwierigkeiten vor allem für PS-starke Marken
- Imageverlust deutscher Autos im Ausland
- Verlust von Arbeitsplätzen

3 Ich lehne ein generelles Tempolimit auf Autobahnen ab
- Minimale Auswirkung auf CO_2-Ausstoß und Luftverschmutzung
- Verlust eines Stücks persönlicher Freiheit
- Möglicher Verlust von Arbeitsplätzen

C. Die Verkehrsdichte auf deutschen Autobahnen und der hohe Anteil schon begrenzter Abschnitte wirkt bereits wie ein Tempolimit auf die Durchschnittsgeschwindigkeit

Oder für den Fall, dass die eigene Meinung in C. abgehandelt werden kann:

C. Ich lehne ein generelles Tempolimit auf Autobahnen aus den nachfolgenden Gründen ab

Aufsatzbeispiel

Hinweis: *Die Angaben am Rand sind nicht Teil des Aufsatzes, sie dienen nur deiner Orientierung.*

Seit einigen Jahrzehnten gibt es einen einheitlichen Trend bei den neu auf den **A.**
Markt kommenden Kraftfahrzeugen. Ihre Motorleistung wird im Schnitt immer Einleitungs-
höher und somit auch die mögliche Höchstgeschwindigkeit. Gleichzeitig gibt es gedanke
mindestens ebenso lange eine immer wieder aufflammende Diskussion über Überleitung
eine generelle Geschwindigkeitsbegrenzung auf deutschen Autobahnen auf 120
oder 130 Stundenkilometer. Daraus ergibt sich die Frage, was für und was ge- Themafrage
gen ein Tempolimit spricht und wie meine Haltung zu diesem Thema ist.

Bei den Argumenten für eine Tempobegrenzung geht es zunächst einmal um Überleitung
den Aspekt der Erhöhung der Verkehrssicherheit. Es ist davon auszugehen, dass **B. 1**
eine Verringerung der gefahrenen Geschwindigkeiten dazu führt, dass die Zahl 1.1
der Unfälle gesenkt werden kann, denn die Reaktionszeit würde damit erhöht Behauptung
bzw. der notwendige Bremsweg kürzer, sodass beispielsweise ein Zusammen- Begründung
stoß verhindert werden kann. Bei plötzlich auftretenden Staus, die oft eine Voll- Beispiel
bremsung erfordern, bleibt bei einer Geschwindigkeit von 130 Stundenkilome-
tern mehr Reaktionszeit und ergibt sich ein kürzerer Bremsweg als bei 180 km/h.
Gerade auf Autobahnen ereignen sich immer wieder schwere Unfälle durch eine Behauptung
viel zu hohe Geschwindigkeit, die nicht an die Bedingungen angepasst ist. Ur- Begründung
sache dieser Unfälle ist oft nicht die mangelnde Aufmerksamkeit, sondern die
Nichtbeachtung der Straßenverhältnisse und eine entsprechend viel zu hohe Ge-
schwindigkeit. Bei Regen kommt es beispielsweise häufig zum sogenannten Beispiel
Aquaplaning. Bei zu hoher Geschwindigkeit verlieren die Reifen den Kontakt
zur Straße, das Auto kann nicht mehr gelenkt werden und kommt unkontrolliert
ins Schleudern mit oft schlimmen Folgen für die Insassen oder Unbeteiligte.
Als weitere Unfallquelle lassen sich Drängler und Raser nennen. Dieses Pro- Behauptung
blem würde durch eine Geschwindigkeitsbegrenzung weitgehend ausgeschaltet,
da alle Pkw-Fahrer dann in etwa mit der gleichen Geschwindigkeit unterwegs Begründung
wären. Wenn alle höchstens 120 oder 130 Stundenkilometer fahren, kann nie- Beispiel
mand mehr zum Drängler und Raser werden und schwere Unfälle auslösen.
Neben der Erhöhung der Verkehrssicherheit kommt der Verbesserung des Um- 1.2
welt- und Klimaschutzes eine große Bedeutung zu. Eine Verringerung der zu- Behauptung
lässigen Geschwindigkeit bringt auch eine Senkung des CO_2-Ausstoßes mit
sich. Denn wenn weniger Motorleistung erforderlich ist, wird auch weniger Begründung
Kraftstoff verbrannt und somit geht der Ausstoß dieses klimaschädlichen Gases
pro Pkw zurück. Denkt man an die große Zahl von Kraftfahrzeugen auf unseren Beispiel
Autobahnen, dann wird klar, dass hier ein erhebliches Einsparvolumen entsteht.

Beim Verbrennungsprozess in den Motoren entsteht jedoch nicht nur Kohlen- Behauptung
dioxid. Auch andere Abgase und Feinstaub werden freigesetzt und verschlech- Begründung
tern die Luftqualität. Eine Reduzierung der Geschwindigkeit durch ein Tempoli- Beispiel
mit würde auch hier, hochgerechnet auf die hohe Zahl von Autos, eine deutliche Verringerung der Luftbelastung ergeben, wie Vergleichsmessungen an Autobahnabschnitten mit Geschwindigkeitsbegrenzung ergeben haben.

Obwohl die Menschen schon von den bisher erörterten Aspekten direkt profitie- 1.3
ren, gibt es eine Reihe weiterer Argumente für ein Tempolimit, die für sie von
Vorteil sind. Eine niedrigere Geschwindigkeit der Fahrzeuge bedeutet natürlich Behauptung
auch eine geringere Lärmentwicklung, denn je höher die Geschwindigkeit eines Begründung
Fahrzeugs ist, desto stärker sind Motorlärm, Rollgeräusch und Luftwiderstand.
Heute stellen unsere Autobahnen für die Menschen, die in deren Nähe wohnen, Beispiel
eine bedeutende Lärmquelle dar, die die Lebensqualität erheblich einschränkt, wenn nicht sogar die Gesundheit gefährdet.

Wie bereits erwähnt, kann durch ein niedrigeres Tempo auch Benzin eingespart Behauptung
werden, da die Motorleistung geringer ist. Daraus ergibt sich der positive Effekt, Begründung
dass Benzinkosten gesenkt werden können. Fährt ein Auto nur mit 130 Stun- Beispiel
denkilometern anstatt 180, können auf 100 Kilometern Fahrstrecke sicherlich einige Liter Treibstoff eingespart werden.

Zudem gewinnt der Mensch etwas sehr Wertvolles in unserer hektischen Zeit Behauptung
hinzu, nämlich mehr Gelassenheit im Straßenverkehr. Eine Fahrt auf der Auto- Begründung
bahn würde mit einem Tempolimit viel entspannter verlaufen, ohne erhöhtes Unfallrisiko, ohne Drängler und Raser. Wenn sich alle Verkehrsteilnehmer in etwa mit der gleichen Geschwindigkeit fortbewegen würden, fielen diese Stress-
faktoren fast vollkommen weg. Man braucht dazu nur auf den Autobahnen Ös- Beispiel
terreichs oder der Schweiz unterwegs zu sein, um dies zu merken.

Indessen gibt es nicht nur Gründe, die für ein Tempolimit auf deutschen Auto- **B. 2**
bahnen sprechen, sondern auch einige dagegen. Besonders kritisch muss man 2.1
die Umweltschutzargumente sehen. Der CO_2-Ausstoß würde nur minimal zu- Behauptung
rückgehen, da sich durch eine beschränkte Geschwindigkeit nicht die Zahl der Begründung
Pkw verringert, die insgesamt im Straßennetz unterwegs sind. Die Autobahnen Beispiel
stellen nur einen relativ kleinen Teil dar, wohingegen der CO_2-Ausstoß auf den übrigen Straßen gleich bliebe.

Was für Kohlendioxid gilt, das gilt in gleicher Weise für andere Abgase und Behauptung
den Feinstaub. Hier müsste man zwar Verkehrsexperte sein, um genaue Zahlen
zur Verfügung zu haben, aber es genügt auch, logisch nachzudenken. Wie be- Begründung
reits erwähnt, betrifft ein Tempolimit nur einen kleineren Teil des gesamten Straßenverkehrs und die Fahrzeuge auf den Autobahnen wären trotzdem unterwegs, wenn auch mit einer etwas niedrigeren Durchschnittsgeschwindigkeit. Insgesamt würden die Auswirkungen auf die Luftqualität jedoch minimal sein.
Nebenbei gilt dies auch für den Feinstaub, der vor allem in Städten ein Problem Beispiel
darstellt und woran Lkw einen erheblichen Anteil beitragen. Die Städte würden vom Tempolimit gar nicht profitieren, da es ja nur auf Autobahnen gelten soll, und auch auf die Abgase der Lkw hätte es keinen Einfluss, da diese sowieso nur 80 Stundenkilometer fahren dürfen.

Auch die positiven Auswirkungen auf die Menschen sind zu hinterfragen. 2.2
Selbst wenn Benzin gespart werden könnte, ist der Einsparungseffekt in der Behauptung
Summe für den Einzelnen wohl sehr gering, da niemand dauernd auf der Auto- Begründung
bahn unterwegs ist, sondern ebenso auf Landstraßen und in der Stadt. Also rela- Beispiel
tiviert sich in der Summe die vermeintliche Sparrechnung ganz erheblich.

Es gibt auch noch andere Rechnungen, die man aufmachen kann. Die Autobah- Beispiel
nen in Deutschland gelten zu Recht als die Straßen, auf denen man am schnells-
ten vorankommt. Zeitsparen ist in unserer Gesellschaft in vielerlei Hinsicht ein
wichtiges Argument. Mit einem Tempolimit würden sich die Fahrzeiten verlän- Behauptung
gern und der Vorteil, unter normalen Verkehrsbedingungen schnell größere Begründung
Entfernungen zurückzulegen, wäre dahin.
Nicht zuletzt stellt ein generelles Tempolimit auf den deutschen Autobahnen Behauptung
obendrein den Verlust eines Stücks persönlicher Freiheit dar, nämlich den, in Begründung
den Bereichen ohne Begrenzung so schnell fahren zu dürfen, wie man will und
wie es unter Berücksichtigung der Verantwortung für sich und alle anderen Ver-
kehrsteilnehmer vertretbar ist. Die deutschen Autofahrer können mit dieser Ver- Beispiel
antwortung offenbar gut umgehen, das beweist die Tatsache, dass unsere Auto-
bahnen mit Abstand die sichersten Straßen mit den wenigsten Unfällen sind.
Denkt man weiter über die Gründe gegen ein Tempolimit nach, kommt man auf 2.3
einen Bereich, der bei den Vorteilen keine Rolle gespielt hat: Man muss mit Behauptung
Auswirkungen auf die deutsche Wirtschaft rechnen. Zunächst würden die be- Begründung
kannten PS-starken Automarken mit Absatzschwierigkeiten zu kämpfen haben.
Fahrzeuge, mit denen man sehr schnell fahren kann, wären für viele Kunden bei Beispiel
Weitem nicht mehr so attraktiv. Hohe Motorleistung und Schnelligkeit würden
als Kaufargumente keine Rolle mehr spielen.
Autos bestimmter Marken, namentlich vor allem BMW, Porsche, Audi und Begründung
Mercedes, haben im Ausland bei den Kunden auch deshalb ein so gutes Image, und Beispiele
weil sie in einem Land produziert werden, in dem es kein Tempolimit gibt. Da-
her stehen die Autos deutscher Hersteller in dem Ruf, besonders hochwertig
und technisch anspruchsvoll zu sein. Ein Tempolimit könnte an diesem Ruf Behauptung
kratzen und den Exporterfolg dieser Marken schwinden lassen.
Die beiden geschilderten negativen Folgen führen zwangsläufig dazu, dass die Begründung
Absatzzahlen deutscher Autofirmen zurückgehen. Eine daraus resultierende ge- Behauptung
ringere Produktion wird sich auf die Zahl der Arbeitsplätze auswirken. Ein Beispiel
Rückgang von Arbeitsplätzen und der damit verbundene Anstieg der Arbeitslo-
sigkeit werden dadurch verschärft, dass auch die Zulieferindustrie davon betrof-
fen ist. Immerhin hängen sehr viele Arbeitsplätze in Deutschland direkt oder in-
direkt von der Autoindustrie ab.

Nach der Auseinandersetzung mit den Gründen, die für und gegen eine generelle **B. 3**
Geschwindigkeitsbegrenzung auf deutschen Autobahnen sprechen, komme ich 3.1
zu meiner Haltung in dieser Frage. Der wichtigste Grund meiner Ablehnung be-
steht darin, dass die Auswirkungen auf den CO_2-Ausstoß und die Luftver-
schmutzung verschwindend gering sind, weil nur der Verkehr auf Autobahnen
betroffen wäre, was erklärt, dass der Effekt entsprechend gering ausfällt. Will
man wirklich nachhaltig die Luftqualität verbessern und Kohlenstoffdioxid ein-
sparen, sind technologische Neuerungen wirksamer und wichtiger, z. B. Elek-
tromotoren oder wesentlich sparsamere Verbrennungsmotoren.
Auch der Verlust eines Stücks persönlicher Freiheit trägt dazu bei, dass ich 3.2
einem Tempolimit ablehnend gegenüber stehe. Es gibt in unserem Land kaum
noch Bereiche, die nicht geregelt oder beschränkt sind. Selbst auf den Autobah-
nen gibt es viele Abschnitte, auf denen längst die Geschwindigkeit begrenzt ist
und das oft auf 100 oder 80 Stundenkilometer. Wenn ich mit meiner Familie auf
den Autobahnen unterwegs bin, entsteht der Eindruck, dass der beschränkte An-
teil längst überwiegt. Somit sollte man den Rest unangetastet lassen, da hier die
hohe Verkehrsdichte häufig sowieso wie ein Tempolimit wirkt.

Schließlich ist auch das Argument, ein Tempolimit führe zu einem Verlust von Arbeitsplätzen, nicht zu unterschätzen. Deutsche Autos gelten zurecht als technisch führend und haben nicht zuletzt durch das Fehlen eines Tempolimits einen guten Ruf, weil man in Deutschland die mögliche Höchstgeschwindigkeit in der Praxis fahren kann. Doch wenn das Image deutscher Autos sinkt, sinkt auch deren Konkurrenzfähigkeit. Bedenkt man die große Zahl an Arbeitsplätzen, die direkt oder indirekt mit der Autoindustrie zusammenhängen, erscheint es unsinnig, Arbeitsplätze aufs Spiel zu setzen – wegen einer Geschwindigkeitsbegrenzung, die kaum etwas für den Umweltschutz und die Verkehrssicherheit bringt. 3.3

Die Diskussion um die Einführung eines generellen Tempolimits auf deutschen Autobahnen erübrigt sich weitgehend, wenn man die Wirklichkeit betrachtet. Aufgrund der Verkehrsdichte auf den meisten Strecken ist eine Durchschnittsgeschwindigkeit von 130 Kilometern pro Stunde längst eine Illusion geworden. Darüber hinaus gelten für viele Autobahnabschnitte wegen der Verkehrsbelastung, zur Lärmreduzierung und wegen baulicher Mängel Geschwindigkeitsbeschränkungen. Beides wirkt sich bereits jetzt stärker aus als ein generelles Tempolimit. C.

2015/5 Erörtern Sie, warum es wichtig ist, als Jugendlicher Fremdsprachen zu lernen. Wie kann Ihrer Meinung nach innerhalb, aber auch außerhalb der Schule das Erlernen von Sprachen gefördert werden?

Hinweise zur Erschließung des Themas

Der Themabegriff „Fremdsprachen“ findet sich im ersten Teil des zweigliedrigen Themas. Eingeschränkt ist der Themabegriff durch „als Jugendlicher“. Ein wenig problematisch könnte das Wort „lernen“ sein, denn es steht nicht nur für den Lernvorgang, sondern auch für das Ergebnis des Lernens, nämlich das Beherrschen. Zum einen wird hier nach den Gründen gefragt, wieso das Lernen von Fremdsprachen wichtig ist, zum anderen geht es um Möglichkeiten, wie man deiner Meinung nach deren Erlernen in und außerhalb der Schule fördern kann.

Themabegriff	Fremdsprachen
Einschränkung	als Jugendlicher
Präzisierung	wichtige Gründe für das Erlernen von Fremdsprachen; Möglichkeiten der Förderung des Erlernens von Sprachen innerhalb und außerhalb der Schule
Erörterungsauftrag zweigliedrig	1. Warum ist das Erlernen von Fremdsprachen für Jugendliche wichtig? 2. Wie kann man das Erlernen innerhalb und außerhalb der Schule fördern?

Stoffsammlung und Strukturierung

Überlegungen zur Einleitung

Hierbei kannst du grundsätzlich von eigenen Erfahrungen ausgehen, musst aber aufpassen, keine Gründe für die Wichtigkeit des Erlernens einer Fremdsprache vorwegzunehmen. Denke bei den Erfahrungen eher daran, wie schwer oder leicht das Erlernen war, wie gut oder weniger gut du mit den Anforderungen zurechtgekommen bist. Wenn du oder deine Eltern aus einem anderen Land stammen und du aufgrund dessen eine Fremdsprache beherrschst, lässt sich daraus ein „Aufmacher“ formulieren. Genauso ist es möglich, an aktuelle Entwicklungen an deiner Schule zu denken, z. B. die Einführung von Spanischunterricht oder allgemein das vermehrte Interesse an Französisch.

Mögliche Fragestellungen für deinen Einleitungsgedanken können sein:

- Wie leicht oder schwer fällt mir das Erlernen von Fremdsprachen?
- Macht mir das Erlernen einer Sprache Spaß oder nicht?
- Spreche ich aufgrund meiner Herkunft eine zusätzliche Sprache?
- Gibt es aktuelle Entwicklungen zum Thema Fremdsprachen an meiner Schule?
- Habe ich an einem Schüleraustausch teilgenommen und wie habe ich diesen erlebt?

Vorarbeiten für den Hauptteil

Auch wenn der erste Teil des Themas allgemein formuliert ist, kannst du bei der Stoffsammlung und der Strukturierung des Themas durchaus von deinen persönlichen Erfahrungen ausgehen. Schließlich hast du während deiner Schulzeit mindestens eine Fremdsprache erlernt und dabei eine Reihe von Erfahrungen gemacht. Beachte jedoch das Wort „lernen“: Es beinhaltet nicht nur den Lernvorgang, sondern auch das Ergebnis, also könnte man sagen, dass es auch um das Beherrschen und Anwenden können geht. Der zweite Teil des Themas fragt nach deiner Meinung dazu, wie man innerhalb und außerhalb der Schule das Erlernen fördern kann. Dabei kannst du wieder auf deine Erfahrungen eingehen oder auch darauf, was du dir an der Schule oder außerhalb gewünscht hättest, damit das Lernen leichter gefallen wäre.

Leitfragen zur Stoffsammlung

1. Welche eigenen Erfahrungen mit Fremdsprachen besitze ich?
2. Warum ist es wichtig für mich, Fremdsprachen zu beherrschen?
3. Welche Vorteile hat man persönlich davon bzw. in welchen Lebensbereichen?
4. Wie kann das Erlernen von Fremdsprachen innerhalb der Schule neben dem Fremdsprachenunterricht erleichtert werden?
5. Wie kann man Sprachen schneller, intensiver und mit mehr Freude erlernen?
6. Welche Möglichkeiten gibt es zur Vertiefung, zur Steigerung der Sprachpraxis?
7. Welche Lern- und Praxisangebote sind außerhalb der Schule sinnvoll?
8. Gibt es Maßnahmen, die Lernbereitschaft zu erhöhen?

Überlegungen zum ersten Teil der Themafrage – Warum ist es für Jugendliche wichtig, Fremdsprachen zu erlernen?

Zunächst geht es also um die Suche nach Argumenten, warum es wichtig ist, Fremdsprachen zu beherrschen. Überlege, warum es für jemanden persönlich wichtig ist, Fremdsprachen zu können. Als Nächstes kannst du dich fragen, in welchen Bereichen des Lebens Fremdsprachenkenntnisse von Vorteil sind. Fremdsprachen ermöglichen z. B. Einblicke in andere Kulturen, befähigen zur Kommunikation mit Menschen, die nicht Deutsch sprechen, erleichtern die Verständigung im Urlaub, eröffnen Möglichkeiten, im Ausland zu arbeiten oder sie beruflich zu nutzen und erschließen uns eine immer internationaler werdende Welt.

Um eine übersichtliche Darstellung deiner Argumente zu erhalten, kannst du einen Cluster anlegen, der so aussehen könnte:

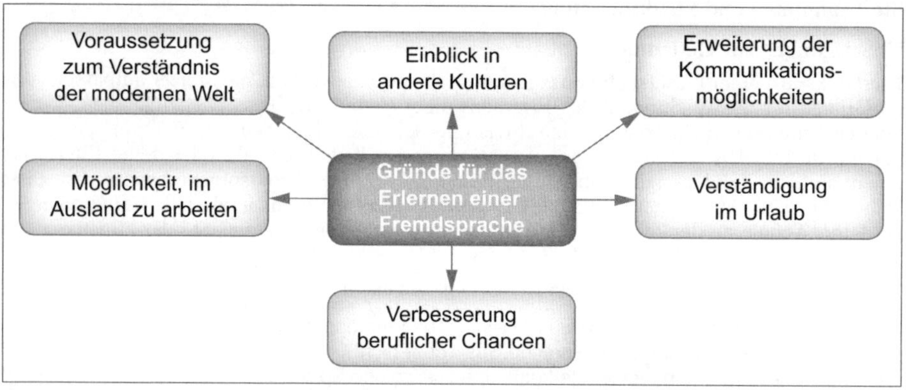

Überlegungen zum zweiten Teil der Themafrage – Wie kann man das Erlernen innerhalb und außerhalb der Schule fördern?

Der zweite Teil des Themas erfordert von dir die Auseinandersetzung mit Möglichkeiten, wie das Erlernen von Fremdsprachen innerhalb und außerhalb der Schule gefördert werden kann. Du kannst davon ausgehen, dass es nicht primär um den sowieso stattfindenden Fremdsprachenunterricht geht, sondern um zusätzliche Maßnahmen, die das Erlernen von Fremdsprachen fördern. Frage dich also, wie man Sprachen leichter, schneller, intensiver, erfolgreicher oder auch mit mehr Freude erlernen kann. Denke dabei an Möglichkeiten, die mehr Übung und Vertiefung vermitteln, wie zum Beispiel Arbeitsgruppen zur Konversation, Wahlfächer, die sich mit dem jeweiligen Land beschäftigen, Wahlfächer für weitere Sprachen in allen Jahrgangsstufen oder die Einbeziehung von Muttersprachlern in den Unterricht. Weiterhin solltest

du an Möglichkeiten denken, wie man die Sprachpraxis verbessern kann, z. B. mit Studienfahrten in die entsprechenden Länder, durch Schüleraustausch oder durch die Einbeziehung fremdsprachlicher Medien.
Etwas schwieriger ist die Frage zu klären, wie man außerhalb der Schule das Erlernen von Fremdsprachen fördern kann. Hier kann es vor allem um Lern- und Praxisangebote gehen bzw. um Maßnahmen, die die Bereitschaft zum Lernen erhöhen, z. B. Sprachkurse, Sprachreisen oder Gesprächsgruppen mit Muttersprachlern. Werbung, mit der das Bewusstsein geschaffen wird, dass das Beherrschen von Fremdsprachen etwas Wertvolles und Zeitgemäßes darstellt, ist ebenfalls eine mögliche Maßnahme. Du kannst deine Argumente für die Stoffsammlung auch als Liste gestalten:

Förderung innerhalb der Schule

- Erweiterung des Unterrichtsangebots
- Arbeitsgemeinschaften zur Konversation
- Wahlfächer zur Kultur fremder Länder
- fremdsprachiger Unterricht in einzelnen Fächern
- Muttersprachler im Unterricht
- fremdsprachliche Medien im Unterricht
- Angebot von Sprachreisen
- Schüleraustausch in die entsprechenden Länder

Förderung außerhalb der Schule

- Sprachkurse, Sprachreisen für Jugendliche
- Konversationsgruppen
- Begegnungen mit jungen Migranten
- Förderung des Bewusstseins für den Wert von Sprachkenntnissen

Überlegungen zum Schlussgedanken

Hier lohnt es sich, zum Beispiel einen Aspekt des Nutzens zu vertiefen, der für dich eine große Bedeutung hat, etwa die leichtere Kommunikation in der globalisierten Welt, der weltweite Kontakt zu Menschen in den unterschiedlichsten Ländern via Internet, berufliche Perspektiven und Pläne, die mit der Nutzung von Fremdsprachenkenntnissen zusammenhängen, der Aspekt der Völkerverständigung, das Verstehen anderer Kulturen usw.

Gliederungsvorschlag

Hinweis: Die Unterpunkte können entweder mit einer dritten Ziffer (1.1.1) oder mit Spiegelstrichen angeordnet werden.

A. Neben Französisch können Realschulen mittlerweile auch Spanisch als weitere Fremdsprache anbieten

B. Warum ist es für Jugendliche wichtig, Fremdsprachen zu erlernen? Wie kann das Erlernen in und außerhalb der Schule gefördert werden?

1 Gründe, die für die Beherrschung von Fremdsprachen sprechen

1.1 Einblick in andere Kulturen
1.2 Erweiterung der Kommunikationsmöglichkeiten und Kontakte
1.3 Erleichterung der Verständigung im Urlaub
1.4 Möglichkeit, im Ausland zu arbeiten
1.5 Funktion als berufliche Qualifikation
1.6 Voraussetzung zum Verständnis der modernen Welt

2 Möglichkeiten der Förderung des Erlernens von Fremdsprachen in und außerhalb der Schule

2.1 Fördermöglichkeiten in der Schule
- Ausweitung des Unterrichtsangebots
- Arbeitsgemeinschaften zur Konversation
- Wahlfächer zur Kultur fremder Länder
- Fremdsprachiger Unterricht in einzelnen Fächern
- Einbeziehung von Muttersprachlern in den Unterricht
- Verwendung fremdsprachlicher Medien im Unterricht
- Angebot an Sprachreisen
- Durchführung von Schüleraustausch mit entsprechenden Ländern

2.2 Fördermöglichkeiten außerhalb der Schule
- Angebot von Sprachkursen und Sprachreisen für Jugendliche
- Angebot von fremdsprachigen Konversationsgruppen
- Förderung der Begegnung mit jungen Migranten
- Förderung des Bewusstseins für den Wert von Fremdsprachenkenntnissen

C. Fremdsprachenkenntnisse sind in einer globalisierten Welt mit ihren vielfältigen Kontaktmöglichkeiten zwischen Menschen eine Schlüsselqualifikation

2015/6 Erörtern Sie mögliche Ursachen für mangelnde Zivilcourage in unserer Gesellschaft. Zeigen Sie auf, wie Zivilcourage bei jungen Menschen gefördert werden kann.

Hinweise zur Erschließung des Themas

In dieser materialgestützten Erörterung steht der Themabegriff „Zivilcourage" im Mittelpunkt. Eingeschränkt wird der Themabegriff durch das Attribut „mangelnd" und durch „in unserer Gesellschaft", wobei dies eigentlich eine starke Ausweitung darstellt, da die Gesellschaft etwas sehr vielschichtiges ist. Der erste Erörterungsauftrag fragt nach den Ursachen mangelnder Zivilcourage in der Gesellschaft. Im zweiten Teil sollst du Möglichkeiten aufzeigen, wie Zivilcourage bei jungen Menschen gefördert werden kann.
Eine genaue Auseinandersetzung mit dem vorgegebenen Material steht am Anfang deiner Arbeit und ist ein wesentlicher Teil der Stoffsammlung. Dabei ist es wichtig zu überlegen, welche Informationen du für welchen Bereich deines Aufsatzes verwenden kannst. Konkret heißt das: Welche Materialvorgaben enthalten Argumente? Was kannst du daraus zur Veranschaulichung deiner Argumente verwenden? Welche Informationen können in die Einleitung oder den Schluss einfließen? Da es sich bei den Materialvorgaben hauptsächlich um Texte handelt, ist es sinnvoll, wichtige Aussagen zu markieren und dazu zu notieren, wie du sie im Aufsatz verwenden möchtest.
Der zweite Schritt besteht dann darin, zu überlegen, ob sich für dich aus dem vorliegenden Informationsmaterial weitere Argumente ergeben oder ob du selbst weitere Gesichtspunkte weißt, z. B. aus dem Unterricht, aus persönlicher Erfahrung oder aufgrund aktueller Ereignisse, die in den Medien aufgegriffen wurden. Das gilt natürlich auch für deinen Einleitungs- und Schlussgedanken. Auch hier kannst du auf eigene Ideen zurückgreifen.
Grundsätzlich wird erwartet, dass dem Aufsatz deutlich anzumerken ist, dass das Material gelesen, ausgewertet und sinnvoll verarbeitet wurde.

Themabegriff	Zivilcourage
Einschränkung	mangelnde, in unserer Gesellschaft
Präzisierung	mögliche Ursachen dafür; Maßnahmen der Förderung bei jungen Menschen
Erörterungsauftrag zweigliedrig	1. Worin liegen mögliche Ursachen für mangelnde Zivilcourage in unserer Gesellschaft? 2. Mit welchen Maßnahmen kann sie bei jungen Menschen gefördert werden?

Stoffsammlung und Strukturierung

Überlegungen zur Einleitung und zum Schluss

Du überprüfst das Material auf seine Verwendbarkeit für einen sinnvollen Einleitungsgedanken oder greifst auf eigene Erfahrungen zurück, die du selbst z. B. in der Schule gemacht hast. Es ist auch eine Kombination aus mehreren Materialaussagen möglich.

Welche Einleitungs- oder Schlussgedanken kann ich aus dem Material gewinnen?

- Einleitung: Definition bzw. Worterklärung (M 2)
- Einleitung: aktueller Anlass (M 5, M 6)
- Einleitung: Zitate, mit denen du zum Thema hinführst (M 3)
- Einleitung: Paragraf aus dem Strafgesetzbuch passend zum Themabegriff (M 9)
- Einleitung / Schluss: Situationen, in denen mutiges Handeln erwartet wird (M 1, 5, 6, 9, 10)
- Schluss: Zitat (M 3) zur Untermauerung oder Verweis auf aktuellen Anlass (M 5, 6)
- Schluss: Notwendigkeit, Zivilcourage zu fördern (M 9)

Natürlich brauchst du nicht auf diese Möglichkeiten zurückgreifen, wenn du selbst eine gute Idee für Einleitung und Schluss hast. Achte aber darauf, dass du in der Einleitung keine Gründe vorwegnimmst. Vielleicht besitzt du eigene Erfahrungen zum Thema aus dem Schulleben, dann nenne die Maßnahmen, die euch helfen sollen, Zivilcourage zu lernen. Auch eigene Erlebnisse mit fehlender, erlebter oder angewendeter Zivilcourage verhelfen dir zu einem überzeugenden Anfang oder Ende deines Aufsatzes.

Überlegungen zum Hauptteil

Neben einer genauen Materialauswertung unter der Vorgabe, daraus Argumente zu formulieren, solltest du die vorliegenden Texte gleichzeitig auf ihre Verwendbarkeit für Begründungen und Beispiele überprüfen und dies entsprechend markieren. Überlege in einem letzten Schritt jeweils, ob du aus deinem eigenen Wissen weitere Argumente formulieren kannst. Eine Untergliederung der Argumente in einzelne Bereiche erscheint nicht notwendig.

Überlegungen zum ersten Teil der Themafrage – Worin liegen mögliche Ursachen für mangelnde Zivilcourage in unserer Gesellschaft?

Für die Gewinnung von Argumenten kommen vor allem die Materialien 7 und 8 in Frage, indirekt auch ein Teil von Material 4. Aus den zitierten Ausreden von Material 7 kannst du einige Gründe für mangelnde Zivilcourage ableiten:

- „Es waren noch andere Passanten da." / „Was geht mich das an?" → Abschieben von Verantwortung
- „Da mache ich mich doch lächerlich, wenn ich eingreife" → Unsicherheit, mangelndes Selbstbewusstsein
- „Was geht mich das an?" → Gleichgültigkeit, Bequemlichkeit
- „Ich kann sowieso nicht helfen […]" → Hilflosigkeit, Überforderung

Aus Material 8 erhältst du zusätzlich den Hinweis auf die Angst, selbst zum Opfer zu werden; der Polizist bestätigt in dem Interviewausschnitt auch die Hilflosigkeit als Motiv. Daneben nennt er die Abstumpfung durch Gewalt in den Medien. Im Zusammenhang mit den Aussagen des Polizisten und des Projektziels aus Material 4 („Bereitschaft, sich in andere einzufühlen") kann man noch fehlendes Einfühlungsvermögen als Argument gewinnen.

So können jetzt deine Notizen für die Gliederung des ersten Teilbereichs aussehen:

Gründe für mangelnde Zivilcourage in unserer Gesellschaft	– Abschieben von Verantwortung – Unsicherheit und mangelndes Selbstbewusstsein – Gleichgültigkeit und Bequemlichkeit – Hilflosigkeit und Überforderung – Angst, selbst zum Opfer zu werden – Abstumpfung durch Gewalt in den Medien – Mangelndes Einfühlungsvermögen

Überlegungen zum zweiten Teil der Themafrage – Mit welchen Maßnahmen kann Zivilcourage bei jungen Menschen gefördert werden?

Die Materialien 1 und 4 veranschaulichen konkrete Projekte und Angebote im schulischen Bereich. Aus Material 5 und 6 lassen sich als mögliche Maßnahmen die Thematisierung in den Medien herausarbeiten ebenso wie die Auszeichnung von Menschen für ihr vorbildliches Verhalten durch Preise oder Ehrungen. Material 3 verweist auf den Gedanken, dass auch die Herausstellung von Vorbildern eine sinnvolle Möglichkeit sein kann (auch in Material 5 und 6). Schließlich könnte Material 10 („Zum Nachdenken") einen wichtigen Hinweis darauf geben, dass man selbst sein Verhalten immer wieder überprüfen sollte.

Eigene Überlegungen können zu folgenden zusätzlichen Gesichtspunkten führen: Der Polizist in Material 8 führt an, dass vielen nie vermittelt wurde, wie man mit Gewalt umgehe. Daraus lässt sich ableiten, dass es auch Kurse und Aktionen für die Allgemeinheit geben sollte. Material 4 weist darauf hin, dass man Zivilcourage lernen kann. Da liegt es ganz nahe, dass es auch ein wichtiges Ziel der Erziehung durch die Eltern sein muss.

Deine Notizen für die Gliederung können nun diesen Inhalt besitzen:

Sinnvolle Maßnahmen, Zivilcourage bei jungen Menschen zu fördern	– Projekte und Angebote an Schulen – Kurse und Aktionen für die Allgemeinheit – Ziel der elterlichen Erziehung – Thematisierung in den Medien – Preise und Ehrungen für vorbildliches Verhalten – Herausstellung von Vorbildern – Überdenken des eigenen Verhaltens

Gliederungsvorschlag

A. Unerschrocken und entschlossen einzugreifen, wenn jemand bloßgestellt, beleidigt oder angegriffen wird, ist in unserer Gesellschaft leider nicht selbstverständlich

B. Worin liegen mögliche Ursachen für mangelnde Zivilcourage in unserer Gesellschaft? Mit welchen Maßnahmen kann sie bei jungen Menschen gefördert werden?

1 Ursachen für mangelnde Zivilcourage in unserer Gesellschaft

1.1 Abschieben von Verantwortung
1.2 Unsicherheit und mangelndes Selbstbewusstsein
1.3 Gleichgültigkeit und Bequemlichkeit
1.4 Hilflosigkeit und Überforderung
1.5 Angst, selbst zum Opfer zu werden
1.6 Abstumpfung durch Gewalt in den Medien
1.7 Mangelndes Einfühlungsvermögen

2 Maßnahmen zur Förderung von Zivilcourage bei jungen Menschen

2.1 Projekte und Angebote an Schulen
2.2 Kurse und Aktionen für die Allgemeinheit
2.3 Ziel der elterlichen Erziehung
2.4 Thematisierung in den Medien
2.5 Preise und Ehrungen für vorbildliches Verhalten
2.6 Herausstellung von Vorbildern
2.7 Überdenken des eigenen Verhaltens

C. Laut Strafgesetzbuch droht bei unterlassener Hilfeleistung eine Freiheitsstrafe bis zu einem Jahr

Aufsatzbeispiel

Hinweis: Die Angaben am Rand sind nicht Teil des Aufsatzes, sie dienen nur deiner Orientierung.

Unerschrocken und entschlossen einzugreifen, wenn jemand bloßgestellt, beleidigt oder angegriffen wird, ist in unserer Gesellschaft leider nicht selbstverständlich. Dabei gibt es viele Bereiche oder Situationen, in denen Zivilcourage angebracht wäre, sei es in der Schule, wenn jemand gemobbt wird, oder in der Öffentlichkeit, wenn jemand bedroht wird. Ebenso sollte man nicht den Blick abwenden, sondern reagieren, wenn Vorurteile verbreitet werden, ausländerfeindliche Witze erzählt werden oder ein Erwachsener ein Kind schlägt – um nur einige Beispiele zu nennen. Da viel zu viele Menschen in solchen Situationen wegschauen, muss man sich die Frage stellen, worin mögliche Ursachen für mangelnde Zivilcourage in unserer Gesellschaft liegen und mit welchen Maßnahmen sie bei jungen Menschen gefördert werden kann. **A.** Einleitungsgedanke; Themafrage

Die Ursachen können sehr vielschichtig sein. Viele Menschen schieben ihre Verantwortung, Schwächeren oder Bedrängten zu helfen, gerne ab. Denn es ist sicherlich unbequemer und mit einem gewissen Aufwand verbunden, sich seiner Verantwortung zu stellen und sich einzumischen. Oft hört man als Begründung Sätze wie „Es waren noch andere Passanten da“ oder „Was geht mich das an?“, wie auch aus einer Broschüre für Jugendliche hervorgeht, die zum Erlernen von Zivilcourage auffordert (vgl. Material 7). **B. 1** 1.1 Behauptung; Begründung; Beispiel

Ein weiterer Aspekt, warum es in unserer Gesellschaft an Entschlossenheit und Mut mangelt, liegt in der Unsicherheit zahlreicher Menschen und in ihrem mangelnden Selbstbewusstsein begründet. Viele wissen nicht, wie sie eingreifen sollen oder sie haben gar nicht die Selbstsicherheit, einen fremden Menschen auf sein Fehlverhalten anzusprechen. Oft befürchten sie auch, sich lächerlich zu machen, wenn sie ihren Unmut zum Ausdruck bringen (vgl. Material 7). 1.2 Behauptung; Begründung; Beispiel

Daneben kommen Gleichgültigkeit und Bequemlichkeit als Ursache infrage. Offenbar ist es vielen Menschen egal, wie es ihren Mitmenschen ergeht und sicherlich ist es einfacher, sich wegzuducken, als mutig Stellung zu beziehen, wenn z. B. eine Frau in der Öffentlichkeit von einem Mann belästigt wird. Bequemer ist es, sich zu sagen, dass einen dies nichts angehe bzw. man sich grundsätzlich nicht einmische (siehe Ausredenliste Material 7). Sich in einer solchen Situation vor die Frau zu stellen, erfordert natürlich eine gewisse Entschlossenheit und vor allem Mut. 1.3 Behauptung; Begründung; Beispiel

Fehlende Entschlossenheit und fehlender Mut haben aber auch oft ihre Ursache in der Hilflosigkeit der Menschen in Situationen, in denen Zivilcourage benötigt würde. Sie sind überfordert, wissen nicht, wie sie auf jemanden einwirken sollen, der beispielsweise andere bedroht, weil sie sich körperlich zu schwach fühlen, um einzugreifen (vgl. Material 7). Auch die Polizei bestätigt in einem Interview (vgl. Material 8), dass viele Menschen einfach oft mit Hilflosigkeit reagieren. 1.4 Behauptung; Begründung; Beispiel

Neben all diesen Gründen für mangelnde Beherztheit spielt indessen die Angst eine ganz wesentliche Rolle. Entweder ist es die Angst, in eine körperliche Auseinandersetzung hineingezogen zu werden, verletzt zu werden oder Schlimmeres, wie häufig in den Medien berichtet wird (vgl. Material 5). Dazu kommt auch die Furcht davor, dass einen der Täter hinterher kennt, wenn man einen Vorfall zur Anzeige bringt und es zu einer Gerichtsverhandlung kommt, bei der man dann als Zeuge aussagen muss. So schaut man lieber weg, als zum Beispiel einen Fall von Tierquälerei zu melden. Von polizeilicher Seite wird diese Ursache ebenfalls bestätigt (vgl. Material 8). 1.5 Behauptung; Begründung; Beispiel

Das bereits genannte Interview mit einem Polizisten bringt eine weitere mögliche 1.6
Ursache für mangelnde Zivilcourage ins Spiel. Der Polizist spricht davon, dass Behauptung
„die meisten von uns inzwischen völlig abgestumpft sind“. Er meint damit, dass Begründung
wir gleichgültig gegenüber Gewalt geworden sind, und gibt den Medien dafür
eine Mitschuld. Es ist in der Tat richtig, dass dort Gewalt an der Tagesordnung
ist, wie er sagt. Man braucht nur an die vielen Krimis im Fernsehen denken und Beispiel
daran, dass auch in Vorabendserien Gewaltszenen die Regel sind. Wenn man
dann noch die vielen gewaltverherrlichenden Computerspiele dazu nimmt, dann
ist dieses Argument in jedem Fall stichhaltig.
Schließlich ist auch mangelndes Einfühlungsvermögen als Grund zu sehen – in 1.7 Behauptung
Kursen für Jugendliche für mehr Zivilcourage wird dies als ein wichtiges Pro-
jektziel angegeben (vgl. Material 4). Denn wer nicht die Bereitschaft und Fähig- Begründung
keit besitzt, sich in den anderen einzufühlen, wird viel eher sagen, dass etwas
„doch gar nicht schlimm“ war. Er wird nicht auf die Idee kommen, dass sich je- Beispiel
mand, der beleidigt oder herabgesetzt wird, verletzt fühlen könnte. Auch deswe-
gen hören viele in unserer Gesellschaft beispielsweise bei verbaler Gewalt oder
Diskriminierung einfach weg.

Fragt man nach den Ursachen mangelnder Zivilcourage in unserer Gesellschaft, Überleitung
muss auch die Frage beantwortet werden, mit welchen Maßnahmen sie bei jun- **B. 2**
gen Menschen gefördert werden kann.
Projekte an Schulen spielen dabei sicherlich eine zentrale Rolle, da damit nicht 2.1 Behauptung
nur viele Jugendliche erreicht werden können, sondern diese mit ihren erworbe- Begründung
nen Fähigkeiten aktiv dafür eintreten können, dass zum Beispiel das Schulklima Beispiel
verbessert wird oder gleich auf Mobbing oder Beleidigungen reagiert wird.
Schülerinnen und Schüler können so direkt den Sinn und die Wirkung mutigen
Handelns erkennen. In den Materialien 1 und 4 werden zwei bekannte Projekte
vorgestellt. Im einen geht es darum, die eigene Schule zu einem Ort ohne Ras-
sismus und mit Courage zu machen, das andere Projekt, „Zammgrauft“ der
bayerischen Polizei, fördert Gemeinschaft und Zivilcourage in den Klassen.
Damit ist aber nicht gesagt, dass sich solche Aktivitäten auf die Schulen be- 2.2
schränken müssen. Kurse für richtiges Handeln in gefährlichen Situationen, in Behauptung
denen Menschen bedrängt oder bedroht werden, Aktionen, die für mehr Zivil-
courage werben – beides sollte für die Allgemeinheit angeboten werden. Als Begründung
Begründung kann man die Aussage des Polizisten in dem Interview (vgl. Mate-
rial 8) heranziehen. Er spricht davon, dass vielen Menschen nie vermittelt wor-
den sei, wie man mit Gewalt vernünftig umgehe.
Der wichtigste Lernort für Zivilcourage wurde bisher noch nicht genannt: das 2.3
Elternhaus. Den Eltern kommt bei der Erziehung ihrer Kinder im Hinblick da- Behauptung
rauf eine entscheidende Rolle zu. Einerseits erfüllen sie eine ganz wichtige Vor- Begründung
bildfunktion, wenn sie selbst durch mutiges Verhalten anderen Menschen in
schwierigen Situationen in der Öffentlichkeit helfen. Außerdem können sie ihre Beispiel
Kinder für Ungerechtigkeiten sensibilisieren und entsprechende Werte wie To-
leranz, Offenheit und Gewaltlosigkeit einüben und festigen. Material 4 weist
darauf hin, dass man Zivilcourage lernen kann. Die eigene Familie ist dafür si-
cher ein geeigneter Lernort.
Bei der Frage nach den Maßnahmen zur Förderung von Zivilcourage kommt 2.4
auch den Medien eine zentrale Bedeutung zu. Die Thematisierung in Zeitungen Behauptung
und im Fernsehen ist dabei besonders wichtig, weil sie viele Menschen erreicht. Begründung
Auch das Internet mit den sozialen Netzwerken und den zahllosen Blogs spielt
eine große Rolle, indem es Berichte über couragiertes Handeln verbreitet, durch
das Menschen vor verbalen oder gewalttätigen Übergriffen bewahrt werden
konnten. Solche Berichte erzeugen nicht nur Mitgefühl, sondern auch Unver-

ständnis und Wut über die Gewalt oder Scham, sodass der Einzelne sein Verhalten vielleicht ändert und in entsprechenden Situationen selbst Verantwortung übernimmt. Zwei Beispiele, die breiten Raum in den Medien einnahmen – der Fall Tugce (vgl. Material 5) und das Schicksal von Malala Yousafzay (vgl. Material 6) rückten bei vielen Menschen die Notwendigkeit von Zivilcourage wieder ins Bewusstsein. Beispiel

Auch durch Preise und Ehrungen für vorbildliches Verhalten kann man die Bereitschaft zur Zivilcourage bei jungen Menschen erhöhen. Zum einen wird dann davon in den Medien berichtet, zum anderen sehen die Menschen, dass Mut in der Gesellschaft ein positives Ziel ist, das entsprechend belohnt wird. Dabei muss es gar nicht um solch exklusive Ehrungen wie das Bundesverdienstkreuz (vgl. Material 5) oder Preise wie den Friedensnobelpreis (vgl. Material 6) gehen. Couragiertes Verhalten wird z. B. auch mit steigendem gesellschaftlichem Ansehen belohnt, das wir alle gerne genießen. 2.5 Behauptung Begründung Beispiel

In engem Zusammenhang damit steht die Herausstellung von Vorbildern. Es erscheint gar nicht so wichtig, ob sie einen großen Namen besitzen, sondern ob sie in der jeweiligen Situation das Richtige getan haben, wo man selbst vielleicht gezögert hätte – so jedenfalls formuliert es der Schriftsteller Erich Kästner, der in Material 3 zitiert wird. Sophie Scholl, selbst als Widerstandskämpferin gegen die Nationalsozialisten ein Vorbild, wird damit zitiert, dass man handeln müsse, um keine Schuld zu haben. Ein solcher Satz könnte viele Jugendliche ansprechen und Leitspruch für ihr eigenes Handeln werden. 2.6 Behauptung Begründung Beispiel

Nicht nur Vorbilder oder Berichte in den Medien oder Ehrungen und Preise führen dazu, dass die Zivilcourage wächst, man kann auch selbst etwas dazu beitragen. Im Alltagsleben sollte man sein eigenes Verhalten immer wieder überdenken. Es ist durchaus sinnvoll, sich Fragen zu stellen, wie sie z. B. in Material 10 zu lesen sind und zum Nachdenken darüber anregen, wie man selbst reagieren würde, wenn eine Schülerin/ein Schüler bloßgestellt wird oder wenn ausländerfeindliche Witze erzählt werden. Dies stellt nicht nur eine Vorbereitung auf solche Situationen dar, sodass man dann nicht hilflos zusehen muss, sondern macht uns auch klar, in welchen Situationen unsere Zivilcourage gefragt ist. 2.7 Behauptung Begründung Beispiel

Laut Strafgesetzbuch droht bei unterlassener Hilfeleistung eine Freiheitsstrafe bis zu einem Jahr. Der entsprechende Paragraf umreißt auch genau die Bedingungen, wann unterlassene Hilfeleistung vorliegt, nämlich dann, wenn jemand bei einem Unglücksfall oder bei allgemeiner Gefahr oder Not nicht Hilfe leistet, obwohl es erforderlich und zumutbar ist (vgl. Material 9). Dies trifft genau auf jene Fälle zu, in denen wir uns über mangelnde Zivilcourage in unserer Gesellschaft beklagen. Unser Handeln sollte daher zum Wohle eines friedlichen und respektvollen Umgangs miteinander so funktionieren, dass der entsprechende Paragraf gar nicht benötigt wird. C.

Abschlussprüfung 2015 an Realschulen: Deutsch
Aufgabengruppe B: Textgebundener Aufsatz

2015/7 Alfred Andersch: Sansibar[1] oder der letzte Grund (Textauszug)

In diesem Roman geht es um fünf Menschen, die an einem Herbsttag 1937 zufällig im deutschen Ostseehafen Rerik zusammentreffen und sich alle – aus unterschiedlichen Gründen – mit dem Gedanken tragen, ins Ausland zu flüchten. Einer dieser fünf ist ein 15-jähriger Junge, der als Einziger im Roman namenlos bleibt.

Der Junge

Der Mississippi wäre das Richtige, dachte der Junge, auf dem Mississippi konnte man einfach ein Kanu klauen und wegfahren, wenn es stimmte, was im Huckleberry Finn[2] stand. Auf der Ostsee würde man mit einem Kanu nicht sehr weit kommen, ganz abgesehen davon, daß es an der Ostsee nicht mal schnelle wendige Kanus gab, sondern nur so olle schwere Ruderboote. Er sah vom Buch auf, unter der Treenebrücke floß das Wasser still und langsam durch; die Weide, unter der er saß, hing ins Wasser rein, und gegenüber, in der alten Gerberei, regte sich, wie immer, nichts. Der Mississippi wäre besser als die Speicher in der alten, verlassenen Gerberei und die Weide am langsamen Fluß. Auf dem Mississippi wäre man weg, während man sich auf den Speichern in der Gerberei und unter der Weide nur verstecken konnte. Unter der Weide auch nur, solange sie Blätter hatte, und die hatten schon mächtig begonnen abzufallen und trieben gelb auf dem braunen Wasser davon. Verstecken war übrigens nicht das Richtige, dachte der Junge, – man mußte weg sein.

Man mußte weg sein, aber man mußte irgendwohin kommen. Man durfte es nicht so machen wie Vater, der weg gewollt hatte, aber immer nur ziellos auf die offene See hinausgefahren war. Wenn man kein anderes Ziel hatte als die offene See, so mußte man immer wieder zurückkehren. Erst dann ist man weg, dachte der Junge, wenn man hinter der offenen See Land erreicht.

[…]

Übrigens ist das alles Blödsinn, dachte der Junge, ich bin kein kleiner Junge mehr, ich bin schon seit Ostern aus der Schule, und ich glaube gar nicht mehr an die Wildwestgeschichten. Nur daß Huckleberry Finn keine Wildwestgeschichte war und daß man es auf irgendeine Weise genau so machen mußte wie Huckleberry Finn. Man mußte raus.

Es gab drei Gründe, weshalb man aus Rerik raus mußte. Der erste Grund lautete: weil in Rerik nichts los war. Es war tatsachlich überhaupt nichts los. Niemals wird hier irgend etwas mit mir geschehen, dachte der Junge, während er den herbstgelben Weidenblättern nachsah, wie sie auf der Treene langsam abschwammen.

[…]

Halb drei. In 'ner halben Stunde muß ich auf dem Kutter sein, weil Knudsen um fünf Uhr abfahren will, dachte er, und dann fängt wieder die langweilige Fischerei an, das Herumkriechen mit dem Boot am Buksand und unter dem Land, die eintönige Arbeit mit dem Senknetz, zwei bis drei Tage lang, das Zusammensein mit dem mürrischen Fischer. Knudsen fuhr nie auf die offene See hinaus wie Vater, obwohl Vaters Kutter nicht größer gewesen war als Knudsen seiner. Aber dafür war Vater auch auf See umgekommen. Und auch deswegen muß ich raus, dachte der Junge, weil ich gehört habe, wie sie sagten, mein Vater sei wieder einmal stinkbesoffen gewesen, als er umkam. Huck Finn sein Vater war ein Säufer, deshalb mußte Huck Finn ja ausreißen, aber ich muß weg, weil mein Vater keiner war, sondern weil sie es ihm nur nachsagen, weil sie auf ihn neidisch sind, denn er ist manchmal auf die offene See hinaus gefahren. Nicht einmal eine Tafel haben sie für ihn in die Kirche gehängt, eine Tafel mit seinem Namen und den Worten „In den Stiefeln gestorben“ und das Geburts- und Sterbedatum, wie sie es für alle machen, die auf See geblieben sind. Ich hasse sie alle, und das ist der zweite Grund, warum ich von Rerik weg muß.

[...]

Er kam unbemerkt in die alte Gerberei an der Treene rein. In der Dunkelheit tappte er vorsichtig die Stiegen hoch. Er konnte den Staub riechen, der im Haus lag, auf den Treppen und in den Räumen, deren Türen lose in den Angeln hingen oder herausgebrochen waren. Auf dem Speicher oben hing graues Licht, es kam durch ein großes Fenster, dessen Scheiben fehlten, und durch die Lücken im Dach, an den Stellen, wo die Dachpfannen vom Lattenrost geglitten waren. [...]

Er ging in sein Versteck, legte sich hin, kramte eine Kerze hervor und zündete sie an. Dann zog er den Huckleberry Finn aus der Tasche und begann zu lesen. Nach einer Weile hörte er damit auf und dachte darüber nach, was er im Winter machen sollte, wenn es auf dem Speicher zu kalt sein würde. Ich muß mir einen Schlafsack besorgen, dachte er, aber auf einmal wußte er, daß er bald nicht mehr hier heraufkommen würde. [...] Er zog eine seiner Landkarten hervor und breitete sie aus, er hatte den Indischen Ozean erwischt, und er las die Namen Bengalen [...] und Kap Comorin und Sansibar, und er dachte, wozu bin ich auf der Welt, wenn ich nicht Sansibar zu sehen bekomme und Kap Comorin und den Mississippi und Nantucket und den Südpol. Und zugleich wußte er, daß er mit den Büchern zu Ende war [...]. Er spürte, daß der Speicher nichts mehr für ihn war, er war nur ein Versteck, und ein Versteck war zu wenig, was man brauchte, das war ein Mississippi. Sich verstecken hatte keinen Sinn, nur Abhauen hatte einen Sinn, aber dazu gab es keine Möglichkeit. Er war bald sechzehn Jahre alt, und er hatte begriffen, daß er mit dem Speicher und mit den Büchern zu Ende war.

Der Junge ging zum Fenster, von dem aus man die ganze Stadt überblicken konnte, er sah auf die Türme im Flutlicht und auf die Ostsee, die eine dunkle Wand ohne Tür war. Auf einmal fiel ihm der dritte Grund ein. Während er auf Rerik blickte, dachte er Sansibar, Herrgott noch mal, dachte er, Sansibar und Bengalen und Mississippi und Südpol. Man mußte Rerik verlassen, erstens, weil in Rerik nichts los war, zweitens, weil Rerik seinen Vater getötet hatte, und drittens, weil es Sansibar gab, Sansibar in der Ferne, Sansibar hinter der offenen See, Sansibar oder den letzten Grund.

Aus: Alfred Andersch: Sansibar oder der letzte Grund. Copyright © 1970, 2006 Diogenes Verlag AG Zürich. Der Text wurde entsprechend der Vorlage in alter Rechtschreibung abgedruckt.

Anmerkungen:

1 Insel vor der Ostküste Afrikas

2 „Die Abenteuer des Huckleberry Finn“ ist der Titel eines bekannten amerikanischen Romans von Mark Twain aus dem Jahr 1884. Dieser beschreibt Huckleberrys Flucht vor der Entführung durch seinen Vater, einen Trinker, und die Abenteuer, die er dabei bestehen muss.

Informationen zum Autor:

Alfred Andersch wurde 1914 in München geboren und besuchte dort die Schule. Er absolvierte eine Buchhändlerlehre und arbeitete nach dem Krieg als Schriftsteller, Kritiker und beim Rundfunk. 1980 starb er in der Schweiz. 1957 kam sein Roman „Sansibar oder der letzte Grund“ heraus, der zu seinem größten Erfolg werden sollte.

Aufgabenstellung

Lesen Sie den Textausschnitt sorgfältig durch und bearbeiten Sie dann die folgenden Aufgaben. Bei Nummer 5 können Sie a oder b wählen.

1. Fassen Sie den Inhalt des Textes zusammen.
2. Charakterisieren Sie den Jungen und beschreiben Sie dabei die Entwicklung, die in dem Romanauszug dargestellt wird. Gehen Sie dabei auch auf den Romantitel ein.
3. Beschreiben Sie die wesentlichen sprachlichen Mittel und deren Wirkung.
4. Welche Gefühle und Gedanken kann der Text beim jugendlichen Leser von heute hervorrufen?
5. a) Erörtern Sie, warum Jugendliche von zu Hause „ausreißen".
   oder
   b) Führen Sie die Geschichte fort, indem Sie im Stil des Textes erzählen, was in den nächsten Stunden passieren könnte.

Mögliche Gliederung

A. Einem 15-Jährigen wird klar, dass er langsam erwachsen wird und sein Leben selbst gestalten muss, was für ihn bedeutet, seine Heimatstadt zu verlassen

B. Auseinandersetzung mit dem Romanauszug aus „Sansibar oder der letzte Grund" und weiterführende Aufgabe

1 Zusammenfassung des Textinhalts

2 Charakterisierung des Jungen und Beschreibung seiner Entwicklung

3 Wesentliche sprachliche Mittel und deren Wirkung

3.1 Wortwahl und Stil
3.2 Satzbau

4 Gefühle und Gedanken, die der Text beim jugendlichen Leser von heute hervorrufen kann

5 Erörterung: Warum reißen Jugendliche von zu Hause aus?

5.1 Probleme in der Familie
5.2 Schwierigkeiten in der Schule
5.3 Reaktion auf Liebeskummer

oder:

5 Fortführung der Geschichte im Stil des Textes: Mögliche Ereignisse in den nächsten Stunden

C. Der Wunsch, seine Heimat zu verlassen, hängt möglicherweise auch damit zusammen, dass der Junge offenbar sehr einsam ist

Notizen und Lösungshinweise zu den einzelnen Abschnitten der Gliederung mit ausformulierten Lösungsvorschlägen zu den einzelnen Teilaufgaben

Einleitung **A.**

– Thematik des Textes/Quelle/Verwendung der Informationen über den Autor *(ausformuliertes Beispiel):*
  In dem Romanauszug aus „Sansibar oder der letzte Grund“ von Alfred Andersch geht es um einen 15-jährigen Jungen, der erkennt, dass er erwachsen wird und sein Leben selbst in die Hand nehmen muss. Der erste Schritt dazu ist der Plan, seine Heimatstadt zu verlassen, wofür er drei Gründe findet. Die Handlung spielt im deutschen Ostseehafen Rerik im Herbst 1937. Der Roman ist 1957 in Zürich erschienen.

<u>oder:</u>

– eigenständige Hinführung zur Thematik des Textes, Überleitung zum Text mit Angaben zu Text, Autor, Quelle, z. B.:
  - eigene Gedanken zum Erwachsenwerden und was damit verbunden ist
  - eigene Einstellung zum Ausreißen von Jugendlichen von zu Hause
  - Fehlen eines Elternteils
  - Unzufriedenheit mit der Arbeit

Zusammenfassung des Textinhalts **B. 1**

– Der Junge denkt über die Lektüre des „Huckleberry Finn“ nach und vergleicht die heimatliche Umgebung mit dem Mississippi.
– Er überlegt, es wie der Romanheld zu machen und von zu Hause wegzugehen; Nennung des ersten Grundes, warum man Rerik verlassen müsse: Hier sei nichts los.
– Erinnerungen an den Vater, der auf der Ostsee ums Leben gekommen ist und den die Einwohner als Alkoholiker verleumden. Er sei betrunken gewesen, als er auf dem Meer verunglückt ist; deswegen habe er keine Sterbetafel in der Kirche bekommen.
– Zweiter Grund für das Verlassen der Heimatstadt: Er hasst die Bürger, die seinen Vater als Trinker abstempeln.
– Beschreibung des Speichers der alten Gerberei, die er als Versteck zum Lesen benutzt.
– Er begreift, dass Verstecken keine Alternative für einen fast 16-Jährigen ist, sondern dass er weggehen müsse.
– Erläutern des „letzten“ (= dritten) Grundes, die Heimatstadt zu verlassen; „Sansibar“ steht für die Sehnsucht, ferne Länder sehen zu wollen; Bezug zum Romantitel.

Charakterisierung des Jungen und Beschreibung seiner Entwicklung **B. 2**

Charakterisierung:

– Der Junge ist 15 Jahre alt (Vorspann, Z. 62) und arbeitet bei einem Fischer, der Vater lebt nicht mehr (vgl. Z. 29 ff.).
– Seine Arbeit auf dem Fischkutter findet er langweilig (vgl. Z. 29 ff.).
– Der Junge liest gerne (vgl. Z. 2 ff., 51 usw.) und versetzt sich in die Helden seiner Bücher hinein, besonders in Huckleberry Finn (vgl. Z. 1 ff., Z. 22 f.). Er versucht damit, die Wirklichkeit zu vergessen.
– Offenbar ist er gerne oder zumindest viel allein und versteckt sich (vgl. Z. 12 f., Z. 44 ff.).
– Er verklärt seinen Vater, der auf dem Meer tödlich verunglückt ist, und sieht in ihm einen Helden, weil er sich auf das offene Meer hinausgewagt hat (vgl. Z. 32 ff.). Das Gerede der Leute, die seinen Vater als Trinker abstempeln, glaubt er nicht und ist deshalb wütend auf sie (vgl. Z. 34 ff.).

Entwicklung des Jungen:

– Mit seinen knapp 16 Jahren fühlt er sich nicht mehr als „kleiner Junge“ (Z. 20). Er spürt, dass er vor dem Erwachsenwerden steht.

- Am Beginn identifiziert sich der Junge mit seinem Helden Huckleberry Finn und träumt davon, ihm nachzueifern und dessen Leben zu führen (vgl. Z. 1 ff.). Am Ende jedoch erkennt er, dass er seinen eigenen Plan verwirklichen muss (vgl. Z. 58 ff.).
- Zu Beginn ist sein Ziel der Mississippi wegen seines Vorbilds Huckleberry Finn (vgl. Z. 1 ff.), letztendlich findet er sein eigenes Ziel: Sansibar (vgl. Z. 66 ff.). Sansibar wird für ihn zum Symbol für die Sehnsucht nach der Ferne und für seine Lebensziele. Dieses Symbol ist der entscheidende dritte Grund dafür, der Heimat den Rücken zu kehren.

Wesentliche sprachliche Mittel und deren Wirkung B. 3

Wortwahl 3.1

- umgangssprachliche Ausdrücke: z. B. „olle" (Z. 4), „Blödsinn" (Z. 20), „raus" (Z. 23), „In 'ner halben Stunde" (Z. 29), „stinkbesoffen" (Z. 36), „Säufer" (Z. 37), „Huck Finn sein Vater" (Z. 36): Steigerung der Echtheit der Jungenfigur, da große Teile Selbstgespräch / innerer Monolog oder erlebte Rede sind
- Wiederholungen: z. B. „Mississippi (Z. 1, 7, 58, 61 usw.), „(offene) See" (Z. 15 f., 33 f.), „Vater" (Z. 33 ff.), „Sansibar" (Z. 56 ff.): wichtige Schlüsselbegriffe im Leben des Jungen, die sein Ringen um die Entscheidung, fortzugehen, bestimmen und schließlich die drei Gründe ergeben, auf deren Basis er die für ihn richtige Entscheidung trifft
- bildhafte und lebendige Sprache, auffällig im Zusammenhang mit Farben: z. B. „trieben gelb" (Z. 11), „herbstgelben" (Z. 26), „oben hing graues Licht" (Z. 47): bildhafte Darstellung, Anschaulichkeit, erzeugt Stimmungen

Stil

- Über weite Strecken handelt es sich um inneren Monolog und erlebte Rede, wodurch der Leser unmittelbar an den Gedanken und Selbstgesprächen des Jungen teilhat (z. B. Z. 1 f., 12 f., 17 f., 25 f. etc.).
- Der Junge hat keinen Namen: Übertragbarkeit; Lebensziele festzulegen und Entscheidungen zu treffen, ist ein Thema, das alle betrifft.

Satzbau 3.2

- Aneinanderreihung von Sätzen und unvollständigen Sätzen (z. B. Z. 22 ff., Z. 50 ff.): Wiedergabe des Gedankenflusses des Jungen
- Häufung von „weil-Sätzen" (z. B. Z. 34 ff., Z. 68 ff.): Der Junge formuliert Begründungen für seine Entscheidung, Rerik zu verlassen.
- Wiederholungen von Satzanfängen (Anaphern): z. B. „[…] ich bin kein kleiner Junge mehr, ich bin schon seit Ostern aus der Schule, und ich glaube […]" (Z. 20 ff.); viele Satzanfänge mit „Er" (z. B. Z. 44 ff.): enges Aneinanderreihen von Eindrücken und dadurch Verstärkung
- wörtliche Reden ohne Anführungszeichen: Kennzeichen des inneren Monologs und der erlebten Rede, stellt große Nähe zum Leser her

Gefühle und Gedanken, die der Text beim jugendlichen Leser von heute hervorrufen kann B. 4

- unbestimmte Angst davor, erwachsen zu werden und Entscheidungen treffen zu müssen, z. B. bei der Berufswahl
- Es können Bilder von Orten oder Ländern auftauchen, die für einen selbst Sehnsuchts- oder Traumziele sind.
- Nachdenken über eigene Lebensziele, persönliche Wünsche, Zukunftsvorstellungen
- Nachdenken über Vorbilder, die für eigene Lebensziele stehen
- Freude oder auch Ängste wegen des Abnabelungsprozesses von den Eltern

Weiterführende Aufgabe: Erörterung: **B. 5**
Warum reißen Jugendliche von zu Hause aus?

Hinweise: Zur Bearbeitung gehst du genauso vor wie bei einer Erörterung, da diese weiterführende Aufgabe die gleichen Anforderungen stellt. Nach einer genauen Themaanalyse machst du eine kurze Stoffsammlung und suchst dir Argumente aus, die dir am wichtigsten erscheinen. Themabegriff ist das Ausreißen von zu Hause, Einschränkung sind Jugendliche und der Erörterungsauftrag besteht darin, Gründe dafür zu finden. In der Regel dürften drei ausführlich veranschaulichte Argumente (mit Begründung, Beispiel(en) und eventuell Folge/Wirkung) genügen. Die Sprache ist sachlich zu halten. Verknüpfe deine Argumente sprachlich miteinander.

Mögliche Gründe können sein:
- Probleme in der Familie
- Schwierigkeiten in der Schule
- Reaktion auf Liebeskummer
- Reaktion auf Mobbing
- gestörte Beziehung zu den Eltern
- Übertreten von Verboten
- Abenteuerlust und Neugier

Beispiel für ein ausformuliertes Argument:
Die Gründe, warum Jugendliche von zu Hause ausreißen, können sehr unterschiedlich sein. Einer der Hauptgründe ist wohl der, dass sie wegen familiärer Probleme weglaufen. Streit zwischen den Eltern, Desinteresse am Kind, körperliche Gewalt oder Alkohol- bzw. Drogenmissbrauch der Eltern oder eines Elternteils können Jugendliche dazu bringen, auszureißen. Im Weglaufen drückt sich die eigene persönliche Not und Hilflosigkeit in der Situation aus. Meist geschieht dies ziemlich spontan, z. B. wenn ein bestimmter Vorfall das Fass sozusagen zum Überlaufen bringt. Jugendliche fliehen dabei nicht nur vor der Situation, unter der sie leiden. Das Verlassen des Elternhauses ist oft als Hilfeschrei zu verstehen, um die Eltern dazu zu bringen, ihre Probleme in den Griff zu bekommen.

oder:

Weiterführende Aufgabe: Fortführung der Geschichte im Stil des Textes: **B. 5**
Mögliche Ereignisse in den nächsten Stunden

Hinweise: Diese weiterführende Aufgabe bietet dir inhaltlich mehr Freiräume. Es ist jedoch zu berücksichtigen, dass ein klarer Bezug zu der im Text geschilderten Situation vorhanden sein muss. Solltest du das Buch gelesen haben, so muss sich der Inhalt deiner Fortsetzung nicht an der tatsächlichen weiteren Romanhandlung orientieren. Zur Planung einer Fortsetzung des Textes findest du wichtige allgemeine Hinweise im vorderen Teil dieses Buchs.
Eine wichtige Grundlage für die sprachliche Gestaltung liefert dir deine bisherige Auseinandersetzung vor allem mit den sprachlichen Besonderheiten des Textes. Der Gestaltungsspielraum ist aufgrund der Vorlage eher begrenzt, da der Sprachstil sich dem Textauszug anpassen soll. Das bedeutet, dass zum Stil z. B. umgangssprachliche Ausdrücke gehören sollten, darüber hinaus Wortwiederholungen und anschauliche Adjektive und Verben. Beim Satzbau ist die Aneinanderreihung von Sätzen oder unvollständigen Sätzen und die Wiederholung von Satzanfängen typisch. Ein weiteres Merkmal dieses Romanauszugs ist die häufige Wiederholung von „dachte er/der Junge“ und die zahlreichen wörtlichen Reden ohne Anführungszeichen. Als wichtige Merkmale sollten sie verwendet werden, auch wenn inhaltlich dieses Selbstgespräch nicht zwingend durch-

gehend fortgeführt werden muss. Man kann sich auch auf ein paar Abschnitte beschränken, in denen der Monolog fortgesetzt wird.
Inhaltlich gibt die Aufgabenstellung lediglich vor, zu erzählen, was in den nächsten Stunden passieren könnte. Bevor du eine Idee entwickelst, musst du die Tageszeit bestimmen, die den Ausgangspunkt bildet. Dies ist etwas verwirrend, da ein Teil des Selbstgesprächs am Nachmittag („Halb drei", Z. 29) vor dem Auslaufen des Kutters spielt und es sich – durch die Auslassung einer längeren Textpassage – in der Nacht fortsetzt („Dunkelheit", Z. 44;, „Flutlicht", Z. 65).
Der inhaltliche Ausgangspunkt ist die Entschlossenheit, mit der der Junge die drei Gründe für das Verlassen von Rerik formuliert. Darum herum kannst du jetzt eine Schreibidee planen: Es könnte durchaus sein, dass er in dieser Nacht noch seine Sachen packt, sich von zu Hause fortstiehlt und sich überlegt, welchen Weg er nehmen könnte. Den Hinweis am Ende („Sansibar hinter der offenen See […]", Z. 69f.) könnte man so fortführen, dass der Junge auf ein Schiff gelangen möchte – sicher nicht als Passagier (so viel Geld wird er nicht haben), sondern als Helfer oder Matrose. Dies ist jedoch in Rerik selbst unmöglich, da ihn alle kennen und sein Weggehen bemerkt und möglicherweise verhindert würde. Der Junge muss sich also einen anderen Hafen suchen, vielleicht eine große Hafenstadt mit Schiffen, die in alle Welt fahren.
Diese Grundlagen sind wichtig, um einen Fortgang der Geschichte zu planen. Du kannst nun vom Beginn seiner Flucht erzählen, von den schnellen Vorbereitungen, die nicht auffallen dürfen, vom inneren und äußeren Abschied von seiner vertrauten Umgebung und vom Beginn des Weges ins Ungewisse. Eine andere Möglichkeit besteht darin, dass seine Pläne auffliegen, wobei diese Variante eher weniger Erzählstoff bietet.
Die Aufgabenstellung gibt vor, dass die Fortführung die „nächsten Stunden" beinhalten soll, sodass du in deinem Schreibplan nicht allzu viele Schritte und Ereignisse einplanen musst. Die Fortführung der Handlung beginnt im Speicher der Gerberei, da sich der Junge am Ende des Textauszugs dort aufhält.

Beispiel für eine ausformulierte Fortführung der Geschichte:
Warum nicht jetzt, dachte er, warum nicht heute Nacht. Drei Gründe sind genug, abzuhauen. Er trat vom Fenster weg, packte das Buch und die Karte des Indischen Ozeans in seine Tasche und löschte die Kerze. Es ist Zeit, das Versteck zu verlassen, es ist Zeit, erwachsen zu werden, Zeit zu gehen, dachte der Junge, als er langsam die Treppe hinunterschlich und die Gerberei verließ. In der Gasse vermied er die weißen Lichtinseln der wenigen Straßenlaternen. Nur keinen sehen, nur von keinem gesehen werden, von denen, die ihm seinen Vater genommen haben, dachte der Junge. Ich brauche einen Plan, einen Plan für mein Sansibar. Zunächst wollte er sich nach Hause schleichen. Mutter schläft bestimmt schon längst, erschöpft vom Job in der stinkenden Fischfabrik, dachte er bei sich. Dann kram' deine Sachen zusammen, den Rucksack, das Nötigste. Er spürte plötzlich Unsicherheit. Hatte er einen Weg nach Sansibar? Er hatte drei Gründe, aber noch keinen Weg. Wie sollte er wegkommen? Er musste auf die offene See, er brauchte ein Schiff, einen Hafen brauchte er. Nicht den von Rerik – hier ließen sie ihn nicht weg, von hier fährt kein Schiff auf die offene See hinaus, hier hätt'ste dich gleich zu Beginn verzockt, dachte der Junge.
Endlich war er zu Hause angekommen, er hatte richtig gedacht – kein Licht mehr in der kleinen, engen Wohnung, die er nicht vermissen würde. Seine Mutter fiel ihm ein, sie würde ihm nicht fehlen, da war er sich jetzt ganz sicher, denn sie hatte Vater nie verstanden. Jetzt nur keinen Lärm machen, nichts fallen lassen, dachte er, und packte ein wenig Kleidung, sein Buch, die Landkarte und ein Brot in den abgewetzten Rucksack seines Vaters. Seine geringen Ersparnisse von dem Hungerlohn, den Knudsen ihm zahlte, verstaute er in der Jackentasche. Und dann setzte er sich an den Küchentisch und kritzelte eine Art Abschiedsbrief, denn so ganz wollte der Junge seine Mutter nicht vor den Kopf stoßen. Nur die drei Gründe schreibe ich auf und dass ich nach Sansibar gehe,

das muss reichen. Als dies geschehen war, nahm er den Rucksack, legte den Wohnungsschlüssel auf den Tisch, zog ganz leise die Türe zu, die wie zum Abschied leise quietschte. Dann schlich er die Treppe hinunter, darauf bedacht, nicht auf die Bretter zu treten, die knarzten. Die Haustür war erreicht, die Straßen leer. Jetzt erst mal raus aus der Stadt, dachte er, und dann versteckst du dich, bis es hell wird, in der alten Scheune an der Straße, pennst ein bisschen und überlegst dir, wohin.
Er musste nach Hamburg kommen, er musste sich einfach auf den Weg nach Westen machen. Hamburg ist die Tür nach Sansibar. Hunderte Schiffe, eins nimmt mich mit zu meinem ersten Sansibar, dachte er, bevor er in der Morgendämmerung die Scheune verließ und der Landstraße nach Westen folgte. Im Osten begann sich der Himmel mit einem roten Glühen zu beleuchten, so wie in Sansibar.

Schlussgedanke **C.**

Für einen sinnvollen Schlussgedanken können zum Beispiel folgende Ideen dienen, die sich alle auf unterschiedliche Weise mit dem Plan des Jungen, von zu Hause wegzulaufen, beschäftigen:

- begründete Bewertung des Plans wegzulaufen, z. B. Zustimmung, Ablehnung, Verständnis
- begründete Bewertung der aufgeführten Gründe des Jungen
- Überlegungen zur Realisierbarkeit
- Suche nach weiteren Ursachen, die den Jungen so weit bringen, alles hinter sich zu lassen
- sich in die Rolle des Jungen versetzen und kurz schildern, was du an seiner Stelle tun würdest

Einen anderen Ansatz bietet die kurze Darstellung eigener Sehnsuchtsorte oder eigener Lebensziele und -planungen.

Ausformuliertes Beispiel für einen Schluss (Kombination von erstem und viertem Gedanken):

Wenn man sich die Gründe, die den Jungen zu seinem Entschluss bringen, etwas näher ansieht, dann sind einige Zweifel angebracht, ob sie alle so schwerwiegend sind. Der erste Grund, in Rerik sei nichts los, ist schon deshalb nicht stichhaltig, da der Junge das gar nicht beurteilen kann, weil wir erfahren, dass er in seiner Freizeit hauptsächlich liest bzw. sich sogar versteckt, um zu lesen. Dass er unter dem Ruf seines Vaters und dem Gerede der Leute leidet, ist natürlich nachvollziehbar, aber anstatt sich Verbündete zu suchen und dagegen anzukämpfen, entwickelt er Hass auf die Bürger der Stadt. Seine beiden ersten Gründe auszureißen deuten meiner Meinung nach darauf hin, dass dahinter etwas viel Belastenderes steckt, nämlich eine große Einsamkeit, die er nicht zu überwinden vermag. Diese ist es auch, die ihn in die unbekannte Ferne treibt, in der Hoffnung, in seinem „Sansibar" das Leben grundlegend zu ändern und bessere Voraussetzungen vorzufinden.

Es gibt einen Tag im Leben, den du nie vergisst, so sehr du es auch versuchst. Wenn der Sommer wiederkehrt und es warm genug ist, um paddeln zu gehen, fällt er dir ein. Beim ersten blauen Junitag ist die Erinnerung da, leuchtend, kristallklar, wie durch Tränen gesehen …[1] Du gehst mit Linda zum ersten Mal in dieser Jahreszeit zum See, um zu paddeln. Ihr geht hinunter zum Bootshaus … zu dem Anlegesteg aus faulenden Planken, die sich zum Wasser neigen … zu den leeren Paddelbooten, die wie flache, schwimmende grüne Erbsenschoten wartend daliegen. Wackelig steigst du in den Bug, während Linda das Ruder nimmt, und die ganze Zeit tänzelt und hüpft das leichte Boot unter dir, ungeduldig, fortzukommen. Es ist einer dieser vollkommenen Tage im Juni, die du immer zu beschreiben versuchst, aber es gelingt dir nie. Nimm den Geruch von frisch gewaschener Wäsche; von trocknendem Himmelstau nach einem Regen; nimm die huschenden Bewegungen des Sonnenlichts auf der Wiese; den kühlen Geschmack von Minze auf der Zunge; das klare Leuchten der Tulpen im Garten; grüne Schatten, sich ins Gelb lichtend, ins Blau verdichtend … der strahlende Glanz … die heiße Berührung der Sonne auf deiner Haut … blendende Sonnenpfeile, die vom tiefen, gläsernen Blau des Wassers abprallen. Nie wieder solch ein Tag! Du paddelst zu einer Bucht … du treibst … du lehnst dich zurück und schließt die Augen vor dem Sonnenlicht, heiß liegt es auf deinen Lidern … du blinzelst in die Sonne, und auf deinen Wimpern spannen sich Netze von Regenbögen. Eingelullt durch das gleichmäßige Lecken der Wellen am Kiel, das Schaukeln … das Gleiten … treibt ihr ans Ufer.

Plötzlich hört ihr Stimmen … unverwechselbar … Stimmen von Jungen. Ein Schauder der Erregung ist in deinen Adern, eine überraschende Gespanntheit. Hellwach seid ihr auf einmal. Abenteuer sind in Sicht.

Du glättest dein Haar und schaust verstohlen um dich. Tatsächlich … ein anderes Boot fährt hinter euch am Ufer entlang … zwei Jungen … Wie kann man die Fahrt verzögern? Wie zufällig anhalten? Die steile Böschung, der ihr entgegentreibt, ist mit Rhododendren bedeckt. Mit bebender Stimme sagt Linda: „Lass uns Blumen pflücken.“ Das reicht … vier Worte … und ihr beide versteht euch völlig. Du stellst dich im Boot auf, gefährlich schaukelnd und kichernd, als du dich reckst und die Blüten abreißt … ihr lacht die ganze Zeit … vielleicht ein bisschen zu aufgedreht, aber ihr lacht, pflückt die Blumen und sehnt euch danach, über die Schulter zu blicken, wagt es aber nicht. Eine köstliche Aufregung summt die ganze Zeit in dir. Die Stimmen werden lauter. Einen hört ihr sagen: „Lass uns rüberpaddeln, die Mädchen besuchen.“ Ihr pflückt den Rhododendron jetzt sorgfältiger, seid bewusst um Grazie und Gleichgültigkeit bemüht.

„Hallo, ihr“, ruft eine warme, männliche Stimme hinter euch. Mit vorgetäuschter Überraschung fahrt ihr herum. „Oh, hallo …“, du tust atemlos und kippst beinahe das Boot, als du dich hinsetzt. Und jetzt? Nervös fragst du dich, wie es weitergehen wird? Du siehst zu den beiden Jungs … von Nahem nicht so gutaussehend … aber nett. Die Boote schaukeln, bedeutungsloses Geplauder geht hin und her. Du denkst zurück und kannst dich nicht einmal an deine Worte erinnern. Aber ihr lacht … wisst, dass sie euch niedlich finden … wisst, dass sie euch nett finden. Ihr stachelt die Jungs auf, wer von uns kann schneller paddeln? Sie schauen sich lachend an. Wollen wir um die Wette, schlagt ihr vor. Oh, nein, das wäre nicht fair.

Einer wird für dich paddeln. Du protestierst vergnügt. Sie bestehen darauf. Heimlich hoffst du, dass der dunkelhaarige Typ zu dir kommt. Leichtfüßig steigt er in euer Boot und nimmt das Ruder. Buck heißt er. Don, der andere Junge, lässt einen gespielten Seufzer los: „Ich kann nicht allein paddeln.“ Er guckt Linda an. Geschmeichelt tut sie, als zögere sie, und fragt: „Soll ich?“ Aber sie steigt auch um, und alles ist vollkommen. Ihr sitzt den Jungs gegenüber, lehnt euch in die Kissen und tauscht heimliche Blicke befriedigten Stolzes. So etwas ist euch noch nie vorher passiert. Keiner der Jungs aus der Schule ist je so nett zu euch gewesen. Du konzentrierst dich auf Buck. Er ist dünn und blass, mit dunklen Augen und strähnigem, schwarzem Haar, aber du bemerkst sein ungekämmtes Haar, seine Blässe nicht; du siehst nur seine Augen. Hier ist ein Junge … paddelt dein Boot … er mag dich. Sofort ist Buck mit einem träumerischen Schleier umhüllt. Mit jeder Minute wird er anziehender. Du schiebst den bohrenden Gedanken „Was werden die Leute sagen?" beiseite. Du lachst dauernd, gibst dich geheimnisvoll und, wie du findest, kokett. Die Strahlen der Sonne werden jetzt kühler. Du kannst die Dämmerung nicht zurückdrängen. In der Ferne taucht das Bootshaus auf. Die unausgesprochene Frage erhebt sich gleichzeitig zwischen euch vieren … wie soll man zahlen? Du hast den unangenehmen Gedanken, die Boote wieder zu tauschen und allein weiterzufahren, aber ein alberner, launischer Teil von dir ist dagegen. Warum nicht seine Macht erproben?

Warum nicht? „Was kostet euer Boot?", fragt Buck kurz. Wieder tauschst du mit Linda einen Blick, und ihr seid euch einig. „Kostet?", stammelst du unschuldig. „Muss man das bezahlen?" Es dauert eine Weile, bis ihr die Jungen überzeugt habt, dass ihr ohne Geld seid, aber ihr versteckt die Geldbörsen in den Taschen und haltet euch an die Spielregeln. Buck paddelt voraus und fragt dich mit starrem, brennendem Blick: „Und was hättet ihr gemacht, wenn wir nicht vorbeigekommen wären?" Du siehst ihn an, innerlich schüttelt es dich, Glut hämmert in deinen Schläfen. Jetzt wird es ein wenig ungemütlich. Tränen verlegenen Zorns trüben heiß und nass deine Augen, salzig beißend. Wunderbarerweise wird sein Gesicht sanft.

„He, Mensch, nicht weinen. Ich bezahl für uns. Ich will bloß nicht, dass die wissen, dass ich Geld hab." Du fühlst dich mies, sehr klein und gemein angesichts solcher Großzügigkeit. Du möchtest sagen: „Tut mir leid, es ist alles gelogen", aber die Worte kommen einfach nicht heraus. Er vertraut dir jetzt. Sein Gesicht ist freundlich, und du kannst … willst … das nicht ändern, indem du ihm die Wahrheit sagst. „Oh, Buck", das Gefühl würgt dich. „Hilf mir da raus, wenn wir ankommen, so, als wärst du ein alter Freund, dann denkt der Mann, dass wir uns alle schon ewig kennen." „Klar doch", sagt er. Das Boot gleitet an den Landesteg, wo der Mann schon wartet. Du kannst ihn nicht ansehen. Mit abgewandtem Kopf kletterst du auf den Steg, kaum dass du merkst, dass Buck dir hinaufgeholfen und den Mann bezahlt hat. Du stürzt davon, beschämt, hasst dich selbst. Er ruft dir nach. Linda und Don sind eben zusammen angekommen. Ihr geht nebeneinander, und die Jungen folgen euch in dem grünen Dunkel des Waldwegs mit den langen kühlen Schatten. Ihr flüstert. Was kann man machen? Wie könnt ihr gutmachen, dass ihr so gemein gewesen seid. Ihr geht schneller. „Versuch nicht, abzuhauen", sagt Buck ruhig hinter dir. Deine Beine schlottern in unsinniger Panik. „Ich werd es ihnen sagen", wispert Linda dir zu.

„Nein", zischst du hitzig zurück. Wie kannst du ihr erklären, wie es steht … dass Buck dir vertraut? Alles würde verdorben … zerstört werden. Aber Linda hat sich schon umgedreht. Alle bleiben stehen. Der Nachmittag ist schwer vom Warten. Du möchtest schreien, ihre reuige Stimme übertönen, als sie zu Buck und Don sagt: „Wir haben nur Spaß gemacht, wir haben Geld dabei, und damit ihr seht, dass wir nicht ganz gemein sind, zahlen wir euch das jetzt zurück." Die Stille ist ekelhaft. Buck kann man jetzt nicht ansehen und Linda nicht sagen, was sie angerichtet hat. Wie kann sie noch weitermachen? Aber sie kann.

„Wenn wir euch das Geld geben, lasst ihr uns dann allein?" Bucks Stimme ist gefährlich ruhig. Er sagt zu dir, allein zu dir: „Dann war das vorhin im Boot alles Theater?" Deine Augen sind starr auf die Straße geheftet. Ein merkwürdig hoher Ton schrillt in deinen Ohren. Du nickst, wortlos. Um dich zerspringt der Nachmittag in Millionen Glassplitter. Du nimmst wahr, dass die Jungen das Geld genommen haben und sich, kleiner und kleiner werdend, auf der Straße entfernen. Du bleibst mit Linda stehen, und ihr schaut ihnen nach. Es ist etwas so Endgültiges um jemand, der eine Straße hinunter verschwindet, sich nicht umdreht, nicht zurückblickt. Linda seufzt mit Befriedigung. Sie hat getan, was nötig war, und betrachtet den Vorfall also als erledigt. Aber du, du gehst langsam neben ihr her, sagst nichts. Wie kannst du je erklären, wie es war. Wie kannst du je erklären, dass du mit mehr betrogen hast als nur mit Geld? Es ist etwas so Trostloses, so Endgültiges um eine leere Straße. Du gehst weiter, sagst nichts.

Textquelle: Sylvia Plath: Zungen aus Stein. Aus dem Amerikanischen von Julia Bachmann und Susanne Levin. Frankfurt am Main: Frankfurter Verlagsanstalt 1989.

Anmerkungen:

1 Die Punkte im Text wurden von der Autorin bewusst so gesetzt.

Information

Die amerikanische Schriftstellerin (1932–1963) ist in erster Linie für ihre Lyrik bekannt. Den Text „Ein Tag im Juni" verfasste sie 1949 im Alter von 17 Jahren. Er wurde zu Prüfungszwecken leicht gekürzt.

Aufgabenstellung

Lesen Sie den Text „Ein Tag im Juni" sorgfältig durch und bearbeiten Sie dann die folgenden Aufgaben. Bei Nummer 5 können Sie a oder b wählen.

1. Fassen Sie den Inhalt des Textes mit eigenen Worten zusammen.
2. Charakterisieren Sie die Ich-Erzählerin.
3. Der Text enthält Elemente einer Kurzgeschichte. Weisen Sie diese nach.
4. Beschreiben Sie die sprachlichen Mittel, die den schildernden Stil in den Zeilen 1–20 kennzeichnen. Erläutern Sie drei weitere wichtige sprachliche Auffälligkeiten und deren Wirkung ab Zeile 21.
5. a) Erörtern Sie Verhaltensweisen, die für das Gelingen zwischenmenschlicher Beziehungen unverzichtbar sind.

   oder

   b) Stellen Sie sich vor, dass die Ich-Erzählerin am Ende nicht wortlos stehen bleibt, sondern Buck hinterherläuft, um sich zu erklären. Formulieren Sie einen möglichen Dialog.

Mögliche Gliederung

A. Zwei Mädchen und zwei Jungen kommen sich an einem Sommertag am See näher. Die Mädchen zerstören durch eine Lüge das aufkommende Vertrauen nachhaltig, was dadurch verstärkt wird, dass ein Mädchen nicht fähig ist, diese Lüge zu gestehen

B. Auseinandersetzung mit dem Text „Ein Tag im Juni“ und weiterführende Aufgabe

1 Inhaltszusammenfassung mit eigenen Worten

2 Charakterisierung der Ich-Erzählerin

3 Nachweis der Elemente der Kurzgeschichte

4 Sprachliche Mittel der Schilderung in den Zeilen 1 bis 20 und drei weitere wichtige sprachliche Auffälligkeiten ab Zeile 21

4.1 Sprachliche Mittel der Schilderung in den Zeilen 1 bis 20
4.2 Drei weitere wichtige sprachliche Auffälligkeiten ab Zeile 21

5 Erörterung: Welche Verhaltensweisen sind für das Gelingen zwischenmenschlicher Beziehungen unverzichtbar?

5.1 Ehrlichkeit zeigen
5.2 Kompromissbereit sein
5.3 Zuhören können

oder:

5 Möglicher Dialog zwischen der Ich-Erzählerin und Buck am Ende der Geschichte

C. Diese unbedachte Lüge musste der sommerlichen Begegnung am See ein jähes Ende bereiten, doch könnte es nicht sein, dass Linda auch aus Eifersucht gehandelt hat?

Notizen und Lösungshinweise zu den einzelnen Abschnitten der Gliederung mit ausformulierten Lösungsvorschlägen zu einzelnen Teilaufgaben

Einleitung **A.**

- Thematik des Textes / Quelle / Autorin / Verwendung der Informationen über die Autorin *(ausformuliertes Beispiel):*
  An einem Sommertag kommen sich zwei Mädchen und zwei Jungen beim Paddeln auf einem See näher. Doch die Mädchen zerstören das aufkeimende Vertrauen durch eine Lüge, sodass sich die Jungen abwenden. Vor allem die Tatsache, dass eines der Mädchen nicht dazu fähig ist, die Lüge zu gestehen, macht den Vertrauensbruch für einen der Jungen besonders tief. Der Text wurde von Sylvia Plath verfasst, einer amerikanischen Schriftstellerin, die von 1932 bis 1963 lebte und hauptsächlich durch ihre Lyrik bekannt wurde. Sie schrieb „Ein Tag im Juni“ bereits im Alter von 17 Jahren. In einer deutschen Übersetzung erschien die Kurzgeschichte erst 1989.

oder:

- eigenständige Hinführung zur Thematik des Textes, Überleitung zum Text mit Angaben zu Text, Autor, Quelle z. B.:
  - eigene Erfahrungen mit enttäuschtem Vertrauen
  - Situationen, in denen man erste Kontakte zu einem Jungen oder Mädchen knüpfte
  - Eingeständnis von Fehlern als wichtige Voraussetzung für gute zwischenmenschliche Beziehungen

- der Sommer und die Ferien als gute Gelegenheit, jemanden kennenzulernen
- Unsicherheit bei den ersten Kontakten zu einem Jungen/Mädchen

Inhaltszusammenfassung mit eigenen Worten B. 1

- An einem perfekten Sommertag im Juni machen zwei Mädchen zum ersten Mal in diesem Jahr einen Bootsausflug auf einem See.
- Sie genießen die intensiven Farben und Gerüche und das Licht der Sonne und lassen sich über den See treiben.
- Plötzlich entdecken sie zwei Jungen in einem anderen Boot und verzögern ihre Fahrt, damit diese aufschließen können, indem sie vom Boot aus Blumen pflücken.
- Das Vorhaben ist erfolgreich, die Jungen erreichen das Boot der Mädchen und die vier Jugendlichen kommen miteinander ins Gespräch.
- Die Mädchen merken, dass sie den Jungen gefallen und wollen den Kontakt intensivieren. Deswegen schlagen sie eine Wettfahrt mit den Booten vor. Dazu tauschen Linda und Buck die Boote, sodass sie nun paarweise um die Wette paddeln.
- Während der Bootsfahrt gerät die Ich-Erzählerin für Buck ins Schwärmen und gibt sich geheimnisvoll.
- Am Ende der Fahrt kommen die flirtenden Mädchen auf die Idee, vorzutäuschen, dass sie kein Geld zum Bezahlen der Boote bei sich haben.
- Die beiden Jungen bezahlen tatsächlich für die Mädchen mit und diese bereuen ihre Lüge, spätestens, als sie an Land sind. Die Ich-Erzählerin schämt sich besonders für ihr Verhalten, findet aber keinen Ausweg aus ihrer Lage. Dafür gesteht Linda, das andere Mädchen, den Betrug und gibt den Jungen das Geld zurück.
- Die Jungen wenden sich enttäuscht ab. Zurück bleiben eine beschämte und bloßgestellte Erzählerin und ihre Freundin, für die sich der Zwischenfall damit erledigt hat.

Charakterisierung der Ich-Erzählerin B. 2

- Die vielfältigen Eindrücke aus ihrer Umgebung und von dem perfekten Sommertag werden von der Ich-Erzählerin einfühlsam und gefühlsbetont wiedergegeben. Auf die vielen positiven Eindrücke reagiert sie mit Überschwang (vgl. Z. 1–23, Z. 48–55).
- Vermutlich erlebt und prüft sie ihre Wirkung auf einen Jungen zum ersten Mal (vgl. Z. 48 ff.), sie kichert (vgl. Z. 29), erlebt eine „köstliche Aufregung“ (Z. 31), ist aber gleichzeitig nervös (vgl. Z. 30).
- Zugleich spielt das Mädchen die Unsichere, Überraschte (u. a. Z. 36 f.), zeigt sich einerseits kokett und geheimnisvoll (vgl. Z. 56), andererseits ist sie naiv und letztendlich doch überfordert und hilflos (vgl. Z. 58 ff., 83 ff.).
- Sie ist außerdem ängstlich und unsicher, weil sie sich um die Meinung „der Leute“ Sorgen macht (vgl. Z. 55 f.).
- Im entscheidenden Moment kann sie keine vernünftige Entscheidung treffen, sondern wird übermütig und möchte ihre Macht ausprobieren (vgl. Z. 60 f.).
- Einerseits schämt sie sich wegen der Lüge (vgl. Z. 80) und deswegen, sie nicht zugeben zu können. Sie erkennt und bewertet ihr Fehlverhalten zutreffend (vgl. Z. 83 f.), aber dennoch fehlt ihr die persönliche Stärke, zur Lüge zu stehen und sie den Jungen zu erklären oder um sich wenigstens zu entschuldigen (vgl. Z. 87 bis 106).
- Schließlich ist ihr Verhalten auch ein Zeichen von Unreife, denn einerseits lässt sie sich auf dieses Machtspiel ein (vgl. Z. 60 f.), zum anderen muss sie später sich selbst gegenüber zugeben, dass Buck ihr vertraute und nun alles zerstört wurde (vgl. Z. 87 ff.).

Nachweis der Elemente der Kurzgeschichte B. 3

- Unvermittelter Beginn der Geschichte mit dem Auftreten der Personen, von denen nur drei mit ihrem Vornamen benannt werden. Angaben zur Herkunft und zum Leben der Figuren fehlen, ebenso nähere Erläuterungen zum Ort des Geschehens. Den Namen der Ich-Erzählerin erfährt man nicht.

- Die Handlung findet in einem überschaubaren Zeitraum statt, an einem Sommernachmittag.
- Sie beschränkt sich auf ein prägendes Ereignis im Leben der Ich-Erzählerin, an das diese immer erinnert wird, wenn der Sommer beginnt: Eine Lüge aus einer Laune heraus hatte verhindert, dass sich Liebe und Vertrauen entwickeln konnten.
- Der dargestellte Vorfall ist auf andere Lebenssituationen und Menschen übertragbar, da sich Unwahrheit und Vertrauen nicht vertragen.
- Kurzgeschichten bedienen sich oft auch eines oder mehrerer Symbole. So könnte das Boot ein Symbol sein für das sich Näherkommen, aber auch für die Abhängigkeit, in der man sich befindet, denn nur wenn es nicht kentert, ist man auf dem Wasser sicher. Die „leere Straße" am Ende der Kurzgeschichte steht für Endgültigkeit (Die Jungen kommen nie mehr zurück.), für Hoffnungslosigkeit und Leere, auch im Inneren der Ich-Erzählerin, die mit ihrem ungelösten Konflikt alleine bleibt.
- Man kann von einem offenen Schluss sprechen, da man nicht erfährt, wie es mit der Freundschaft zu Linda weitergeht und ob die Ich-Erzählerin jemals über ihren Fehler hinwegkommt.

Sprachliche Mittel der Schilderung (Z. 1–20) und drei weitere wichtige sprachliche Auffälligkeiten ab Zeile 21 B. 4

Hinweise: *Hilfreich für diesen Arbeitsauftrag sind einige Grundkenntnisse zu wesentlichen Merkmalen einer Schilderung. Hierbei geht es um die anschauliche Darstellung von Gedanken, Stimmungen, Sinneseindrücken und Empfindungen. Anschauliche Adjektive, lebendige Verben, bildhafte Ausdrücke und Vergleiche zählen zu den wichtigsten sprachlichen Mitteln eines solchen Textes.*

- aussagekräftige und lebendige Verben, z. B. „tänzelt und hüpft" (Z. 8), „abprallen" (Z. 15): lebendige Darstellung von Abläufen, Personifikation von Dingen 4.1
- bildhafte und anschauliche Partizipien und Adjektive, z. B. „leuchtend, kristallklar" (Z. 3), „flache, schwimmende grüne" (Z. 6 f.), „huschend" (Z. 11), „blendend" (Z. 15), „eingelullt" (Z. 19) usw.: emotionale Schilderung der Naturstimmung auf dem See und deren Wahrnehmung
- Aufzählungen, z. B. „[…] von frisch gewaschener Wäsche; von trocknendem Himmelstau […] die huschenden Bewegungen des Sonnenlichts […] den kühlen Geschmack von Minze […] das klare Leuchten der Tulpen …" (Z. 10 ff.): bewegte Schilderung der überwältigenden Eindrücke, die die Ich-Erzählerin erfährt
- Schilderung von Sinneseindrücken (Riechen, Schmecken, Fühlen, Sehen): vor allem ab Z. 10 ff.: die geschilderte Stimmung und Situation (Bootsfahrt an einem Frühsommertag) wird für den Leser sinnlich nachvollziehbar; er kann sie nacherleben
- Reihung von Anleitungen für den Leser, wie er sich die Stimmung des Sommertages vorstellen kann: „Nimm den Geruch […] nimm die huschenden Bewegungen" (Z. 10 ff.); „Du paddelst […] du treibst … du lehnst […]" (Z. 16–18): Verstärkung dieser Anweisungen durch Wiederholung der Satzbaumuster, wirken wie bei einer Meditation oder Hypnose / Traumreise
- Nominalisierungen, oft in Verbindung mit anschaulichen Partizipien oder Adjektiven, z. B. „das klare Leuchten" (Z. 13), „sich ins Gelb lichtend, ins Blau verdichtend" (Z. 13 f.), „gläsernen Blau" (Z. 15) usw.: eindrucksvolle und lebendige Schilderung der Vielfalt und Größe der Natur
- weitere Stilmittel einer Schilderung, die die Bildhaftigkeit der Sprache, die lebendige, anschauliche und gefühlsbetonte Darstellung verstärken und das Schwärmen einer Jugendlichen für den „vollkommenen Tag" (Z. 9) zeigen: Vergleiche (z. B. „wie durch Tränen gesehen", Z. 3 f.); Metaphern (z. B. „blauen Junitag", Z. 3; „trocknendem Himmelstau", Z. 11; „das gleichmäßige Lecken der Wellen", Z. 19); Personifikationen (z. B. „die heiße Berührung der Sonne", Z. 14; „heiß liegt es", Z. 17)

Drei weitere wichtige sprachliche Auffälligkeiten ab Zeile 21 4.2

- besondere Erzählperspektive: Die Ich-Erzählerin schildert ein belastendes Erlebnis aus der Vergangenheit und verwendet dabei durchgehend die Anrede „du" (z. B. gehäuft in Z. 51 ff., 55 ff. usw.): Sie spricht den Leser direkt an, er soll sich den Vorfall selbst vorstellen können, im Sinne von „Du, stell dir vor …". Indirekt soll beim Leser Verständnis für die Handlungsweise der Ich-Erzählerin erzeugt werden.
- Die Ich-Erzählerin stellt gerade an Schlüsselstellen immer wieder Fragen an sich selbst, z. B. „Wie kann man die Fahrt verzögern? Wie zufällig anhalten?" (Z. 25 f.), „Und jetzt? Nervös fragst du dich, wie es weitergehen wird?" (Z. 37), „Wie kannst du je erklären, wie es war. Wie kannst du je erklären, dass du mit mehr betrogen hast als nur mit Geld?" (Z. 104 f.) usw.: Ausdruck der Unsicherheit, Anspannung und Hilflosigkeit; andererseits wird mit diesen Fragen die Spannung gesteigert und der Leser wird dazu angehalten, darüber nachzudenken, wie er in der entsprechenden Situation reagieren würde. Auch daraus soll sich Verständnis für das Verhalten der Ich-Erzählerin entwickeln.
- Aneinanderreihung von Sätzen, unvollständigen Sätzen, Gedankenbruchstücken durch die Auslassungszeichen, z. T. in Form von Einschüben (Parenthesen), z. B. Z. 27–30, 36–41, Z. 87 f. usw.: Es entsteht der Eindruck, dass die Erinnerung an das Geschehen die Ich-Erzählerin noch immer emotional stark belastet, dass sie deswegen diese Denkpausen (Auslassungszeichen) braucht. Gleichzeitig scheinen ihr viele Gedanken durch den Kopf zu gehen, die sie erst ordnen muss. Sie scheint von ihren Erinnerungen überwältigt zu werden. Die Dramatik und die Spannung, die über dem Geschehen liegt, kann der Leser dadurch sehr gut nachempfinden.
- Weitere Merkmale sind Wiederholungen, der Satzbau, der aus vielen Einschüben besteht, sowie ein Unterschied im sprachlichen Niveau zwischen den Abschnitten, in denen erzählt wird und den wörtlichen Reden, die sehr einfach gehalten sind.

Erörterung: Welche Verhaltensweisen sind für das Gelingen zwischenmenschlicher Beziehungen unverzichtbar? B. 5

Hinweise: *Zur Bearbeitung gehst du genauso vor wie bei einer Erörterung, da diese weiterführende Aufgabe die gleichen Anforderungen stellt. Nach einer genauen Themaanalyse machst du eine kurze Stoffsammlung und suchst dir drei Argumente aus, die dir am wichtigsten erscheinen. Themabegriff ist „zwischenmenschliche Beziehungen", eingeschränkt auf das Gelingen. Präzisiert wird der Erörterungsauftrag mit der Frage nach den Verhaltensweisen, also im weitesten Sinne Persönlichkeits- oder Charaktereigenschaften. Mit zwischenmenschlichen Beziehungen können sowohl Freundschaften als auch Partnerschaften gemeint sein, was deine Argumentation nicht einschränkt. In der Regel dürften drei ausführlich veranschaulichte Argumente (mit Begründung, Beispiel(en) und eventuell Folge/Wirkung) genügen. Die Sprache ist sachlich zu halten. Verknüpfe deine Argumente sprachlich miteinander.*

Mögliche wichtige Verhaltensweisen, damit zwischenmenschliche Beziehungen gelingen können, erhältst du auf die Frage: „Welche Verhaltenseigenschaften sind mir bei einem Freund/einer Freundin, einem Partner/einer Partnerin wichtig?"

Diese Verhaltensweisen können die Antwort darauf sein und zu Argumenten führen:

- Ehrlichkeit
- Offenheit
- Respekt
- Toleranz
- Zuhören können
- Gefühle zeigen können
- Kompromissbereit sein

- Einfühlungsvermögen
- Aufmerksamkeit
- Zuverlässigkeit

Beim Formulieren der Gliederungspunkte musst du darauf achten, dass du keine „Ein-Wort-Brocken“ schreibst. Für die Begründungs- und Beispielsebene kannst du durchaus, wenn es passt, Bezug auf den vorliegenden Text nehmen.

Drei mögliche Argumente:
5.1 Ehrlichkeit zeigen
5.2 Kompromissbereit sein
5.3 Zuhören können

Ausformuliertes Argumentationsbeispiel (als Hinführung dient das negative Beispiel des Verhaltens der Erzählerin aus der Kurzgeschichte):

Ehrlichkeit zeigen 5.1

Die Handlung der vorliegenden Kurzgeschichte zeigt, dass die Lüge der Ich-Erzählerin die Grundlage für eine zwischenmenschliche Beziehung unwiederbringlich zerstört und auch das Mädchen selbst in einen schweren inneren Konflikt führt.

Umso mehr wird deutlich, dass Ehrlichkeit eine tragende Säule einer gelingenden freundschaftlichen oder partnerschaftlichen Beziehung ist. Sie bestimmt die Qualität des menschlichen Miteinanders, sie ist die Basis für das notwendige Vertrauen und erleichtert ein harmonisches Zusammenleben, das dann auch frei ist von Enttäuschungen, Streit und Verletzungen. Wer nicht offen und ehrlich seinem Partner gegenüber seine Bedürfnisse ausspricht, wer es aus irgendwelchen Gründen mit der Wahrheit nicht so genau nimmt oder wer dem Partner falsche Tatsachen vorspiegelt, muss damit rechnen, dass dieses Fehlverhalten auch ans Licht kommt und zumindest Misstrauen auslösen kann. Wer beispielsweise berufliche Verpflichtungen vorschiebt, wenn er lieber mit Freunden in die Kneipe geht als mit dem Partner ins Kino, der muss davon ausgehen, dass diese Unehrlichkeit negative Auswirkungen auf die zwischenmenschliche Beziehung hat. Die zerstörerische Wirkung einer Lüge ist dann besonders groß, wenn sich die Beziehung ganz am Anfang befindet. Dann sind, wie in der Kurzgeschichte eindrucksvoll dargestellt, die verletzenden Folgen für beide besonders schmerzhaft.

<u>oder:</u>

Möglicher Dialog zwischen der Ich-Erzählerin und Buck am Ende der Geschichte B. 5

Hinweise: *Hier hast du mehr Freiheiten bei der inhaltlichen und sprachlichen Gestaltung. Dennoch musst du für den Dialog zwischen der Ich-Erzählerin und Buck Folgendes berücksichtigen:*
Ein Dialog ist ein Gespräch zwischen zwei Menschen. In diesem Fall geht es um ein Gespräch zwischen zwei Figuren aus der Kurzgeschichte nach dem dramatischen Ende der Bootstour. Dazu ist es nötig, dass du die Ausgangssituation beider Personen genau klärst: Buck ist tief verletzt, enttäuscht, der Ich-Erzählerin wird schmerzlich bewusst, dass sie Buck nicht nur um sein Geld, sondern auch wegen seiner Gefühle betrogen hat. Sie ist also wohl mehr als schuldbewusst. Die Aufgabenstellung legt fest, dass die Ich-Erzählerin Buck hinterherläuft, „um sich zu erklären“, d. h., um ihr Verhalten irgendwie zu entschuldigen. Der Inhalt des Gesprächs muss also genau zur Situation passen, die am Ende der Kurzgeschichte vorliegt. Im Ergebnis des Dialogs bist du völlig frei, der Rechtfertigungsversuch kann scheitern und Buck wendet sich abermals ab oder aber der Ich-Erzählerin gelingt eine plausible Entschuldigung, die Buck auch annimmt.
Bei der sprachlichen Gestaltung der Dialogbeiträge greifst du den Stil auf, der im Text bei den wörtlichen Reden verwendet wird (einfache Formulierungen, klare Sprache), und formulierst so, dass die Sprache für beide Gesprächspartner angemessen ist (mit

Jugendsprache oder Umgangssprache solltest du dennoch sparsam umgehen, weil sie in der Vorlage nicht vorkommt). Als Zeitstufe verwendest du in der Regel Präsens.
Die sprachliche Gestaltung orientiert sich also am mündlichen Sprachgebrauch. Dazu gehören Fragen, Ausrufe, unvollständige Sätze, verkürzte Sätze, ein Gesprächspartner kann den anderen unterbrechen usw. Achte besonders darauf, dass der Stil zur Gefühlslage der beiden Jugendlichen passt. Bei einem Dialog kannst du auch an wichtigen Stellen Regieanweisungen (wie jemand spricht, wie sich jemand bewegt, was jemand in dem Augenblick tut) in Klammern nach dem Namen des Sprechenden angeben. Nachdem die Erzählerin keinen Namen hat, kennzeichne ihre Sprechanteile einfach mit „Ich".

Ausformuliertes Beispiel eines Dialogs:
Ich *(dem Weinen nahe):* Buck, bleib bitte stehen!
Buck beschleunigt seine Schritte, ohne sich umzuschauen.
Ich *(atemlos):* Buck, Buck, bitte …, bitte … hör mich an, ich hab dich verletzt, das tut mir unendlich leid! Ich wollte das nicht!
Buck *(bleibt zögernd stehen, dreht sich aber nicht um)*: Aber du hast es getan. Was gibt's da noch zu bereden, du Lügnerin!
Ich: Gib mir eine letzte Chance, dir zu erklären, warum ich dich belogen habe.
Buck *(verächtlich):* Ach, erklären willst du mir das?
Ich *(stockend):* Ich habe dich nicht betrogen, nur zwei Mal belogen!
Buck *(höhnisch):* Nur zwei Mal … wenn's sonst nichts ist … da kann ich dir ja direkt dankbar sein!
Ich *(verzweifelt):* Nein, du verstehst nicht!
Buck *(kalt):* Klar verstehe ich dich. Ich frag' mich, warum ich mich mit dir noch abgebe.
Ich: Jetzt gib mir bitte die eine Chance … Das mit dem Geld, das war eine blöde Idee, die mir mit Linda kam, dafür gibt es keine Entschuldigung, das …
Buck *(unterbricht):* Ja eben, sag' ich doch!
Ich *(zögernd):* Aber ich habe dich nochmal angelogen … mhh … als ich nickte auf deine Frage, ob das auf dem Boot alles Theater war.
Buck *(verwirrt):* Was nun, ich versteh's nicht!
Ich *(etwas fester):* Na ja, es stimmte halt nicht, dass auf dem Boot alles Show war von mir.
Buck *(ungläubig):* Dann erkläre mir bitteschön, was dich dazu getrieben hat.
Ich: Darf ich dich was fragen, Buck?
Buck *(ungeduldig):* Meinetwegen, aber du wolltest mir etwas erklären.
Ich: Ist dir vor mir schon mal ein Mädchen begegnet, das du so nett fandest, dass du dich verlieben könntest?
Buck *(ausweichend):* Was soll die Frage?
Ich: Na ja, mir ist es vorhin auf dem Boot zum ersten Mal wirklich passiert.
Buck *(lächelt):* Ach so, bei mir war es vorhin nicht das erste Mal.
Ich: Ja eben … und dann verstehst du vielleicht ein bisschen, dass ich total durcheinander war und selber nicht verstanden habe, dass … das mit dem Geld … Ja und nachdem die Sache mit dem Geld durch Linda aufgeflogen war, hätte ich da auf deine Frage den Kopf schütteln sollen? … als verliebte Betrügerin?!
Buck: Ist bei dir immer alles so kompliziert?
Ich: Nein, natürlich nicht, aber ich hoffe, du verstehst jetzt ein bisschen und ich komme mir nicht mehr so schäbig vor.
Buck *(zögernd):* Ja, ein wenig versteh' ich das schon, aber ich muss das erst mal verarbeiten.
Ich: Danke, dass du mir zugehört hast … Jetzt müssen wir hoffentlich nicht voreinander davonlaufen, wenn wir uns wieder mal sehen.
Buck: Okay, sehe ich auch so, mach's gut und vielleicht bis bald mal!

Schlussgedanke C.

Einen abrundenden Schlussgedanken kannst du aus folgenden Überlegungen formulieren:

- begründete Beurteilung des Verhaltens der Ich-Erzählerin
- Versuch einer Begründung, warum Linda wie selbstverständlich die Wahrheit präsentierte
- begründete Beurteilung des Verhaltens von Buck
- eigene Erfahrungen mit Enttäuschungen und Verletzungen in zwischenmenschlichen Beziehungen
- Aufgreifen von Voraussetzungen für das Gelingen zwischenmenschlicher Beziehungen aus der Aufgabenstellung für die Erörterungsaufgabe
- Würdigung der sprachlichen Qualität der Kurzgeschichte vor allem in den schildernden Textteilen (Z. 1 bis 20 und Z. 85 bis Ende)

Beispiel für einen ausformulierten Schluss:

Diese unbedachte Lüge musste der sommerlichen Begegnung am See ein jähes Ende bereiten, musste Buck tief verletzen, noch dazu, als die Ich-Erzählerin durch ihr stummes Kopfnicken bestätigt, dass „das auf dem Boot alles Theater war". Doch könnte es nicht sein, dass Linda auch aus Eifersucht gehandelt hat? Nur durch ihr Geständnis, das wie selbstverständlich daherkommt, bekommt der Verlauf der Geschichte diese massive Dramatik. Ein Indiz für diese Annahme ist zunächst, dass Linda „mit Befriedigung" seufzt (Z. 102). Ganz nachvollziehbar ist es nicht, dass man, wenn man „mitgelogen" hat, nach dem Geständnis zufrieden ist. Einen weiteren Anhaltspunkt sehe ich in der Aussage Lindas: „Wenn wir euch das Geld geben, lasst ihr uns dann allein?" (Z. 95) Will sie sich die Freundschaft zur Ich-Erzählerin nicht durch eine möglicherweise aufkommende Liebesbeziehung stören lassen? Sie wird sicher genau beobachtet haben, dass Buck ganz angetan von der Ich-Erzählerin war und diese verhielt sich nach außen zumindest so, als sei dies bei ihr ebenso der Fall. Oder ist Linda auf die Ich-Erzählerin eifersüchtig, weil sich zwischen ihr und Don nichts ereignet hat? Der Leser erfährt jedenfalls nicht, was sich im anderen Boot ereignet hat.

DENN WIR WISSEN, WAS WIR NICHT TUN

DER WILLE IST DA, aber dann werden wir doch wieder schwach. Fahrrad statt Auto, Nordsee statt Thailand, Kohl aus der Region statt Rindersteak aus Argentinien: Wer das Klima schützen will, muss sein Verhalten ändern – und das ist schwer …

VON ANGELIKA OHLAND

EIGENTLICH. Eigentlich wissen wir, was gut wäre: weniger Fleisch essen, weniger Auto fahren, weniger Kleidung kaufen, weniger Flugreisen buchen, weniger im Internet surfen, weniger heizen, überhaupt weniger konsumieren. Weniger, weniger, weniger. Eigentlich. Eigentlich brauche ich keine neuen Stiefel – aber sie stehen mir so gut. Eigentlich muss ich nicht nach Asien fliegen, Nordsee ist schön – aber nicht so fremd und aufregend und voller Düfte. Eigentlich bin ich fürs Energiesparen – aber ich habe Kinder, und für einen Trockner im Keller gebe ich sogar mein geliebtes gutes Gewissen auf.

Eigentlich. Die große Schwester vom kleinen „Eigentlich" heißt „Man-müsste-mal". Dauernd flüstert einem das Man-müsste-mal etwas ins Ohr: Man müsste mal das Klo mit Regenwasser spülen, das Haus dämmen, zu einem Ökostromanbieter wechseln, tauschen statt kaufen, reparieren statt erneuern. Man müsste mal ein anderer Mensch werden, mit anderen Gewohnheiten, Vorlieben und Wünschen. Dabei ist es doch eigentlich so: Man müsste sich auch mal entspannen. Man müsste mal nicht dauernd „man müsste mal" denken.

Gerade die Gutwilligen, Umweltbewussten, leben ein Doppelleben. Sie wissen, wie es ums Klima steht: Wenn sich das Klima in den kommenden Jahrzehnten um mehr als zwei Grad erwärmt, werden wir in Deutschland die Deiche erhöhen müssen. Das wäre teuer, aber Gott sei Dank sind wir ein reiches Land. Das arme Bangladesch hat kein Geld für Deiche und liegt dann voraussichtlich mit seinen am dichtesten bevölkerten Regionen unter dem Meeresspiegel. Will man diese drohende Katastrophe noch verhindern, darf jeder Mensch auf der Erde höchstens 2,7 Tonnen CO_2 im Jahr ausstoßen. Wer von uns einmal Urlaub in Thailand macht, hat allein durch den Flug sein CO_2-Budget für drei Jahre verbraucht.

ES GIBT VIELE GRÜNDE, weshalb die meisten Menschen beim persönlichen Klimaschutz so träge sind. Überhaupt ist es unglaublich schwierig, sich zu verändern und neue Gewohnheiten zu entwickeln – ganze Berufsstände leben von diesem Problem. Motivationsforscher sagen, dass wir für die persönliche Veränderung ein Ziel brauchen. Aber was ist das Ziel? Dass die Menschen im Flussdelta von Bangladesch nicht zu Flüchtlingen werden, irgendwann? Motivationsforscher sagen auch, dass wir für die persönliche Veränderung Erfolge brauchen. Aber wie sieht der Erfolg aus, wenn ich auf etwas, das ich wirklich gerne tue – reisen, im Winter frische Paprika essen, online sein – verzichte? Der Erfolg ist nicht messbar. Er verschwindet im Meer globaler Umweltsauereien, auf die der Einzelne letztlich keinen Einfluss hat.

WIR WOLLEN JA, aber wir können nicht mal eben so. Dafür gibt es viele Gründe. Nur wenn wir die verstehen, lässt sich unsere Trägheit überwinden. Erreichbare Ziele, sichtbare Erfolge, Nachvollziehbarkeit von Handlungsfolgen – das sind Grundbedingungen für Motivation. Bedingungen, die beim Klimaschutz nur abstrakt gegeben sind. Es gibt aber auch eine gute Nachricht aus der Psychologie: Wir überschätzen zwar, was wir kurzfristig erreichen können, aber wir unterschätzen, was wir langfristig bewirken.

Auf dem Weg zu einer umweltbewussten Gesellschaft müssen die Menschen neue Routinen entwickeln. Diese brauchen vor allem Training. Überzogene Erwartungen oder ein Alles-oder-nichts-Denken torpedieren den Versuch, gute Routinen zu entwickeln. Um einen eingetretenen Pfad zu verlassen, folgt der Mensch gerne einem anderen, der den Pfad bereits erfolgreich gegangen ist. Hier kommt den Vorreitern, die ihren Lebensstil entgegen allen gesellschaftlichen und persönlichen Widerständen anpassen, eine wichtige Rolle zu.

Textquelle: Evident. Ausgabe 1/2014 vom 9. September 2014, S. 38 (Evident ist ein neues Magazin für Nachhaltigkeit, das in der Süddeutschen Zeitung erscheint.)

Hintergrund:
Die Aussage „Vater, vergib ihnen, denn sie wissen nicht, was sie tun!" stammt aus der Bibel (Lukas-Evangelium).

Aufgabenstellung

Lesen Sie den Text „Denn wir wissen, was wir nicht tun" sorgfältig durch und bearbeiten Sie dann die folgenden Aufgaben. Bei Nummer 5 können Sie a oder b wählen.

1. Fassen Sie den Inhalt des Textes so zusammen, dass der Aufbau erkennbar wird.
2. Weisen Sie in diesem Text Elemente eines Kommentars nach. Welche Rolle spielt hier das Layout?
3. Beschreiben Sie auffällige sprachliche Mittel und gehen Sie auf deren Wirkung ein.
4. „WIR WOLLEN JA, aber wir können nicht mal eben so. Dafür gibt es viele Gründe." (Z. 70 ff.) – Erklären Sie mithilfe des Textes, was die Autorin mit dieser Aussage andeuten möchte.
5. a) Wie könnte man in der Schule das Thema Klimaschutz intensiver berücksichtigen?

   oder

   b) Fahrrad statt Auto? Schreiben Sie einen inneren Monolog eines Menschen, der sich gerade überlegt, ob er mit dem Auto oder dem Fahrrad zur Arbeit fahren soll.

Mögliche Gliederung

A. Vor dem Hintergrund der Notwendigkeit von Maßnahmen für den Klimaschutz setzt sich dieser Text mit den Schwierigkeiten auseinander, die die Menschen in unserer Gesellschaft damit haben, ihren Lebensstil klimafreundlicher zu gestalten und zeigt Ursachen dafür auf

B. Auseinandersetzung mit dem Text „Denn wir wissen, was wir nicht tun" und weiterführende Aufgabe

1 Inhalt und Textaufbau

2 Elemente der Textsorte Kommentar und Rolle des Layouts

3 Auffällige sprachliche Mittel und deren Wirkung

3.1 Wortwahl
3.2 Satzbau
3.3 Stilmittel

4 Erklärung der Aussage „Wir wollen ja, aber wir können nicht mal eben so" mithilfe des Textes

5 Erörterung: Wie könnte in der Schule das Thema Klimaschutz intensiver berücksichtigt werden?

5.1 Durchführung von Projekten zu Aspekten des Klimaschutzes
5.2 Exkursionen zu vorbildlichen energieeffizienten Projekten
5.3 Klimaschutz und Energieeinsparung als Unterrichtsfach

oder:

5 Innerer Monolog: Mit dem Fahrrad statt dem Auto zur Arbeit?

C. Die Beiträge des Einzelnen für den Klimaschutz mögen durchaus gering sein, aber die Wirkung in der Summe, wenn Millionen entsprechende Maßnahmen ergreifen, ist nicht zu unterschätzen

Notizen und Lösungshinweise zu den einzelnen Abschnitten der Gliederung mit ausformulierten Lösungsvorschlägen zu einzelnen Teilaufgaben

Einleitung **A.**

- Thematik des Textes/Informationen über die Quelle/Autorin *(ausformuliertes Beispiel):*
  Es ist unstrittig, dass die Anstrengungen jedes Einzelnen zum Klimaschutz notwendig sind, um das Ausmaß der Erderwärmung kontrollierbar zu halten. Ebenso wissen die meisten Menschen in unserer Gesellschaft, mit welchen Verhaltensänderungen sie einen Beitrag leisten könnten, sei es beim Reisen, im Haushalt oder bei der Ernährung. Dennoch fällt es vielen von uns schwer, ihren Lebensstil zugunsten des Klimaschutzes zu ändern. Damit und mit den Gründen, warum uns diese Veränderungen so schwerfallen, setzt sich der Kommentar von Angelika Ohland auseinander, der in der Erstausgabe des Magazins „Evident" am 9. September 2014 veröffentlicht wurde. „Evident" ist ein neues Magazin für Nachhaltigkeit, das in der Süddeutschen Zeitung erscheint.

oder:

- eigenständige Hinführung zur Thematik des Textes, Überleitung zum Text mit Angaben zu Autorin, Quelle, z. B.:
  - eigene Erfahrungen mit Maßnahmen zum Klimaschutz zu Hause
  - eigene Erfahrungen mit Unterrichtsinhalten oder Projekten an der Schule
  - Aussagen über die spürbaren Anzeichen der Klimaerwärmung
  - Verwendung von Informationen aus dem Text, z. B. CO_2-Ziel pro Kopf und Pro-Kopf-Anteil bei einem Flug nach Thailand
  - drohende Folgen des Klimawandels, zum Teil auch dem Text zu entnehmen

Inhalt und Textaufbau **B. 1**

- Vorspann: Bekanntgabe des Themas – Den Menschen fällt es schwer, ihr Verhalten zugunsten des Klimaschutzes zu ändern.
- Einleitung:
  Sinnabschnitt 1 (Z. 1–8) – Ausgangssituation: Das Wissen, dass es sinnvoll wäre, sich in vielen Lebensbereichen einzuschränken, ist vorhanden.
  Sinnabschnitt 2 (Z. 8–16) – Nennung allgemeingültiger Entschuldigungen, warum die Verhaltensänderung nicht erfolgt, obwohl man sie als erforderlich ansieht
- Hauptteil:
  Sinnabschnitt 3 (Z. 17–30) – überspitzte Beschreibung typischer Gewissenskonflikte, die sich aus der Thematik ergeben können
  Sinnabschnitt 4 (Z. 31–48) – Ausweitung der Thematik in den globalen Zusammenhang: Am meisten werden ärmere Länder von den Folgen der Klimaveränderung betroffen sein, deren Hauptursachen aber in den reichen Ländern liegen.
  Sinnabschnitt 5 (Z. 49–69) – Erklärung, warum die Verhaltensänderung so schwer ist: Laut Motivationsforschung ist die Verhaltensänderung der Menschen beim Lebensstil deshalb so langsam, weil für den Einzelnen konkrete Ziele und berechenbare Erfolgsaussichten fehlen.
  Sinnabschnitt 6 (Z. 70–89) – Schlussfolgerungen aus Sinnabschnitt 5: Grundlagen einer erfolgreichen Verhaltensänderung sind u. a. realistische Ziele und sichtbare Erfolge ohne Überforderung. Der Mensch verkennt häufig, was er langfristig bewirken kann.
- Schlussgedanke:
  Sinnabschnitt 7 (Z. 89–96) – abschließende Hervorhebung des positiven Einflusses von Vorbildern bei der Aufgabe Klima- und Umweltschutz

Elemente der Textsorte Kommentar und Rolle des Layouts **B. 2**

- Gegenstand ist ein weltweites Problem, nämlich dass mit Klimaschutzmaßnahmen auf die Klimaerwärmung reagiert werden sollte. Dies betrifft auch jeden Einzelnen, weil er Mitverursacher ist.
- Verwendung von wissenschaftlichen Erkenntnissen, genauen Zahlen und Tatsachen zur Veranschaulichung und Untermauerung der Argumente: z. B. Z. 35, 44 ff., 55 ff., 60 ff., 78 ff.
- persönliche Meinung (Subjektivität): ist an vielen Stellen deutlich erkennbar, z. B. Z. 8 ff., 83 ff.
- auffällige sprachliche Mittel, mit denen der Leser angesprochen und beeinflusst wird, z. B. Ironie, Wiederholungen, Wir-Form als direkte Miteinbeziehung (siehe B.3)
- angedeuteter Appell, Vorbildfunktion zu übernehmen oder Vorbildern nachzufolgen (vgl. Z. 89 ff.)

Layout:

- auffallende Gestaltung der Schlagzeile in Großbuchstaben, hervorgehobener Vorspann (zum Teil Großbuchstaben, Schriftgröße) mit dem Namen der Autorin: Hinweis auf eine Textsorte, in der auch die persönliche Meinung dargestellt wird

- Fettdruck von Schlüsselwörtern und Kernaussagen als Spaltenüberschriften: „nicht" (Überschrift), „eigentlich" (Z. 1) mit einem übergroßen „E" (Initial), „Es gibt viele Gründe" (Z. 49), „Wir wollen ja" (Z. 70): besonders hervorhebende und anziehende Wirkung; Unterstreichung des trägen Verhaltens der Menschen

Auffällige sprachliche Mittel und deren Wirkung B. 3

Wortwahl 3.1

- einige umgangssprachliche Begriffe: z. B. „ Klo" (Z. 21), „Umweltsauereien" (Z. 67 f.): treten bei der durchgängig anspruchsvollen Wortwahl besonders hervor und wirken als Kritik
- anspruchsvolle Formulierungen vor allem bei den Schlussfolgerungen ab Sinnabschnitt 5: z. B. „Nachvollziehbarkeit von Handlungsfolgen" (Z. 74 f.), „Grundbedingungen für Motivation" (Z. 76), „neue Routinen entwickeln" (Z. 85), „torpedieren den Versuch" (Z. 88): Ausführungen wirken dadurch stichhaltiger
- gehäuftes Auftreten von Nomen: z. B. im Vorspann: aufzählende Wirkung, die das Problem der Veränderungen im Lebensstil hervorhebt
- Wortkombinationen: z. B. „Man-müsste-mal" (Z. 18 ff.), „Alles-oder-nichts-Denken" (Z. 87): Herausstellung und Betonung

Satzbau 3.2

- Verwendung von Sätzen mit aufzählender Wirkung (Z. 1–30), im Gegensatz dazu Verwendung von (anspruchsvollen) Satzgefügen (z. B. Z. 33 ff., 42 ff., 89 ff.): Gegensatz zwischen der eher witzigen Darstellung menschlicher Schwächen und der ernsthaften Begründung, warum die Änderung des Lebensstils so schwer ist, teilweise mit Appellcharakter bezogen auf das zukünftige Handeln des Einzelnen
- nachgestellte Einfügungen, die durch Gedankenstriche abgetrennt sind: z. B. „– und das ist schwer" (Vorspann), „– aber sie stehen mir so gut (Z. 9 f.), „– aber ich habe Kinder" (Z. 14) usw.: Hervorhebung typischer Ausreden der Menschen
- Wiederholung von Satzanfängen (Anaphern), z. B. „Man müsste mal" (Z. 20 ff.): heben hervor, dass sich die Menschen sehr wohl bewusst sind, dass sie ihren Lebensstil ändern müssten
- Fragesätze, z. B. „Aber was ist das Ziel? Dass die Menschen […] nicht zu Flüchtlingen werden […]?" (Z. 57 ff.), „Aber wie sieht der Erfolg aus, wenn ich […] verzichte?" (Z. 62 ff.): beschreiben den Zwiespalt der Menschen zwischen dem Willen, etwas zu verändern und dem Zweifel, dass dies eine Veränderung zum Besseren bewirken kann
- unvollständige Sätze (Ellipsen), z. B. „Eigentlich." (Z. 1, 8, 17), „Bedingungen, die beim Klimaschutz nur abstrakt gegeben sind" (Z. 77 f.): Hervorhebung der Problematik des Handelns

Stilmittel 3.3

- Wortspiel im Titel: Anspielung auf das bekannte Bibelzitat „[…] denn sie wissen nicht, was sie tun": Wortwitz, ruft Neugier und Interesse hervor, was sich dahinter verbirgt
- Aufzählungen, insbesondere von Gegensatzbegriffen im Vorspann und allgemein im ersten und zweiten Absatz (Z. 2 ff., 20 ff.): Verdeutlichen den Gegensatz zwischen dem Wissen über notwendige Verhaltensänderungen und deren praktischer Umsetzung im Alltag
- auffällige Wiederholung von bestimmten Wörtern, z. B. „eigentlich" (Z. 1, 8 ff.), „weniger" (Z. 2 ff.): heben hervor, dass sich die Menschen sehr wohl bewusst sind, dass sie ihren Lebensstil ändern müssten
- Personifikation „Die große Schwester vom kleinen ‚Eigentlich' heißt ‚Man-müsste-mal'." (Z. 17 f.): Der Begriff bekommt einen Namen und eine Gestalt.

– sprachliche Bilder (Metaphern): z. B. „im Meer globaler" (Z. 67), „torpedieren" (Z. 88): Spiel mit der Sprache, Erhöhung der Überzeugungskraft, insgesamt Bestandteil einer anspruchsvollen und teilweise witzigen Sprache

Erklärung der Aussage „Wir wollen ja, aber wir können nicht mal eben so" mithilfe des Textes **B. 4**

– „Wir wollen ja …": Die Verfasserin des Kommentars macht deutlich, dass es vielen Menschen in unserer Gesellschaft durchaus bewusst ist, dass sie mit ihrer Lebensweise auch einen Beitrag leisten, die Klimaerwärmung voranzutreiben und sie somit Teil des Problems sind („Eigentlich wissen wir, was gut wäre:", Z. 1 ff.). Gleichzeitig weist sie darauf hin, dass der Wille und das Wissen, etwas tun zu können, vorhanden sind (Beispiele dazu im 1. und 2. Absatz).
– „… aber wir können nicht mal eben so": Hierbei geht die Autorin einer Reihe von Gründen nach, wieso es uns wider besseren Wissens so schwerfällt, unseren Lebensstil nachhaltig zu ändern. Zurückzuführen ist dies zum einen auf die Bequemlichkeit der Menschen und ihre geringe Bereitschaft, wirklich auf etwas zu verzichten (vgl. Z. 13 ff.). Zum anderen haben viele Menschen Zweifel am Erfolg durch die Verhaltensänderungen des Einzelnen (vgl. Z. 60 ff.). Außerdem fehlen offenbar genügend Vorbilder, die zum Maßstab des eigenen Handelns gemacht werden könnten (vgl. Z. 89 ff.).

Weiterführende Aufgabe: Erörterung: Wie könnte in der Schule das Thema Klimaschutz intensiver berücksichtigt werden? **B. 5**

Hinweise: *Bei der Bearbeitung gehst du genauso vor wie bei einer Erörterung, da diese weiterführende Aufgabe die gleichen Anforderungen stellt. Nach einer genauen Themaanalyse machst du eine kurze Stoffsammlung und suchst dir Argumente aus, die dir am wichtigsten erscheinen. Themabegriff ist der Klimaschutz, eingeschränkt auf den Bereich der Schule. Präzisiert wird der Erörterungsauftrag mit der Frage nach den Maßnahmen, wie das Thema intensiver behandelt werden könnte. In der Regel dürften drei ausführlich veranschaulichte Argumente (mit Begründung, Beispiel(en) und eventuell Folge/Wirkung) genügen. Die Sprache ist sachlich zu halten. Verknüpfe deine Argumente sprachlich miteinander. Einen Anhaltspunkt für Ideen zur Stoffsammlung gewinnst du möglicherweise aus Aktivitäten an deiner Schule, die über die Behandlung des Themas in einzelnen Fächern hinausgehen. Eine weitere Herangehensweise ist, dass du dir die Frage stellst, was du an deiner Schule zum Thema vermisst hast.*

Es können sich folgende Aspekte ergeben, wie man das Thema Klimaschutz in der Schule intensiver (vor allem anschaulicher) berücksichtigen könnte:
– Durchführung von Projekten zu unterschiedlichsten Aspekten des Klimaschutzes (z. B. persönlicher CO_2-Fußabdruck; eigene Möglichkeiten, Energie einzusparen usw.)
– Angebot von Exkursionen zu beispielhaften energieeffizienten Projekten
– Arbeitsgemeinschaften, die sich mit dem Energiesparen an der Schule beschäftigen
– Teilnahme an Wettbewerben, z. B. „Energiescout"
– Klimaschutz als Wahlfachangebot
– Klimaschutz und Energieeinsparung als Unterrichtsfach

Beispiele für Argumente
5.1 Durchführung von Projekten zu Aspekten des Klimaschutzes
5.2 Exkursionen zu vorbildlichen energieeffizienten Projekten
5.3 Klimaschutz und Energieeinsparung als Unterrichtsfach

Ausformuliertes Argumentationsbeispiel: 5.2
Exkursionen zu vorbildlichen energieeffizienten Projekten
Ein Hindernis für die praktische Umsetzung vieler Maßnahmen des Klimaschutzes ist die fehlende Anschaulichkeit und Vorbildfunktion. Gerade hier sind auch die Schulen gefordert, sich von der reinen theoretischen Stoffvermittlung in einigen Fächern zu verabschieden und auf Anschaulichkeit zu setzen. Eine konkrete Möglichkeit hierzu besteht im Besuch und der Besichtigung vorbildlicher energieeffizienter Projekte. Durch die direkte Begegnung mit dem jeweiligen Beispiel erfährt der Schüler, wie es funktioniert, welche Idee dahintersteckt und vor allem, dass es machbar ist. Auf diese Weise könnten Jugendliche energieeffiziente Häuser kennenlernen und sehen, wie viel Heizenergie man einsparen kann, ohne auf irgendeinen Komfort zu verzichten. Sie erfahren, was es bei einem solchen Bau zu beachten gilt, und können dieses Wissen als mögliche zukünftige Hausbauer zugunsten der Umwelt und ihres Geldbeutels anwenden. Durch die Begegnung mit Fachleuten, aber vor allem mit den Nutzern lassen sich Vorurteile, die es auf diesem Feld gibt, leichter abbauen.

oder: **B. 5**

Innerer Monolog: Mit dem Fahrrad statt dem Auto zur Arbeit?

Hinweise: *Diese Aufgabenstellung bietet dir inhaltliche und vor allem sprachliche Freiheiten, aber auch hohe Ansprüche in beiden Bereichen, wenn sie überzeugend erfüllt sein soll. Du musst darauf achten, dass du die Merkmale eines inneren Monologs umsetzt. Hierbei geht es um die anschauliche Darstellung der Gedanken, Stimmungen und Empfindungen einer Person. Die Aufgabenstellung verlangt, den Gedankengang eines Menschen zu verschriftlichen. Dieser überlegt, ob er mit dem Auto (wie bisher) oder dem Fahrrad zur Arbeit fahren soll. Bei deiner kurzen Stoffsammlung kannst du von deinen eigenen Gedanken, Beweggründen, Empfindungen bei der Abwägung und schließlich Entscheidung ausgehen. Du kannst den inneren Monolog so aufbauen, dass du Argumenten für das Auto und gegen das Fahrrad Argumente für das Fahrrad und gegen das Auto gegenüberstellst. Im Ergebnis des inneren Monologs kannst du dich für das Auto oder die Benutzung des Fahrrads entscheiden oder die Entscheidung offen lassen bzw. vertagen, ähnlich der Haltung, wie sie der Kommentar beschreibt. Als Ausgangssituation kannst du an das Lesen des von dir bearbeiteten Textes anknüpfen. Du schreibst in der Ich-Form und stellst die möglichen Gründe, Gedanken und Empfindungen dar. Wenn du dich selber ansprechen möchtest, kannst du auch an einigen Stellen zum „du" wechseln. Am besten orientierst du dich bei der sprachlichen Gestaltung an einem mündlichen, umgangssprachlichen Stil, der unvollständige Sätze, kurze Hauptsätze, Ausrufe, Gedankensprünge usw. enthalten kann. Weitere Hinweise zum inneren Monolog findest du im vorderen Teil dieses Buchs.*

Ausformuliertes Beispiel eines inneren Monologs:
Eigentlich hat der Kommentar ganz recht. Fahrrad statt Auto. Warum mache ich das nicht auch? Weil mich noch niemand drauf gebracht hat? Nein, bleib ehrlich, weil du genauso träge bist wie alle anderen, wenn es um die Umwelt geht. Also Fahrrad! Weniger Sprit, klar, und ein bisschen Fitnesstraining zwei Mal am Tag. Das klingt gut, warum tue ich's dann nicht? Puuh, 20 Minuten strampeln statt fünf Minuten fahren. Da müsst' ich glatt eine Viertelstunde früher aus den Federn. Aber es macht ein gutes Gewissen und es hilft dem Klimaschutz. Ja von wegen Klimaschutz, das bisschen Kohlendioxid weniger, das merkt man doch gar nicht! Und wenn's heiß ist, dann schwitz ich schon, bevor ich im Büro bin. Das geht gar nicht. Da muss ich ja vorher noch duschen, also noch eher raus. – Warum machen es aber der Müller und der Maier mit Begeisterung? Hab ich da was übersehen? Ja natürlich, da war so ein Aushang im Betrieb, dass die Firma die Fahrt in die Arbeit mit dem Rad unterstützen will und man dafür bis direkt

vor den Haupteingang fahren darf zum überdachten Radständer … Da spar ich mir die Lauferei von den ganz hinteren Parkplätzen. Und kostenlose E-Bike-Tankstellen gibt's, haben die mir mal erzählt. Hab ja so ein Ding gar nicht. Müsste mich mit meinem alten Drahtesel glatt schämen. Nee, da müsste ich mir so ein neues E-Bike kaufen, sündhaft teuer und der Strom muss ja auch zuerst produziert werden. Und wenn es regnet und im Winter dann wieder rein ins Auto. Im Sommer ist es mir eigentlich eh zu heiß, also brauche ich auch kein neues Bike. Das ist mir alles zu kompliziert, ich bleib beim Auto … Fahrrad schön und gut, aber das bringt ja nur was, wenn es alle machen, und selbst dann schmelzen die Gletscher nicht langsamer.

Schlussgedanke C.

Für einen abrundenden Schlussgedanken stehen dir hier vielfältige Möglichkeiten zur Verfügung. Einige Anregungen sind:

- Ausblick auf die möglichen drohenden Folgen des Klimawandels anhand einiger Beispiele
- Erläuterung der Hauptursache: weltweit ungebremster Anstieg der Verbrennung fossiler Energieträger
- kurze Erläuterung, wodurch in Deutschland am meisten CO_2 frei wird: Strom und Heizung sowie Verkehr
- begründete Darstellung der Verpflichtung des Einzelnen, tätig zu werden, denn Stromerzeugung, Heizung, Warmwasser und Verkehr sind die Hauptverursacher und jeder von uns hat seinen Anteil am Verbrauch
- Kritik oder Lob (begründet) für die Aktivitäten an deiner Schule in Sachen Klimaschutz
- begründete Darstellung eigener Klimaschutzbeiträge
- Widerlegung des Arguments, dass der Einzelne nichts bewirken kann
- mangelnde Kenntnisse über den CO_2-Ausstoß bei verschiedenen Aktivitäten, z. B. Flugreisen bzw. Forderung nach verstärkter Aufklärung

Beispiel für einen ausformulierten Schluss:

Die Beiträge des Einzelnen für den Klimaschutz mögen durchaus gering sein, aber die Wirkung in der Summe, wenn Millionen entsprechende Maßnahmen ergreifen, ist nicht zu unterschätzen. Dabei muss man gar nicht von Aktivitäten ausgehen wie die im Kommentar erwähnte Fernreise nach Thailand, die mit über 8 Tonnen Kohlendioxidfreisetzung das Ziel pro Person und Jahr um das Dreifache übersteigt. Wenn nur ein paar 100 000 Menschen auf eine Fernreise im Jahr verzichten würden, könnten mehrere Millionen Tonnen CO_2 eingespart werden. Das ist eine, wie ich denke, durchaus beeindruckende Zahl. Aber es lassen sich auch mit kleinen Einsparungen durch sehr viele Menschen beeindruckende Werte erzielen. Dazu folgt eine Beispielrechnung aus dem privaten Autoverkehr: Der durchschnittliche Ausstoß von CO_2 pro Pkw und gefahrenem Kilometer liegt bei ca. 180 Gramm. Würden alle Arbeitnehmer, deren Arbeitsplatz bis zu fünf Kilometer von der Wohnung entfernt ist – nehmen wir an, dies trifft nur auf fünf Millionen Menschen zu – das Fahrrad benutzen, dann ergäbe das ein beeindruckendes Einsparpotenzial: Dann würden 50 Millionen mit dem Auto zurückgelegte Kilometer täglich gespart (= 900 000 Tonnen CO_2 täglich). Bei angenommenen nur 200 Arbeitstagen im Jahr würden so 180 Millionen Tonnen Kohlendioxid vermieden.